Das große Österreich-Buch für Kinder

Herausgegeben von
Monika Icelly

Mit Beiträgen u. a. von:

István Ágh | Gerda Anger-Schmidt | Erich Ballinger
Cornelia Buchinger | Uschi Ghavami | Rudolf Gigler
Dieter Halwachs | Susa Hämmerle | Friedl Hofbauer
Monika Icelly | Heinz Janisch | Angelika Kaufmann
Robert Klement | Alfred Komarek | Othmar Franz Lang
Maria Linschinger | Mira Lobe | Eva Maria Teja Mayer
Lene Mayer-Skumanz | Christine Nöstlinger
Bernadette Pechhacker | Monika Pelz | Lukas Resetarits
Christine Rettl | Erika Schneider | Ana Schoretits
Franz S. Sklenitzka | Leopold Slotta-Bachmayr
Walter Thorwartl | Rosmarie Thüminger
Jutta Treiber | Reinhard Wegerth

www.oebvhpt.at

Inhalt

Burgenland

Land an der Grenze
Die burgenländische Landeshymne	9
„... jüngstes Kind von Österreich"	9
Land an der Grenze – Ein Frauenschicksal	10
Das Kind auf der Landstraße	12

Verschiedene Völker – Verschiedene Sprachen
Wir alle leben gern im Burgenland	14
Lukas Resetarits – Ein burgenländisch-kroatischer Künstler	15
Branko	15
Ungarisches Muttertagsgedicht	16
Mala mini-škola/Meine Mini-Schule	16
Der arme Rom und der Teufel	17
Das schreckliche Ende einer Kartenpartie	18

Kind sein im Burgenland
Kinder über ihren Heimatort	20
Ein wundersamer Ort	21

Arbeiten im Burgenland
Von Pendlern und Auswanderern	22
Im Landesstudio Burgenland	23

Geschichten aus alter Zeit
Martin und die Räuber	24
Die Quelle von Bad Tatzmannsdorf	26
Vom Neusiedler See	27
Der Türke von Purbach	27

Land der Burgen und Schlösser
Ritter, Minnesänger und edle Fräulein	28
Zu Besuch auf Burg Forchtenstein	29
Gespensterjagd auf Burg Lockenhaus	30
Güssing	32
Ein Schloss voller Abenteuer	33

Musikalisches Burgenland
Ein Haydn-Spaß bei Joseph Haydn	35
Franz Liszt	37
Toni Stricker	37

Eintauchen in die Natur
Hallo, ich bin Cico der Weißstorch	38
Die Tierwelt im Lacken-Zoo	40

Kärnten

Klagenfurt, Hauptstadt am Wörther See
Anna auf „Weltreise"	41
Der Lindwurm von Klagenfurt	42
Schlangen zum Anfassen	44

Kärnten im Mittelalter
Ein Land in Angst und Schrecken	45
Besuch auf Burg Hochosterwitz	46

Bilder erzählen Geschichten
Ein Punkt zum Verweilen	47
Angelika Kaufmann, Buchillustratorin – Das fremde Kind	49

Ein dreisprachiges Land
Meine Großmutter lebt in Eisenkappel	51
Pasta und Kasnudeln	52
Il piccolo gufo – Sovica – Die kleine Eule	53

Natürliche Heilkräfte
Ein echtes Naturwunder	55
Gesund in Bad Bleiberg	56

In die Ferne schauen
Eine Fernsicht zum Jodeln	57
Die Wulfenia	58
Von Tropfsteinen und Riesenhirschen	59
Im Reich von Gletschern, Adlern und Murmeltieren	61
Sieben Jahre in Tibet	62

Tierisches aus Kärnten
Eine wahre Bärengeschichte	63
Attila, der Partyschreck	64
Bartl Bartgeier ist wieder da	66

Kärntner Bräuche
Vom Türenquietschen in Eisenkappel	68
Das Kranzelreiten in Weitensfeld	70

Wasser, Schnee und Eis
Wasser, Schnee und Eis	71
Ewiges Eis – der Gletscher	71
Wasser-, Eis- und Schnee-Quizshow	72

Niederösterreich

Das weite Land
Quergestreiftes ABC für NÖ-Fans	73
Die Landeshymne	73
„Europa, das sind wir!"	74

Naturerlebnis Niederösterreich
Die Falken der Rosenburg	76
An der March	78
Auf den Spuren des Ötscherbären	79
Ein Museum für Forellen, Marder und Falken	81
Schwein gehabt	83

Sagenhaftes Niederösterreich
Wie der Teufel Frösche fing	85
König Löwenherz	86
Der Tod im Weinfass	88

Damals in Niederösterreich
Kogi	90
Die unbesiegbare Sonne	92
Limerick	94
Der Preis	95
Über den Semmering	97

Quer durch Niederösterreich
Lilienfeld: Von der Schulbank auf die Schipiste	98
Die Eisenwurzen	100
Sabine, das Landeshauptstadtkind	102
Quizfrage	103
1, 2 oder 3 auf der Autobahn	104

Oberösterreich

Damals in Oberösterreich
Eine ungewöhnliche Begegnung in Wels	105
Der heilige Florian findet seine Ruhe	107
Salz – das weiße Gold	109
Der weiße Hirsch	111
Eine Wanderung durch die Frankenburger Geschichte	112
Werktags Arbeit, sonntags Schule	113

Sagenhaftes Oberösterreich
Der traurige Fisch	115
Der Donaufürst im Strudengau	116
Die drei Sessel	118

Oberösterreich lustig
Quergestreiftes ABC für OÖ-Fans	119
Countdown	119
Bezirkshauptstädte-Rap	119

Weihnachten in Oberösterreich
Kramlade	120
Ein Besuch im Himmel	121

Leben am Wasser
Biber am Inn	122
Atter = Wasser	123

Kunst und Handwerk
Christian Ludwig Attersee	124
Lentos – ein architektonisches Kunstwerk	125
In Linz müsste man sein!	126
Ein altes Handwerk	128

Dahoam is dahoam
Dahoam is dahoam	130
Franz Stelzhamer, Dichter der Landeshymne	130
Goisern, Goisern	130
Von der Heimat in die Ferne	131

Ferien in Oberösterreich
Zwei Wochen im Hausruckwald	132
Gefährliches Abenteuer am Attersee	134
Reisen mit einer PS	136

Salzburg

Sagenhaftes Salzburg
Die Stierwascher	137
Die Zauberin vom Silbereck	138
Die Wildfrauen in der Satanswand	139

Ein „salziger" Name
Ein „salziger" Name	140
Der Salztransport auf dem Wasserweg	141
Versuch mit Salz	141

Geschichtliches Salzburg
Die Bischöfe und die Tiere	142
Ein Fest beim Erzbischof	143
„Nicht stillhalten, wenn ein Unrecht geschieht!"	144
Kann man mit Mut duschen?	145

Lungauer Bräuche
Die Kasmandl san do!	147
Die Riesen vom Lungau	148

Weihnachtliches Salzburg
Das Salzburger Adventsingen	149
Ein Hiatabua erzählt	149
Advent am Tauern	150
Die Raunächte	152
Stille-Nacht-Orte	153

Tierisches Salzburg
Im Haus der Natur	154
Fritz, der Spatz, ist im Zoo Salzburg zuhause	156
Spot, der Rettungshund	157
Bäuerin, ich habe ein Ei gefunden!	159

Literarisches Salzburg
Wo das Leben zur Sprache kommt – Das Salzburger Literaturhaus	160
Eine supertolle Erfindung	161

The Sound of Music
Wolfgang Amadeus Mozart	162
Der arme Leutgeb	162
The Sound of Music	164
Ein Theater für Puppen	165

Von Bergen und Höhlen
Glück auf! – Im Ramingsteiner Silberbergwerk	166
Naturgewalten	167

Steiermark

Blick aufs Steirerland
Die Landkarte	169
Suchaktion	170
Werbung	170
Steirische Landeshymne	171

Damals in der Steiermark
Über den Sölkpass	172
Die Gründung von Mariazell	174
Der steirische Prinz	175
Hexenverfolgung	176

Sagenhafte Steiermark
Am Grundlsee	178
Vom knöchernen Jäger	180
Der steirische Erzberg	182

Quer durchs Land
Glück ab, gut Land!	184
Die „Vier letzten Dinge"	186
Der Apfel	188
Graz ist schön	189
Grazer Merksatz	189
Wunderwelt des Wassers: das Rogner-Bad Blumau	190

Bauernleben
Wie die Bauern früher Weihnachten feierten	192
Steirische Bauernrätsel	193
Bauernregeln	193

Alles Kürbis
Kürbisfeste und Kürbisbräuche	194
Kürbis-Radiomeldung	194
Kürbis-Allerlei	195
Kürbis-Ratespiel	195
Wir basteln unsere Kürbisse selbst	196

Abenteuer Steiermark
Abenteuer im Wald	197
Hinein in die Pilze	199

Tirol

Quer durch das Land im Gebirge
Das Land im Gebirge	201
Zweimal Flug für Anna	202
Leuchtturm über Innsbruck	204
Wie ich zum Schispringen kam	205
Die Entstehung von Stift Stams	206
Ein Märchen in Fortsetzungen – die Kristallwelten in Wattens	208
Auf einem Tiroler Hof	209
Bauernregeln	209
Demo auf der Autobahn	210

Tiroler Weihnacht
Der weite Weg des hl. Nikolaus	212
Tiroler Weihnacht	213
Die Suche nach dem Weihnachtsbaum	214

Der Gletschermann
Nino fährt ins Ötzi-Dorf	216
„Ötzi" war ein Mörder	217
Der Gletschermann	218

Sagenhaftes Tirol
Der große Hund	220
Friedl mit der leeren Tasche und das Goldene Dachl	220
Friedl mit der leeren Tasche	222

Damals in Tirol
Die Römer in Aguntum	224
Der Pleitegeier	225
Die Auswanderer	226
Verrat in Tirol	227
Andreas Hofer-Lied	228
Adele Stürzl – eine große Kämpferin	229

Die Schwabenkinder
Die Schwabenkinder	230
Ein Esser weniger am Tisch	231
Schilderung eines Zeitgenossen	232

Vorarlberg

Zurück aus den Ferien
Der Löwe von Lindau	233
Echtes Hundewetter und falsche Wölfe	235

Alemannisch – Wie die „Gsiberger" reden
Die Geheimsprache	237

Vorarlberg in alter Zeit
Geschichte Vorarlbergs: von der Urzeit zur Neuzeit	239
Vivat, Brigantium!	240
Sagen	242

Der Arlberg
Skifahren am Arlberg	243
Das geheimnisvolle Buch	244

Stromland Vorarlberg
Zeitreise bei Kerzenschein	246
Stromerzeugung in Vorarlberg	247
Solarschule Dafins	248

Typisch vorarlbergisch
Hörst du die Löcher im Käse?	249
Alles Lokoschade	250
Die Braut aus Nigeria	252

Brauchtum
Bräuche im Jahreskreis	254
Der Viktorsberger Faschingsumzug	254
Funko, Funko, hoh!	255

Schaffa, schaffa, Hüsle boua
Traditionelle Hausformen	257
Ein waldreiches Land	257
Josef ist kein Holzkopf!	258

Am Bodensee
Naturstrümpfe	260
Die Klangpiraten	263

Wien

In Wien ist immer etwas los
Das U-Bahn-Gespenst	265
Im Kinderliteraturhaus	266
Rund um die Burg	268
Rodeln am Wilhelminenberg	269

Ich bin ein Kind der Stadt
Echte Wiener	270
Mei radl	270
Meggi	271
Ich bin ein Kind der Stadt	272

Sehenswertes Wien
Besuch im Tiergarten Schönbrunn	274
Im Wurstelprater	276
Schloss Schönbrunn	278

Sagenhaftes Wien
Die unheimliche Totenmesse in St. Stephan	280
Ballade vom Lieben Augustin	281
Der Basilisk im Brunnen	282

Damals in Wien
Reiten für Rom	284
Der Erzschelm	287
Der goldene Apfel	290
Das Menuett	291
Die Walzerkönige	293

Rund um Wien
Kapitän auf der Admiral Tegetthoff	294
Anflug und Abflug	296

Burgenland

Land an der Grenze

Die burgenländische Landeshymne

Mein Heimatvolk! Mein Heimatland,
mit Österreich verbunden!
Auf dir ruht Gottes Vaterhand,
du hast sie oft empfunden.
Du bist gestählt in hartem Streit
zu Treue, Fleiß und Redlichkeit.
Am Bett der Raab, am Heiderand:
Du bist mein teures Burgenland!
Rotgold flammt dir das Fahnentuch,
Rotgold sind deine Farben!
Rot war der heißen Herzen Spruch,
die für die Heimat starben!
Gold ist der Zukunft Sonnenlicht,
das strahlend auf dich niederbricht!
Stolz trägt das Volk dein Wappenband.
Du bist mein teures Burgenland!
Mein Heimatvolk! Mein Heimatland!
Mit Öst´reichs Länderbunde
hält dich verknüpft das Bruderband
schon manche gute Stunde!
An Kraft und Treue allen gleich,
du jüngstes Kind von Österreich!
Zu dir steh´ ich mit Herz und Hand.
Du bleibst mein teures Burgenland!

Text: Ernst Görlich
Musik: Peter Zauner

„… jüngstes Kind von Österreich"

In der letzten Strophe der Landeshymne wird das Burgenland als „jüngstes Kind von Österreich" bezeichnet. Über viele Jahrhunderte gehörte das Gebiet des heutigen Burgenlandes zum ungarischen Teil der österreichisch-ungarischen Monarchie. Nach dem Ersten Weltkrieg und dem Zerfall des Kaiserreichs Österreich-Ungarn entstanden im Streit um dieses Land so große Spannungen, dass es fast zu einem neuerlichen Krieg gekommen wäre, wenn nicht Italien vermittelt hätte.

Im „Venediger Protokoll" einigte man sich, dass das Burgenland zu Österreich kommt, aber in Ödenburg die Bevölkerung befragt werden musste. Die Bevölkerung von Ödenburg entschied sich für Ungarn. Der ungarische Name für Ödenburg ist Sopron.

Aber das Burgenland grenzt nicht nur an Ungarn im Osten, sondern auch noch im Norden an die Slowakei und im Süden an Slowenien.

Monika Icelly

Land an der Grenze

Land an der Grenze – Ein Frauenschicksal

Sie hat ein hohes Alter erreicht und die wechselvolle Geschichte des Burgenlandes miterlebt.

Geboren wurde sie 1910, da war das Burgenland noch ein Teil des Königreiches Ungarn und somit ein Teil der österreichisch-ungarischen Monarchie. In der Familie wurde Ungarisch und Deutsch gesprochen, kreuz und quer.

Den Ersten Weltkrieg (1914–1918) erlebte Josephine Nemeth als Kind. Der Vater musste „einrücken". Josephine verstand die Bedeutung dieses Wortes nicht, aber sie spürte, dass es etwas sehr Schlimmes sein musste.

Die Mutter betrieb eine kleine Landwirtschaft, und so gab es immer etwas zu essen. Als der Vater vom Krieg heimkehrte, sprach er lange Zeit nichts. Manchmal schrie er im Schlaf.

1921 wurde das Gebiet von Westungarn (das heutige Burgenland) an Österreich angeschlossen. Vier Jahre später wurde Eisenstadt Landeshauptstadt.

1922 durfte Josephines Mutter bei den burgenländischen Landtagswahlen zum ersten Mal wählen gehen. Das war neu und aufregend, denn das Frauenwahlrecht war in Österreich erst 1918 beschlossen worden.

Am 1. Jänner 1925 gab es eine Währungsumstellung von Kronen auf Schilling.

Der Umrechnungskurs war 10 000 zu 1. Das bedeutete, dass das Geld nichts mehr wert war und viele Leute mit einem Schlag bettelarm geworden waren.

„Das Geld ist umgefallen!", sagten die Leute. Manche wanderten nach Amerika aus, in der Hoffnung, dort ein besseres Leben zu finden.

Am 12. März 1938 marschierten deutsche Truppen in Österreich ein, der „Umsturz" war vollzogen, Hitler und die Nazis waren an der Macht und Österreich wurde die „Ostmark des Großdeutschen Reiches". Viele Leute bejubelten den „Führer", einige leisteten Widerstand.

Am 15. Oktober 1938 wurde das Bundesland Burgenland aufgelöst und auf die beiden Nachbarbundesländer aufgeteilt: Das nördliche und mittlere Burgenland kam zum „Gau Niederdonau" (Niederösterreich), das südliche zum „Gau Steiermark".

Und auch der Schilling wurde abgeschafft und im Verhältnis 1,5 zu 1 in Reichsmark umgetauscht.

Viele Juden mussten flüchten oder wurden abtransportiert. Auch die Roma des Dorfes waren eines Tages verschwunden. Nur wenige kamen zurück.

1939 heiratete Josephine Nemeth den Tischlermeister Franz Horvath.

Noch im selben Jahr begann der Zweite Weltkrieg (1939–1945) und Franz musste in den Krieg ziehen.

Ihr Sohn Florian wurde 1940 geboren, der Vater sah seinen Sohn zum ersten Mal, als er auf Heimaturlaub war. Da war Florian schon sieben Monate alt.

Josephine schrieb ihrem Mann viele Briefe an die „Front". Glücklicherweise kehrte er kurz vor Kriegsende zurück. In Amsterdam war er im Lazarett gewesen.

Er erzählte viel vom Krieg, aber wie schlimm es wirklich gewesen war, darüber sprach er nicht. Viele Männer kehrten nicht zurück, sie waren im Krieg „gefallen".

Österreich war in vier Besatzungszonen aufgeteilt, das Burgenland lag in der russischen Zone. Im Dezember 1945 gab es wieder eine Währungsumstellung, diesmal von Reichsmark auf Schilling. Das Geld „fiel" ein zweites Mal „um". Viele Familien standen vor dem Nichts. Der Wiederaufbau war mühsam.

1946 wurde Josephines Tochter Marianne geboren. 1948 wurde an der Grenze zu Ungarn ein Stacheldrahtzaun errichtet, der „Eiserne Vorhang". Von da an war die Grenze zum Osten Europas unüberwind-

Land an der Grenze

lich geworden. Der Kontakt zu den ungarischen Verwandten riss ab.

Trotz allem begann sich das Leben zu normalisieren. Franz Horvath eröffnete eine kleine Tischlerei. 1955 verließen die russischen Soldaten das Burgenland. 1956 kam es in Ungarn zu einem Aufstand der Bevölkerung gegen die kommunistische Herrschaft, und viele Menschen flüchteten nach Österreich.

Die Volksschule des Dorfes wurde vorübergehend zu einem Flüchtlingslager. Josephine und Marianne gingen oft in das Flüchtlingslager und brachten den Flüchtlingskindern Kleider und Spielsachen. Auch zwei Cousins von Josephine war die Flucht geglückt. Sie blieben einige Wochen in Josephines Haus. Später wanderten sie nach Amerika aus.

1989 ist Josephine bereits 79 Jahre alt, aber immer noch rüstig, ihr Mann Franz ist vor einigen Jahren gestorben. Der Sohn Florian ist nach dem Jusstudium in Wien geblieben, die Tochter Marianne lebt als Volksschullehrerin im Dorf, ihr Mann hat die Tischlerei von Franz Horvath übernommen und den Betrieb erweitert. Ihre beiden Kinder gehen ins Gymnasium.

Der Eiserne Vorhang fällt. Josephine bittet Marianne, mit ihr an die Grenze zu fahren, damit sie diesen historischen Moment mit eigenen Augen erleben kann.

Um Mitternacht wird die Grenze geöffnet und viele Menschen, vorwiegend aus Ostdeutschland, fahren über die Grenze in die Freiheit. Sie werden mit heißem Tee empfangen und bekommen auch etwas Reisegeld. Josephine steht da und kann vor Freude nicht sprechen.

1995 wird Österreich Mitglied der Europäischen Union. Josephine erlebt eine weitere Währungsumstellung. Am 1. Jänner 2002 wird vom Schilling auf den Euro umgestellt. Josephine tut sich mit der Umstellung leichter als ihre Tochter Marianne, für Josephine ist es die vierte, für Marianne die erste.

Am 1. Mai 2004 werden zehn neue Länder in die EU aufgenommen, darunter auch das Nachbarland Ungarn. Das Burgenland rückt vom Rand des geeinten Europa wieder in die Mitte. Josephine, die kaum mehr gehen kann, will dennoch an die ungarische Grenze fahren und bei den Feierlichkeiten dabei sein. Marianne parkt den Wagen vor dem Grenzübergang, sie stützt ihre Mutter, und dann gehen beide ganz langsam über die Grenze, und niemand verlangt an diesem Abend einen Reisepass.

Josephine hat nasse Augen. „Dass ich das noch erleben darf!", sagt sie leise.

Zwei Monate später ist sie gestorben.

Jutta Treiber

Alois Mock (l.), Österreichs Außenminister und sein ungarischer Amtskollege Gyula Horn beim Durchtrennen des Eisernen Vorhanges am 27. Juni 1989.

Land an der Grenze

Das Kind auf der Landstraße

*Unmittelbar an der österreichisch-slowakischen Grenze, nur acht Kilometer von Bratislava entfernt, befindet sich das Barockschloss Kittsee, das 1740 von Paul Esterházy erbaut wurde. Dort lebte Fürst **Dr. Ladislaus Batthyány**, ein adeliger ungarischer Gutsbesitzer und Arzt, der auf eigene Kosten auf seinem Gut ein modernes Spital errichtete. Er behandelte seine Patienten kostenlos und bezahlte armen Leuten aus eigener Tasche Brillen.*

Als „Arzt der Armen" wurde er im März 2003 von Papst Johannes Paul II. in Rom selig gesprochen.

„Meine Kinder und meine Kranken, das sind meine Schätze."

„Eine recht kräftige Ordination" nennt Dr. Batthyány den Andrang in seiner Ambulanz. Er kommt spät zum Mittagessen, seine Frau sorgt sich, weil er schon wieder so blass ist. „Laci, du musst auch ein bissl auf dich schauen!"

„Mach ich", verspricht er. „Am Nachmittag fahr ich ganz gemütlich mit dem Auto nach Potzneusiedl, mich auslüften …"

Dort muss er keine Patienten besuchen, nur seinen landwirtschaftlichen Betrieb. Und er fährt so gern Auto. Erst am vergangenen Abend hat er es wieder erfolgreich repariert.

Von den Feldern her grüßen ihn die Bauern. Ein älterer Mann kommt an den Straßenrand, als er das Auto herantuckern hört, und schwenkt die Mütze. „Gott segne Eure Durchlaucht!" Als vor zwei Jahren sein Stall abbrannte, hat ihm der Fürst Baumaterial geschenkt und ihm noch dazu den Pachtzins erlassen. Das wird ihm der Bauer nie vergessen.

„Hallo, Péter!", antwortete Dr. Batthány und fährt eine Spur langsamer, damit er den Mann nicht in einer Staubwolke zurücklässt.

Schon tauchen die ersten Häuser auf. Dr. Batthyány strengt seine Augen an: Eine kleine Gestalt geht mitten auf der Landstraße, einen Korb in der linken Hand, den rechten Arm ausgestreckt, wie um das Gleichgewicht zu halten. Die unsicheren Schritte – ein Kind? Was für eine seltsame Kappe trägt es auf dem Kopf?

Er drückt auf die Hupe. Das Kind erschrickt, dreht sich um, springt einen Schritt nach rechts, dann einen Schritt nach links. Es ist ein Mädchen, und die seltsame Kappe ist ein riesiger Verband, der ein Auge ganz und das andere halb bedeckt.

Dr. Batthyány bremst, die Reifen quietschen. „Ja, Mäderl, du musst doch aufpassen, wenn ein Auto daherkommt."

„Wollt ich ja, aber ich hab nicht gesehen, wo's genau kommt."

Er steigt aus. „So ein dicker Verband! Was ist denn los mit dir?"

„Augenweh."

„Ja, Kinderl, da muss deine Mama mit dir zum Doktor gehen."

Das Mädchen schüttelt den Kopf. „Meine Mutter sagt, wir haben das Geld für den Doktor nicht."

„Wie heißt du?"

„Klara."

Land an der Grenze

"Klara, darf ich nachschauen, was deinem Auge fehlt?" Sie überlegt und nickt, er wickelt vorsichtig den Verband herunter.

"Also, Klara, du musst auf jeden Fall zu einem Arzt." Er nimmt einen Geldschein und eine Visitenkarte aus seiner Brieftasche. "Schau, das Geld und diesen Zettel gib zu Hause deiner Mama. Auf dem Zettel steht der Name vom nächsten Onkel Doktor. Der macht dein Auge gesund – wenn Gott will." Behutsam bindet er das Tuch zu einem neuen, schmäleren Verband. "Damit du den Weg nach Hause besser findest …"

Schon fährt das Auto weiter. Klara legt Geld und Karte zum Gemüse in den Korb.

"Dr. Ladislaus Batthyány", liest die Mutter. Sie zeigt die Visitenkarte ihrer Nachbarin.

"Na klar", sagt die. "Der Fürst Batthyány in Kittsee. Der ist doch berühmt als Augenarzt. Gleich morgen fahr mit deiner Klara hin. Mein Schwager soll euch auf dem Wagen mitnehmen, rechtzeitig in der Früh."

In der Ordination warten schon viele Menschen. Ein Mann in weißem Mantel erscheint an der Tür. "Klara! Da bist du ja! Herein mit dir!"

Sie erkennt seine Stimme. "Mama, das ist der Mann von gestern!"

Dr. Batthyány untersucht Klaras Auge genau. "Das werden wir operieren", sagt er zu Klaras Mutter. "Sie kann gleich dableiben im Spital."

Vor der Operation zeichnet er mit dem Daumen ganz zart ein Kreuzzeichen auf Klaras Augenlid.

"Du brauchst keine Angst zu haben, Klara."

"Ich hab keine Angst, Onkel Doktor Fürst."

Drei Wochen bleibt Klara nach der Operation im Spital. Ihr Auge ist gesund geworden, und bei der Nachuntersuchung kann sie den Doktor klar und scharf sehen, jede Falte in seinem Gesicht, die leicht hervorquellenden blaugrauen Augen, die hohe, gewölbte Stirn mit nicht allzu vielen Haaren darüber, den kleinen Bart über der Oberlippe.

"Ich seh alles, und nichts tut mehr weh. Vergelt's der liebe Gott! Auf Erden und im Himmel!"

Er freut sich sehr. "Schön, dass du mir das wünschst. Das geht bestimmt in Erfüllung, denn der liebe Gott hört besonders auf Kinder."

"Wirklich wahr?", staunt Klara.

"Wirklich wahr", sagt er und zeichnet zum Abschied ein kleines Kreuz auf Klaras Stirn.

Den Geldschein, seinen Geldschein, den Klaras Mutter ihm anbietet, weist er lächelnd zurück. "Das stecken S' nur schnell wieder ein", sagt er. "Mit dem ‚Vergelt's Gott' hilft Klara mir mehr, als ich ihr geholfen habe!"

Lene Mayer-Skumanz

Spital,
1902 eröffnet

Verschiedene Völker – Verschiedene Sprachen

Wir alle leben gern im Burgenland

Volksschule Kroatisch Minihof

Im Burgenland gibt es Sprachinseln, wo Menschen mit einer anderen Muttersprache als Deutsch wohnen. Dort spricht man Kroatisch, Ungarisch oder Romanes. Da die Volksgruppen der Kroaten, Ungarn und Roma ein kleiner, das heißt „minder" (= weniger) großer Anteil an der burgenländischen Gesamtbevölkerung sind, spricht man von ihnen als Minderheiten. Das Zusammenleben war nicht immer leicht. Oft ist es auch deshalb schwierig, weil Menschen Angst vor dem Fremdem haben. Das Fremde ist aber nicht mehr fremd, wenn man es besser kennen lernt. Die Texte der verschiedenen Volksgruppen in diesem Buch sind ein guter Anfang. Wenn Menschen friedlich zusammenleben und Verständnis für ihre unterschiedliche Herkunft und Kultur entwickeln, hat Gewalt keinen Platz.

Monika Icelly

Wusstest du, dass ...

- *viele Kroaten bereits 1529 auf der Flucht vor den Türken in das heutige Burgenland kamen;*
- *die Sprache der Burgenlandkroaten von den Kroaten in Kroatien nur schwer verstanden wird, weil sie sich jeweils eigenständig entwickelt hat;*
- *es einige Volksschulen mit kroatischer Unterrichtssprache gibt und in vielen zweisprachigen Schulen drei Unterrichtsstunden pro Woche die kroatische Sprache unterrichtet wird;*
- *bereits im 11. und 12. Jahrhundert ungarische „Grenzwächter" östlich der Lafnitz- und Leithagrenze angesiedelt wurden – Ortsnamen mit „Wart" oder „Schützen" erinnern daran;*
- *an vielen Volksschulen Ungarisch unterrichtet wird – auch in Hauptschulen und mittleren und höheren Schulen wird Ungarisch als Pflicht- oder Freigegenstand angeboten;*
- *in den Kindergärten von Oberpullendorf, Siget in der Wart und Unterwart neben Deutsch auch Ungarisch gesprochen wird;*
- *die Roma ein aus Indien stammendes „Wandervolk" mit eigener Kultur und Sprache sind;*
- *zwischen 1664 und 1674 unter Graf Christoph Batthyàny die ersten Romasiedlungen entstanden;*
- *„Rom" auf Deutsch „Mensch" heißt?*

Verschiedene Völker – Verschiedene Sprachen

Lukas Resetarits –
Ein burgenländisch-kroatischer Künstler

Einer der bekanntesten Künstler aus dem Burgenland ist kroatischer Herkunft: der Kabarettist Lukas Resetarits. „Wir sind als burgenländische Kroaten aufgewachsen und haben zu Hause kein Wort Deutsch gesprochen", erzählt er.

Als die Familie Resetarits in den 10. Bezirk nach Wien zog, mussten sich die Kinder umstellen und die Sprache lernen.

„Ich habe nie Deutsch gelernt, sondern Wienerisch und die Erfahrung, die Krawoten von nebenan zu sein, sich auf der Verliererseite zu fühlen, hat unsere Sicht auf das Leben und was wir tun sehr beeinflusst."

In seinen Kabarettprogrammen bringt der Künstler die Menschen über die Sorgen und Nöte der Minderheiten und Zuwanderer zum Nachdenken.

Monika Icelly

Branko

(tritt singend auf) „Oh, du mein Esterreich, oh, du mein Heimatland … Entschuldigen, heiß ich Branko Simič. Gute Zeiten putzen Dreck, schlechte Zeiten müssen weg. Aber ich vielleicht nix muss weg, ich vielleicht nix wegmuss, ich vielleicht Chance für Staatsbirgerschaft, vielleicht Chance für Staatsbirgerschaft, spreckt er mein Chef, ich vielleicht meglich für Chance für Staatsbirgerschaft. Mein Chef so Beziehungen, meglich für Staatsbirgerschaft. Aber muss iben, iben, iben, iben. Ibung macht Esterreicher. Muss alles iben: Lieder und Hymnen, was liebstes singt der esterreichische Mensch. Eine Hymne ich schon kann: „Oite, schau mi net so teppat an …", ich schon kann den Hymne. Meine Frau immer so lacht, wann i singta den Hymne. Aber i no nix so perfekt. Mein Sohn, mein Sohn, mein S u p e r s o h n! Mein Sohn so perfekt, mein Sohn so perfekt Esterreicher, mein Sohn gehta auf Fußballplatz, schreita: Tschuschn aussi! Haha. Aber i muss iben Lied von Strom, wia haaßta denn: Lanta-Lied. Lanta. Lantaberge, Lantastrome.

Lukas Resetarits

Verschiedene Völker – Verschiedene Sprachen

Ungarisches Muttertagsgedicht

Anyák napjára

Édesanyám,
virágosat álmodtam,
napraforgó
virág voltam
álmomban,
édesanyám,
te meg fényes nap voltál,
napkeltétöl
napnyugtáig ragyogtál.

Ágh István

Ich träumte von Blumen

Mütterchen,
ich träumte von Blumen,
in meinem Traum war ich eine
Sonnenblume,
und du, Mütterchen, warst der
Sonnenschein,
von Sonnenaufgang bis
Sonnenuntergang
hast du gestrahlt.

István Ágh

Mala mini-škola/Meine Mini-Schule

Mala mini-škola

Jedna je škola
Razredi dva
Tri su učitelji
A četiro školari
Petere knjige
Šestere torbe
Sedam slovov skače
osma se namače
devet pockov v´knijižica
ima mali Jurica
ali ča je najlipše:
deset dan su ferije!

Ana Schoretits

Meine Mini-Schule

Nur eine Schule
der Klassen zwei
drei flotte Lehrer
vier Schüler dabei
fünf bunte Bücher
sechs Malkastentücher
sieben Wörter springen
acht Gedanken singen
neunmal kleckst der Ferdinand
blaue Flecken an die Wand
doch das schönste ist dabei:
monatlich zehn Tage frei!

Ana Schoretits

Verschiedene Völker – Verschiedene Sprachen

Der arme Rom und der Teufel

Es war einmal ein Rom, der hatte zwölf Kinder. Er war sehr arm, aber er hatte eine Geige, und mit der ging er im Fasching musizieren. Das ganze Dorf war er schon abgegangen, viel Brot hatte man ihm gegeben und Geld auch. Nur beim Müller war er noch nicht gewesen, und er sagte zu sich: „Jetzt muss ich zum Müller gehen."

Als er nun beim Müller eintreten wollte, kam der Müller mit einer großen Hacke heraus. Er sagte zum Rom: „Spiel nicht, Rom! Mir ist ein großes Unglück widerfahren."

„Was gibt es?", fragte der Rom. „Könnte ich dir nicht helfen?"

„Oh ja", sagte der Müller, „zu mir kommt der Teufel jede Nacht um zwölf Uhr mahlen!"

Nun sagte der Rom: „Diese Nacht werde ich bei dir sein."

Um zwölf Uhr kam der Rom. Der Müller hatte ihm ein großes Brot mitgegeben, auch Wein und Fleisch, und für den Teufel hatte der Rom ein Fass Spiritus dabei. Als nun der Teufel die Geige sah, fragte er: „Freund, was ist das?"

„Das ist eine gute Sache", sagte der Rom, „du wirst gleich sehen, wie du tanzen wirst!" Und er spielte ihm ein Lied.

Nun gab der Rom ihm den Spiritus zu trinken. Und der Teufel betrank sich. Als er betrunken war, begann der Teufel zu tanzen. Er sprang bis zum Plafond, und mit seinen Hörnern riss er die ganze Decke herunter. Dann sagte der Teufel zum Rom: „Lass mich spielen!"

Der Rom sagte: „Ich lasse dich spielen. Aber zuvor muss ich deine Krallen abfeilen, sonst kannst du nicht spielen."

Nun spannte der Rom die Hände des Teufels in den Schraubstock ein. Er nahm eine große Feile und begann seine Hände zu feilen.

Da jammerte der Teufel: „Ach, mein Freund, ich will die Geige nicht mehr spielen lernen, mir kommt ja schon das Blut!"

Der Rom aber sagte: „So lange werde ich dich bearbeiten, bis du mit deinem eigenen Blut unterschreibst, dass du nie wieder in die Mühle mahlen kommst."

Da unterschrieb nun der Teufel, und der Rom nahm seine Hände aus dem Schraubstock heraus. Daraufhin ist der Teufel mit dem Schraubstock fortgegangen.

Und wenn sie nicht gestorben sind, so leben sie noch heute.

Dieter Halwachs

In Märchen, Erzählungen und Liedern haben die Roma ihre Kultur und Sprache überliefert. Als Erzähler waren sie in Gasthäusern und auf Jahrmärkten gern gesehene Gäste. Sie verdienten sich auf diese Weise etwas Geld oder erhielten dafür Essen. Ihre Sprache, das Roman, droht in Vergessenheit zu geraten. Jugendliche verstehen sie zwar, verwenden sie aber selbst nicht mehr. Der Ursprung dieser Sprache und der Geschichten liegt in Indien, woher die Roma stammen.

Verschiedene Völker – Verschiedene Sprachen

Das schreckliche Ende einer Kartenpartie

Der niederösterreichische Autor Robert Klement hat in seinem Buch „7 Tage im Februar" eines der traurigsten Kapitel in der jüngeren burgenländischen Geschichte behandelt: das Attentat vom 4. Februar 1995 auf die Romasiedlung bei Oberwart. In vielen Gesprächen mit betroffenen Roma hat er versucht, die Hintergründe des Anschlags zu erforschen.

Die Brüder Erwin und Karl trafen sich mit Josef und Peter zu einer Kartenpartie, die träge vor sich hinplätscherte. Um halb zwölf hatte eigentlich niemand mehr Lust weiterzuspielen. Erwin trank sein Bier aus. Peter meinte, dass man das Hundegebell in der Siedlung nicht einfach ignorieren sollte. Immerhin sei es möglich, dass sich jemand aus Richtung Unterwart an die Siedlung heranpirschen wollte.

„Wir gehen nachschauen", meinte Peter.

Die vier Männer stolperten in der Dunkelheit den schlammigen Weg entlang und versuchten, den größeren Pfützen auszuweichen. Keiner sprach ein Wort, die Stille um ihn herum kam Josef seltsam und unheimlich vor. Jeder schien sich insgeheim schon eingestanden zu haben, dass dieser Kontrollgang sinnlos war. Jetzt hörte man von der Schnellstraße einen schweren Lastkraftwagen, auf den Feldern glänzten schmale Streifen Schnee im Mondlicht. Karl umklammerte den Griff seines Messers. Begleitet wurden die vier lediglich vom Strahl eines Scheinwerfers, der sich weit in den nachtdunklen Himmel bohrte.

„Wie weit möchtet ihr noch gehen?", fragte Erwin. Josef spürte ein Frösteln im Nacken, es war zu kalt, um mit bloßem Hemd lange Erkundungsgänge zu machen. Er wollte umkehren, doch im letzten Moment streiften die Lichter eines Fahrzeuges einen Gegenstand, der dort bei der Unterführung mitten auf dem Weg stand.

Die vier Männer gingen auf dieses merkwürdige Hindernis zu. Was hatte dieses Verkehrsschild an der Weggabelung zu bedeuten? An der Spitze befand sich eine Tafel, im Lichtkegel von Karls Taschenlampe erschienen helle Buchstaben auf schwarzem Grund: ROMA zurück nach INDIEN!

Nach einem Augenblick des Erstaunens hatte sich Peter zuerst gefasst und wollte der Tafel einen Tritt versetzen, doch Josef hielt ihn zurück: „Lass das stehen. Das zeigen wir morgen der Gendarmerie!"

Peters Fäuste waren geballt, Arme und Schultern gespannt, er konnte seine Empörung nicht verbergen: „Nein, diese Frechheit darf nicht bis morgen hier stehen bleiben!"

Erwin bückte sich und wollte den Ständer am unteren Ende fassen, da erkannte er, dass der Sockel ziemlich schwer sein musste, als ihn Josef an der Schulter zurückzog: „Lass es stehen, wo es ist. Rühr es nicht an! Das ist endlich eine Sache, die uns die Gendarmen glauben müssen. Gleich in der Früh ruf ich beim Posten an. Die sollen diese Schweinerei anschauen und wegräumen."

Karl leuchtete noch immer auf die Tafel und spürte, wie seine Wut langsam wuchs: „Die werden hoffentlich nicht glauben, dass wir das selber hergestellt haben."

„Nein, das nehmen wir mit und zeigen es den anderen", meinte Peter entschieden.

„Vielleicht kommen die Leute, die das aufgestellt haben, morgen vorbei und nehmen es wieder mit. Und uns sagt man dann, wir hätten schlecht geträumt."

Josef zögerte. Er war der Älteste der Gruppe, alle warteten auf seine Entscheidung. Peter hatte Recht, hier hatten sie endlich ein handfestes Beweisstück. Niemand konnte mehr behaupten, die Roma aus

Verschiedene Völker – Verschiedene Sprachen

Im Februar 1998 wurde in Oberwart ein Mahnmal für die vier am 4. Februar 1995 ermordeten Roma – Peter Sarközy, Josef Simon und die beiden Brüder Karl und Erwin Horvath – enthüllt.

der Siedlung würden sich die zahlreichen Provokationen nur einbilden und unter Verfolgungswahn leiden.

„Okay, wir nehmen das Ding mit."

Peter nickte zufrieden. Als Josef nach dem Ständer griff, glaubte er, Gekrächze ganz in der Nähe zu hören. „Katok", dachte er, blickte zum Himmel empor, konnte jedoch seinen Freund in der Dunkelheit nicht erkennen, nur den Lichtstrahl, der ihm nun besonders stark und hell erschien.

Seine Hände berührten die kalte Tafel, das im Schalter enthaltene Quecksilber geriet in Bewegung und schloss den Stromkreis.

Es dauerte noch zwei, drei lange Sekunden – dann explodierte die Bombe in einem gewaltigen Blitz.

Robert Klement

Im Jahr 1989 wurde in Oberwart der „Verein ROMA – zur Förderung von Roma" gegründet. Zu seinen Aufgaben zählen unter anderem:
- *die Lebenssituation der Roma in Österreich zu verbessern;*
- *dabei zu helfen, Vorurteile abzubauen;*
- *Kinder und Jugendliche zu unterstützen;*
- *die Aufnahme der Roma in die Gesellschaft zu fördern.*

Mehr über den Verein und seine Aktivitäten findest du im Internet unter: www.verein-roma.at

Kinder über ihren Heimatort

Egal, welcher Volksgruppe die Kinder im Burgenland angehören, sie alle haben bestimmte Erwartungen an ihren Heimatort.

Wie sehen Kinder ihren Heimatort? Was gefällt ihnen, was gefällt ihnen nicht? Leben sie gerne dort oder würden sie lieber anderswo leben? Und wie schaut die Landschaft ihrer Träume aus? Diesen Fragen ist die burgenländische Schriftstellerin Jutta Treiber nachgegangen.

Ich habe eine 4. Klasse der Volksschule in Oberpullendorf befragt, 12 Mädchen und 6 Buben im Alter von 10 Jahren, von denen fast alle in Oberpullendorf leben. Ich habe eine Menge interessanter Antworten erhalten – und nebenbei noch erfahren, was Kinder über den Krieg denken …

Kinder sind bescheiden. Sie brauchen eigentlich nicht viel. Was ihnen am wichtigsten ist: Frieden und eine intakte Umwelt.

Grundsätzlich sind die Kinder der Meinung, dass Oberpullendorf ein schöner Ort ist, in dem man gut leben kann. Mit der Schule und den Lehrern sind sie sehr zufrieden.

Was den Kindern an ihrem Heimatort vor allem gefällt, sind die Möglichkeiten zur Freizeitgestaltung: das Schwimmbad, der Fußballplatz, der Kinderspielplatz, der Radweg, der Tennisplatz, das Kino, die Konditorei mit dem guten Apfeleis, aber auch die Geschäfte, allen voran das Spielzeuggeschäft.

Kinder sind umweltkritisch, Erwachsene könnten viel von ihnen lernen.

Was diese Kinder an ihrem Heimatort am meisten stört, sind Umweltsünden:

Dass es zu viele Autos gibt, die Autos zu viel Lärm machen und zu viele Abgase ausstoßen. Dass Jugendliche sich betrinken und nachts grölend durch die Straßen ziehen, sodass die Kinder nicht einschlafen können. Dass die Straßen des Ortes und die Ufer des Stooberbaches verschmutzt sind, weil alles achtlos weggeworfen wird.

Was sich diese Kinder wünschen würden:

Ein besser ausgebautes Schwimmbad mit mehreren Becken. Weniger Umweltverschmutzung – saubere Straßen, saubere Bachufer. Geräuschlose Autos ohne Abgase. Fußgängerzonen. Noch mehr Geschäfte (z. B. ein Skateboardgeschäft und eine Tierhandlung). Eine Kinderdisco und dass der Beachvolleyballplatz auch im Frühling und Herbst geöffnet wäre. Vor allem aber eine intakte Landschaft: Wälder, Tiere, Blumenwiesen.

Was sie sich noch wünschen: Frieden. Alle befragten Kinder haben Angst vor dem Krieg und sind entschiedene Kriegsgegner: Unschuldige Menschen sterben, Kinder verlieren ihre Eltern, alles wird zerstört, es gibt Leid und Verletzungen, die nicht auszuhalten sind, alles das wissen sie.

Wer eine schöne Welt schaffen will, der höre auf die Kinder. Nehme ihre Wünsche ernst – und verwirkliche ihre bescheidenen und menschlichen Lebensentwürfe.

Jutta Treiber

Kind sein im Burgenland

Ein wundersamer Ort (Rätsel)

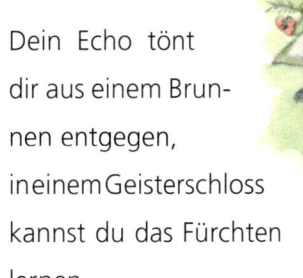

Es gibt einen Ort,
da kannst du dich selber auf einen hohen Turm ziehen,
da kannst du auf einem Drachen fliegen – du musst ihn nur ein bisschen treten,
da kannst du in einem Ballon Ringelspiel fahren oder auf einem grunzenden Schwein reiten.
Ein Esel spielt dazu Klavier,
alle Bremer Stadtmusikanten (außer dem Esel noch Hund, Katze und Hahn) spielen mit, und sie haben sich sogar Verstärkung geholt: ein Schaf, eine Gans, ein Schwein und eine Kuh. Das ergibt ein tolles Orchester!
Ein Kater hat Stiefel an,
ein kleines Mädchen mit rotem Käppchen geht durch den Wald – begleitet von einem Wolf,
ein Igel und ein Hase haben grad ihr Wettrennen beendet,
zwei schlimme Buben namens Max und Moritz warten auf die gebratenen Hühner einer gewissen Witwe Bolte,
ein Tisch deckt sich von selbst,
ein schönes Mädchen mit schwarzen Haaren unterhält sich mit sieben sehr kleinen Männern,
ein Wolf dagegen mit sieben sehr kleinen Ziegen.
Ein Vogel will grad Hochzeit machen und singt aus voller Kehle,
und ein zänkisches Bauernpaar streitet so lange, bis die Kuh davonläuft.
(Zum Glück kommt sie wieder zurück, als die Bauersleute aufhören zu streiten.)

Dein Echo tönt
dir aus einem Brunnen entgegen,
in einem Geisterschloss
kannst du das Fürchten
lernen,
und wenn du hungrig bist, kannst du mit den Riesen picknicken.
Wenn sie aber grad nicht zu Hause sind, kannst du zumindest ihren Picknickplatz benützen. Du wirst staunen, wie groß Riesentische und Riesensessel sind!
Und wenn es dunkel wird, sagen sich hier nicht Fuchs und Hase Gute Nacht,
sondern Rot- und Damhirsche, Ziegen und Zackelschafe.
Du glaubst mir nicht?
Dann überzeuge dich selbst!
Du musst nur wissen, wo du diesen märchenhaften Ort finden kannst!

Jutta Treiber

Lösung: *Märchenpark Neusiedlersee – St. Margarethen*

 Arbeiten im Burgenland

Von Pendlern und Auswanderern

Viermal die Woche muss Frau K. aus F. morgens um 5 Uhr aus dem Haus. Der Firmenbus einer bekannten Supermarktkette bringt sie zu ihrer Arbeitsstätte, einer Filiale in Wien.

Viermal die Woche um 4:15 Uhr aufstehen, das Frühstück und die Jause für die Kinder vorbereiten, um dann im Bus noch ein wenig einzunicken, bevor um 6:00 Uhr ihre anstrengende Arbeit in der Feinkostabteilung beginnt. Ein Pendlerzimmer in Wien wie der Filialleiter, der aus dem südlichen Burgenland kommt, kann sie sich nicht leisten.

10 Stunden lang bedient sie Kunden, bäckt frisches Gebäck, bestellt neue Ware, putzt Vitrinen, schlichtet ein und sortiert Ware aus. Es ist eine Arbeit, die gewissenhaft versehen werden muss. Das Marktamt kontrolliert ohne Ankündigung, und wenn bei diesen Kontrollen verdorbene oder abgelaufene Ware gefunden wird, muss Frau K. die Strafe aus eigener Tasche bezahlen.

Um 19:00 Uhr endet die Arbeitszeit, unterbrochen nur von den gesetzlich vorgeschriebenen Pausen, die Frau K. oft nicht einhalten kann: Manchmal ist so viel zu tun, dass sie ihre beiden Kolleginnen auch während einer Pause unterstützt.

Um 20:00 Uhr fährt der Bus von Wien ab. Um 22:00 Uhr ist sie endlich zu Hause. Die Kinder schlafen um diese Zeit bereits und Herr K. sitzt dann meist vor dem Fernseher. Noch ein wenig aufräumen und dann nichts wie ins Bett: Bis zum nächsten Morgen sind es nur noch ein paar Stunden.

Wusstest du das?
In Chicago leben mehr Burgenländer und deren Nachfahren als in Eisenstadt.

Im Burgenland Arbeit zu finden war schon in früherer Zeit schwierig. Bereits im 18. Jahrhundert begann die Auswanderungsbewegung landwirtschaftlicher Arbeiter. Im 19. und 20. Jahrhundert war das Ziel vieler Arbeit suchender Menschen Amerika. Im Burgenland fehlten vor allem Handels- und Industriebetriebe, und die kleinen Landwirtschaften konnten nicht so vielen Menschen Arbeit geben. Dagegen lockte „Übersee", wie Amerika genannt wurde, als „Land der unbegrenzten Möglichkeiten".

Das Burgenland hat von allen österreichischen Bundesländern die meisten Auswanderer. In den Jahren 1850–1914 verließen 33 000 Burgenländer ihre Heimat, davon allein 24 000 in der Zwischenkriegszeit (1918–1939).

Um 1980 lebten ungefähr 100 000 Burgenländer und deren Nachfahren in Amerika.

Hans und Karl Horvath verließen das Burgenland 1922. In Milwaukee, nur 150 Kilometer von Chicago, der „größten burgenländischen Gemeinde" entfernt, bauten sie sich als Bierbrauer eine neue Existenz auf. Hans traf in Amerika sogar seine frühere Nachbarin und Schulkollegin aus dem Burgenland wieder. Beide waren sie Mitglieder der „Burgenländischen Gemeinschaft". Gertrud – sie arbeitete als Hausangestellte – und Hans wurden ein Paar. Ihre drei Töchter und deren Kinder und Enkel fühlen sich als „waschechte" Amerikaner. Aber ein bisschen auch als Burgenländer.

Wenn sie heute zusammenkommen, träumen sie immer noch von Gertruds unnachahmlichem Kaiserschmarren und den vielfältigen Strudelrezepten, vor allem von dem mit den Walnüssen …

Evelyn Kapaun

Arbeiten im Burgenland

Im Landesstudio Burgenland

Interview mit Bettina Treiber

Das ORF Landesstudio Burgenland ist in Eisenstadt, es liegt sehr schön auf einer Anhöhe mitten im Grünen. Hier arbeiten an die 130 Leute, Moderatoren und Redakteure, Kameraleute, Techniker …
Und natürlich der Chef, der so genannte Landesdirektor, der für das Programm verantwortlich ist.
Bettina, 29 Jahre alt, arbeitet im ORF Landesstudio Burgenland. Sie berichtet über Ausstellungen, Theateraufführungen, Konzerte, Lesungen und vieles andere. Sie interviewt viele Leute. Heute ist es einmal umgekehrt.

Man kann sich die Arbeit beim ORF vielleicht nicht wirklich vorstellen. Kannst du uns deine Arbeit beschreiben?

B: Ich arbeite fürs Radio und fürs Fernsehen und mache vor allem Kulturberichte. Wenn ich einen Beitrag plane, überlege ich mir zuerst, wie ich die Geschichte gestalten will und dann suche ich mir die entsprechenden Interviewpartner: Künstler, Fachleute …

Was ist wichtig bei einem Interview?

B: Ich versuche den Interviewpartnern zuzuhören, auf sie einzugehen, ihnen nichts aufzuzwingen und das herauszubringen, was sie wirklich sagen wollen. Was in den Medien immer gut ankommt, sind Gefühle. Die Fakten kann der Redakteur selber im Text beschreiben, die Gefühle der Leute liefere ich dann im Originalton (O-Ton).

Wenn die Interviews fertig sind, was passiert dann?

B: Dann kommt der technische Teil, den ich bei einem Radiobeitrag ganz alleine mache: Ich höre mir die Interviews noch einmal an, schreibe die Fakten auf, notiere die besten „Sager", dann spiel ich das alles in den Computer, das ist ein Schnittcomputer, in dem die Schallwellen optisch sichtbar werden, da kann man alles herausschneiden, was nicht passt, sogar jedes unnötige „Äh", das einer aus Verlegenheit gesagt hat. Ich schneide also diese Clips zusammen und schreibe dann den Text, den ich auch selber spreche. Dann suche ich die passende Musik aus, mit der ich eine bestimmte Atmosphäre erzeugen will, und spiele sie dazu. Und dann wird mein Beitrag im Radio gesendet …

Und wie ist das beim Fernsehen? Muss man da anders arbeiten?

B: Beim Radio kann man alles alleine machen, beim Fernsehen arbeitet man im Team: Redakteurin, Kameramann, Tonassistent, Cutterin (= Schnittmeister/in, der/die Filme oder Tonbandaufnahmen für die endgültige Fassung zusammenschneidet). Ich muss dem Kameramann erklären, welche Bilder ich im Kopf habe, und er muss meine Vorstellungen umsetzen. Oder er findet vielleicht eigene, bessere Bilder. Beim Fernsehen bestimmt das Bild die Geschichte.

Machst du lieber Radio oder Fernsehen?

B: Ich mag beides, und die Abwechslung ist gut. Ich mache auch Beiträge von ganz unterschiedlicher Länge, das geht von einer Minute bis zu einer Stunde.

Was ist das Faszinierende an deinem Beruf?

B: Die Vielfältigkeit: interessante Menschen kennen lernen, selber kreativ sein, schreiben, sprechen, mit Kollegen zusammenarbeiten, auch das Technische gefällt mir gut, ja, alles …

Kann man also sagen, du bist in deinem Traumjob gelandet?

B: Ja. Selbst nach drei Jahren ist es immer noch so spannend wie am ersten Tag.

Textgestaltung: Jutta Treiber

Geschichten aus alter Zeit

Martin und die Räuber

Der heilige Martin ist der Landespatron des Burgenlandes. Martins Vater war ein römischer Militärtribun in der Stadt Sabaria, heute Szombathely (Steinamanger) in Ungarn, und zwang seinen Sohn zu einer Militärlaufbahn. Die Geschichte, wie Martin – noch nicht getaufter Christ – seinen großen weißen Offiziersumhang entzweischnitt und die eine Hälfte einem Bettler schenkte, ist bekannt. Im Traum erschien ihm Christus, der die Mantelhälfte um die Schultern trug, und Martin begriff, dass seine Gabe für den Bettler in Wahrheit ein Geschenk für Jesus war.

Später verließ Martin den Heeresdienst und wurde Einsiedler und Mönch. 371 wählte ihn das Volk zum Bischof von Tours im heutigen Frankreich. Als er dieses Amt im ersten Schreck nicht annehmen wollte und sich – der Legende nach – in einem Stall verkroch, verrieten Gänse durch lautes Schnattern sein Versteck. Bischof Martin starb in hohem Alter 397 in Tours, seine Grabstätte ist ein beliebter Wallfahrtsort.

Hinter einem Felsvorsprung lauerten zwei hungrige, durstige Räuber und spähten hinunter ins Tal.

„Jetzt kommt einer, ein Junger, Schmaler", brummte der große, dicke Räuber. Er hatte den größeren Durst von den beiden; die Flasche an seinem Gürtel war leer getrunken.

„Er steigt den Weg herauf, und gar nicht langsam", flüsterte der kleine, dünne Räuber. Er hatte den größeren Hunger von den beiden, denn der Dicke war der Anführer und nahm sich immer die besten Stücke. „Schau dir an, wie der marschiert, wie ein Soldat!"

„Er trägt keine Waffen", sagte der dicke Räuber. „Leider auch kein Gepäck!"

„Er sieht überhaupt nicht aus, als gäbe es etwas zu holen bei ihm", schnaufte der Dünne und presste sich die Hand auf den knurrenden Magen. Unter seinem Körper löste sich ein Steinchen, es kollerte den Abhang hinunter. Ein Eichelhäher keckerte seinen Warnruf. Der Dicke war wütend auf den Dünnen. „So vertreibst du unser Beutestück!"

Doch der junge Wanderer machte nicht kehrt. Er hob nur den Kopf und schaute im Weitergehen zu den Felsen hinauf. Als er nahe genug herangekommen war, sprangen die Räuber aus ihrem Versteck. Sie packten den jungen Mann, drehten ihm die Arme auf den Rücken und fesselten mit einem starken Strick seine Handgelenke. Sie schleppten ihn vom Weg in die Büsche und zerrten ihn zu einer Höhle. Dort durchsuchten sie ihn.

„Nichts hat er!", meldete der Dünne traurig. „Keinen Geldbeutel, keine Waffe, nicht das kleinste Stückchen Brot!"

„Nicht einmal was zu trinken?", schrie der Dicke. Er trat dem Gefesselten gegen die Rippen. „He, wer bist du?"

„Ich bin Christ", antwortete der junge Mann.

„Christ, aha. Und sonst noch?"

„Nichts sonst", sagte der junge Mann.

„Hast du wenigstens reiche Eltern, die für dich Lösegeld zahlen können?", fragte der Dicke.

Der Junge lachte. „Nein. So viel Geld haben die nicht."

„Dann bist du zu gar nichts gut", brummte der Dicke enttäuscht, und zum Dünnen sagte er: „Schlag ihn tot, den unnützen Kerl. Ich steig ins Tal hinunter, zum Brückenwirt!" Er stapfte aus der Höhle.

Der Dünne packte seine Keule. „Immer muss ich die Drecksarbeit tun", murrte er und sah den Gefangenen an. „Sag, hast du keine Angst?!"

„Nein", antwortete der junge Mann. „Gott ist ganz nahe bei mir. Wenn die Gefahr am größten ist, steht Gott mir zur Seite. Ich bin bei ihm gut aufgehoben, wie ein Kind in den Armen seiner Eltern."

Der Dünne wich einen Schritt zurück. „An deiner

Geschichten aus alter Zeit

Seite?! Wenn ich mir vorstelle, dass dein Gott genau hier neben dir steht –"

Der Gefangene lächelte. „Gott schaut auf mich, darum habe ich keine Angst um mich. Aber um dich könnte ich Angst kriegen!"

„Um mich?", fragte der dünne Räuber mit heiserer Stimme.

„Ja, um dich! Mein Gott ist auch dein Gott, er geht dir nach und sucht dich, weil er dich lieb hat. Er wartet, dass du das erkennst. Dass du ihn erkennst und ihm vertraust. Aber wie soll dir das jemals gelingen, wenn dein Herz und dein Hirn voller Räubergedanken sind? Da ist kein Platz für Gott. Da ist kein Platz für Liebe."

Der Dünne hatte die Keule still auf den Boden gelegt. „Kann ja sein, dass du Recht hast ..."

„Fang neu an!", rief der junge Mann. „Lass dein Räuberleben und deine Räubergedanken! Hab Mut und fang neu zu leben an!"

Der Dünne löste dem Gefangenen die Fesseln. „Warst du doch ein guter Fang! Zwar hab ich nicht einmal ein Stückchen Brot gekriegt, aber ein paar neue Gedanken ... Komm, ich bring dich den geheimen Weg zur Straße hinunter. Und um den Brückenwirt schlagen wir einen Bogen."

Er führte den jungen Mann leise und sicher ins Tal hinab. Als sie von der Straße her den Hufschlag von Pferden und das Rattern von Wagenrädern hörten, blieb der kleine, dünne Räuber stehen.

„Von hier aus findest du selbst den Weg! Und Angst hast du ohnehin keine."

„Und du?", fragte der junge Mann.

Der Dünne seufzte. „Zuerst such ich mir ein paar Nüsse und Beeren für meinen hungrigen Magen. Dann ein ruhiges Plätzchen zum Nachdenken für mein hungriges Herz. Leb wohl! Und bitte deinen Gott für mich, wenn du mit ihm sprichst."

„Das will ich tun!", sagte der junge Mann.

Der kleine, dünne Räuber, der fast schon kein Räuber mehr war, wandte sich zum Gehen. „Ich heiße Bubo", rief er über die Schulter zurück. „Das musst du wissen, wenn du mit deinem Gott über mich redest. Und wie heißt du?"

„Martin."

„Martin! Dich vergesse ich mein Lebtag nicht!"

Lene Mayer-Skumanz

Geschichten aus alter Zeit

Die Quelle von Bad Tatzmannsdorf

Vor ein paar hundert Jahren stand in der Gegend des heutigen Tatzmannsdorf am Ufer eines kleinen sumpfigen Sees ein alter Erlenbaum. Unter den Wurzeln des Baumes floss die Quelle hervor, die den See speiste.

Einmal kam ein Bergmann dorthin, der im Land nach Erzen suchte. Es war schon Abend und er war müde. Zwar hatten ihn Leute aus der Gegend gewarnt, abends in der Nähe des Sees zu verweilen, weil es dort Irrlichter gäbe, die Wanderer gern in den Sumpf locken. Aber der Bergmann fürchtete sich nicht vor Irrlichtern oder anderen gruseligen Wesen, sondern schlug auf einem trockenen Plätzchen im dichten Ufergebüsch sein Nachtlager auf. Er saß noch eine Weile und hörte dem Gesang der Frösche zu. Da war in der Nähe ein Rascheln und ein Lichtschein, und plötzlich sah der Bergmann einen alten Mann mit weißem Haupthaar und einem langen weißen Bart mit einem Licht in der Hand sich auf den Erlenbaum zubewegen.

„Was will der da?", dachte der Bergmann und blieb mausestill. Er sah, wie der Alte, sein flackerndes Laternchen in der einen Hand, einen Krug in der anderen, sich zu den Baumwurzeln hinabbeugte und Quellwasser in den Krug füllte. Kaum war der Krug voll, richtete der weißhaarige Alte sich wieder auf und ging fort.

Der Bergmann schüttelte den Kopf und sagte zu sich: „Das war ein alter Mann mit einer Laterne und kein Irrlicht. Er hat sich Wasser von der Quelle geholt. Warum mitten in der Nacht? Aber was geht mich das an?", und schlief ein.

Am nächsten Morgen ging der Bergmann zu dem Erlenbaum, beugte sich zu der Quelle nieder, die da aus dem Boden floss, schöpfte mit der hohlen Hand Wasser und trank. Der Trunk erfrischte ihn, wie schon lange kein Wasser ihn erfrischt hatte. Er

Nymphenbrunnen von Bad Tatzmannsdorf

ging wieder fort, seiner Erzsuche nach, und dachte bald nicht mehr an den Vorfall an der Quelle.

Der geheimnisvolle Alte soll übrigens, wie man später erfahren hat, ein Arzt gewesen sein, der für seine Kranken dort heimlich bei Nacht Wasser holte, weil er um die Heilkraft der Quelle wusste, sie aber nicht verraten wollte.

Eines Tages kam ein Hirtenknabe mit einer Herde Schweine von weit her an den kleinen Quellsee. Die Schweine waren alle krank. Fiebrig und mit trüben Augen kamen sie daher. Als sie den See erblickten, stürzten sie sich alle hinein und tranken. Als sie wieder herauskamen, waren ihre Augen blank und das Fieber war fort. Der Hirtenknabe trieb seine Schweineherde weiter und erzählte jedem und überall von diesem Wunder. Bald war die Heilkraft der Quelle kein Geheimnis mehr und es kamen immer mehr kranke Menschen, denen das Quellwasser half. An eben dieser Stelle ist das heutige Bad Tatzmannsdorf entstanden.

Friedl Hofbauer

Geschichten aus alter Zeit

Vom Neusiedler See

Da ist einmal ein alter Mann von Ungarn her ins Grenzland gekommen. Er war ganz erschöpft, denn die Sonne brannte herunter, und er war müde und durstig. Endlich sah er einen Baum, der Schatten gab. Dorthin wankte der alte Mann und sank darunter nieder.

Auf einmal sah er zwei junge Burschen daherkommen, die große Krüge voll Wasser trugen. Sie kamen näher und setzten sich neben den Alten hin. Sie tranken aus ihren Krügen und stellten sie dann neben sich ins Gras. Der alte Mann bat die Burschen um Wasser, aber sie gaben ihm keins. Sie stießen die Wasserkrüge um und sagten: „Lieber soll ein See aus diesem Wasser werden, als dass wir einem unnützen Alten einen Tropfen davon geben!" Dann gingen sie lachend davon.

Da stand der alte Mann auf. Er sah nicht mehr durstig aus, und er war auch nicht mehr müde, aber seine Augen waren traurig. Und er ging fort.

In der Nacht aber stieg aus dem Wiesengrund ein See, der immer größer wurde. Hohe Wellen überschwemmten Wiesen und Äcker und auch Häuser, in denen Leute wohnten, die einem alten, durstigen Mann gewiss einen Schluck Wasser gegönnt hätten. Aber das Wasser, das da kam, wusste nichts davon ...

Friedl Hofbauer

Der Türke von Purbach

Warum bringen aus dem Ort
die Bauern ihre Sachen fort?
Feindliche Soldaten kommen,
hätten alles mitgenommen!
Finden so nur Hühner, Enten;
leider mangelt's an Getränken!
Im Keller liegen Fässer fein,
voll von Burgenländerwein.
Einer kostet gleich davon,
obwohl's verbot die Religion.
Hat aus Durst zu viel getrunken,
ist bald in den Schlaf gesunken.
Wacht erst auf, als fort mit Schaden
waren alle Kameraden.
Heizte ein, und Feuershitze
trieb ihn von des Daches Spitze.
Nach dem Lesen dieser Sage
stellt man sich vielleicht die Frage:
Hat Purbach sich an ihm gerächt?
Nicht sehr. Zwar musste er als Knecht
hier bleiben, traf's jedoch nicht schlecht:
Lernte die Sprache, hat geübt,
war bald bei jedermann beliebt,
weshalb's sogar ein Denkmal gibt!

Reinhard Wegerth

Land der Burgen und Schlösser

Ritter, Minnesänger und edle Fräulein

si ist mir liep vür alliu wîp
und lieber dan min selbs lîp
und lieber dan iht dinges sî.
ich bin gên ir gar wankels frî,
ich bin ze dienst ir vil bereit
mit luterlicher stætekeit.

Ich liebe sie mehr als andere Frauen,
mehr als mich selbst
und mehr als alles andere.
Ich bin ihr gegenüber ganz beständig,
ich bin sehr bereit ihr
mit aufrichtiger Treue zu dienen.

Voller Leidenschaft singt Ulrich von Liechtenstein mit hoher Stimme seine Minnelieder. Seinen Gesang begleitet er mit der Laute, einem Zupfinstrument das im 10. Jahrhundert von Kreuzfahrern aus Persien nach Europa gebracht wurde. Die Damen der Gesellschaft auf der Burg Landsee sind entzückt, denn er singt ihnen zu Ehren.

Ulrich von Liechtenstein ist ein bedeutender Minnesänger, d. h. Liebessänger. „Liebe" bedeutete aber nicht eine Liebesbeziehung zu einer schönen Frau, sondern deren Anbetung. Offenbar gefallen dem Steirer die pannonischen Frauen besonders gut, denn seine Reisen führen ihn immer wieder in diese Gegend.

Die Damen der hohen Gesellschaft sind nobel gekleidet. Der Kopf der Jungen ist mit Blumenkränzen oder verzierten Reifen aus Edelmetall geschmückt. Die verheirateten Damen tragen ein Tuch um den Kopf und verhüllen ihr Gesicht mit einem Schleier. Modern ist in dieser Zeit, dem Mittelalter, die meterlange Schleppe.

Aber auch die jungen Männer haben sich für den Anlass herausgeputzt. Sie tragen kecke Schnabelschuhe, die Ärmel ihrer Hemden hängen weit über das Knie und unter ihren Röcken tragen sie Strumpfhosen aus Leder oder Stoff. Ihre lockigen Haare reichen bis weit über die Schulter.

Die Minnesänger besingen aber nicht nur den Liebreiz der Frauen, sondern auch die Heldentaten der Ritter. Deren Alltag ist oft weniger romantisch. Sie sind treue Untertanen ihrer adeligen Herren und folgen ihnen in den Krieg.

Die Kleidung des Ritters ist nicht sehr bequem. Er muss sich in ein Kettenhemd und einen starren, unbeweglichen Brustpanzer zwängen und auf dem Kopf einen schweren Helm tragen. Sich damit aufs Pferd zu setzen ist gar nicht so einfach. Gegen die Schwerthiebe des Feindes schützt der Schild. Mit dem Schwert oder der Lanze versucht er seine Gegner zu töten.

Für treue Dienste bekommt der Ritter Ländereien und wird damit selbst zum Grundherrn.

Monika Icelly

Land der Burgen und Schlösser

Zu Besuch auf Burg Forchtenstein

Stell dir vor, du schaust durch die Schießscharten der Burg auf das weite Land hinunter. Zwischen den Ausläufern des Rosaliengebirges kannst du die Dörfer, die Straßen, die Waldstücke und die vielen verschiedenen Äcker und Felder erkennen.

Wie mag das Land unter der Burg vor ungefähr 350 Jahren ausgesehen haben?

Denk dir alle Straßen mit ihren blitzenden Autos weg. Auch die Ortschaften sahen ganz anders aus.

Das war die Zeit, in der die Burg Forchtenstein für die Menschen dieses Landes eine besondere Bedeutung hatte. Fremde Heere drangen aus dem Osten vor und verwüsteten Landschaften und Dörfer. Der Burgherr, Nikolaus Esterházy, stand treu zum Kaiser und wehrte in vielen Kämpfen die Türken und ihre Verbündeten ab. Dafür wurde er zum Erbgrafen von Forchtenstein ernannt.

Sein Sohn Paul vergrößerte den Besitz der Familie, er blieb als einziger der ungarischen Adeligen dem Kaiser treu und kämpfte in zahlreichen Schlachten gegen die Türken. Burg Forchtenstein wurde im Gegensatz zu den anderen ungarischen Grenzfestungen nie erobert.

Paul Esterházy wurde von Kaiser Leopold I. zum Reichsfürsten erhoben.

Da er aus einem kleinen ungarischen Adelsgeschlecht stammte, konnte er keinen berühmten Stammbaum vorweisen, wie ihn die anderen Reichsfürsten besaßen. Da wollte er aber nicht zurückstehen. So ließ er eine erfundene Ahnenreihe aufschreiben, die bis auf den Stammvater Adam zurückreichte.

Sogar Attila der Hunnenkönig musste als Vorfahr herhalten. Besonders merkwürdig aber war, dass sogar Vlad IV. Tepes, ein grausamer Herrscher aus dem Osten und Türkenbezwinger, in die Ahnenreihe des Fürsten Paul Esterházy aufgenommen wurde.

Du kennst Vlad IV. Tepes unter einem anderen Namen, nämlich als Dracula, den Fürsten aller Vampire.

Die Burg Forchtenstein besitzt eine besonders große Waffensammlung mit wertvollen Beutestücken aus den Türkenkämpfen. So gehört unter anderem ein prachtvolles türkisches Feldherrenzelt zu den Kostbarkeiten der Sammlung.

Wenn du die Soldatenrüstungen siehst, wunderst du dich vielleicht über ihre Größe. Du könntest den Harnisch oder den Helm eines erwachsenen Mannes aus dieser Zeit anprobieren, alles würde dir perfekt passen.

Jetzt kannst du dir vorstellen, wie klein die Menschen im 17. Jahrhundert waren.

Außerdem gibt es zahlreiche Kunstschätze zu bewundern, die in einer eigenen Schatzkammer aufbewahrt werden. Eine umfangreiche Bibliothek und die prachtvolle Burgkapelle gehören ebenfalls zu den Besonderheiten auf Burg Forchtenstein. So gilt die Burg als eines der größten Privatmuseen Mitteleuropas und lockt jährlich zahlreiche Besucher an, die den Zauber einer ruhmreichen, aber auch düsteren und gefährlichen Vergangenheit spüren wollen. Einmal im Jahr, im Sommer, gibt es an mehreren Wochenenden unter dem Titel „Burg Forchtenstein Fantastisch" spezielle Veranstaltungen für Kinder. Das genaue Programm findest du im Internet unter: www.forchtenstein.at

Walter Thorwartl

Wusstest du das?

Das Burgenland hat seinen Namen nicht von den vielen Burgen, sondern von den ehemaligen ungarischen Verwaltungsbezirken Preßburg, Wieselburg, Ödenburg und Eisenburg.

Land der Burgen und Schlösser

Gespensterjagd auf Burg Lockenhaus

„Huiiii!", machte es auf einmal und ein Luftzug war zu spüren.

„Was war das?", fragte Lukas.

„Keine Ahnung", sagte Martin und sah seinen Freund fragend von der Seite an. „Du wirst doch nicht an Gespenster glauben."

„Natürlich nicht", meinte Lukas. Aber seine Stimme verriet, dass er sich seiner Sache nicht so sicher war.

Lukas und Martin hatten sich für dieses Wochenende etwas ganz Besonderes ausgedacht. Sie hatten mit ihren Freunden gewettet, dass sie eine Nacht im Raum der Tempelritter auf Burg Lockenhaus verbringen würden. Das alleine wäre noch keine mutige Tat gewesen, aber sie hatten vor kurzem im Fernsehen einen Film über die Tempelritter gesehen. Einer der Ritter war zu einem Gespenst geworden und trieb seither in einer Burg sein Unwesen. Das könnte auch in Lockenhaus so sein. Um das herauszufinden, waren die beiden hier.

„Buh, buh!", machte es plötzlich. „Da ist das Gespenst, draußen vor dem Fenster", sagte Martin mit zittriger Stimme. Offenbar fühlte er sich auch nicht mehr so sicher. Jetzt konnte Lukas auftrumpfen: „Du hast ja keine Ahnung, das ist ein Uhu. Der ruft immer in der Nacht."

„Ach so", sagte Martin erleichtert. „Lass uns in den Raum der Tempelritter gehen. Wenn es hier ein Gespenst gibt, dann sicher dort."

Tief im Inneren der Burg liegt ein Raum, der im Mittelalter nur durch ein Loch in der Decke zu erreichen war. Darin befinden sich ein Steinquader mit eingemeißelten Zeichen, die heute keiner mehr zu deuten vermag, und ein Wasserbecken, von dem auch niemand so genau weiß, wieso es sich an diesem Ort befindet. Angeblich wurde der Raum von den Tempelrittern genutzt, die im Mittelalter dafür sorgen sollten, dass die Menschen aus Europa sicher nach Jerusalem reisen konnten. Jerusalem gibt es heute noch. Von den Tempelrittern sind allerdings nur mehr Geschichten und Sagen übrig geblieben.

Schon alleine der Weg durch die Burg war gespenstisch. Draußen war es in der Zwischenzeit finster geworden und der Mond war aufgegangen. „Heute ist Vollmond", meinte Martin, „die besten Bedingungen für die Gespenstersuche." Die beiden schlichen durch die Gänge von Locken-

Land der Burgen und Schlösser

haus, vorbei an alten Ritterrüstungen, Schwertern und Fahnen. Da und dort knackte und knisterte es. Überall im Schatten konnte sich ein Gespenst verstecken.

„Was war das?", fragte Martin.

„Ich habe nichts gehört", sagte Lukas.

„Dann horch doch einmal", meinte Martin.

Beide lauschten angestrengt in die Dunkelheit. Jetzt konnte Lukas es auch hören. Da war ein leises Schnaufen, gefolgt von einem Geräusch, das wie „Huiii" klang. Das Geräusch wurde lauter und lauter und kam näher und näher. Vorsichtig schauten sich Lukas und Martin um. Aber nirgendwo in dem Gang gab es eine Nische, in die man schlüpfen, oder einen Vorhang, hinter dem man sich verstecken konnte. Auch alle Türen waren verschlossen.

„Schhh, hui!", kam es immer näher und die beiden bekamen endgültig weiche Knie. Jetzt konnten sie auch einen Lichtschein erkennen. Genauso wie im Film. Das musste das Gespenst eines Tempelritters sein, der hier auf Lockenhaus für immer gefangen war.

Das war nun doch zu viel für die beiden. Das Herz schlug Martin und Lukas bis zum Hals. So schnell sie konnten, sausten sie die Treppe hinunter, hinaus auf den Burghof, durch das Burgtor, und dann den Burgberg hinunter nach Lockenhaus.

„Unsere Freunde werden morgen aber staunen! Wir haben tatsächlich ein Gespenst entdeckt", sagte Lukas schnaufend, aber erleichtert.

„Eine Nacht auf der Burg verbringen – das traut sich sonst keiner", meinte auch Martin stolz, aber nicht weniger froh, dass es vorbei war.

Was die beiden nicht wissen: Der Besitzer der Burgtaverne kontrolliert jeden Abend die Ausstellung über die Tempelritter. Dabei muss er die steile Treppe hinaufsteigen. Eigentlich will er schon die ganze Zeit abnehmen, damit das Treppensteigen nicht mehr so anstrengend ist. Er kommt dabei nämlich immer furchtbar ins Schnaufen.

Leopold Slotta-Bachmayr

Die Burg Lockenhaus gibt es wirklich und vielleicht haben hier auch eimal die Tempelritter gelebt. Das ist nicht sicher, aber es gibt dazu eine Ausstellung, in der du dich über die Tempelritter informieren kannst. Der ungarische Name für Lockenhaus ist Léka. Manche haben den Namen Lockenhaus vom Namen Lukas abgeleitet.

Ob es allerdings auf Lockenhaus ein Burggespenst gibt oder nicht, weiß niemand so genau.

Land der Burgen und Schlösser

Güssing

Wenn ich sage, „Ich bin in Güssing geboren", dann fragen besonders Lustige manchmal: „Auf der Burg?"

Immerhin – sie wissen, dass es in Güssing eine alte Burg zu bestaunen gibt, die auf einem längst erloschenen Vulkankegel hoch über der Stadt thront. Sie ist die älteste Burg des Burgenlandes.

Erst im 16. und 17. Jahrhundert wurde die Burg Güssing zu einer ziegelgemauerten Festung ausgebaut um guten Schutz gegen Feinde zu bieten. Davor stand eine hölzerne Burg hoch oben auf dem Berg.

Im 18. Jahrhundert ließ man die Burg verfallen, da sich der Besitzer eine Erhaltung nicht mehr leisten konnte. Zum Glück konnte die Burg aber gerettet werden und wurde seither aufwändig restauriert.

Im Sommer kann man auf der Wiese vor der Burg Güssing Theaterstücke und Konzerte beim Güssinger Kultursommer erleben.

Und was zu jeder Jahreszeit den steilen Aufstieg lohnt: der Ausblick, hoch oben von der Burg! Allein der weite Blick übers Land lässt jede Müdigkeit vergessen ...

Wer dann noch Lust hat, kann die Apfelbaumallee, die von Güssing nach Strem führt, mit dem Rad erkunden.

Die verschiedenen Apfelsorten, die es im Burgenland gibt, haben schöne seltsame Namen wie „Weißer Winter", „Steirische Schafnase", „Schweizer Glockenapfel", „Echter Prinzenapfel", „Geheimrat Breuhahn", „Minister von Hammerstein" oder „Geflammter Kardinal" ...

Heinz Janisch

Weitere Informationen über die Burg Güssing, ihre Geschichte, Ausstellungen und die Burgspiele findest du unter: www.burgguessing.info

Land der Burgen und Schlösser

Ein Schloss voller Abenteuer

Groß und mächtig steht das Schloss der Fürstenfamilie Esterházy mitten im Stadtzentrum von Eisenstadt. Schloss Esterházy ist nicht nur das Wahrzeichen der Haydnstadt Eisenstadt, sondern auch das bedeutendste Kulturdenkmal des Burgenlandes. Junge Besucher werden von einem besonderen Gastgeber begrüßt: Fritz Fürstlich, eine adelige Fledermaus, hat sich als umtriebiges Maskottchen dort eingenistet. Daher richten auch die meisten Kinder ihre Blicke sofort hinauf zu den Türmen – in der Hoffnung, einen Blick auf Fritz Fürstlich zu erhaschen.

Du wirst sehen, dass es gar nicht so einfach ist, sich zwischen den vielen angebotenen Abenteuern und Mitmach-Führungen im Schloss Esterházy zu entscheiden. So lädt dich Fritz Fürstlich zum Beispiel ein, in die prächtigen Kostüme „Von Fürsten und Prinzessinnen" zu schlüpfen. Dabei lernst du die prunkvollen Räumlichkeiten des Schlosses kennen. Du kannst ausprobieren, wie es ist, als Kammerzofe dem mächtigen Fürsten und seinen Gästen Süßigkeiten zu servieren oder als vornehmer Gast den Fürsten angemessen zu begrüßen.

In ein traumhaftes Kleid gehüllt, lüftest du bei einer anderen Zeitreise „Das Geheimnis der Rosenprinzessin". Nach alten Rezepten darfst du dein eigenes Parfum mischen und nach Herzenslust in prall gefüllten Schatztruhen wühlen.

Wenn in deiner Brust aber ein mutiges Abenteurerherz schlägt, dann lass dich in das „Geheimnisvolle Schloss Esterházy" und in dessen riesigen Dachboden entführen.

Im Hof des Schlosses Esterházy geht deine Entdeckungsreise los. Sicherlich bemerkst du bald die vielen Augenpaare, die dich von hoch oben beobachten. Um die Gesichter an den Hofmauern unterhalb des Daches ranken sich einige Legenden. Eine davon erzählt, dass böswillige Hofbeamte des Fürsten Esterházy das Geld für die Arbeiter, die damals an der Errichtung des Schlosses mitarbeiteten, nicht ausbezahlt und selbst verwendet hätten. Daraufhin hätten die Arbeiter aus Rache die Gesichter der Hofbeamten an den Schlossmauern mit fürchterlichen Grimassen dargestellt.

Wenn dir die erste Tür des Schlosses aufgesperrt wird, betrittst du zunächst die Schlosskapelle. Sie ist so alt wie das Schloss selbst, also über 300 Jahre. Dort befindet sich nicht nur eine berühmte Orgel, auf der schon der Hofkomponist und -kapellmeister Joseph Haydn gespielt hat, sondern auch ein echtes, in einem Glassarg aufgebahrtes Skelett. Es sind die Überreste des hl. Märtyrers Konstantin, der vor mehr als zweitausend Jahren als römischer Soldat dem Christentum beigetreten war und aus diesem Grund einen qualvollen Tod erleiden musste. Der Papst hatte Konstantins Gebeine dem Fürsten Paul I. Esterházy für dessen Verdienste im Kampf gegen die Türken geschenkt.

Aber nun ist es Zeit, den Kopf in einen uralten Heizgang zu stecken und mit der Taschenlampe den geheimnisvollen Gang nach Ofentürchen und Spinnen abzusuchen.

Über einen Raum im ersten Stock, den man „Oratorium" nennt und der heute wie damals als Proberaum für verschiedene Orchester dient, betrittst du die Bühne des berühmten Konzertsaales. Es ist der größte und schönste Saal des Schlosses. Von dort begibst du dich in den nächsten Raum, in dem es eine Geheimtür zu entdecken gibt.

Und dann ist es so weit: Du steigst die Treppen in das letzte Stockwerk hinauf, wo sich die Tür zum großen, geheimnisvollen Dachboden öffnet. Viele vergessene Gegenstände aus fünf Jahrhunderten warten darauf, von dir und deiner eigenen Taschen-

Land der Burgen und Schlösser

lampe entdeckt zu werden. Nur die jungen Besucher des Dachbodens bekommen die mächtigen Burgmauern zu sehen. Mehr als 700 Jahre sind sie alt; sie stammen aus der Zeit, als das Schloss noch eine Burg war. Zunächst wirst du über die Kanonen und Ritterrüstungen staunen. Wenn du in das Kettenhemd schlüpfst, bekommst du eine Vorstellung, wie schwer ein Ritter daran zu tragen hatte.

Der mittelalterliche Lastenaufzug ist noch immer betriebsbereit. Versuche doch damit eine Truhe hinaufzuziehen! Zwischen schweren Porzellanbadewannen und einer Kinderkutsche wirst du silberne Kerzenleuchter, bemalte Papierschirmchen und noch viele andere Dinge finden.

Hinter einem Hochrad verstecken sich die Schiffstruhen eines gewissen Prinz Louis Esterházy, in denen er auch den riesigen Kopf eines indischen Wasserbüffels nach Eisenstadt transportiert hat.

In der Ecke der vergessenen Musikinstrumente wirst du dich über zwei seltene Instrumente aus der Zeit Joseph Haydns wundern. Bist du neugierig, wie ein ungarisch-polnischer Hochzeitsbock gespielt wird?

Um die im Dunkeln versteckte „Geisterkiste" öffnen zu dürfen, müssen erst knifflige Fragen beantwortet und das richtige Lösungswort gefunden werden.

Schließlich kommst du an unzähligen ausgestopften Tieren und den Suppentöpfen und Brotteigwannen aus der Dienstbotenküche vorbei und landest dann vor einer schwarzen Blechtüre. Über dieser befindet sich eine mittelalterliche Schlüsselloch-Schießscharte.

Wenn du zu den ganz Mutigen gehörst, wagst du dich die wenigen Schritte bis zum Beginn einer steilen Holztreppe vor, um einen Blick in den modrig riechenden Glockenturm zu werfen.

Mit Feder und Tinte kannst du dich in das Gästebuch eintragen und dich ein letztes Mal vor Fledermäusen und Spinnen gruseln, bevor du wieder zurück ins Tageslicht begleitet wirst.

Hast du an diesem Tag Geburtstag und Gäste zum Fest auf Schloss Esterházy geladen, dann erwartet dich im Anschluss an deine Entdeckungsreise Fritz Fürstlich höchstpersönlich im Festtagssalon mit einer Festtagsjause und einem fürstlichen Geburtstagsgeschenk.

Uschi Kroyer-Zezelitsch

Uschi Kroyer-Zezelitsch ist Projektleiterin für das Kinder-Kulturprogramm auf Schloss Esterházy. Mehr über die speziellen Kinderveranstaltungen und -führungen findest du im Internet unter: www.schloss-esterhazy.at

Musikalisches Burgenland

Ein Haydn-Spaß bei Joseph Haydn

Nur fünf Gehminuten entfernt von Schloss Esterházy, dem früheren Arbeitsplatz des berühmten Musikers und Komponisten Joseph Haydn, befindet sich dessen ehemaliges Wohnhaus, in dem Haydn 12 Jahre wohnte. Wenn du einmal „zu Gast bei Joseph Haydn" sein möchtest, suche das große Holztor in der nach ihm benannten Haydngasse Nr. 19 in Eisenstadt und genieße das bunte Blumenmeer im Innenhof, bevor dich „Joseph Haydn" in einem originalgetreuen Kostüm mit Brot und Salz empfängt. Seine Gäste mit diesen beiden Nahrungsmitteln zu empfangen, ist ein alter Brauch; er bedeutet, dass einem nie Brot und Salz ausgehen sollen. Nachdem dir Joseph Haydn erklärt hat, wie sich sein Wohnhaus im Laufe der Zeit verändert hat, dass er damals, vor 250 Jahren, vier Ziegen hatte und mit der Nachbarin so manchen kleinen Streit, bittet er dich in den ersten Stock.

Gerne erzählt er von seiner Kindheit im niederösterreichischen Rohrau. Geboren wurde er am 1. April 1732. Aus Sorge, dass man ihren Sohn als Aprilnarren verspotten würde, ließen die Eltern als seinen Geburtstag jedoch den 31. März eintragen. 11 Geschwister hatte er, die alle gemeinsam mit dem Vater, einem Wagnermeister, abends musizierten.

Nach einem strengen Schulalltag bei seinem Onkel in Hainburg kam Joseph als Chorknabe nach Wien. Seine Augen blitzen schelmisch, wenn er von den vielen Streichen erzählt, die er dort mit seinen Schulkameraden ausgeheckt hat. Nicht genug, dass er auf einem Gerüst vor dem Schloss Maria Theresias herumkletterte und von der Herrscherin deswegen gescholten wurde, er schnitt auch noch einem Mitschüler, der vor ihm saß, den Zopf ab!

In seinem ehemaligen Wohnzimmer zeigt dir Haydn stolz seinen Hammerflügel und stellt dir auf einem Gemälde seine Frau Anna Aloysia vor. Weil sie mit seiner Musik nicht viel anfangen konnte, hatten die beiden oft Streit. Deshalb spricht er auch nicht gerade schmeichelhaft von ihr ...

Im nächsten kleinen Raum, der so genannten „Rauchkuchl", sind noch heute die Pfannen und Töpfe zu sehen, in denen Anna Aloysia frisches Gemüse aus ihrem Krautgarten für Josephs Lieblingsspeisen zubereitet hat.

Das ehemalige Schlafzimmer ist sehr einfach eingerichtet. Joseph wird dir sicher verraten, dass er als alter Mann in Wien fast jeden Abend, bevor er zu Bett ging, sein eigenes Lieblingsstück – „Das Kaiserlied" – am Klavier spielte. Das folgende Zimmer wurde erst später dazugebaut. Hier steht ein so genannter Oktett-Musiziertisch: Acht Musiker können rund um den Tisch

Musikalisches Burgenland

Platz nehmen, ihre Noten auflegen und miteinander musizieren. Hier erzählt dir Joseph Haydn von der Zeit, als er im Dienst von Fürst Esterházy stand, von den wunderbaren Festen und Konzerten, und er zeigt dir, wie man sich – auch als Kapellmeister – zu solchen Anlässen schminkte.

Schließlich stellt er dir zwei seiner berühmten Freunde vor: Die Porträts von Wolfgang Amadeus Mozart und Ludwig van Beethoven hängen zur Erinnerung neben jenen von anderen Berühmtheiten.

Mozart, der 24 Jahre jünger war und ihn „Papa Haydn" nannte, verstand sich wirklich ausgezeichnet mit seinem Vorbild. Ludwig van Beethoven, den Haydn das erste Mal in Deutschland traf, wurde sein Schüler. Er besuchte Eisenstadt ein paar Mal. Joseph Haydn wird zugeben, dass sie nicht immer einer Meinung waren.

Auf einem Bild im letzten Raum sind die vielen Menschen zu sehen, die bei einem Festkonzert in der Wiener Universität die Aufführung des berühmten Werks „Die Schöpfung" feiern. Gerne erinnert sich Haydn an die Begrüßung mit Trompetenfanfaren und wie man ihn in einem Lehnstuhl in den Festsaal trug. Vor Begeisterung über die Musik warf Beethoven sich auf die Knie und küsste Haydns Stirn und Hände. Damals war Haydn bereits ein international gefeierter Star.

Seine letzten Jahre verbrachte Haydn in Wien. Noch als alter Mann gab er Klavierunterricht und notierte fleißig neue Ideen. Am 31. Mai 1809 starb er friedlich im Beisein seiner Bediensteten. Eine Kopie seiner Totenmaske ist ebenfalls in seinem Haus ausgestellt.

Weil Fürst Nikolaus II. Esterházy Haydns Grab in Wien zu ärmlich fand, ließ er ihm in der Bergkirche in Eisenstadt eine besondere Grabstätte errichten.

Später gab es noch einen ordentlichen Wirbel um den Totenkopf des Komponisten. Wissenschaftler wollten daran Forschungen betreiben und legten nach dem Diebstahl des Kopfes einen fremden in Haydns Grab. Als Fürst Esterházy davon hörte, verlangte er die Freigabe des Kopfes für das Grab in Eisenstadt. Der Streit dauerte jedoch bis 1957. Erst seit diesem Jahr liegt wieder der echte Totenkopf im Grab von Joseph Haydn.

Uschi Kroyer-Zezelitsch

Mehr Wissenswertes über das Haydn-Haus in Eisenstadt und das spezielle Kinderprogramm findest du unter: www.haydn-zentrum.at

Musikalisches Burgenland

Franz Liszt

Franz Liszt wurde 1811 in Raiding geboren. Schon früh bemerkte sein Vater, dass er musikalisch sehr begabt war, und unterrichtete den Sechsjährigen am Klavier. Später hatte er berühmte Lehrer wie den italienischen Komponisten Antonio Salieri.

Seit seinem 9. Lebensjahr trat Franz öffentlich auf. Bei einem Konzert in Wien beeindruckte der damals 11-Jährige einen der berühmtesten Komponisten seiner Zeit, Ludwig van Beethoven.

Wenn Liszt spielte, raste das Publikum vor Begeisterung – wie bei einem Popstar von heute.

Er genoss die Bewunderung seines Publikums und vor allem der Frauen. Zu seinen größten Fans gehörten auch Kaiser Franz Joseph und Kaiserin Elisabeth.

Jahrelang studierte Liszt die Volksmusik Ungarns und ließ sich durch deren Melodien, Rhythmen und Tänze zu eigenen Kompositionen anregen.

Er unterstützte auch junge Künstler wie etwa Richard Wagner, der Liszts Tochter Cosima heiratete und sein Schwiegersohn wurde.

Sein Geburtshaus in Raiding beherbergt heute das Franz-Liszt-Museum.

Monika Icelly

Toni Stricker

Ein musikalisches Wunderkind war auch der „Zaubergeiger" Toni Stricker. Er zählt nicht nur zu den interessantesten Künstlern Österreichs, sondern ist auch über die Grenzen unseres Landes hinaus bekannt.

Nach abgeschlossener Ausbildung am Konservatorium der Stadt Wien trat er als Geiger in Jazzclubs und Tanzlokalen auf. Im Theater an der Wien war er als Konzertmeister tätig und schrieb Musik für Spiel- und Fernsehfilme, Märchen und Ballettaufführungen.

Später übersiedelte er mit seiner Familie ins Burgenland.

„Seit ich im Burgenland lebe, habe ich es mir zur Aufgabe gemacht, meinen Lebensraum, mein Pannonien, in Musik umzusetzen. So sind viele kleine Kompositionen entstanden, bei denen es mir darum geht, die Vielfalt der Landschaft, die Vielfalt der Menschen dieses Raumes mit all ihren Einflüssen, die Tradition, das Brauchtum und die Umwelt auf einen gemeinsamen Nenner und in eine heutige musikalische Ausdrucksform zu bringen."

Monika Icelly

Eintauchen in die Natur

Hallo, ich bin Cico der Weißstorch

Cico ist ein Weißstorch und lebt auf einem Dach in Rust. Gerade 15 Wochen ist er alt. Vor kurzem noch ist er ganz alleine in einem Ei gewesen. Da war es zwar ein wenig dunkel, aber dafür immer schön warm. Als er dann endlich mit viel Anstrengung die Schale aufgepickt hat, hat er festgestellt, dass er nicht alleine ist: Sein Nest hat er sich mit einem Bruder und zwei Schwestern geteilt.

Zu der Zeit haben die Storchenkinder immer Hunger gehabt. Mama und Papa Storch sind fleißig in die Wiesen am Ortsrand geflogen und haben dort für sie leckere Mäuse, Heuschrecken oder Frösche gefangen. Wenn es geregnet hat, haben Cico und seine Geschwister sich eng zusammengekuschelt. Mama hat sich auf sie gesetzt und sie sind trocken geblieben. Schön langsam ist es dann aber im Nest ziemlich eng geworden, weil alle geglaubt haben, sie müssen jetzt unbedingt mit den Flügeln schlagen.

Cicos erster Flugversuch war leicht: Die Flügel ausbreiten, wegspringen und schon fliegt Storch Cico. Wenn da nicht die verflixt langen Beine gewesen wären! Beim Landen ist er auch gleich einmal über sie gestolpert. Vom Boden weg zu starten war ganz schön schwierig. Cico hat furchtbar viel Anlauf genommen, um abheben zu können. Und dann musste er wieder genau auf diesem Dach landen. Das hat ein paar Versuche gebraucht, bis er den Landeplatz getroffen hat. Aber jetzt kann er schon richtig fliegen und fängt sich seine Heuschrecken selbst.

Nächste Woche geht es ab in den Süden. Über den Winter bleiben die Störche nicht im Burgenland, sondern fliegen nach Afrika. Dort finden sie viel zu fressen und es ist auch immer angenehm warm. Dass es in ihrem Winterquartier nur wenig Wasser gibt, ist für die Störche kein Problem.

Das Problem sind eher die Eltern. „Cico, du musst fleißig fliegen üben!" „Cico, achte darauf, was Papa tut!" „Cico, friss ordentlich, damit dir auf der langen Reise die Kraft nicht ausgeht!"

Auch wenn ihn das Geklapper seiner Eltern nervt, sie haben Recht. Immerhin fliegen sie in drei Wochen 4 000 Kilometer weit! Außerdem haben es Störche doppelt schwer. Sie segeln nämlich sehr viel. Das heißt, sie breiten

Eintauchen in die Natur

die Flügel aus, suchen sich Winde, die sie hoch in die Luft tragen, und lassen sich treiben. Wenn sie einen solchen Aufwind einmal verlieren, ist es furchtbar anstrengend, mit den Flügeln zu schlagen, um nicht an Höhe zu verlieren. Über dem Land macht das zwar nicht so viel aus, aber die Störche müssen auch über das Meer fliegen. Da sieht es ziemlich schlecht für sie aus, wenn sie plötzlich auf dem Wasser landen müssen. Störche können nicht gut schwimmen. Deshalb suchen sie sich eine ganz enge Stelle, kreisen an der Küste so hoch wie möglich in die Luft und fliegen dann ohne Zwischenlandung über das Meer. Meistens ist bei so einer Meerenge ein ziemlicher Stau, weil alle Störche glauben, sie müssen gleichzeitig darüber fliegen.

In Afrika wird Cico dann zunächst einmal Ferien machen, alleine herumfliegen und sich die Gegend anschauen. Seine Eltern müssen im Frühjahr wieder zurück ins Burgenland. Cico aber hat noch Zeit und kann zwei bis drei Jahre lang die Welt entdecken. Vielleicht kommt er sogar kurz einmal ins Burgenland um zu sehen, wo die besten Nester sind und wo sich die meisten Mäuse und Frösche zum Fressen finden lassen.

Ein Jahr später wird er dann selbst eine Familie gründen. Aber das hat noch Zeit. Zuerst muss er heil nach Afrika kommen.

Jetzt fangen die Eltern da drüben schon wieder mit dem Geklapper an. Also fliegt Cico auf die Wiese beim Neusiedler See. Dort hat er seine Ruhe und kann sich ein paar knackige Heuschrecken suchen. Heuschrecken, die mag er am liebsten. Die kitzeln so lustig, wenn man sie hinunterschluckt.

Der Weißstorch ist einer der größten Vögel Österreichs. Von den etwa 400 Brutpaaren in Österreich brüten etwa 150 Paare im Burgenland. Sie bauen dazu ihre Nester entweder in sehr alte Bäume, auf Schornsteine oder Dächer. Weißstörche legen 3 bis 5 Eier, die sie ca. einen Monat lang bebrüten. Die ausgeschlüpften Jungvögel bleiben dann zwei Monate im Nest und werden von den Eltern gefüttert.

Im August und September starten die Vögel ihren Zug in den Süden und kehren im März wieder zurück in ihr Brutgebiet.

Vor etwa 30 Jahren hat es im Burgenland noch viel mehr Weißstörche gegeben. Aber durch das Trockenlegen von Wiesen oder die Umwandlung von Wiesen in Äcker sind viele Nahrungsflächen verloren gegangen. Heute nimmt der Bestand des Weißstorchs im Burgenland nicht weiter ab. Einen wichtigen Beitrag dazu hat der Nationalpark Neusiedler See geleistet.

Leopold Slotta-Bachmayr

Eintauchen in die Natur

Die Tierwelt im Lacken-Zoo

Im Seewinkel gibt es nicht nur Przewalski-Pferde, Rinder und Albino-Esel. „Lacken-Zoo" wird der Seewinkel auch deshalb gerne genannt, weil der Schilfgürtel vor allem der Vogelwelt einen idealen Lebensraum bietet. Silber-, Purpur-, Graureiher und Löffler leben hier. Es sind so genannte Stelzvögel. Wer sie jemals beobachtet hat, wird sich über diese Bezeichnung nicht wundern. Zu den Schilfsingvögeln zählen Drosselrohrsänger, Rohrschwirle oder Bartmeisen. Wer sie jemals singen gehört hat, wird sich auch darüber nicht wundern. An Schwimmvögeln kann man Rallen, Taucher und die seltene Moor-Ente beobachten.

Typische Bewohner der stark salzigen Lacken sind Säbelschnäbler und See-Regenpfeifer, die wie viele weitere Arten hier ihr einziges Brutvorkommen in Österreich haben. Die Verlandungszonen – Wiesen und Weiden um die Lacken – werden aber auch von Graugänsen, einer Reihe von Entenarten, Möwen, Seeschwalben und Wiesenlimikolen bewohnt.

Evelyn Kapaun

Näheres über den Seewinkel und seine Bewohner findest du im Internet unter:
www.nationalpark-neusiedlersee.org

Przewalski-Pferde

Albino-Esel

Stelzenläufer

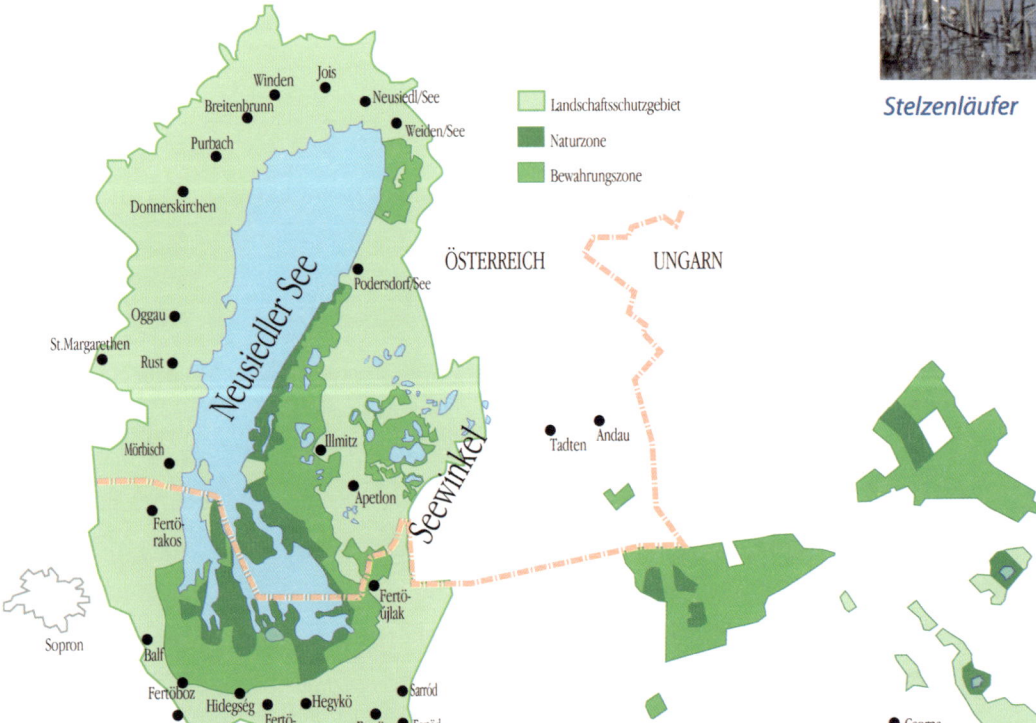

Kärnten

Klagenfurt, Hauptstadt am Wörther See

Anna auf „Weltreise"

Annas Mutter ist vor zwei Jahren gestorben. Der Vater ist beruflich oft unterwegs und kann sich wenig um seine Tochter kümmern. Deshalb ist sie bei ihrer Tante in Kärnten untergebracht und berichtet ihm immer, was sie alles erlebt hat.

Hi, Papa!

Echt schade, dass du so weit weg bist. Du wirst es nicht glauben, aber wir haben letzte Woche eine Reise um die ganze Welt gemacht – durch über 50 Länder in allen fünf Kontinenten – von einer Sehenswürdigkeit zur nächsten! Das ging so schnell, dass mir dabei fast schwindlig wurde.

Wir haben sooo viel gesehen: das „Weiße Haus" in Washington, die Basilika „Sagrada Familia" in Barcelona, den „Eiffelturm" in Paris, „Big Ben" in London, das Wiener Riesenrad, den schiefen Turm von Pisa, die New Yorker „Freiheitsstatue", die „Chinesische Mauer" – mir fällt gar nicht so schnell ein, was wir alles in der Schnelle gesehen haben. Am meisten beeindruckt hat mich der „Space Shuttle", der jede Stunde mit Rauch und Nebel und Originalgeräuschen startet. Wow!

Spätestens jetzt ist dir ein Licht aufgegangen, stimmt's? Du weißt schon, wo wir wirklich gewesen sind: in Minimundus, der kleinen Stadt am Wörther See!

Zuerst habe ich mir gedacht: Sehenswürdigkeiten im Kleinformat? Das wird bestimmt stinklangweilig werden! Aber das war es ganz und gar nicht.

Stell dir vor, da stehen ungefähr 170 Modelle der schönsten Bauwerke der Welt – alle im Maßstab 1:25 aus Originalmaterialien wie Sandstein, Lavabasalt oder echtem Marmor nachgebaut, und alle in ihrer natürlichen Umgebung. Da gibt es nachgebaute Landschaften mit Minibäumen – die heißen Bonsai, sagt Tante Friedl. Da sind kleine Seen und Wasserläufe, Berge, Mini-Wüsten mit Kakteen, tropische Regenwälder, Palmen, tausenderlei Blumen – wunderwunderschön! Und der Platz, auf dem das alles steht, ist 26 000 Quadratmeter groß!

Modelleisenbahnen fahren durch die Minilandschaft, Schwebe- und Zahnradbahn setzen sich in Bewegung – da sind sogar die Kleinsten begeistert. Für die gibt es auch noch ein Kinderspielschiff, mit dem sie verreisen können.

Wir haben eine Führung mitgemacht, nur so durften wir auch in die Werkstätte hinein und den „Baumeistern" bei der Arbeit zusehen.

Das ist vielleicht eine Kleinarbeit – alles auf den Millimeter genau bis ins allerwinzigste Detail! Das wär' nichts für mich!

Gemerkt hab ich mir vor allem, dass der Bau mancher Modelle bis zu sieben Jahre dauert und furchtbar viel Geld kostet.

Wer will, kann auch durch die inneren Räume der Mini-Bauwerke spazieren und dazu der landestypischen Musik lauschen. Dazu muss man gar nicht schrumpfen, wozu gibt es schließlich 3-D? Das würde dir auch gefallen, glaub mir, Papa!

Weil wir den total heißen Spätsommertag im Strandbad Wörther See zum Baden genutzt haben, war es schon 18 Uhr, als wir Minimundus betreten haben. Und dann sind wir drei Stunden lang dort herumgestiefelt. Am allerschönsten war es, als dann in der Dunkelheit die vielen schönen Gebäude hell erleuchtet waren. Da hab ich mir vorgestellt, sie wären alle echt, ich würde mit einem Flugzeug drüberfliegen und sie nur deshalb so klein sehen.

Das war Um-die-Welt-Reisen pur.

Grüße und Küsse

von deiner begeisterten Anna

Christine Rettl

Klagenfurt, Hauptstadt am Wörther See

Der Lindwurm von Klagenfurt

Wo heute die Stadt Klagenfurt liegt, war einmal nichts als sumpfige Wildnis. Die wenigen Menschen, die im Gebirge rundum wohnten, hüteten sich hinunterzusteigen, denn dort krochen giftige Nebel über den Sumpf und stiegen mitunter sogar ein Stück an den Berghängen hoch. Das geschah immer dann, wenn der Drache, der im Moor unten wohnte, seinen Kopf herausstreckte, sich nach Beute umsah und hungrig brüllte.

Manchmal verirrte sich ein Stück Vieh von den Bergwiesen in das sumpfige Tal, in dem der Lindwurm hauste, aber kein Hirt getraute sich, das verlorene Tier zurückzuholen. Denn dass der Drache nicht nur Vieh, sondern auch Menschen fraß, wusste man aus früheren Zeiten. Damals waren einige Hirten und Holzfäller, die sich in die Nähe des Sumpfes gewagt hatten, aus dem nebeligen Giftdunst nicht zurückgekommen.

Als Herzog Karast von der Karnburg aus regierte, fanden seine Jäger, die durch die Wälder an den Berghängen streiften, eines Tages Spuren von ungeheuren Tatzen. Und dann und wann kam es jetzt vor, dass eine Kuh oder ein paar Schafe oder Ziegen sogar von den höher gelegenen Almwiesen verschwanden. Da wussten die Leute in den Bergen, dass der Lindwurm immer gefräßiger und größer wurde und dass ihm nicht mehr genügte, was er unten am Sumpf sich an Beute fing. Sein Heulen und Schmatzen wurde immer lauter und kam immer näher und die Menschen wurden immer verschreckter und wagten sich kaum mehr aus ihren Hütten.

Nun fasste der Herzog den Plan, bewaffnete Männer gegen das Ungeheuer auszuschicken. Er versprach ihnen hohen Lohn und ein Stück Land.

Ein paar Leute meldeten sich und wollten mit Lanzen und Schilden zum Sumpf hinuntersteigen. Schon von oben sahen sie den Lindwurm am Rand des Ufers im Schilf weiden. Er hatte Schuppen am ganzen Körper und einen langen, dicken Schwanz und im Kopf glühende Augen und im Maul furchtbare Zähne.

Als der Drache die Menschen heruntersteigen sah, fing er an zu zischen wie eine riesige Schlange. Dazu breitete er zwei Flügel aus, als wollte er sich gleich in die Luft erheben. Nun verstanden die Männer auf dem Berghang, wieso neuerdings auch von den höher gelegenen Almwiesen Kühe und sogar mächtige Stiere verschwanden. Sie flohen entsetzt wieder ins Gebirge hinauf und berichteten dem Herzog, der Lindwurm sei von der vielen Beute so kräftig geworden, dass er nun auch fliegen könne. So berieten sie alle zusammen, ob sie nicht besser ihre Heimat verlassen und

Klagenfurt, Hauptstadt am Wörther See

sich anderswo ansiedeln sollten. Da sagte einer: „Der Drache kann fliegen. Er wird uns verfolgen. Wir sind verloren."

Ein anderer aber sagte: „So ein Tier ist gefräßig, aber dumm. Vielleicht können wir es überlisten."

Nun ist es so, das auch der gefräßigste Lindwurm manchmal schläft. Und je gieriger er ist und je mehr er im Magen hat, desto länger braucht er, um seine Beute zu verdauen.

Der Drache zog sich zum Schlafen in den Sumpf zurück, und die Männer stiegen den Hang hinunter, holten Steine und große Felsbrocken zusammen, bauten eine Art Turm daraus und warteten.

Als sie merkten, dass der Lindwurm bald erwachen würde, um erneut nach Beute zu schnappen, holten sie den fettesten Stier, den sie hatten, und banden ihn als Lockspeise an den Turm. Aber vorher hatten sie ihm eiserne Widerhaken an die Hörner gebunden. Dann versteckten sie sich im Turm.

Als der Stier zu brüllen anfing, bewegte sich der Sumpf und der Lindwurm schoss hervor. Schnaubend und mit seinen mächtigen Flügeln und kräftigen Pranken das Wasser schlagend, kam er auf den Stier zu und schnappte nach seinem Kopf.

Da biss er auf die Widerhaken.

Der Lindwurm kam nicht mehr los. Die Männer stürzten aus ihrem Turmversteck hervor und schlugen ihn mit eisernen Keulen tot.

Seither gibt es keinen Drachen mehr in der sumpfigen Gegend. Die Menschen kamen von den Bergen herunter, rodeten das wilde Gestrüpp und bauten sich Hütten und Häuser. Seit damals ist das Klagenfurter Becken besiedelt. In Klagenfurt steht zum Andenken an die Drachenzeit ein großer Lindwurm aus Stein, und außerdem hat die Stadt Klagenfurt den Turm und den Lindwurm im Wappen.

Friedl Hofbauer

Klagenfurt, Hauptstadt am Wörther See

Schlangen zum Anfassen

Anna erzählt über ihren Besuch im Reptilienzoo Happ

„Stell dir vor, am Mittwoch waren wir im Reptilienzoo Happ in Klagenfurt! Das ist der größte Reptilienzoo Europas", erzählt Anna ihrem Papa am Telefon. „Gleich beim Eingang ist uns Dino entgegengelaufen. – Was?" Anna lacht. „Nein, kein Dinosaurier, sondern der Rauhaardackel von der Frau Happ. Ein ganz lieber! Im Maul hat er ein Stofftier gehabt. Ich glaube, er wollte mit uns spielen. Im Raum ist uns eine große Tafel aufgefallen. Darauf steht:

ZIEL DIESES ZOOS:

Den Menschen durch Aufklärung die Angst vor Schlangen zu nehmen und abzubauen.

Na, ja, richtig Angst hab ich nicht. Aber einer echten Giftschlange möcht ich in der Natur trotzdem nicht begegnen. In den Happ-Terrarien haben wir ganz viele Schlangen und Echsen gesehen. – Welche?" Anna denkt nach. „Die Grüne Baumpython! Die stammt aus Neuguinea und kann 180 cm lang werden. Und stell dir vor, im Happ-Zoo gibt's Nachwuchs! Pythons sind vor kurzem aus den Eiern geschlüpft und gerade erst 30 Zentimeter kurz. Ein Knäuel grell gelber Schlangenbabys. Echt lieb!

Alle Tiere leben hinter Glas in einem Stück Natur, original nachgebildet. Die Schwarze Mamba lebt sogar in zwei Terrarien mit unterschiedlichen Temperaturen. Die schöne Macklots Python aus dem Regenwald hat sich hoch aufgerichtet und mich ganz lange durch die Scheibe angeschaut. Die Krustenechse hat Hundefutter mit Ei schnabuliert. Piranhas (das sind kleine, meist Fleisch fressende Raubfische mit vorstehendem Unterkiefer und messerscharfen Zähnen) aus dem Amazonas haben wir auch gesehen und Krokodile und Giftfrösche und Vogelspinnen!

Im Happ-Zoo gibt's auch heimische Giftschlangen. Die Hornotter und die Kreuzotter kommen auf steinigen Berghängen in Kärnten vor. Warum ich das alles weiß? Ich hab mich eben schlau gemacht!

Was mir am besten gefallen hat? Die Bartagamen! Die sind so lieb! Max und ich durften sogar eine in die Hand nehmen. Und das Allertollste: Der Tierpfleger hat uns eine Riesenschlange um den Hals gehängt! Sie hat sich ganz kühl und glatt angefühlt.

Die Reptilien waren vielleicht lebhaft! Da haben wir echt Glück gehabt, weil meistens liegen die bloß herum und regen sich nicht. Frau Happ hat uns auch erklärt, warum sie so munter waren: Weil sie schon auf die Fütterung gewartet haben. – Wie sie das machen? – Nein, Papa! Das hab ich auch geglaubt. Aber Frau Happ hat uns versichert, dass in ihrem Zoo nur tote Tiere verfüttert werden. Was? Ja, schon, aber sie sterben rasch und schmerzlos, hat sie gesagt.

Wir wären gerne noch länger geblieben, aber um 17 Uhr wird der Reptilienzoo geschlossen. Na ja, die Tiere brauchen auch ihre Ruhe.

Neben dem Ausgang gibt es bunte Plüschschlangen. Max hat sich eine aussuchen dürfen. Beim Hinausgehen hat er gesagt: Wenn ich groß bin, werde ich Tierforscher! Papa, komm im Sommer nach Kärnten und geh mit mir in den Happ-Zoo! Bitte! Dann kann ich nämlich in der Freiland-Anlage auf einer echten Riesenschildkröte reiten."

Christine Rettl

Kärnten im Mittelalter

Ein Land in Angst und Schrecken

Wenn ihr diese Überschrift lest, woran denkt ihr sofort?
An Kriege oder an die Pest, an Erdbeben oder an Hochwasser?
All das mussten die Kärntner in den vergangenen Jahrhunderten erleiden.

Feindliche Heere fielen ins Land ein, die Pest forderte Tausende von Opfern und zu allem Überdruss bebte 1348 die Erde in Kärnten, 17 Dörfer wurden vernichtet und Villach zerstört.

Die Menschen begannen sich zu fürchten und hielten diese Katastrophen für eine Strafe Gottes.

Sicherlich aber vermutet ihr nicht, dass ein kleines Tier, das ihr von der Wiese kennt, großes Unglück über Kärnten brachte. Heute freut man sich, wenn es von Grashalm zu Grashalm hüpft und man am Abend seine Melodie hört. Richtig, es handelt sich um die Heuschrecke!

Der Name Heuschrecke kommt vom altdeutschen Wort „schrecken" und hatte nicht die heutige Bedeutung, sondern stand für „schreien" oder „schnarren".

Unsere Heuschrecken sind ganz harmlos, aber die Wanderheuschrecken fressen ganze Landstriche kahl. Da sie bis zu 10 Zentimeter groß werden, vertilgen sie Unmengen.

Unter einer derartigen Heuschreckenplage mussten die Kärntner vor vielen hundert Jahren leiden, denn Millionen Heuschrecken überfielen das Land. Damals konnte man gegen die Heuschreckenschwärme nichts machen, zwei Jahre lang wüteten sie in Kärnten: Hunger und Armut waren die Folge.

Bis zu dieser Zeit ist es den Menschen recht gut gegangen. Das Herzogtum Kärnten war ein reiches Land. Die Klöster St. Paul im Lavanttal, Viktring und Gurk zeigten den Wohlstand ganz deutlich. Händler mussten über die Straßen des Loiblpasses und des Kanaltals reisen, dadurch kam viel Geld ins Land.

In dieser Zeit verstanden sich die Slowenen und Deutschsprachigen sehr gut. Herzog wurde nur der, der slowenisch und deutsch auf die Fragen des Edlingerbauern antworten konnte. Otto der Fröhliche war der erste Habsburger, der dies tat. Ab da gehörte Kärnten zu Österreich.

Doch das Glück der Habsburger dauerte nicht lange – die Heuschrecken fielen ein.

Monika Icelly

Wusstest du, dass
… in Gurk vor über 900 Jahren für die Heilige Hemma eine Krypta und eine Bischofskapelle errichtet wurden? Die darin angebrachten Malereien sind die größten und am besten erhaltenen aus dieser Zeit im deutschen Kulturraum.

Maria auf dem Thron Salomos, Dom zu Gurk

Kärnten im Mittelalter

Besuch auf Burg Hochosterwitz

Eine der schönsten Burgen Österreichs liegt in Kärnten: auf einem Dolomitfelsen östlich von St. Veit an der Glan.

Um zur Burg Hochosterwitz hinaufzukommen, muss man gut zu Fuß sein, denn bis zur Spitze des Felsens, die immerhin 681 Meter hoch ist, führt eine ziemlich steile Serpentinenstraße[1]. Hat man die 14 Tore und fünf Zugbrücken hinter sich gebracht, kann man den Zwinger[2] bestaunen.

Aus dem Prospekt erfährt man, dass die Burg schon im Jahre 860 erwähnt wurde. 1209 bekamen die Osterwitzer das Erbamt[3] der Mundschenken[4] verliehen.

Beim Türkeneinfall wurde der letzte Schenk gefangen genommen; er starb ohne Erben. 1571 kaufte Georg Freiherr von Khevenhüller die Burg, die bis heute ununterbrochen im Besitz seiner Familie ist.

Wenn man aus einem der vielen Fenster der Gemächer von Burg Hochosterwitz ins Tal hinunterschaut und der Blick in der Weite verschwimmt, kann man sich in die Zeit des Mittelalters zurückversetzt fühlen! In der Ferne erahnt man mit etwas Fantasie das kleine Ritterheer auf seinen stolzen gepanzerten Pferden, das der Burg entgegenreitet, oder erkennt die fleißigen Bauern und Knechte auf den Feldern.

Ist man aus seinen Träumen wieder erwacht, könnte man noch die Rüstkammer oder auch die Burgkapelle besuchen. Es gibt wirklich viel zu sehen in der Traumburg Hochosterwitz.

TIPP: Wenn du es eilig hast, bringt dich ein Personenaufzug auf die Burg.

Monika Icelly

[1] Serpentine = Straßenwindung (Schlangenlinien)
[2] Raum zwischen äußerer und innerer Burgmauer (Burggraben)
[3] eine berufliche Stellung, die vererbt wird
[4] ein Hofwürdenträger

Bilder erzählen Geschichten

Ein Punkt zum Verweilen

Anna schreibt einen Aufsatz über den Atelierbesuch beim Maler Karl Brandstätter

An einem sonnigen Februartag sind wir mit zwei Autos durch den Ort Grafenstein gefahren, dann durch den Wald einen steilen Berg hinauf. Bei einem gelben Haus war Endstation. Der Maler hat uns freundlich begrüßt und uns gleich den schönen Ausblick ins Drautal und zum Hochobir gezeigt. Ringsum war noch Schnee, aber die Vögel haben gesungen, als wollten sie schon den Frühling herbeirufen.

An der Küche mit dem Kachelofen und den kleinen Fenstern hat man gesehen, dass das Haus früher einmal ein Bauernhaus gewesen ist. Aber im oberen Stockwerk sind wir dann in einem modern ausgebauten Atelier gestanden und haben über die vielen schönen Bilder und Plastiken von Karl Brandstätter gestaunt. „Malen ist in erster Linie ein Handwerk, zuerst muss man die Techniken erlernen", hat er uns erklärt. Bei der großen Druckerpresse hat er uns dann gezeigt, wie eine Radierung entsteht. Wir haben gelernt, dass Radierung nicht von radieren kommt, sondern vom lateinischen Wort radere, das heißt kratzen. Der Maler

hat eine kleine Kupferplatte mit einem Stofflappen gesäubert und mit einem Schmirgelpapier über die Oberfläche gerieben. Dann hat er Kolofonium, ein Harzprodukt, aufgetragen und die Platte über einer Flamme erhitzt. Das Kolofonium ist flüssig geworden und hat sich nun sehr gut auf der Kupferplatte verteilen lassen.

„Zum Zeichnen gibt es Stichel und Kratzer. Mit dem Kratzer bekommt man einen lebendigeren Strich", hat uns Karl Brandstätter erklärt. Und dann hat jeder von uns etwas in das Kolofonium auf der Kupferplatte ritzen dürfen.

Im Freien hat der Maler die Fläche mit einer Säure geätzt. Wir haben ihm dabei durch eine Glasscheibe zugeschaut und das sehr aufregend gefunden.

„Das Harz nimmt die Säure nicht an. Nachdem die Kupferplatte nochmals erhitzt und dann gesäubert worden ist, trägt man die Druckerschwärze auf. Die Farbe geht in die Tiefe, die Oberfläche wird abgewischt." Ganz schön viel Arbeit, so eine Radierung!

Bilder erzählen Geschichten

Karl Brandstätter hat ein handgeschöpftes feuchtes Papier auf die Kupferplatte gelegt, und dann ist der spannende Augenblick gekommen: Unser Gemeinschaftswerk ist durch die große Druckwalze gelaufen, und ein Abzug ist da gewesen! Wir haben alle nicht schlecht gestaunt. Unsere Radierung hat fast wie ein echtes Kunstwerk ausgesehen!

In der gemütlichen Küche haben wir uns dann mit Faschingskrapfen und Saft stärken dürfen. Karl Brandstätter hat uns erzählt, dass er jeden Tag sehr früh aufsteht, weil er am Vormittag am besten arbeiten kann, und dass sein Zeichentalent schon in der Volksschule aufgefallen ist. Sein Handwerk hat er später in der Kunstakademie erlernt und danach einige Jahre in Paris als freier Maler gelebt. Und jetzt ist er berühmt!

Nach der Jause haben wir mit Buntstiften gezeichnet, die Buben ganz brav gegenständlich. Lukas hat die bunten Blech-Futtertürmchen vor dem Haus gemalt, die der Künstler selber gebastelt hat – für die Singvögel im Winter zum Schutz vor der Hauskatze.

Wir Mädchen haben abstrakt gezeichnet und einen wertvollen Tipp vom Künstler bekommen: „Ein Punkt auf dem Blatt sollte kräftiger in den Farben sein, damit das Auge darauf verweilen und von da aus weiter wandern kann." Sieht auch gleich schöner aus!

Viele neue Eindrücke haben wir mit nach Hause genommen. Das war ein Nachmittag, den wir bestimmt nicht so bald vergessen werden!

Christine Rettl

Bilder erzählen Geschichten

Angelika Kaufmann, Buchillustratorin

Bilder erzählen Geschichten – spannende, lustige, aber auch traurige. In Österreich gibt es viele Illustratorinnen und Illustratoren, die Bilderbücher für Kinder zeichnen oder malen.

Eine der bekanntesten stammt aus Kärnten: Angelika Kaufmann. Wenn man sie fragt, warum sie gerade für Kinder zeichnet, erklärt sie das so: „Ich hatte eine glückliche Kindheit und habe die Bilderbücher, die ich besessen habe, sehr geliebt. Dieses Gefühl möchte ich allen Kindern vermitteln!" Manchmal schreibt sie auch selbst die Geschichten zu ihren Bildern.

Das fremde Kind

Der Krieg hat dem Kind alles genommen, Vater und Mutter, Bruder und Schwester, die Großmutter, das Haus, in dem es gewohnt hat, Essen und Trinken, Kleider und Schuhe, die Puppe und das Spielzeug.

„Mir ist kalt, ich hab´ Angst!", sagte das Kind und es begann zu laufen. Es lief und lief und lief. Endlich kam es zu einem Haus. Dort klopfte es an die Tür.

„Wer ist draußen?"

Ein alter Mann öffnete die Tür.

„Was willst du?", fragte der alte Mann.

„Mir ist kalt, ich hab´ Hunger!", sagte das Kind.

„Steck deine kalten Füße in meine Hausschuhe. Du kannst warmen Tee mit mir trinken", sagte der alte Mann. Das Kind schlüpfte in die großen Hausschuhe und bekam warme Füße. Es trank Tee und es wurde ihm warm. Da fielen ihm die Augen zu. Der alte Mann deckte das Kind zu und sagte: „Bis morgen kannst du bleiben."

„Du kannst nicht länger bleiben!", sagte der alte Mann am nächsten Morgen.

„Darf ich die Hausschuhe behalten?", fragte das Kind.

„Nein", sagte der alte Mann. „Ich habe nur diese. Ich brauche sie selbst."

Da ging das Kind fort. Es ging und ging und ging. Es wurde kälter, immer kälter. Das Kind fror sehr. Endlich kam es zu einem Haus. Dort klopfte es an die Tür.

„Wer ist draußen?" Eine alte Frau öffnete die Tür.

„Was willst du?", fragte die alte Frau.

„Mir ist kalt, ich hab´ Hunger", sagte das Kind.

„Zieh meine Hausschuhe und meine Wolljacke an. Du kannst warme Suppe mit mir essen", sagte die alte Frau.

Das Kind schlüpfte in die warmen Hausschuhe und in die warme Jacke. Es aß Suppe und es wurde ihm warm. Da fielen ihm die Augen zu. Die alte Frau deckte das Kind zu und sagte: „Bis morgen kannst du bleiben."

„Du kannst nicht länger bleiben!", sagte die alte Frau am nächsten Morgen.

„Darf ich die Wolljacke behalten?", fragte das Kind.

„Nein", sagte die alte Frau. „Ich habe nur diese. Ich brauche sie selbst."

Da ging das Kind fort. Es ging und ging und ging. Es war schon dunkel. Und es war bitter kalt. Das Kind fror sehr. Endlich kam es zu einem Haus. Dort klopfte es an die Tür. Die Tür wurde einen kleinen Spalt geöffnet. Eine junge Frau schaute heraus.

„Wer ist draußen?", fragten die Kinder und drängten sich neugierig zur Tür.

„Was willst du?", fragte die Frau.

„Kann ich bei euch bleiben?", fragte das Kind.

„Was will das fremde Kind bei uns?", riefen die Kinder.

Bilder erzählen Geschichten

„Mir ist kalt, ich bin hungrig und müde", sagte das Kind.

„Bei uns bleiben? Bei uns kannst du nicht bleiben!", sagte die Frau. „Ich bin allein mit meinen drei Kindern. Mein Mann ist im Krieg."

„Du kannst meine alten Filzpantoffel anziehen, sie sind mir schon zu klein!", rief Rosa.

„Du kannst meinen Grießbrei essen, ich mag Grießbrei nicht!", rief Anna.

„Wir haben eine alte Matratze, auf der kannst du schlafen!", rief Stefan.

„Gut", sagte die Mutter und seufzte. „Bis morgen kannst du bleiben."

Das fremde Kind schlüpfte in Rosas Filzpantoffel, aß den ganzen Grießbrei und bekam rote Wangen.

„Komm!", riefen die Kinder und liefen voraus ins Kinderzimmer.

„Hier kannst du schlafen!", rief Stefan und hüpfte auf die Matratze.

„Komm!", riefen die Kinder und ein Spaß begann. Sie tobten und lachten, schwätzten und kicherten und tuschelten. Da fielen dem fremden Kind die Augen zu. Die Kinder deckten das Kind zu.

„Es riecht anders als wir", flüsterte Rosa.

„Es redet anders als wir", flüsterte Anna.

„Es schaut anders aus als wir", flüsterte Stefan.

„Aber es kann so lustig spielen wie wir", sagte Rosa.

„Darf das fremde Kind bei uns bleiben?", fragten die Kinder die Mutter am nächsten Morgen.

„Nein", sagte die Mutter. „Ich habe schon genug Sorgen mit euch drei."

„Versteck dich unter dem Bett, schnell!", sagte Stefan.

„Du bekommst wieder meinen Grießbrei", sagte Anna.

„Du kannst mit unseren Spielsachen spielen", sagte Rosa.

Und das fremde Kind blieb. Es lebte bei den Kindern im Versteck. Immer wenn es die Schritte der Mutter hörte, flüchtete es unters Bett und verkroch sich dort. Es aß heimlich Annas Grießbrei, spielte mit den Spielsachen der Kinder und freute sich auf den Augenblick, wenn die Kinder aus der Schule wieder zu ihm zurückkamen. Es war glücklich.

Doch plötzlich kam die Mutter mit Schaufel und Besen ins Kinderzimmer. Und kehrte das fremde Kind unter dem Bett hervor.

„Du? Du! Was machst du hier?" Die Mutter war außer sich vor Zorn und schrie: „Ich hab dir gesagt, bei uns kannst du nicht bleiben! Wie du aussiehst! Schwarz von Kopf bis Fuß und ganz zerzaust! Und überhaupt! Wie heißt du?"

„NADA", sagte das Kind.

„Komm mit ins Bad! Du bist schwarz wie ein Rauchfangkehrer!" Und da musste die Mutter ein bisschen lachen. „Du struppiger Besen!"

Die Mutter ließ warmes Wasser über Nadas Körper laufen, wusch ihr schmutziges Gesicht, ihre schmutzigen Hände, schrubbte ihre schmutzigen Knie, wusch ihr struppiges Haar, hüllte sie in ein Handtuch und rieb sie trocken und warm.

„Nada", sagte die Mutter und strich über das Haar des Kindes. „Wie soll das weitergehen? Wie soll ich allein alles schaffen? Ich weiß es nicht. Aber wegschicken, nein, wegschicken kann ich dich nicht!", sagte die Mutter und nahm Nada an der Hand.

Angelika Kaufmann

Ein dreisprachiges Land

Meine Großmutter lebt in Eisenkappel

Dober dan. Moje ime je Mirko.
Guten Tag. Mein Name ist Mirko.

Moja babica živi v Železni Kapli.
Meine Großmutter lebt in Eisenkappel.

Ona govori slovensko in nemško. Imam jo zelo rad.
Sie spricht Slowenisch und Deutsch. Ich habe sie sehr lieb.

Der Markt Eisenkappel-Vellach ist die südlichste Gemeinde Kärntens. Die Besonderheit dieser Gegend ist, dass von vielen Menschen auch die slowenische Sprache und mit ihr verwandte Dialekte gesprochen werden. Das beweist, dass unterschiedliche Volksgruppen harmonisch zusammenleben können. Es gibt Kindergärten, in denen eine zweisprachige Betreuung angeboten wird und in einigen Schulen wird zweisprachiger Unterricht erteilt.

Als im Jahr 1972 mehrere zweisprachige Ortstafeln in Kärnten entfernt wurden, begann der so genannte Ortstafelstreit, der bis heute in vielen Gemeinden, in denen Angehörige der slowenischen Minderheit leben, noch immer nicht gelöst ist. Derzeit ist man bemüht, für die Frage der zweisprachigen Ortstafeln eine Lösung zu finden.

Eine zweite Sprache zu verstehen und zu sprechen ist etwas ganz Besonderes. Dadurch kann man sich in andere Menschen und ihre Traditionen besser einfühlen.

Monika Icelly

Pasta und Kasnudeln

SPAGHETTI ALL'AGLIO E OLIO

Per quattro persone:

quattro etti di spaghetti,

due spicchi d'aglio,

un pezzetto di peperoncino rosso

olio d'olivia, sale

Il tempo necessario: circa venti minuti

Cuocere gli spaghetti.

Qualche minuto prima di togliere gli spaghetti dal fornello, far scaldare mezzo bicchiere di olio, aggiungere l'aglio e il peperoncino tritati all'olio crudo.

KÄRNTNER KASNUDLN

Zutaten

für die Fülle:

1/4 kg mehlige Erdäpfel

1/4 kg Bröseltopfen (trocken)

1 Zwiebel

3 EL Kräuter (unbedingt auch Minze)

Salz

für den Teig:

ca. 1/2 kg Mehl (glatt)

1 Esslöffel Öl

etwas lauwarmes Wasser

Zubereitung

Für die Fülle die Erdäpfel in der Schale kochen, passieren, mit dem Bröseltopfen und dem rohen Zwiebel (gewürfelt) verrühren, mit Salz und Kräutern würzen.

Mehl, Salz, Öl und Wasser zu einem geschmeidigen Teig verarbeiten und diesen 1 Stunde im Kühlschrank rasten lassen. Den Teig dünn ausrollen und halbieren. Aus der Fülle kleine Knödel formen und auf eine Teighälfte im Abstand von etwa 10 cm auflegen. Die zweite Teighälfte darüber schlagen, Ränder festdrücken (es darf keine Luft drinnen bleiben, sonst platzen die Nudeln beim Kochen) und die Nudeln ausstechen (am besten mit einem Häferl, Glas etc.). Die Teigenden nun krendeln (ein kleines Stück umlegen und festdrücken, daneben wieder umlegen und festdrücken usw.) und die fertigen Nudeln in Salzwasser ca. 10 Minuten kochen.

Mit brauner Butter und Minzblättchen servieren.

Diese Kombination von Rezepten wird sicherlich etwas Erstaunen hervorrufen. Es werden auch nicht alle in der Lage sein beide zu lesen. Wenn man aber Schülerin oder Schüler in der Volksschule Arnoldstein ist, an der auch in italienischer Sprache unterrichtet wird, kann man beide Rezepte ohne Probleme nachkochen.

Und das hat seinen guten Grund!

Die Marktgemeinde Arnoldstein liegt im südlichsten Teil Kärntens am Ende des Gailtales an der Grenze zu Italien und Slowenien. Hier werden Brauchtum und Tradition der verschiedenen Völker wirklich gelebt. Das beginnt spätestens in der Volksschule, die immer wieder interessante Projekte durchführt, wie zum Beispiel „Besonderheiten und Gemeinsamkeiten im Dreiländereck". Den Kindern sollen dadurch die verschiedenen Kulturen und Sprachen näher gebracht werden. Mit den Partnerschulen in Moimacco (Italien) und Mojstrana (Slowenien) herrscht ein reger Austausch.

Monika Icelly

Ein dreisprachiges Land

Il piccolo gufo – Sovica – Die kleine Eule

Die Geschichte „Die kleine Eule" hat die österreichische Autorin Lene Mayer-Skumanz geschrieben und der Italiener Salvatore Sciascia illustriert. Der Beginn dieser Geschichte ist hier in den drei Sprache des Dreiländerecks wiedergegeben. Die ganze Geschichte kannst du unter www.kleine-eule.net nachlesen.

Il piccolo gufo

Molto tempo fa, quando uomini ed animali avevano ancora una lingua comune, un piccolo gufo abitava nel bosco dietro le montagne dei sogni. Era il piú piccolo di sei fratelli e aveva lasciato la tana nel vecchio albero per ultimo. I genitori del gufo gli insegnarono a volare, a cacciare topi e a prendere il sole. Poi dissero: „Coraggio piccolo gufo! Va' e scopri il mondo!" „Ma non sono ancora troppo piccolo per questo?", chiese il piccolo gufo. I suoi genitori fecero crepitare i loro becchi e sospirarono con indulgenza: „Il grande-gufo-che-creó-tutto ti proteggerá durante il viaggio! E le regole le conosci: uccidi il tuo cibo tanto velocemente che esso non provi dolore, cosí sará anche piú gustoso. Rallegrati di ogni luce, anche se é molto tenue. E per quanto riguarda volare lunghe tappe ... beh: volare s'impara volando, non c'é nient'altro da dire." Il piccolo gufo giró la testa in tutte le direzioni per guardare ancora una volta i genitori e l'albero nativo. Poi spiegó le ali e se ne partí.

Sovica

Pred davrimi časi, ko so ljudje in živali še govorili isti jezik, je živela v gozdu za čudežnimi gorami mala sova. Bila je najmlajša od sedmih sovjih otrok in je zadnja zapustila duplino starega drevesa. Sovja starša sta jo naučila letenja, lovljena miši in kopanja v pesku. Nato pa sta jo vzpodbudila: „Le pogum, sovica! Pojdi in si oglej svet!"

„Kaj nisens še premajhna za to?", je vprašala sovica. Starša sta malo pobrusila s kljunoma in po premisleku dejala: „Velika-sova-ki-je-vse-ustvarila te bo čuvala na tvoji poti! Pravila pa tako poznaš: ubij svojo žrtev tako naglo, da ne bo čutila bolečine, kajti tako ti bo bolje teknila. Razveseli se vsake svetlobe, najsi bo še tako šibka. Kar pa se letenja tiče ... vedi: letenja se naučiš samo z letenjem, tu ni kaj dodati!"

Ein dreisprachiges Land

Sovica je z glavo zaokrožila v vse smeri, da bi si še enkrat dobro ogledala svoja starša in domače drevo. Zahukala in skoviknila je v slovo, nato je razprostrla krila in odletela.

Die kleine Eule

Vor sehr langer Zeit, als Tiere und Menschen noch eine gemeinsame Sprache hatten, wohnte im Wald hinter den Traumbergen eine kleine Eule. Sie war die Jüngste von sechs Geschwistern und hatte als Letzte die Höhle im alten Baum verlassen.

Die Euleneltern brachten ihr bei, wie man fliegt, Mäuse fängt und Sonnenbäder nimmt.

Dann sagten sie: „Nur Mut, kleine Eule! Schau dir die Welt an!"

„Bin ich dazu nicht noch zu klein?", fragte die kleine Eule.

Die Euleneltern ließen ihre Schnäbel knacken und schnauften dann nachsichtig: „Die Große-Eule-die-alles-erschaffen-hat behütet dich auf deiner Reise! Und die Regeln kennst du: Töte dein Futter, so schnell, dass es keinen Schmerz fühlt, dann schmeckt es auch besser. Freu dich an jedem Licht, sei es auch noch so schwach. Und was das Fliegen weiterer Strecken betrifft … nun: Fliegen übt man durch Fliegen, mehr ist dazu nicht zu sagen."

Die kleine Eule ruckte den Kopf nach allen Seiten, um ihre Eltern und den Heimatbaum noch einmal genau anzusehen. Sie fauchte und kreischte und schnarchte zum Abschied. Dann breitete sie die Schwingen aus und flog davon.

Lene Mayer-Skumanz

Ein echtes Naturwunder

Anna mailt ihrem Papa Ostergrüße

Hallo, Papa!

Hier ist es zwar noch recht kalt, trotzdem hat mich Tante Friedl vor dem Frühstück in den Garten gelotst und gesagt: „Der Osterhase war da und hat was für dich versteckt."

Stell dir vor – dann ist deine große Tochter im Garten herumgeflitzt und hat Osternester gesammelt, wie in früheren Zeiten. Hat echt Spaß gemacht!

Zum Frühstück gab es Ostereier und Reindling mit Schinken und Kren. Ich hab gegessen, bis ich nicht mehr papp sagen konnte.

Am Nachmittag hat Tante Friedl gesagt: „Hol dein Badetrikot! Wir fahren jetzt baden!"

Warmbad Villach, Erlebnistherme, wohin sonst, hab ich gedacht.

Wir sind also ins Auto gestiegen und losgefahren. Die Richtung hat gestimmt. Tante Friedl hat das Auto beim Warmbaderhof geparkt und die Badetasche herausgenommen. Aber statt zum Kurhaus ist sie mit mir die Judendorferstraße entlangspaziert. Nicht gerade der wärmste Märztag für einen Spaziergang, hab ich mir gedacht, und dass ich lieber gleich ins warme Kurhaus gegangen wäre. Aber gesagt habe ich nichts.

„Naturlehrpfad" stand auf einer Tafel. Aha, bestimmt will mir Tante Friedl einen besonderen Baum zeigen, oder so. Sie hat aber nur geheimnisvoll gelächelt.

Durch einen schönen Wald sind wir gewandert, einen Bach entlang. Auf einmal haben wir Stimmen gehört. Als wir an eine Lichtung kamen, war dort der Bach breiter und sah aus wie ein kleiner Teich. Aus dem hat es richtig gedampft. Bei 12 Grad Lufttemperatur haben einige Leute im Freien gebadet!!! Ich hab nicht schlecht gestaunt.

„Zieh dich aus", hat Tante Friedl zu mir gesagt und erst ihre warme Jacke, dann Jeans und Pullover abgelegt.

„Jetzt spinnt sie aber total", hab ich gedacht und mich anfangs geweigert.

„Na komm, sei nicht feig!", hat sie mich aufgefordert. „Das ist unser berühmtes Maibachl, ein echtes Naturwunder. Das Wasser hat 27 Grad, das musst du einmal probieren!"

Ein paar Minuten später standen waren wir schon bis zum Hals drinnen im maibacherlwarmen Wasser, den Kopf in Nebel gehüllt.

Jedes Jahr, wenn der Schnee in den Bergen schmilzt und es im Winter genug Niederschlag gegeben hat, gehen die unterirdischen Seen in den Tiefen des Dobratsch-Massivs regelrecht über, und das warme Heilwasser tritt an dieser Stelle aus, hat mir Tante Friedl erzählt. Dieses Freibad im Vorfrühling wird von den Villachern gerne genutzt, auch dann, wenn ringsum noch Schnee liegt. Sogar die alten Römer sollen schon darin gebadet haben.

Ein Gefühl war das – wie in einer Badewanne, die im Winter im Freien steht. Draußen war's kalt und im Wasser urwarm. Hätte mich Tante Friedl nicht mit einem Besuch in der Erlebnistherme Warmbad mit anschließender Jause gelockt und mich draußen mit einem großen Badetuch empfangen – ich wäre niemals freiwillig herausgestiegen, zumindest nicht so bald. Das war ein Erlebnisbad pur!

Im Hallenbad hab ich dann einen total süßen Kärntner kennen gelernt. Er heißt Lukas und wohnt in Eisenkappel, aber davon ein anderes Mal!

Tausend Ostergrüße

von deiner Lieblingstochter Anna

Christine Rettl

Natürliche Heilkräfte

Gesund in Bad Bleiberg

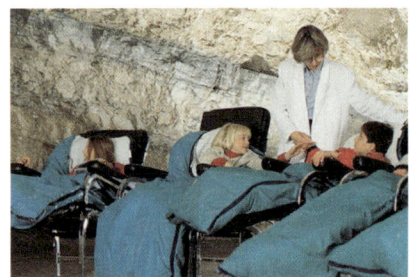

Heilsames Thermalwasser gibt es auch im Kristallbad von Bad Bleiberg. Das Heilwasser des Thermalhochtales stammt aus einem geheimnisumwitterten, unterirdischen See. Aber nicht nur das Wasser, sondern auch der Berg, aus dem es kommt, hat in Bad Bleiberg heilende Kraft.

Im Heilklimastollen Friedrich werden vor allem Lungenerkrankungen und Allergien behandelt. Hier kann leidenden Menschen ohne Medikamente geholfen werden. Die Wirkung beruht auf dem Klima im Stollen. Hier herrscht eine so hohe Luftfeuchtigkeit, dass alle Luftschadstoffe, wie Schwebeteilchen, Pollen oder Ruß, aus der Luft entfernt werden. Der Berg wirkt dabei wie ein großer Filter.

Diese Art der Behandlung ist auch für Kinder sehr gut geeignet. Wohlig warm eingepackt liegen die Patienten auf einer bequemen Liege mit kälteisolierenden Auflagen. Sie werden in einen Schlafsack gepackt und gut zugedeckt.

Gesunde können ebenfalls in die „Wunderwelt im Berg" eintauchen und in der Erlebniswelt TERRA MYSTICA die Geschichte des Bleiberger Bergbaus erforschen.

Die Grubenreise beginnt mit einer 68 Meter langen Rutschfahrt, der längsten in einem europäischen Bergwerk. Mit einer echten Grubenbahn fährt man durch die Stollen. Der Besucher sieht tief im Erdinneren faszinierende Shows über die Heilkräfte der Natur. Manchmal blickt ihm dabei sogar ein Zwerg oder ein Saurier über die Schulter! Junge Schatzsucher können in einem Stollenlabyrinth, mit einer Lampe ausgerüstet, Edelsteine finden.

Evelyn Kapaun

Nähere Informationen über die Terra Mystica findest du im Internet unter: www.terra-mystica.at

Bergarbeiter-Latein
Grube (von „graben"): ein unteriridisches System aus Stollen und Schächten
Hund (Hunt): Transportwagen für Fördergut
Kumpel: Kumpan, Kamerad
Schacht: senkrechte Verbindung zwischen den Läufen
Stollen: mit Stützen und Pfosten gesicherter, waagrecht geführter Gang
Zeche: Abbauraum. Die Perscha-Zeche in Bleiberg, ein gewaltiger Felsendom, wird für Veranstaltungen wie zum Beispiel Rock-Konzerte genützt.

In die Ferne schauen

Eine Fernsicht zum Jodeln

Anna berichtet von einem Ausflug auf den Dobratsch

Hallo, Papa!

Wie geht es dir? Mir geht es prima. (Das Wort super gefällt dir ja leider nicht.) Gestern war ein Traumwetter, und ich hab mit Tante Friedl einen Ausflug auf den Dobratsch gemacht. Dort hat's mir supertoll gefallen (entschuldige, dafür weiß ich echt kein anderes Wort) und jetzt fühle ich eine Riesenkraft in mir. Warum? Das will ich dir jetzt mailen.

Dass auf dem Gipfel ein 165 Meter hoher Sendemast steht, der in ganz Kärnten die Radio- und Fernsehprogramme ausstrahlt, weißt du. Schätze, du kennst den Dobratsch nur von früher – als Schigebiet.

Inzwischen sind aber alle Schilifte abgebaut worden, und im Jahr 2002 ist das gesamte Dobratschgebiet zum Naturpark erklärt worden. Da gibt es markierte Wanderwege und Kultur- und Naturlehrpfade.

Von Tante Friedl weiß ich, dass man im Winter nur noch Langlaufen, und mit der Rodel ins Tal fahren kann. So etwas nennt man sanften Tourismus, und die Natur ist dabei sichtbar aufgeblüht, hat sie gesagt.

Riesige Höhlen gibt es im Berginneren, die noch immer nicht ganz erforscht sind. Vom Dobratsch kommt nicht nur reines, klares Trinkwasser, aus Höhlen und Spalten sprudelt auch bestes Heil- und Thermalwasser. Warmbad Villach und Bad Bleiberg kennst du ja.

Du fragst dich sicher, wie wir auf den Berg hinaufgekommen sind. Ich gebe es ja zu – erfunden habe ich das Wandern nicht gerade. Und der Dobratsch ist über 2 000 Meter hoch!!! Bis zum Alpengarten in 1 403 Meter Höhe sind wir mit dem Auto gefahren. Die Villacher Alpenstraße ist spitzenmäßig befahrbar, an einigen der bunten Tafeln entlang der Strecke haben wir kurz Halt gemacht und uns die Gegend angeschaut.

Die erste Station heißt „Zwergenspielplatz", ist also nichts mehr für mich.

Die zweite nennt sich „Paradiesecke" – für Verliebte – mit Ausblick ins Gailtal. Echt romantisch!

Auf der vierten Tafel steht „Hahnkopf", so heißt der Berg gegenüber. Von der Stelle aus sieht man auch zur Schütt. Dort liegen riesige Felsbrocken herum. Bei einem gewaltigen Erdbeben im Jahr 1348 ist die Südwand des Berges abgerutscht und hat ganze Dörfer unter sich begraben. Echt schaurig! Ob sich so ein Erdbeben wiederholen kann?

Der nächste Platz ist der „Wurzelboden". Dort soll es Feen und Elfen geben – wenn man daran glaubt. Wenn man Glück hat, erscheint einem dort zumindest eine Gämse. Tante Friedl ist mit mir bis zum „Alpengarten" gefahren. Über 900 Arten von Alpenblumen blühen dort – ein Traum, sag ich dir: die seltene Wulfenia, jede Menge Lilien, Akeleien, und vor allem die Illyrische Gladiole, die kommt sonst nirgendwo in Österreich vor. Seltene Schmetterlinge haben wir bewundert, den Roten Apollofalter zum Beispiel. Und auf einem Stein hat sich eine Smaragdeidechse gesonnt.

Die Aussichtsplattform „Rote Wand" haben wir natürlich auch besichtigt. Die ist durch den Bergrutsch entstanden. Vor mehreren hundert Jahren hat man damit begonnen, im Dobratsch nach Erz und Blei zu schürfen. In den 70er-Jahren hat man damit aufgehört, weil es sich nicht mehr gelohnt hat. Dafür sind bei den Abbauarbeiten die warmen Quellen entdeckt worden, sagt Tante Friedl.

In 1 732 Meter Höhe, am „Himmelsblick" endet die Villacher Alpenstraße. Auf der „Rosstratten" war ich nicht mehr zu halten. Du weißt ja, wie sehr ich Pferde liebe, und da gab es ganz besonders

 *In die Ferne schauen*

süße Fohlen. Tante Friedl hat Mühe gehabt, mich zum Weitergehen zu bewegen.

Zwei Stunden sind wir noch bis zum Gipfel gewandert, aber mir ist es gar nicht so lang vorgekommen, vor lauter Schauen und Staunen. Dort oben in 2 167 Meter Seehöhe steht die am höchsten gelegene Kirche von ganz Europa!!! Jedes Jahr zu Maria Himmelfahrt pilgern dort Wallfahrer hinauf. „Eine Fernsicht zum Jodeln", hat Tante Friedl geschwärmt und einen Jodler losgelassen, dass es ringsum geschallt hat. So was von peinlich!

Ich hab mich erst wieder beruhigt, als sie mich zu einer Limonade und einer Brettljause eingeladen hat. Der Dobratsch ist der Hausberg der Villacher und heißt auch Villacher Alpe. Dort oben waren jede Menge Urlauber – vor allem Deutsche – aber Villacher ist uns gestern kein Einziger begegnet.

Nach einer längeren Rast sind wir wieder abwärts gewandert, und ob du's glaubst oder nicht, dabei ist uns doch tatsächlich ein Schneehase über den Weg gelaufen.

Jetzt beneidest du mich um meine (super)tollen Erlebnisse! Stimmt's?

Du brauchst nur herzukommen!

Das wünscht sich sehr

deine Anna

PS: Beim Durchlesen ist mir aufgefallen, dass ich etwas ganz Wichtiges vergessen habe: das Medizinrad, das auf einem Energie strömenden Platz aus Steinen gelegt wurde. Da habe ich mir die innere Kraft geholt.

Oje, jetzt ist mein Mail ganz schön lang geworden. Aber keine Sorge – ich hab es offline geschrieben und nicht auf deinem, sondern auf Tante Friedls Computer.

Christine Rettl

Die Wulfenia

Aus aller Welt kommen Jahr für Jahr im Juni Naturfreunde auf das Nassfeld, um ein einzigartiges Naturschauspiel zu sehen: die Blüte der blauen Wulfenia. Die Wunderblume Kärntens ist strengstens geschützt. Außer in Kärnten ist sie nur noch im Himalaya und Albanien bekannt.

Das Wachstumsgebiet befindet sich am Fuß des Gartnerkofels und ist in einer rund halbstündigen Wanderung vom Grenzübergang auf der Sonnenalpe Nassfeld aus leicht zu erreichen.

Entdeckt hat diese seltene Pflanze vor über 200 Jahren Franz Xaver Freiherr von Wulfen.

Evelyn Kapaun

In die Ferne schauen

Von Tropfsteinen und Riesenhirschen

Anna schreibt einen Brief nach einem Besuch der Griffener Höhle

„Kärnten ist so was von schön – ich glaube, ich will nie mehr von hier weg", schreibt Anna. „Ich hab auch schon ein paar ganz liebe Freundinnen gefunden, und den Lukas aus Eisenkappel hab ich auch wieder gesehen. Den hab ich zu Ostern im Warmbad kennen gelernt. Damals hat er mich um meine Telefonnummer gebeten, und ich hab ihm die von Tante Friedl gegeben. Dann habe ich lange nichts mehr von ihm gehört – bis vorgestern. Da hat er ganz plötzlich angerufen, mich gefragt, wie es mir geht, und mir erzählt, dass er wieder für ein paar Tage nach Villach kommt. Tante Friedl hat geplant mit mir die Griffener Tropfsteinhöhle zu besichtigen. Ich wollte aber lieber den Lukas treffen. ‚Vielleicht hat er Lust mit uns zu kommen', hat Tante Friedl vorgeschlagen. Und genau so war es.

Tropfsteinhöhle

Der Lukas ist wirklich total nett, er sieht auch sehr gut aus. Auf der Fahrt nach Griffen haben wir die ganze Zeit miteinander geredet. Und seither sind wir prima Freunde geworden.

Tante Friedl ist mit uns zur Griffener Pfarrkirche gefahren. Genau gegenüber ist auch der Eingang in die Tropfsteinhöhle. Die befindet sich im Wahrzeichen von Griffen: im Griffener Schlossberg. Der ist oben flach, hat eine schroffe Felswand, und ist ein südlicher Ausläufer der Saualpe. Er besteht aus urzeitlichem Kalk, hat uns Tante Friedl erklärt. Auf dem mächtigen Felsen steht die Ruine einer Burg, die im Jahr 1160 von den Bambergern erbaut wurde.

Gell, da staunst du, wie gebildet deine Tochter ist!

Wir haben unsere warmen Jacken angezogen, weil es in der Tropfsteinhöhle nur 8 Grad plus hat. Bei der Kasse haben schon einige Leute gewartet. Zehn Minuten später, zur vollen Stunde, ist unser Durch-die-Höhle-Führer gekommen und mit uns hineingegangen.

Drinnen sieht es wie verzaubert aus. Ganz seltsame Formen haben diese Tropfsteine, und das Merkwürdigste – die meisten sind total bunt. Tante Friedl hat gesagt, in Griffen wäre die bunteste Tropfsteinhöhle Österreichs. Für mich haben manche Formen wie Tiere ausgeschaut, andere wie Köpfe mit unheimlichen Gesichtern.

Namen haben sie auch, diese komisch geformten Stalaktiten und Stalakmiten. Stalaktiten sind die, die herunterhängen, die Stalakmiten stehen nach oben. Krautkopf heißt eine von denen, die hängen, weil sie an einen aufgeschnittenen Krautkopf erinnert.

 *In die Ferne schauen*

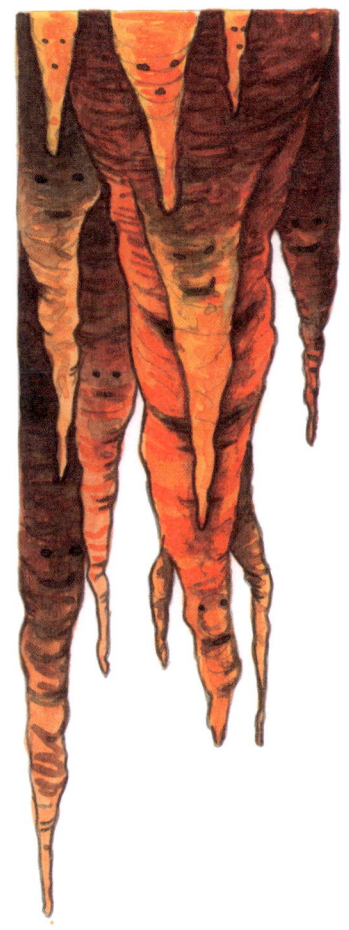

Fleischkammer heißen Formen, die wie hingehängte Speckseiten und getrocknetes Fleisch ausschauen. Sieht echt lustig aus.

Und noch etwas Wichtiges: Bei Ausgrabungen hat man Knochenreste gefunden, die in Glasvitrinen ausgestellt sind – von riesigen Höhlenbären, Wollnashörnern und Riesenhirschen – Tiere, die schon vor Millionen von Jahren ausgestorben sind. Die Funde beweisen, dass sie tatsächlich einmal in dieser Gegend gelebt haben.

In der Griffener Höhle hat man auch zwei Feuerstellen aus der Altsteinzeit entdeckt. Der Führer hat uns erzählt, dass sie von Jägern stammen, die sich damals in der Höhle aufgehalten haben, und dass Griffen zu den ältesten Gebieten Kärntens gehört, in denen sich ungefähr 40 000 Jahre v. Chr. Menschen angesiedelt haben.

Er hat auch gesagt, dass man die Tropfsteinhöhle durch Zufall gefunden hat – auf der Suche nach einem Luftschutzraum, gegen Ende des Zweiten Weltkrieges. Im Jahr 1956 ist sie dann für Besichtigungen freigegeben, und ein Jahr später zum Naturdenkmal erklärt worden.

Die Führung hat ungefähr eine halbe Stunde gedauert, sie hat uns echt gut gefallen. Trotzdem waren wir froh, als wir wieder ins Freie kamen. Wir sind dann noch auf den Schlossberg gewandert, und Tante Friedl hat von uns in der Burgruine ein Foto gemacht. Vom Plateau aus hat man eine ganz tolle Aussicht.

In der Schlossbergschänke haben wir noch etwas Gutes geschmaust, dann sind wir wieder nach Villach gefahren und ich habe mich von Lukas verabschiedet. Nur bis zu unserer nächsten Verabredung natürlich!

Küsse, bis bald …
Anna!

Christine Rettl

In die Ferne schauen

Im Reich von Gletschern, Adlern und Murmeltieren

Lukas ist total aufgeregt. Heute macht er einen Ausflug zum höchsten Berg Österreichs, dem Großglockner. Mit seinen Eltern fährt er zur Großglockner-Hochalpenstraße. Die beginnt in Heiligenblut, das weiß Lukas schon, und führt bis nach Salzburg. Lukas und seine Familie aber nehmen die Abzweigung auf die Franz-Josefs-Höhe.

Auf der Franz-Josefs-Höhe ist es ganz schön kalt. Der Wind weht heftig und lässt ihre Jacken flattern. Lukas stört das nicht, er betrachtet fasziniert den riesigen Gletscher am Fuß des Großglockners: die Pasterze.

Sie überqueren den großen Parkplatz. Dann sehen sie einen Turm aus Glas. „Der sieht aus wie ein Bergkristall", erklärt Lukas' Vater. „Wenn wir dort hinaufgehen, können wir sicher Murmeltiere sehen."

„Du Mama, warum heißt die Franz-Josefs-Höhe eigentlich so?", fragt Lukas, den diese Frage schon die ganze Zeit beschäftigt.

„Kaiser Franz-Josef hat diesen Platz einmal besucht. Ihm zu Ehren ist er so benannt worden", weiß die Mutter. „Na toll," denkt sich Lukas, „da können sie den Platz ab heute Lukas-Höhe nennen".

Sie erreichen den gläsernen Turm und die Frage, ob es besser Franz-Josefs-Höhe oder Lukas-Höhe heißt, ist nicht mehr wichtig. Etwas anderes nimmt auf dem Panoramaweg Lukas' Aufmerksamkeit gefangen: die vielen Murmeltiere.

„Kann man die Murmeltiere streicheln?", will Lukas wissen. „Nein, Murmeltiere sind Wildtiere und die kann man nicht streicheln. Und füttern soll man sie auch nicht!", meint Lukas' Vater mit einem Seitenblick auf Lukas' Jausenbrot. Lukas fühlt sich ertappt. Gerade wollte er ein Stück abreißen und es dem Murmeltier zuwerfen.

Plötzlich ertönt ein scharfer Pfiff und alle Murmeltiere flitzen in ihre Baue. Wie ein Pfeil schießt ein Steinadler über die Felskante. Die Murmeltiere haben sich gerade noch rechtzeitig in Sicherheit gebracht. Der Steinadler bemerkt sehr schnell, dass er diesmal kein Glück hat, kreist majestätisch empor und verschwindet wieder.

„Jetzt will ich aber zum Gletscher hinunter", sagt Lukas.

Es dauert ungefähr 45 Minuten, dann sind die drei am Gletscher angekommen. „Sei vorsichtig", warnt Lukas' Mutter. „Lauf nicht über die Absperrung und halte dich von den Spalten fern, die sind gefährlich."

Lukas geht wirklich vorsichtig herum. Er hat schon von oben die vielen Spalten im Gletscher gesehen und die sind ihm ein wenig unheimlich. Das Eis des Gletschers ist ganz rau und nicht so glatt wie am Eislaufplatz. Man kann richtig gut darauf gehen.

„Wo ist eigentlich der Großglockner?", will Lukas wissen.

„Schau dort nach oben. Da siehst du zwei Gipfel, den großen und den kleinen Glockner", sagt die Mutter. Nach einigem Hinsehen kann Lukas dann auch die beiden markanten Gipfel erkennen.

„Und wie hoch ist der höchste Berg Österreichs?"

„Der Großglockner ist genau 3 797 Meter hoch. Wenn du auf das Gipfelkreuz kletterst, dann kommst du sogar auf über 3 800 Meter", sagt Lukas' Mutter.

„Jetzt müssen wir den weiten Weg wieder hinaufgehen", denkt Lukas laut. Aber der Vater kauft Karten für die Gletscherbahn, mit der sie in 10 Minuten wieder zurück auf der Franz-Josefs-Höhe sind. Dort besuchen sie noch eine Informationsstelle des Nationalparks Hohe Tauern. Beim Betrachten der tollen Bilder und Schautafeln nimmt sich Lukas vor, dass er einmal selbst den höchsten Berg Österreichs besteigen wird.

Leopold Slotta-Bachmayr

In die Ferne schauen

Sieben Jahre in Tibet

Am obersten Ende des Görtschitztales liegt Hüttenberg. Heinrich Harrer ist 1912 hier geboren. Spätestens mit dem Kinofilm „Sieben Jahre in Tibet" erreichte der Kärntner Weltruhm.

Harrer war Lehrer für Turnen und Geographie und ein begeisterter Schiläufer. 1936 war er Mitglied der Olympia-Mannschaft.

Berühmt wurde der Kärntner aber vor allem als Bergsteiger. Zahlreiche Expeditionen brachten ihn in alle fünf Kontinente der Erde. Er bestieg als Erster die Eiger-Nordwand in der Schweiz. Im Alter von 26 Jahren nahm er an einer Nanga-Parbat-Expedition teil. Der Nanga-Parbat ist einer der am schwierigsten zu besteigenden Berge im asiatischen Land Tibet.

Harrer geriet in Indien in Gefangenschaft. Im April 1944 gelang ihm die Flucht in das benachbarte Tibet. Dort lernte er den Dalai Lama kennen, das Oberhaupt der buddhistischen Weltreligion. Der Dalai Lama war damals noch ein Kind und Harrer war einer seiner Lehrer. Zwischen den beiden entwickelte sich eine lebenslange Freundschaft.

Etwa 4 000 Gegenstände werden im Heinrich-Harrer-Museum in Hüttenberg gezeigt, das mit einem tibetischen Pilgerpfad in der Felswand gegenüber eine fantastische Freiluftarena aufweist. Jährlich wird Anfang Juli den Freunden fremder Kulturen ein multikulturelles Fest beschert.

All das ist eingebettet in eine herrliche Naturlandschaft, umrahmt von Saualm, Seetaler Alpen und Waldkogelzug mit der wunderschönen Wallfahrtskirche Maria Waitschach. Inmitten dieser Natur liegt das Naturschutzgebiet Hörfeld-Moor, von der Europäischen Union als Paradeprojekt gefördert. Zahlreiche Kinder aus österreichischen und deutschen Schulen haben hier ihre Schullandwochen verbracht.

Evelyn Kapaun

Der Großglockner liegt im Nationalpark Hohe Tauern, dem größten Schutzgebiet der Alpen. Es wurde eingerichtet, um die typischen Tiere und Pflanzen, aber auch die Landschaften der Alpen zu schützen.

Mehr über den Nationalpark Hohe Tauern findest du im Internet unter: www.hohetauern.at

Mitten durch den Nationalpark führt die Großglockner Hochalpenstraße. Sie verbindet Kärnten mit Salzburg. An der Glocknerstraße gibt es viele Informationstafeln und Museen, in denen man sich über Natur und Kultur entlang der Straße informieren kann.

Die Glocknerstraße ist allerdings nur im Sommer geöffnet. Im Winter wäre die Schneeräumung einfach zu kompliziert und zu teuer.

Du kannst dich über die Großglockner-Hochalpenstraße unter www.grossglockner.at informieren.

Tierisches aus Kärnten

Eine wahre Bärengeschichte

Anna ruft an

Hallo, Papa! Ich muss dir schnell eine ganz tolle Geschichte erzählen! Die soll sich genau so zugetragen haben! Wie bitte? – Ja, Papa! – Jetzt hör mir doch erst einmal zu!

Das war mitten im Sommer, in der Nähe der Karawanken. Eine Bäuerin ist so wie jeden Tag ganz früh aufgestanden, weil sie die Tiere füttern wollte. Plötzlich hat sie draußen ein Geräusch gehört. Da ist irgendwer, hat sie gedacht und aus dem Fenster geschaut. Und dann hat sie ihren Mund und die Augen weit aufgerissen. Sie muss wirklich geglaubt haben, dass sie in Wahrheit noch immer im Bett liegt und schläft. Was sie vor ihrem Fenster gesehen hat, konnte doch wohl nur ein Traum sein!

Aber es war kein Traum. Draußen – zwischen ihrem Bauernhaus und dem Stall – ist seelenruhig ein ausgewachsener Braunbär vorübergetrottet. Du kannst dir leicht ausmalen, wie aufgeregt sie gewesen ist. Wahrscheinlich hat sie auch gefürchtet, er könnte in den Stall hineingehen und sich eines ihrer Tiere holen. Eine ganze Weile hat sie sich nicht vor die Türe getraut.

Endlich ist sie dann doch hinausgegangen. Der Bär war längst im nahen Wald verschwunden, nur seine nassen Tatzenspuren waren auf dem Hof zu sehen. Zum Glück, sonst hätte ihr der Bauer bestimmt nicht geglaubt.

„Er ist vom Oberaichwaldsee gekommen, bestimmt ist er drin geschwommen, bevor er zu uns gekommen ist", hat sie dem Bauern aufgeregt erzählt. Der ist den Spuren nachgegangen und hat dabei den Kopf geschüttelt. „Na, so was! Ein Bär in unserem Hof!", hat er immer wieder gesagt.

Die Neuigkeit vom Auftauchen eines Karawanken-Bären hat sich rasch in der Gegend herumgesprochen. Andere Bauern haben berichtet, dass sie ihn auch schon gesehen haben. Er soll schon Bienenstöcke kaputt gemacht und die Honigwaben aufgefressen haben.

Es gibt also wirklich Bären in Kärnten, zumindest diesen einen. Ist das nicht aufregend?

Nein, Papa, diesen Bären hab ich dir zufällig nicht aufgebunden! Die Geschichte kannst du mir wirklich glauben. Ich hab sogar einen Beweis: In der Zeitung ist gestanden, dass man an der Südautobahn, in der Schütt, einen Bärenübergang geschaffen hat, damit die Bären ohne Gefahr ihrer Wege ziehen können. Die Verantwortlichen hoffen, dass der Übergang von ihnen gut angenommen wird, und dass er vielleicht auch von Rot- und Schwarzwild benützt wird.

So, glaubst du mir jetzt? – Klar, sonst geht's mir gut. Dir auch?

Warum musst du unser Gespräch beenden?

Weil du einen Bärenhunger hast? Typisch Papa!

Na dann, ciao!

Und bis bald!

Christine Rettl

Tierisches aus Kärnten

Attila, der Partyschreck

Anna berichtet von der Adler-Flugschau auf Burg Landskron

Hi, Papa,
erinnerst du dich noch an den kleinen Max, der mit uns im Reptilienzoo war?
Der hat beim Hinausgehen gesagt: Wenn ich groß bin, werde ich Tierforscher.
Ich weiß jetzt auch, was ich einmal werden will. Ich möchte Falknerin werden und Greifvögel abrichten, so wie die Babsi auf der Burg Landskron. Gestern um 15 Uhr waren wir nämlich oben und haben eine Adler-Flugschau miterlebt.
Zum Glück war der Himmel so blau wie auf einer Ansichtskarte und es gab einen prima Aufwind. Auf Landskron leben die unterschiedlichsten Arten von Adlern, Geiern und Falken, Rot- und Schwarzmilane, Kolkraben und Eulen – alle in ihren Volieren! Die Greifvögel und Eulen sind zahm, sie sind nicht in freier Wildbahn gefangen worden, sondern alle nachgezüchtet.
Zehn davon haben wir bei unserer Vorführung gesehen. Am allerbesten hat mir die Uhudame Julischka gefallen, na ja, und – der Steinadler Arthur. Er hat dunkelbraune Federn, nur Kopf und Nacken sind hellbraun. Ich hab ihn ganz aus der Nähe gesehen, er sieht echt prächtig aus. Babsi hat gesagt, dass der Steinadler von der ersten Vorführung um 11 Uhr noch nicht wiedergekommen ist und dass er öfter mal größere Flüge unternimmt.
Mitten in unserer Vorführung ist er auf einmal über uns gekreist – immer tiefer und tiefer – bis er mit seinen gewaltigen Fängen auf Babsis Hand gelandet ist. Falkner haben dafür einen besonders dicken Lederhandschuh an. Und sie brauchen ganz schön viel Kraft um so einen schweren Vogel halten zu können.

Über Nancy, das Weißkopfseeadlerweibchen, haben wir gehört, dass es manchmal noch viel weitere Ausflüge unternimmt als Arthur.
Einmal war Nancy ganz lange weg – ungefähr zehn Tage. Dann hat ein Falkner aus Tschechien angerufen. Weil alle Vögel von Landskron einen auffallenden Ring am Bein tragen, hat er gleich gesehen, woher sie stammt. Nancy war auf einem Militärflughafen gelandet und musste ganze 800 Kilometer mit dem Auto zurückgebracht werden.
Der Kolkrabe Stefan mit seinem schwarz glänzenden Gefieder ist viel viel kleiner, aber dafür urfrech. Er stiehlt gerne Gegenstände, und wenn er das erbeutete Ding in Sicherheit gebracht hat, kommt er wieder zurück und tut ganz unschuldig.
Vom Kaiseradler Attila gibt es auch eine lustige Geschichte. Einmal, als er gerade hoch am Himmel seine Kreise gezogen hat, entdeckte er mit seinen scharfen Augen einen Berg roher Steaks und Schnitzel, die bei einer Party gegrillt werden sollten. Mit Begeisterung hat er sich gleich drauf gestürzt und sich den Kropf damit voll geschlagen. Attila kam gar nicht mehr hoch, so voll gefressen ist er gewesen. Er musste vom Landskroner Adlerflugschau-Taxi abgeholt und zurückgebracht werden.
Die Partygäste haben sich von dem Schrecken erholt, aber Fleisch haben sie an diesem Abend keines gegessen, nur Erdäpfel und Salat.

Tierisches aus Kärnten

Geier sind Aasfresser, sie segeln hoch oben und halten dabei nach toten Tieren Ausschau. Der Gänsegeier hat zum Segeln den Aufwind genützt gehabt, aber dann hat sich der Wind geändert, und der Geier musste weit unten notlanden. Und weil es ihm zu mühsam war sich wieder hochzuschwingen, ist er zu Fuß zurückgegangen. Das hat total witzig ausgeschaut, wie er nach oben gelaufen und gehüpft ist.

Die besten und sportlichsten Flieger der Burg sind Berta, Birgit und Ferdinand. Nicht, dass du glaubst, das wären Drachenflieger oder Paragleiter – das sind ganz schöne Rot- und Schwarzmilane.

Der Schwarzmilan Ferdinand hat sogar Loopings für uns gedreht und ist scharfe Kurven geflogen. Er kann seine Beute in jeder Lage in der Luft erwischen. Babsi hat uns das vorgeführt und dafür die Fleischhappen hoch über unsere Köpfe geworfen. Einer ist haargenau auf der Glatze eines Herrn gelandet – ein echter Volltreffer! Aber der Mann hat super reagiert und den Happen blitzschnell hochgeworfen. Ferdinand hat ihn im Rückenflug geschnappt.

Das war vielleicht toll! So toll wie die gesamte Vorführung. Am Schluss kam der absolute Höhepunkt: der Startflug der Uhudame Julischka. Mir haben die Federnbüschel auf ihrem Kopf so gut gefallen. Dunkelgelbe Augen hat sie auch, und sie ist riesengroß.

Und jetzt kommt's: Uhus fliegen total lautlos, du bemerkst sie erst, wenn sie direkt über dir sind. Babsi hat uns vorgewarnt und gesagt, dass schon manche Besucher deswegen vor Schreck das Gleichgewicht verloren haben. Da ist Julischka schon über uns gewesen, Lukas ist total erschrocken und auf seinem Sitz nach hinten gekippt. Allgemeines Gelächter. Ihm war es urpeinlich, aber nur kurz, denn fast im selben Augenblick ist Tante Friedls weiter Rock in die Höhe geflogen. Das hat sehr komisch ausgeschaut, die Zuschauer haben sich schiefgelacht, Lukas und ich auch. Tante Friedl ist knallrot angelaufen und hat für den Rest der Vorführung nur noch krampfhaft ihren Rock festgehalten.

Ich weiß ja, warum ich so gerne Jeans trage.

Nachher hat Tante Friedl gesagt, der Sinn dieser Vorführungen ist es, den Menschen diese Vögel näher zu bringen, damit sie mehr über sie erfahren – vor allem, dass sie im Kreislauf der Natur eine wichtige Aufgabe erfüllen und unbedingt geschützt werden müssen. Aber das haben Lukas und ich schon längst gewusst.

Die 40 Minuten sind uns wie im Flug vergangen.

Am liebsten hätten wir auch die letzte Vorführung um 18 Uhr gesehen, aber Tante Friedl hat gemeint, für heute hätten wir schon genug erlebt und gelernt.

Da hat der Lukas genickt und gesagt: „Ja, dass ein Uhu Röcke hochfliegen lassen kann." Und Tante Friedl hat erwidert: „Und dumme Buben erschrecken." Da war der Lukas gleich wieder still. Ich hab ihm heimlich zugezwinkert, damit er weiß, dass ich zu ihm halte. Schließlich sind wir Freunde und so gut wie verlobt. Du wirst ihn auch mögen, da bin ich mir sicher.

Einen dicken Kuss schickt dir
deine Tochter Anna

Christine Rettl

Tierisches aus Kärnten

Bartl Bartgeier ist wieder da

Bartl, der Bartgeier, sitzt auf seinem Horst in der Felsnische und knabbert an einem leckeren Knochen. Bartl ist schon einige Wochen alt und es wird langsam Zeit, dass er fliegen lernt.

Vor mehr als 100 Jahren hat es in den Alpen unzählige Bartgeier gegeben. „Lämmergeier" hat man sie damals auch genannt, weil sie die kleinen Lämmer auf den Almen gefressen haben sollen. Manche Leute haben sogar behauptet, sie würden auch kleine Kinder fressen. Damals hat man begonnen, Jagd auf die Bartgeier zu machen. Das ging so weit, dass bald alle Bartgeier aus den Alpen verschwunden waren. Vor etwa 25 Jahren haben dann Naturschützer angefangen, viele Bartgeier großzuziehen, um sie in den Hohen Tauern wieder freizulassen. Da sitzt Bartl nun schon seit einiger Zeit. Zum Glück ist er nicht alleine. Mit ihm lernt auch noch ein zweiter Bartgeier fliegen.

Bartls Eltern leben in einem geräumigen Käfig im Alpenzoo in Innsbruck. Dort ist Bartl in einem Ei auf die Welt gekommen. Das Ei hat seine Mutter im Jänner in den Horst gelegt. „Horst" ist eigentlich übertrieben. Bartls Kinderstube hat nur aus einer Felsnische und ein wenig Schafwolle bestanden. Seine Eltern sind fast zwei Monate lang auf dem Ei gesessen und haben es warm gehalten. Dann war für das Bartgeierkücken die Zeit gekommen, sein Ei zu verlassen. Von da an ist Bartl im Horst gesessen – ganz alleine. Geschwister sind bei Bartgeiern nämlich nicht üblich. Während er sich die Gegend angesehen hat, haben seine Eltern Futter für ihn herangeschafft. Damals war er noch ziemlich klein und hat weiße Federn am Körper gehabt.

Schön langsam ist er gewachsen und sein Gefieder hat sich verändert. Aber auch sein Hunger ist immer größer geworden und seine Eltern haben sehr viel zu tun gehabt, um ihn satt zu bekommen. Fressen, in die Gegend schauen, ein wenig mit den Flügeln schlagen, sonst hatte er nichts zu tun. Was für ein Leben!

Doch eines Tages hat sich für ihn alles geändert. Menschen sind gekommen, haben ihn aus dem Nest genommen und in eine Holzkiste gesteckt. Da ist er für einige Stunden drinnen gehockt, es hat gebrummt und geholpert. Als man ihn aus der Holzkiste herausgenommen hat, war er im Seebachtal bei Mallnitz in Kärnten. Dort sieht es ganz anders aus als in Innsbruck. Es gibt nur wenige Bäume und es ist ziemlich kalt. Und da war auch dieses komische Gebimmel von den Kuhglocken.

Die Menschen haben eine weiße Paste auf Bartls neue schwarze Federn

Tierisches aus Kärnten

gestrichen und sie damit gebleicht. Anhand der weißen Stellen können sie Bartl später auch im Flug wiedererkennen. Danach haben sie ihn in seiner Kiste fast zwei Stunden lang den Berg hinaufgetragen. Seither ist das Seebachtal sein neues Zuhause, hier lebt auch der andere Bartgeier, der Helmut heißt.

Die Felsnische ist auch nicht wohnlicher als die im Alpenzoo, aber es gibt wenigstens eine Menge zu fressen.

Da sitzt er nun, unterhält sich ab und zu mit Helmut, trainiert seine Flügel und schaut sich die Gegend an. Einmal ist sogar ein alter Bartgeier vorbeigekommen. Von ihm hat er gelernt, dass Bartgeier sehr große Knochen verschlucken können. Die schmecken Bartl wirklich gut. Aber es gibt auch Knochenteile, die selbst für einen Bartgeier zu groß sind. Wenn er diese Knochen in die Fänge nimmt, hoch hinauf fliegt und sie dann auf einen Stein fallen lässt, zerbrechen die Knochen und er kann sich richtig satt fressen.

Der alte Bartgeier hat keinen weißen Bauch wie Bartl, er hat einen rotbraunen Bauch. Das gefällt vor allem den Bartgeierdamen. Den braunen Bauch bekommen die Bartgeier aber nicht von alleine. Sie suchen sich dazu eine Pfütze mit braunem, eisenhaltigem Schlamm und baden darin. Dann wird der Bauch so richtig braun.

Aber zuerst muss Bartl groß und stark werden. Er wird den Knochen verspeisen und dann in der Sonne seine Flügel trainieren. Vielleicht wagt er morgen sogar einen kleinen Rundflug durch das Seebachtal.

Leopold Slotta-Bachmayr

Um 1800 ist das letzte Brutvorkommen des Bartgeiers in den Alpen erloschen. Die Vögel haben aber in anderen Teilen Europas überlebt. 1976 wurde ein Projekt zur Wiedereinbürgerung des Bartgeiers in den Alpen ins Leben gerufen und 1986 wurden die ersten Vögel im Rauristal, im Nationalpark Hohe Tauern, freigelassen. Weitere Freilassungen wurden auch in Italien, Frankreich und der Schweiz durchgeführt und heute brüten schon wieder einige Paare in den Alpen. Es wird jedoch noch einige Zeit dauern, bis die Bemühungen um die Wiederansiedelung des Bartgeiers eingestellt werden können.

Weitere Informationen erhältst du auf der Homepage des Nationalparks Hohe Tauern unter: www.hohetauern.at

Kärntner Bräuche

Vom Türenquietschen in Eisenkappel

Hallo, Papa!
Du bist mir hoffentlich nicht böse, weil ich mich erst jetzt bei dir melde! Die Weihnachtsferien mit dir waren wunderschön.

In Kärnten war alles wieder paletti. Zwei Wochen nach meiner Rückkehr hat Lukas angerufen und mich gefragt, ob ich am 1. Februar, am Tag vor Maria Lichtmess, nach Eisenkappel kommen kann, denn an diesem Tag würde es dort ein besonderes Fest geben. Ich hab natürlich null Ahnung gehabt und gesagt, dass ich erst meine Tante Friedl fragen muss. Sie hat sofort gewusst, welches Fest gemeint ist. „Das Kirchleintragen in Eisenkappel! Das musst du unbedingt miterleben", hat sie gesagt, und ich hab mich riesig auf das Wiedersehen mit dem Lukas gefreut.

Am 1. Februar sind wir gleich nach dem Mittagessen losgefahren. Während der Autofahrt hat mir Tante Friedl von dem uralten Brauch erzählt, der jedes Jahr in Eisenkappel stattfindet und sonst nirgendwo.

Er soll auf ein Gelöbnis im Spätmittelalter zurückgehen, bei dem sich die Menschen nach einer großen Überschwemmung für ihre Errettung bedankt und um ihren weiteren Schutz gebeten haben. „In Wahrheit ist der Brauch aber noch viel älter. Maria Lichtmess haben die Menschen schon im 4. Jahrhundert gefeiert, auch damals mit Lichterprozessionen, nur anders als in Eisenkappel", sagt Tante Friedl. Aber wie es heute dabei zugeht, hat sie mir nicht verraten. „Lass dich überraschen", hat sie gesagt.

Die Mama vom Lukas war sehr lieb und hat uns zu einer guten Jause eingeladen. Der Lukas war so was von aufgeregt und hat zu mir gesagt, ich soll ihm fest die Daumen halten, damit sein Kirchlein nicht zu brennen anfängt. Er hat es mir ganz stolz gezeigt, es war ganz aus Papier mit einem rot glänzenden Kirchendach aus Buntpapier. Und stell dir vor, das Kirchlein hat der Lukas ganz alleine gebastelt!

Innen, auf dem Boden des Kirchleins, war ein Wachslicht aufgeklebt. Das papierene Kirchlein stand auf einem Brett mit einer langen Stange unten dran – zum Tragen. Der Lukas hat erzählt, dass alle Kinder aus Eisenkappel solche Minikirchen basteln.

Am Fuße von Maria Dorn haben sich die Kinder mit ihren papierenen Kirchen versammelt. Die Prozession ist dann mit dem „Vortrags-Kirchlein" an der Spitze in die Pfarrkirche St. Michael gezogen. Dort haben der Priester und die Leute in der Gemeinde für den Schutz vor dem Hochwasser gebetet und sich dafür bedankt, dass ihr Markt beim letzten großen Hochwasser verschont geblieben ist.

Kärntner Bräuche

Dann sind alle mit Musik zur Hagenegg-Brücke gezogen, die Kinder haben ein Sprüchlein heruntergeleiert und es immer wieder ganz laut wiederholt, dass es zwischen den Häuserwänden nur so gehallt hat. Dabei haben sie auf langen Stöcken ihre hell erleuchteten Mini-Kirchen getragen. Der Schnee hat geknirscht unter unseren Füßen und geglitzert im Schein der vielen Kirchlein. Echt märchenhaft!

Vom Spruch hab ich nicht ein einziges Wort verstanden, der ist nämlich nicht in deutscher Sprache. Tante Friedl hat ihn mir beigebracht und übersetzt, und da hab ich nicht schlecht gestaunt. Der Spruch geht so:

     Ante pante populore,

     Kozelna vrate cvilelore.

Das ist ein Kauderwelsch aus Latein und Slowenisch, in dem sich die Kinder über den Besitzer einer quietschenden Türe lustig machen!!!

Ursprünglich hat der Text so gelautet: Lumen. Quod parasti ante faciem omnium populorum. Das heißt auf deutsch: Ein Licht, das du bereitet hast vor dem Angesicht aller Völker, hat Tante Friedl mir erklärt.

Irgendein Eisenkappeler Witzbold soll einmal vor langer Zeit die Kinder dazu gebracht haben, den Spruch anders aufzusagen und vor einem bestimmten Haus dem Besitzer namens Konzel zuzurufen, dass seine Türe quietscht. Den Kindern hat das einen Riesenspaß gemacht. Seitdem rufen sie den Spruch jedes Jahr beim Kirchleintragen.

Aber das Allerwichtigste kommt noch: Die Kirchlein werden dann von den Kindern vorsichtig aufs Wasser der Vellach gesetzt – so heißt der Fluss, an dem Eisenkappel liegt – und dann schwimmen sie alle hintereinander hell erleuchtet flussabwärts in der Dunkelheit. Schön, wunderwunderschön!

Bei manchen Kindern hat's Pannen gegeben. Einige Lichter sind gleich verloschen, ein paar der Kirchlein sind untergegangen, zwei haben Feuer gefangen, aber nicht das vom Lukas. Sein Kirchlein ist wie ein Einser die Vellach hinuntergeschwommen. Er hat sich riesig gefreut und ich mich mit ihm. Wir sind mit anderen Kindern am Ufer entlanggerannt, aber die Kirchlein waren schneller als wir und sind rasch in der Dunkelheit verschwunden.

Der Lukas hat meine Hand genommen und sie ganz fest gedrückt.

„Klass´, dass du dabei warst", hat er zu mir gesagt.

„Hat wirklich Spaß gemacht", hab ich ihm geantwortet.

Gruß und Kuss

deine Anna

Christine Rettl

Kärntner Bräuche

Das Kranzelreiten in Weitensfeld

Vor rund 500 Jahren starben fast alle Bewohner von Weitensfeld an der Pest. Nur die Jungfrau von Schloss Thurnhof und drei Burschen überlebten.

Alle drei Burschen gefielen der Jungfrau gut, und umgekehrt gefiel die Jungfrau allen drei Burschen. Sie beschlossen, dass der Beste sie bekommen sollte. Dazu wollten sie um die Wette laufen. Das Mädchen sollte sich an den Dorfbrunnen stellen, und alle drei wollten dann vom oberen Marktplatz zu ihr hinlaufen. Der Sieger nahm schließlich die Jungfrau zur Frau.

Nach der Zeit der Pest kehrte in Weitensfeld neues Leben ein. Viele Menschen siedelten sich dort an, als sie hörten, dass das Edelfräulein von Schloss Thurnhof die Pest überlebt und sogar geheiratet hatte.

1522 wurde am Marktbrunnen ein hölzernes Mädchen, die Jungfrau vom Thurnhof, aufgestellt. Zur Erinnerung an die Wiederauferstehung von Weitensfeld entstand das Kranzelreiten am Pfingstsonntag. Es ist auch heute noch Brauch.

Die hölzerne Jungfrau am Marktbrunnen ist mittlerweile eine Steinfigur. Drei Burschen laufen um den Sieg. Der Schnellste darf die steinerne Jungfrau küssen und bekommt ein Kranzel und ein Seidentüchlein als Siegespreis.

Ein anderer beliebter Kärntner Brauch ist das Frisch- und G'sund-Schlagen. Am 28. Dezember, dem Tag der Unschuldigen Kinder, ziehen Mädchen und Buben von Haus zu Haus, schlagen die Erwachsenen mit Ruten und wünschen ihnen auf diese Weise ein gutes neues Jahr.

Evelyn Kapaun

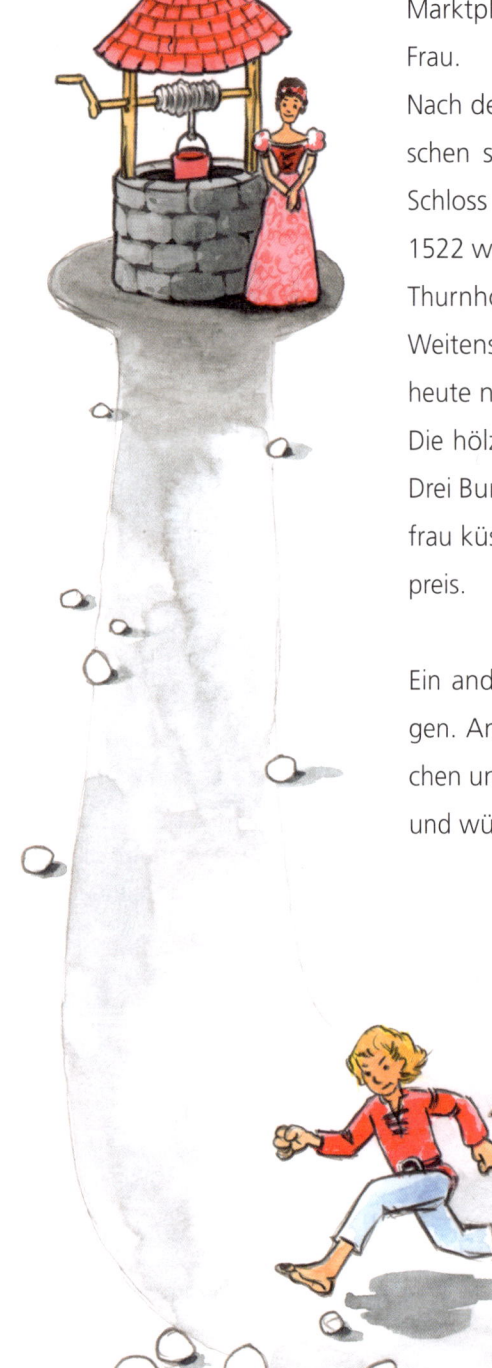

Wasser, Schnee und Eis

Wasser, Schnee und Eis

Dort, wo Tirol an Salzburg grenzt,
Des Glockners Eisgefilde glänzt,
Wo aus dem Kranz, der es umschließt,
Der Leiter reine Quelle fließt,
Laut tosend, längs der Berge Rand
Beginnt mein teures Heimatland.

Melodie: Joseph von Rainer
Text: Johann Thaurer von Gallenstein

Dies ist die erste Strophe des Kärntner Heimatliedes, das zugleich die Kärntner Landeshymne ist. Kärnten mit seinen vielen Seen und Gewässern ist Österreichs wasserreichstes Bundesland.

„Ohne Wasser gibt es kein Leben, deshalb liegt es in unserer Hand, dieses zum Leben und nicht zum Spaß zu benützen", schrieb die Feldkirchner Schülerin Lisa Holzfeind bei einem Wettbewerb zum Thema „Das Trinkwasser wird knapp".

Dass Wasser bei uns in ausreichender Menge und in bester Trinkwasserqualität vorhanden ist, ist nicht selbstverständlich. Daher wurde das Jahr 2003 von den Vereinten Nationen zum „Internationalen Jahr des Süßwassers" erklärt.

Monika Icelly/Evelyn Kapaun

Wusstest du, ...

- *dass ein ganzer Gebirgszug als Wasserschloss bezeichnet wird, weil in den Hohen Tauern Wasser in höchster Qualität und ausreichender Menge vorhanden ist;*
- *dass es im Nationalpark Hohe Tauern eine Wasserschule gibt? Dort können Kinder mit „Wasserschul-Lehrern" Wasser untersuchen, erforschen und Versuche mit Wasser machen.*

Ewiges Eis – der Gletscher

Die Gletscher entstanden im Gebirge, wo die Sonne den Schnee nie völlig wegschmilzt. Sie erzählen aus der Millionen Jahre alten Geschichte der Erde. In den Gletschern wird das Wasser für die Zukunft gespeichert.

Der größte Gletscher Österreichs liegt in den Hohen Tauern: die Pasterze. Die Gletscher in den Hohen Tauern sind Europas ergiebigster Trinkwasserspeicher.

Die Eis- und Schneewelt des Gletschers ist das ganze Jahr hindurch für Eiskletterer, Schifahrer und Tourengeher interessant.

Über Gletscher zu wandern oder sie mit Schiern zu überqueren, ist gefährlich. Gletschereis ist keine starre Masse, sondern fließt ganz langsam ins Tal. Wenn ein Gletscher bei seiner „Reise" talwärts über einen Abhang rutscht, bricht das Eis auf. Dadurch entstehen die gefährlichen Gletscherspalten. Diese sehr tiefen, schmalen Furchen können für die Extremsportler zum Verhängnis werden. Auf dem Gletscherweg Pasterze kann man jedoch sicher durch die Eis-Wunderwelt wandern.

Monika Icelly/Evelyn Kapaun

Wusstest du, ...

dass es nicht nur weiße Gletscher, sondern auch schwarze gibt? Im Hochgebirge ist der Boden das ganze Jahr hindurch gefroren. Weil sich das Klima weltweit stark erwärmt, lockert sich der Schutt im schwarzen Gletscher und es kommt zu Berg- und Felsstürzen und Murenabgängen.

Wasser, Schnee und Eis

Wasser-, Eis- und Schnee-Quizshow

Welcher See liegt nicht in Kärnten?

a Wörther See
b Mondsee
c Pressegger See
d Millstätter See

Was kann Eis nicht?

a rinnen
b schmelzen
c tropfen
d brennen

Welcher Skiort liegt in Kärnten?

a Bad Kleinkirchheim
b Schladming
c Lech am Arlberg
d Kitzbühel

Wer hat den Super G von Bad Kleinkirchheim 1992 gewonnen?

a Franz Klammer
b Hermann Maier
c Toni Sailer
d Armin Assinger

Lösungen: b, d, a, d

Hast du alle vier Fragen richtig beantwortet, hättest du in der „Millionenshow" 400 Euro gewonnen. Armin Assinger, der Mr. Millionenshow, war früher ein bekannter Schirennläufer. Er fuhr über 100 Weltcuprennen.

Der Ski-Experte ist seit 1995 als Co-Kommentator bei ORF-Übertragungen von Skirennen im Einsatz. Skifahren ist auch heute noch ein wichtiger Bestandteil seines Lebens.

Auch als Motivationstrainer und Buchautor ist der sympathische Kärntner erfolgreich. Die meisten Menschen kennen ihn aber als Moderator der „Millionenshow". Seither ist nicht nur in ganz Österreich der Kärntner Dialekt bekannt, sondern auch in Köln, wo diese Show aufgezeichnet wird, freut man sich über diese musikalische Sprache.

Seine Freizeit verbringt Armin Assinger am liebsten bei seiner Familie in Hermagor. Am Pressegger See tankt er Kraft für seine vielfältigen Tätigkeiten.

Monika Icelly/Evelyn Kapaun

Niederösterreich

Das weite Land

Die Landeshymne

O Heimat, dich zu lieben,
getreu in Glück und Not.
Im Herzen steht's geschrieben
als innerstes Gebot.
Wir singen deine Weisen,
die dir an Schönheit gleich,
und wollen hoch dich preisen,
mein Niederösterreich.
Im Rauschen deiner Wälder,
in deiner Berge Glanz,
im Wogen deiner Felder
gehören wir dir ganz.
Im Dröhnen der Maschinen,
im Arbeitsfleiß zugleich,
wir müh'n uns, dir zu dienen,
mein Niederösterreich.
Getreu dem Geist der Ahnen,
wir schaffen uns das Brot
und halten hoch die Fahnen
blau-gold und rot-weiß-rot.
Wenn sie im Winde wehen,
an ernster Mahnung reich,
gilt es, zu dir zu stehen,
mein Niederösterreich.

Text: Franz Karl Ginzkey
Melodie: Ludwig van Beethoven

Quergestreiftes ABC für NÖ-Fans

Amstetten
Baden
Carnuntum
Dürnstein
Ebreichsdorf
Felixdorf
Gumpoldskirchen
Hirtenberg
Irenental
Jagasitz
Krems
Langenlois
Melk
Neulengbach
Oberndorf
Pöchlarn
Querstreifen
Retz
Scheibbs
Ternitz
Ulrichskirchen
Vöslau
Wieselburg
Rax
Ybbs
Zwettl

Gerda Anger-Schmidt

Das weite Land

Rathaus von Waidhofen an der Thaya

Innenstadt von Telč

„Europa, das sind wir!"

Die Lehrerin Marianne Poitschek zeigt auf einen Apfel.
„Čo je to?" – „Was ist das?"
„Jablko", ruft die Klasse im Chor. Dann fragt sie nach der Farbe.
„Červené", antwortet Elisabeth. „Rot."
An der Volksschule Dürnkrut lernen dreißig Buben und Mädchen Slowakisch. Und der freiwillige Zusatzunterricht in der Sprache des Nachbarlandes macht allen großen Spaß: „Pôjdeme my do hájička", singen die Schüler der 3. Klasse – „Wir gehen auf die Wiese."
In der Volksschule Angern an der March wurde vor kurzem das Musical „Aquarius" aufgeführt. Fast 200 Kinder aus Angern und dem benachbarten Zahorska Ves haben mitgewirkt, gemeinsam Kostüme und Dekorationen angefertigt. Wenn man von Angern, wo täglich die Fähre zum Nachbarn verkehrt, über die March blickt, kann man den Kirchturm von Zahorska erkennen.
„Wir sind gute Nachbarn", meint die Direktorin der Volksschule. „Die meisten Kinder haben Freunde in der Slowakei."
Noch vor 15 Jahren verlief entlang der March der Eiserne Vorhang, eine streng bewachte Grenze aus Stacheldraht und Wachtürmen. Heute pendelt der 12-jährige Schüler Branislav Hoz täglich von einem Vorort Bratislavas in die Hauptschule Marchegg. „Ich will besser Deutsch lernen!", erklärt er.
Viele Volks- und Hauptschulen im Wein- und Waldviertel haben Partnerschulen in der Slowakei oder Tschechien. Die Kinder besuchen ihre Brieffreunde, basteln Geschenke für die Nachbarn. Nach Bratislava ist es von Mistelbach aus wesentlich kürzer als in die niederösterreichische Landeshauptstadt St. Pölten.
„My jsme Evropa!", sagen die Schüler seit dem Beitritt der Slowakei zur Europäischen Union (EU) – „Europa, das sind wir!"
In Hollabrunn machen Schüler aus Österreich und Tschechien sogar gemeinsam Radio. Einmal pro Woche ist der Jugendsender auf der Frequenz 94,5 zu hören. Der jüngste Radiojournalist von „Gymradio" zählt gerade 13 Jahre. Jeden Mittwoch setzen Renata und Ivona die Kopfhörer auf, drehen sich zum Mikrofon und schieben die Regler nach oben. Wenn die rote Lampe aufleuchtet, kommt die Ansage: „Jetzt folgt Coldplay und im Anschluss Robbie Williams mit seinem neuesten Hit."
Die Schüler des Gymnasiums Waidhofen an der Thaya messen sich mit den Kollegen ihrer Partnerschule im tschechischen Telč in Leichtathletik-Wettkämpfen und Fußballspielen. Jugendliche aus Waidhofen nehmen in

Telč am Deutschunterricht teil. Dabei müssen sie jedes Mal feststellen, dass die Partnerschule für den Informatikunterricht besser ausgestattet ist als ihre eigene.

„Die meisten unserer Schüler waren schon in Italien, der Türkei oder Spanien, bis vor kurzem aber noch nie im wenige Kilometer entfernten Nachbarland", meint ein Lehrer aus Waidhofen. Oft bekommt er von seinen Schützlingen zu hören: „Die sind ja genauso wie wir, stehen auf die gleiche Musik und haben das gleiche Gewand."

„Dobrý den!" – „Guten Tag!", grüßt der Zollbeamte beim Fußgeher-Grenzübergang in Gmünd.

Zwischen der niederösterreichischen Stadt und dem tschechischen Ort Ceské Velenice liegen nur ein paar hundert Meter. Tschechen und Österreicher waren viele Jahre Nachbarn und lebten doch in einer jeweils anderen Welt. Seit dem Fall des Eisernen Vorhangs und dem Beitritt Tschechiens zur Europäischen Gemeinschaft ist alles anders. In die Gmünder Handelsakademie gehen auch tschechische Schüler. Der Schulsprecher Petr Sikuta kommt aus Tschechien: „Wenn ich die Schule abgeschlossen habe, möchte ich zu einer österreichischen Firma in Tschechien." Sein Stellvertreter Andreas Beer möchte in Budweis oder Prag Karriere machen.

Das gemeinsame Haus Europa wächst, Grenzen fallen, Menschen rücken näher zusammen. Auch in Waidhofen und Ceské Velenice sagen die Schüler längst: „Europa, das sind wir!" – „My jsme Evropa."

Robert Klement

Naturerlebnis Niederösterreich

Die Falken der Rosenburg

Manuel sitzt der Schreck noch in den Gliedern. Gerade ist ein mächtiger Steinadler so knapp über seinen Kopf hinweggeflogen, dass er den Wind in seinem Gefieder mächtig rauschen hörte. Manuel und seine Eltern sind Gäste einer Flugvorführung der Greifvögel[1] auf der Rosenburg.

Vor einer knappen halben Stunde ist die Führung durch Niederösterreichs wohl berühmteste und – wie viele sagen – schönste Burg zu Ende gegangen. Der Saal voll alter Rüstungen, Geschütze und Waffen, der Marmorsaal, die Bibliothek und besonders die Geheimtür haben Manuel begeistert. Die Ritter haben ihn schon immer fasziniert. Ein bisschen enttäuscht war er schon, als er hörte, dass im riesigen Turnierhof niemals echte Ritterkämpfe stattgefunden haben. Als dieser nämlich angelegt wurde, gab es die Ritter längst nicht mehr. Ihre große Zeit erlebte die Burg vor rund 400 Jahren. Damals sah sie schon ganz anders aus als zur Zeit, als sie als Wehranlage von einem Minnesänger[2] im 12. Jahrhundert erbaut wurde.

Dieser Minnesänger umwarb nicht nur schöne Frauen, sondern übte auch die hohe Kunst der Falknerei aus. Falken sind Raubvögel. Im Mittelalter wurden sie zur Jagd auf Rebhühner, Fasane und Feldhasen abgerichtet. Der Begriff Beizjagd kommt von „beißen", womit der Biss des Falken in das Genick seiner Beute gemeint war. Mit der Entwicklung der Schusswaffe wurde der Greifvogel für die Beutejagd bedeutungslos.

Manuel bewundert die prächtigen Renaissance-Kostüme, die die Falkner der Rosenburg tragen: Lederwams[3], helle Blusen, Stiefel und breitkrempige Hüte. Auf ihren Lederhandschuhen sitzen die Greife. Einige tragen Hauben über den Köpfen, damit sie den bevorstehenden Jagdflug konzentriert und voller Kraft ausführen können. Die Tiere begreifen den Zusammenhang zwischen „Verhauben" und dem anschließenden Jagdflug.

Fasziniert verfolgt das Publikum das majestätische Schweben der Gänsegeier, Wanderfalken und Habichte am Himmel. Im kreisenden Suchflug halten sie mit träger Eleganz Ausschau nach Beute. Ganz ruhig, ohne Flügelschlag. Es gibt kein Lebewesen, das so gute Augen besitzt wie der Falke. Schon die Indianer nannten einen Jäger, der besonders gut sah, „Falkenauge".

Naturerlebnis Niederösterreich

Manuel verfolgt die elegante Landung des Riesenseeadlers, der eine Flügelspannweite von 3 Metern besitzt. Dort oben „rüttelt" ein Turmfalke. Mit kleinen schnellen Flügelschlägen hält er sich an einer Stelle in der Luft und beobachtet den Boden.

Nun folgt der Höhepunkt der Flugvorführung auf der Rosenburg. Ein Kaiseradler hat sich ganz hoch in den tiefblauen Himmel geschraubt. Bald ist er nur mehr als Punkt erkennbar. Dann winkt der Falkner mit einer Stange, auf der ein Köder befestigt ist. Sofort geht das Tier in den Sturzflug über, erreicht eine Spitzengeschwindigkeit von 200 km/h, knapp über dem Boden bremst es mit den riesigen Schwingen ab und hackt den Köder von der Stange.

Manuel stockt der Atem; das Publikum applaudiert begeistert.

Die Termine für die Flugvorführungen sowie die Öffnungszeiten der Rosenburg findest du im Internet unter: www.rosenburg.at

In der Forschungsanlage des Falkenhofs, in der es sogar eigene Brutlabors gibt, arbeitet ein Team aus Berufsfalknern, Vogelkundlern, Biologen und Förstern. Nur wenige Wochen nach dem Schlüpfen werden die Jungen vom Falkner aufgezogen und abgerichtet. Ziel der Ausbildung ist, dass der Vogel seine natürliche Scheu verliert und den Menschen als Partner anerkennt. Ein Steinadler, der im Mai schlüpft, absolviert im Oktober die ersten Jagdflüge.

Fast alle im Publikum fragen sich, warum die Tiere immer wieder zum Menschen zurückkehren und den Käfig der unendlichen Freiheit des Himmels vorziehen. Schon von klein auf hat jeder Vogel seinen Falkner, der ihn auf der Faust füttert und ihm auch alle andere Pflege zukommen lässt. Dadurch fühlt sich das Wildtier Greifvogel sicher und gewinnt Vertrauen. Es erkennt die Faust als „seinen Platz" an und kehrt gerne dorthin zurück.

Als Manuel mit seinen Eltern die Rosenburg verlässt, glaubt er noch immer das Rauschen im Gefieder der Falken zu hören. Bisher kannte er diese Vögel nur aus Filmen und Büchern, einige ausgestopfte Exemplare gab es in seiner Schule zu sehen. Dass einmal ein riesiger Steinadler nur knapp über seinen Kopf hinwegbrausen würde, hatte er sich nicht träumen lassen.

Robert Klement

---

[1] Greifvögel wurden früher als Raubvögel bezeichnet; sie ergreifen zuerst die Nahrung mit den Greiffüßen und bringen sie dann zum Fressen an einen sicheren Platz. Zu den Greifvögeln (Greifen) zählen u. a. Adler, Falken und Geier.
[2] höfische Dichter und Komponisten des 12. bis 14. Jahrhunderts, Sänger von Liebesliedern
[3] mittelalterliches Männer-Obergewand

An der March

Am Marchufer zwischen Angern und Stillfried wächst ein Hagebuttenstrauch. Man muss acht große Schritte machen, wenn man um ihn herumgeht. Man braucht zu zweit eine Stunde, um ihn abzuernten. Es ist der schönste Hagebuttenstrauch in den March-Auen. Seine roten Früchte leuchten in der Oktobersonne.

Gustl denkt, wie schade es ist, dem Strauch alle Farbtupfen wegzunehmen. Aber die Großmutter mag Hagebuttentee. Sie hat Gustl ein Nylonsackerl in die Hand gedrückt und ihn gebeten, Hagebutten zu pflücken.

Heute ist Sonntag, und morgen Früh im Schulbus werden die Kinder erzählen, was sie alles erlebt haben: Dreimal hat Susi ihren Freund Michael beim Pingpongspielen besiegt. Alexander hat dem Vater bei der Weinlese geholfen und ist mit dem Traktor gefahren. Michaela ist an der March gesessen und hat drüben am tschechischen Ufer einen Soldaten mit einem Hund gesehen. Der Hund hat gebellt, und der Soldat hat gewinkt und gerufen: „Scheenes Mädchen!"

Gustl kann höchstens berichten, dass er für die Großmutter Hagebutten gepflückt hat.

Wen interessiert das?

Das Nylonsackerl wird langsam voll. Gustl pflückt die letzten Hagebutten. Ein paar dunkelrote, überreife Früchte zerplatzen zwischen seinen Fingern. Gustl geht über die Wiese und taucht in den Auwald ein. Mit Efeu bewachsene Baumriesen breiten ihr Wurzelgewirr aus. Tauben gurren, Eichelhäher schnarren. Kleine gelbe und weiße Blumensterne sprenkeln den Boden. Das Wasser eines Seitenarmes der March blinkt in der Sonne. Gustl setzt sich unter die Uferbüsche. Neben ihm auf den Brombeerranken hüpfen die Schwanzmeisen.

Bevor er geht, schaut er noch einmal zum Ufer hin. Was funkelt denn dort? Er strengt seine Augen an. Auf einem Zweig, der weit über das Wasser hängt, sitzt ein kleiner Vogel. Blau und grün schimmern die Flügel, der Kopf und der Rücken. Der Bauch ist rostrot, der Schnabel lang. Gustl kann es nicht glauben. Ein Eisvogel? Der funkelnde Vogel rührt sich nicht. Gustl steht und schaut und weiß nicht, wie lange; er vergisst die Zeit.

Plötzlich streckt der Vogel den Hals vor, neigt den Kopf und zuckt wie ein blaugrüner Blitz ins Wasser hinunter. Als er wieder auftaucht, trägt er einen kleinen Silberfisch im Schnabel. Er fliegt mit seiner Beute ins Uferdickicht.

Ich habe einen Eisvogel gesehen, denkt Gustl. Es gibt also noch Eisvögel in unserer Gegend. Die Kinder im Schulbus werden Augen machen, wenn ich's erzähle. Einen Eisvogel sehen ist aufregender als zehn Pingpongsiege. Und seltener als ein Soldat mit Augen für schöne Mädchen! Die Kinder werden mich bitten, dass ich ihnen die Stelle zeige, wo ich den Eisvogel gesehen habe. Sie werden neben den Brombeerbüschen hocken und auf ihn warten.

Gustl geht langsam heim.

Der Eisvogel ist scheu, denkt er. Der Eisvogel sitzt auf einem Ast über dem Wasser und lauert auf Beute. Er ist ein echter Fischer und hat Geduld. Er wird Angst bekommen, wenn so viele Kinder da sind. Vielleicht finden sie auch seine Nisthöhle, die irgendwo in der Uferwand liegt. Dann wird der Eisvogel flüchten und sich anderswo eine Höhle graben, wo es ganz still und einsam ist …

Als Gustl am anderen Morgen erzählen soll, was er am Sonntag erlebt hat, zuckt er mit den Schultern. „Nichts Besonderes", sagt er. „Einen Haufen Hagebutten für die Großmutter habe ich gepflückt. Die reichen für mindestens hundert Schalen Tee."

Lene Mayer-Skumanz

Naturerlebnis Niederösterreich

Auf den Spuren des Ötscherbären

„Und was, bitte, wenn uns beim Schulausflug ein Bär entgegenkommt?", fragte mich meine Tochter Karin, als ich ihr vom Bärenprojekt erzählte. „Keine Angst!", beruhigte ich. „Ein Bär hört eine Schulklasse schon auf mehrere Kilometer Entfernung und nimmt Reißaus."

Es gibt nur wenige Personen, die einen Bären im Ötschergebiet tatsächlich gesehen haben. Der Landwirt Johann Hubmayer aus Mitterbach erinnert sich genau: „Er war sehr groß, ich habe nur mehr sein Hinterteil gesehen, so schnell ist er weggerannt." Auch der Forstarbeiter Karl Haubenwallner aus Lassing wird diese Begegnung nie vergessen: „Er überquerte die Lichtung wenige Meter vor meinem Geländewagen. Es war ein wunderschöner Anblick!"

In Niederösterreich leben derzeit ungefähr 15 bis 20 Exemplare dieser imposanten Tiere zwischen Ötscher, Dürrenstein und Hochschwab. Bären waren seit jeher in Österreichs Wäldern zu Hause. Doch für über 100 Jahre waren sie verschwunden. Der letzte Bär unseres Heimatlandes wurde 1842 im Ötschergebiet bei Neuhaus erlegt. Sein Fell besitzt das Heimatmuseum von Lunz am See.

Wir Menschen haben diese prächtigen Tiere ausgerottet. Um diesen Fehler wieder gutzumachen, gibt es heute viele Bemühungen, die braunen Riesen in den niederösterreichischen Voralpen wieder heimisch zu machen.

Es begann mit einer riesigen Überraschung, als vor 30 Jahren ein Bär im steirisch-niederösterreichischen Grenzgebiet auftauchte. Er war von Slowenien über Kärnten bis in das Ötschergebiet gewandert. Die Aufregung war groß, denn Meister Petz, der Honig über alles liebt, vergriff sich an einigen Bienenstöcken.

Der World Wide Fund for Nature (WWF), eine internationale Organisation zum Schutz gefährdeter Tiere, startete das Wiederansiedlungsprojekt mit der Freilassung der Bärin Mira, da es sich beim zugewanderten Ötscherbären wahrscheinlich um ein Männchen handelte. Würden Mira und der Zuwanderer aus Slowenien für Nachwuchs sorgen? Bereits zwei Jahre später wurde Mira erstmals mit ihren Jungen beobachtet. Bei der Heimfahrt von der Morgenpirsch überraschte ein Jäger das Muttertier mit seinen drei Jungen auf einer Forststraße.

Auf ihren Streifzügen ernähren sich die zotteligen Vierbeiner von kleineren Nagetieren, Ameisen, Insekten und Beeren, mitunter auch von Resten toter Hirsche und Rehe. Wenn sich aber das Raubtier regt, bleibt es oft nicht bei diesem Speiseplan: Wieder gab es riesigen Wirbel, als die Bären, die im Ötschergebiet eine neue Heimat gefunden hatten, innerhalb weniger Tage mehrere Kühe rissen und Bienenstöcke plünderten. Die Landwirte (denen der Schaden ersetzt wurde) und mehrere Bürgermeister der Region forderten den Abbruch des Bärenprojekts. Doch die Aufregung hatte sich rasch wieder gelegt.

Nach der erfolgreichen Einbürgerung wurden im Ötschergebiet zwei weitere Bären aus Slowenien

Naturerlebnis Niederösterreich

freigelassen, bei denen sich wenig später ebenfalls Nachwuchs einstellte. Dann sorgte eine Meldung dafür, dass ganz Österreich um das Schicksal von drei Bärenjungen bangte: Mutter Mira war verendet im Lechnergraben bei Lunz am See aufgefunden worden. Wahrscheinlich war sie abgestürzt oder durch Steinschlag ums Leben gekommen. Würde es den Jungen gelingen, ohne Mutter den strengen Winter zu überstehen? Die Erleichterung war groß, als sich die drei Jungbären im Frühjahr 1994 wohlauf zeigten.

Das erfolgreiche Bärenprojekt wird inzwischen von der Europäischen Union (EU) gefördert. Um den Bestand zu sichern, sollen zu den elf in freier Wildbahn lebenden Bären weitere dazukommen. „Der Bär steht für Abenteuer, Märchen und Legende", meinte ein berühmter Tierforscher. „Ohne ihn wären wir alle ein wenig ärmer."

Aber nicht nur Bären, auch Luchse und Wölfe sollen schon bald in Niederösterreich wieder heimisch werden. Das Bemühen um Artenschutz sollte nicht bloß ein Lippenbekenntnis sein. Denn wir sollten uns nicht darüber empören, dass auf anderen Kontinenten Tiger, Nashörner und Elefanten ausgerottet werden, während wir gleichzeitig nichts für die Erhaltung einer Art tun, die seit Jahrhunderten bei uns heimisch war.

Robert Klement

WENN ER ABER KOMMT ...
dann laufen wir nicht davon!

Einige wichtige Regeln:

- *Bären riechen und hören sehr gut, sobald sie einen Menschen wahrnehmen, machen sie sich aus dem Staub. Fühlt sich ein Bär jedoch bedrängt oder hat eine Bärenmutter Angst um ihre Jungen, kann es zu Angriffen kommen.*
- *Ein Bär ist schneller als ein Spitzenläufer, davonlaufen ist zwecklos und reizt ihn nur zusätzlich.*
- *Zeige dem Bären, dass du ein Mensch, also kein Rivale bist. Sprich ihn laut an, kreise mit den Armen, klatsche in die Hände.*
- *Versuche dich langsam, diagonal von ihm wegzubewegen. Folgt er dir, bleib sofort stehen.*
- *Greift er dennoch an, leg dich flach auf den Bauch und verschränke die Hände über dem Kopf. Der Bär wird erkennen, dass du für ihn keine Gefahr darstellst, und wird sich davonmachen.*

Naturerlebnis Niederösterreich

Ein Museum für Forellen, Marder und Falken

Mario staunt, als er den riesigen ausgestopften Elch sieht. Er hätte wetten können, dass es in Niederösterreich keine Elche gibt.

„Manchmal wandern sie aus dem Norden zu uns, seit es dort keine Stacheldrahtgrenze mehr gibt", erklärt Herr Christian, der Museumsführer. Nun erklimmt er mit den Kindern der 4. Volksschulklasse aus Neunkirchen eine Wendeltreppe, die wie ein steiler Gebirgsweg wirkt. Am „Gipfel" befindet sich ein richtiger Gletscher, dessen Eis sofort neugierig betastet wird. Aus der Gletscherlandschaft rinnt Wasser in alle Richtungen dieses „Erlebnismuseums". Man hört das Wasser rauschen und gurgeln, sieht es fließen und tropfen. Das Niederösterreichische Landesmuseum in St. Pölten ist ein lebendiges Museum, Heimat für Ringelnattern, Frösche, Karpfen, Forellen und Molche.

Donaubecken

Nun teilt Herr Christian die Klasse in kleine Gruppen und verteilt Bögen. Die Kinder sollen bestimmte Tiere wie Hirschkäfer, Spechte und Fledermäuse suchen, möglichst viele Informationen sammeln und Fragen beantworten. Nach zwanzig Minuten wird das Ergebnis am Wipfel der zehn Meter hohen künstlichen Eiche inmitten der Naturhalle besprochen. Auf der Treppe beobachten die Schüler dann den Baum und seine Bewohner zwischen Wurzeln und Krone: Marder, Kleiber und Eichkätzchen turnen im Geäst.

„Wahnsinn, eine richtige Höhle!", ruft Claudia wenig später. Etwas gruselig zumute wird es allen, als sie sich in der naturgetreu nachgebauten Tropfsteinhöhle befinden, in der sich Fledermäuse und Heuschrecken tummeln.

Tieflandbecken

Dann geht es zu den riesigen Aquarien. Insgesamt 60 Fischarten sind in Niederösterreichs Flüssen heimisch. Im 12 m langen Strömungsbecken befinden sich Forellen, Äschen, Saiblinge, Flussbarsche und Störe. Die Kinder drücken sich die Nasen an den Vitrinen platt. Wann hat man schließlich schon Gelegenheit, einem riesigen Hecht Aug in Aug gegenüberzustehen? Krebse krabbeln gegen die Strömung an. Zwischen verrottenden Ästen grundelt gelassen ein kapitaler Wels. Die Kinder staunen, als Herr Christian erzählt, dass dieser größte heimische Süßwasserfisch eine Länge von zwei Metern und ein Alter von bis zu 80 Jahren erreichen kann.

Aeskulapnatter

Gleich gegenüber kriechen Lurche, Nattern und Kreuzottern durch Terrarien. Die bis zu 120 cm lange Äskulapnatter ist die größte Schlange Österreichs. Lena entdeckt eine prächtig gefärbte Smaragdeidechse. Durch die Glaswände kann man den Garten im Außenbereich mit seinen seltenen

Naturerlebnis Niederösterreich

Sumpfschildkröte

Hecht

Pflanzenarten betrachten. Ein Autümpel gewährt Einblick in das verborgene Leben der Sumpfschildkröte.

„Schau, ein Uhu!", stößt Clara ihre Freundin an, als sich die Gruppe Niederösterreichs Vogelwelt zuwendet. Ganz oben, knapp unter der Glaskuppel, thront der Steinadler. Weiters kann man Eulen, Käuze, Fischadler, Seeadler, Habichte und Falken bestaunen.

Herr Christian blickt auf die Uhr. Die nächste Gruppe wartet bereits. Für eine ausführliche Betrachtung der kämpfenden Rothirsche, für Luchs, Biber, Wolf und Fuchs muss aber noch ausreichend Zeit sein. Sophie kann der Versuchung nur schwer widerstehen, den mächtigen Braunbären zu streicheln.

Anschließend greifen die Kinder zu den Spezialbrillen im ersten 3-D-Kino Österreichs. Der dreidimensionale Film erzählt über Geschichte und Gegenwart des Landes. Im Aktiv-Museum kann man auch wie ein Mönch im Mittelalter mit Feder und Tusche alte Urkunden zeichnen oder am Computer Informationen über Niederösterreich sammeln. Kunstliebhaber wenden sich nach so viel Naturkunde den Bildern berühmter Maler wie Egon Schiele oder Ferdinand Waldmüller zu.

Der Rundgang durch Österreichs modernstes Landesmuseum ist zu Ende. Inge nimmt sich fest vor, mit ihren Eltern zurückzukehren. Max weiß zwar so ziemlich alles über Tiger und Elefanten in Indien, von der heimischen Zauneidechse, vom Eisvogel und Fischotter hat er aber noch kaum etwas gehört. Beim Ausgang meint er schwärmerisch zur Lehrerin: „Am liebsten würde ich dreimal in der Woche hierher kommen!"

Robert Klement

*Informationen zum Niederösterreichischen Landesmuseum findest du im Internet:
www.landesmuseum.net*

Naturerlebnis Niederösterreich

Schwein gehabt

Norbert erzählt vom Besuch im „bio erlebnis norbertinum"

Am letzten Freitag sind wir alle mit unserer Lehrerin im Bus zum Bio-Erlebnis nach Tullnerbach gefahren. Vorher waren wir echt sauer. Unsere Parallelklasse, die 3b, hat baden gehen dürfen. Und wir mussten auf dem Bio-Gelände herumlatschen – an so einem heißen Tag! Aber unsere Lehrerin hat gemeint, dass es uns dort bestimmt gefallen würde.

„bio erlebnis norbertinum" haben wir auf einer Tafel gelesen. Der Franz hat gesagt, dass das Bio-Erlebis nach mir benannt ist, da haben alle gelacht, und ich war erst recht sauer.

Aber da waren wir schon beim Norbertinum angekommen. Der Mann, der uns alles zeigen wollte, hat uns freundlich empfangen und uns erklärt, dass der heilige Norbert der Beschützer aller Kinder ist. Das hat mir schon besser gefallen.

Von weitem haben wir die Pferde am Reitplatz wiehern gehört. Die Mädchen wollten am liebsten gleich hinrennen. Das sieht ihnen ähnlich!

Wir sind aber erst in den Bio-Schaugarten gegangen und haben die Nutzpflanzen angeschaut. Gemüse und Heilkräuter werden dort nur mit Kompost gedüngt, und Gift gesprüht wird hier bestimmt nicht. Alles wächst ganz toll. Wir haben gelernt, dass jedes noch so winzige Tierchen in der Natur wichtig ist, damit alles leben und wachsen kann. Und dass es natürliche Schädlingsvertilger gibt wie den Marienkäfer und die Florfliege.

In der Duftbar haben wir an frischen Kräutern geschnuppert. Die werden auf besondere Weise gepflanzt – nämlich in einer Kräuterschnecke. Das ist ein schneckenförmig angelegter Hügel. Kräuter, die wenig Wasser und viel Sonne brauchen, wachsen ganz oben. Und alle werden so gepflanzt, wie sie am besten gedeihen.

Kaum hatten wir den Bio-Garten verlassen, haben wir es laut und fröhlich grunzen gehört. Das waren ein paar Schweine in einem Auslauf mit Zaun herum. Sie haben fest gescharrt und alles Mögliche geschmatzt. Ausgeschaut haben sie anders als die Hausschweine – schwarze Flecken auf dem Rücken und größere Ohren. Wir haben erfahren, dass das Turopoljeschweine sind. Die sind robust und können immer im Freien sein – bei jedem Wetter.

Gleich in der Nähe haben zwei Schafe geblökt und zwei junge Ziegen gemeckert. Der Bock hat sich sogar von uns streicheln lassen. Der hat ganz kräftige Hörner gehabt, und ich war froh, dass zwischen ihm und uns ein Zaun gewesen ist.

Naturerlebnis Niederösterreich

Und dann haben wir doch noch richtige Hausschweine gesehen und ganz liebe Ferkelchen. Die sind quiekend zu uns hergelaufen. Wir haben gelernt, dass Schweine klug und empfindsam sind. Und dass sie die gleichen Krankheiten wie wir kriegen können. Und ich hab mir gedacht, dass sie eigentlich viel zu lieb sind um von uns Menschen gegessen zu werden.

Die Rinder haben wir auch besucht. Im Rinderlaufstall sind verschiedene Rassen beisammen. Sie können ins Freie gehen, wann sie wollen, weil sie nicht angebunden sind. Und alle sind sauber und schön. Melken lernen haben wir auch dürfen. Aber nicht an lebenden Kühen, sondern an einem künstlichen Euter. Melken ist ganz schön schwer.

Im Pferdestall waren die Mädchen nicht mehr zu bremsen. Als sie gehört haben, dass Reiten in der Landwirtschaftsschule Norbertinum zum Unterricht gehört, haben sie alle beschlossen, später in diese Schule zu gehen. Mich haben vor allem die Maschinen interessiert, die am Bauernhof verwendet werden. Alles sehr aufregend!

Eine feine Milchjause haben wir auch noch bekommen – und ein Heft mit lustigen Bildern zum Anmalen. Wir haben wirklich jede Menge erlebt im „bio erlebnis norbertinum". Und ich finde, dass wir echt Schwein gehabt haben, dass wir nicht baden gegangen sind.

Wir wollen wieder hinfahren, denn dort kann man noch viel mehr machen: die verschiedensten Getreidearten kennen lernen, backen und kochen, oder im Wald Rätsel lösen. Echt spannend.

Und eines weiß ich genau: Meinen nächsten Geburtstag will ich im „bio erlebnis norbertinum" feiern – mit meinen Freunden und mit den lieben Ferkeln.

Christine Rettl

bio erlebnis norbertinum,
Norbertinumstraße 9, 3013 Tullnerbach
E-Mail: office@bioerlebnis.at
www.bioerlebnis.at

Wie der Teufel Frösche fing

In der Gegend von Raabs an der Thaya lag einmal ein kleiner Waldsee. Zur Zeit der Wasserrosen war er besonders schön. An den Sommerabenden hockten auf den Teichrosenblättern Frösche. Viele Frösche. Ihr Gesang war von weitem zu hören.

Es gab jemanden, der immer wieder zu dem kleinen See wanderte, und das war der Schneider von Liebnitz.

Der Schneider war ein ordentlicher und flinker Schneider, der recht gut von seiner Arbeit hätte leben können. Doch er wollte nicht den ganzen Tag lang immerzu im Schneidersitz hocken und sticheln. So kaufte er sich eine Geige und wurde Spielmann.

Freilich stichelte er dann und wann immer noch, aber das Geld, das er damit verdiente, reichte nicht zum Leben, und das, was er als Spielmann dazuverdiente, reichte auch nicht. So hatte der Schneider eigentlich immer Hunger.

Wer hungrig ist und kaum zu essen hat, träumt oft, er hätte was zu essen, und zum Träumen war der Waldsee ein guter Ort. Als der Schneider eines Abends dahin unterwegs war und den See schon im Abendlicht blinken sah, erblickte er einen Baumstumpf am Seeufer, der sonst nicht dort war. Und als er hinkam, war der Baumstumpf der Teufel.

„Hast du Hunger?", fragte der Teufel und hielt ihm eine große Wurst vor die Nase.

Die Wurst duftete.

Schnapp – hatte der Schneider ein Stück davon abgebissen.

„Jetzt gehörst du mir!", sagte der Teufel. „Nächstes Jahr um diese Zeit hol ich dich. Die Wurst kannst du behalten, und Brot kriegst du dazu, wie auch einen Beutel Geld!" Und schon lag alles im Gras neben dem hungrigen Schneider, und der Teufel verschwand.

Der Schneider aß die Wurst auf und das Brot und steckte den Beutel ein. Als der erste Hunger gestillt war und er wieder klar denken konnte, wurde dem Schneider doch bang.

„Ein teuflischer Teufel ist das!", dachte er und ging recht verzweifelt nach Hause. Hinter ihm musizierten die Frösche, als wollten sie ihm Mut machen. Sie konnten den Schneider gut leiden, denn er hatte noch nie versucht, Steine nach ihnen zu werfen oder einen von ihnen zu fangen.

Gleich am nächsten Tag stellte der Schneider zwei Gesellen ein, die für ihn stichelten, und er zahlte gut, weil er wusste, wie der Hunger schmeckt, und außerdem hatte er ja genug Geld. Denn teuflischerweise wurde sein Beutel nie leer.

Der Schneider kaufte sich neue Saiten für seine Geige. Manchmal ging er am Abend zu dem kleinen Froschsee hinaus und spielte im Froschkonzert mit und vergaß über all dem den Teufel.

Der kam aber pünktlich ein Jahr später zu dem kleinen Waldsee. Am Ufer dort saß der Schneider und träumte vor sich hin.

„Da bin ich", sagte der Teufel. „Du kommst jetzt sofort mit in die Hölle!"

Die Frösche quakten aufgeregt, und dem Schneider war es auf einmal, als verstünde er, was sie meinten. Plötzlich war ihm nicht mehr bang, denn ihm fiel ein, dass schon so mancher den Teufel überlistet hat und wie er selber das tun konnte. Also sagte er zum Teufel:

„Du willst der Teufel sein? Das musst du mir erst beweisen!"

Der Teufel erschrak. Einer, der gewohnt ist, dass alle vor ihm zittern, kommt leicht aus der Fassung, wenn jemand es nicht tut.

„Pass auf!", sagte nun der Schneider zum Teufel. „Wenn du bis Mitternacht alle Frösche aus dem See

Sagenhaftes Niederösterreich

herausfängst und nachzählst, glaub ich dir, dass du wirklich der Teufel bist, und geh mit dir."

Der Teufel fing sogleich an, die Frösche aus dem Teich zu fangen. Jeden Frosch setzte er ans Ufer und den nächsten daneben und den nächsten wieder daneben, und so weiter. „Wenn sie alle beisammen sind, zähl ich sie nach", sagte er, und fing weiter einen Frosch nach dem andern aus dem Wasser und setzte sie alle nebeneinander ans Ufer. Alle, auch die ganz kleinen. „Bis Mitternacht bin ich leicht damit fertig", sagte der Teufel.

Aber die Frösche blieben nicht am Ufer sitzen. Sie sprangen – plitsch und platsch und plitsch und platsch – in den Teich zurück.

Es war noch gar nicht Mitternacht, als der Teufel einsah, dass er diese Seele nicht fangen konnte. So dumm ist der Teufel wieder nicht, dass er nicht einsieht, wenn er verloren hat.

„So was wie dich können wir in der Hölle nicht brauchen", fauchte er den Schneider an, „behalt deine Seele!", und verschwand.

Der Schneider aber blieb am Ufer sitzen und der Mond schien und die Wasserrosen leuchteten und die Frösche quakten ihr schönstes Konzert.

Friedl Hofbauer

König Löwenherz

Vor rund 900 Jahren hat man in einem Gasthaus in dem kleinen Dorf Erdberg bei Wien den König Richard Löwenherz von England gefangen. Er stand in der Küche und drehte den Bratenspieß und sah gar nicht wie ein König aus. Er hatte sich als armer Pilger verkleidet, um nicht seinem Feind, dem Herzog Leopold von Österreich, in die Hände zu fallen. Sie hatten beide noch kürzlich im Morgenland[1] gegen die Sarazenen[2] gekämpft und zusammen die Festung Akkon[3] erobert. Leopold war der erste Fürst gewesen, der seine Fahne, die Fahne Österreichs, auf der Festung aufsteckte. Das wollte Löwenherz nicht dulden. Er riss Leopolds Fahne von der Mauer und pflanzte seine eigene auf.

Diese Beleidigung konnte ihm Leopold nicht verzeihen. Er schwor Rache und ritt bald wieder heim nach Österreich. Der König von England aber blieb mit anderen Fürsten und Rittern noch eine Weile im Heiligen Land, um den Sieg über die Muselmanen[4] gründlich zu feiern. Dieser Kreuzzug[5], man nennt ihn den dritten von sieben, brachte den europäischen Siegern reiche Beute. Aber es war auch ein grausamer Krieg mit vielen blutigen Opfern gewesen und hatte Hungersnot und Seuchen im Gefolge.

Sagenhaftes Niederösterreich

Viele Ritter und Soldaten, die den Kampf überlebt hatten, starben an Krankheiten.

Nun entschloss sich Richard Löwenherz, mit den Seinen nach England heimzukehren, und bestieg ein Schiff.

Was er nicht vorausgesehen hatte, war ein schrecklicher Sturm, der sein Schiff an die adriatische Küste schleuderte. Der König musste nun auf dem Landweg heimkehren, und dieser Heimweg führte ein Stück über Feindesgebiet, nämlich über das Gebiet, in dem Leopold von Österreich Herr war.

Richard Löwenherz verkleidete sich also, um nicht erkannt zu werden, als Pilger und zog in armseliger Pilgerkleidung und mit Kapuze, die sein Gesicht beschattete, gegen Wien zu. Er kehrte, wie die Sage berichtet, in Erdberg in einem kleinen Gasthof ein. Richard reiste allein, um nicht mit größerem Gefolge aufzufallen.

Der König, der gewohnt war, Diener zu haben, die seinen Geldbeutel trugen, hatte kein Geld bei sich. So bat er murmelnd den Wirt, er möge ihn als Küchenjungen den Bratenspieß drehen lassen und ihm dafür ein Stück Braten schenken.

Der Wirt erkannte den verkleideten König nicht, er hatte ihn ja nie gesehen. Aber in seinem Gasthaus kehrten auch etliche wilde Burschen ein, die im Krieg gewesen waren, und einer erkannte in dem Pilger, der den Bratenspieß drehte, den König Richard Löwenherz von England.

Der König wurde verhaftet und in den Gewahrsam seines beleidigten Feindes Leopold gebracht. Dieser sperrte Löwenherz auf der Festung Dürnstein ein. Leopold wollte Lösegeld für den König von England, und der Kaiser wollte ebenfalls Lösegeld für den königlichen Gefangenen haben. So dauerten die Verhandlungen recht lange, und Löwenherz saß in Dürnstein gefangen. In England hielt man den König, der aus dem Kreuzzug noch nicht in sein Reich zurückgekehrt war, für tot.

Nun wird erzählt, da wäre aber ein Diener des Königs, ein Spielmann namens Blondel, gewesen, der nicht an des Königs Tod glauben wollte. Blondel zog von einer Burg zur anderen und sang das Lied, das er und der König gern miteinander gesungen hatten.

Blondel sang vor vielen Burgen. Aber, so wird erzählt, erst vor Dürnstein war ihm das Glück hold. Er sang die erste Strophe des Liedes, und Richard Löwenherz in seinem Gefängnis sang die zweite Strophe dazu.

Blondel reiste nach England zurück und berichtete, dass der König noch lebe und dass man ihn befreien müsse. Und einige Zeit später kehrte König Richard Löwenherz nach Zahlung eines hohen Lösegelds nach England zurück.

Friedl Hofbauer

[1] Orient, Osten: das Land, wo die Sonne aufgeht

[2] Im Mittelalter wurden mit „Sarazenen" allgemein die arabischen Eroberer bezeichnet.

[3] christliche Festung bei Jerusalem

[4] Gläubige des Islam

[5] Kriegszüge der westlichen Kirche zur Befreiung Jerusalems und des Heiligen Landes von der Herrschaft der „ungläubigen" Muslime

Dürnstein, von der Donau aus gesehen

Sagenhaftes Niederösterreich

Der Tod
im Weinfass

*von Reinhard Wegerth
und Franz Hoffmann*

Im Weinviertel bei Matzen treibt man Weinbau schon seit langer Zeit.

Ein paar Jahrhunderte zurück hatte ein Weinbauer das Glück,

dass einer noch was trinken wollte – der Tod – bevor er ihn abholte.

Der Bauer gab ihm jede Menge und stopfte, als der Gast besoffen,

ihn eilig in des Fasses Enge – durfte aufs Weiterleben hoffen.

Sagenhaftes Niederösterreich

Nach dem Lesen dieser Sage
stellt man sich vielleicht die Frage:
Hat ihren Wunsch, länger zu leben,
die Menschheit seither aufgegeben?
Nein, weil man gute Chancen sieht:
Auf biotechnischem Gebiet,
wo Vielversprechendes geschieht!

Damals in Niederösterreich

Kogi

Vor 25 000 Jahren, in der Altsteinzeit (wegen des kalten Klimas auch Eiszeit genannt), lebte in der Hügellandschaft des heutigen Stillfried an der March ein Jägervolk, das als Sammelplatz und Ausgangspunkt für Expeditionen ein großes Zeltlager errichtet hatte. Dieser Lagerplatz in Grub bei Stillfried wird heute von der Urgeschichtlerin Walpurga Antl-Weiser und ihren Kollegen ausgegraben und erforscht. Die Eiszeitleute stellten Stein- und Knochengeräte her; sie sammelten Beeren, Kräuter, Wurzeln und Grassamen; mit Speeren oder Speerschleudern jagten sie Rentiere, Mammuts, Wollhaarnashörner, Wildpferde, Riesenhirsche und andere Tiere; sie gerbten Leder und nähten Hosen und Kittel daraus. Und weil sie schöne Dinge liebten, schmückten sie ihre Kleider ausgiebig mit aus Mammutelfenbein geschnitzten Perlen.

Kogi, Enkel des Steinschlägers und neun Sommer alt, sah die Ankömmlinge als Erster: zuerst nur die Welle im hohen, gelb verfärbten Steppengras, dann dunkle Punkte in unterschiedlicher Höhe; nun konnte er Köpfe in Pelzkapuzen erkennen, Speere, Fellbündel.

Kogi ließ den Korb mit Rentierdung fallen und riss die Arme hoch. „Grauer Elch und seine Leute!", schrie er den jüngeren Geschwistern zu. „Lauft ins Lager und sagt es der Mutter!"

Die Kleinen rannten los, obwohl sie nichts bemerkt hatten. Sie wussten: Auf Kogis Augen war Verlass. Wenn er auf der höchsten Kuppe stand, konnte er sogar die Rauchzeichen der Leute von den Blauen Bergen sehen, drüben im Osten, jenseits des Flusses.

„So scharfe Augen sind eine Gabe der guten Geister", hatte Großvater Steinschläger gemeint, als Kogi ihn rechtzeitig vor dem Nashorn im Ufersumpf gewarnt hatte. „Ehre sie dafür!"

Kogi ehrte die Geister der Lichten Welt mit einem Lied auf der Knochenflöte. Insgeheim dachte er, dass ihm die guten Geister schleunigst zwei weitere Gaben verleihen sollten – Kraft und Zielsicherheit beim Speerschleudern. Immer noch kam es vor, dass seinen Fingern beim Wurf die hölzerne Schleuder entglitt und weiter flog als der Speer mit der scharfen Steinspitze. Dann lachten die anderen Jungen. „Kogi Mondgesicht!", riefen sie. „Kogi Zitterarm! Such die Schleuder, such sie mit deinen scharfen Augen!"

Es stimmte, dass sein Gesicht rund war und seine Arme nicht besonders stark und dass er sich noch keinen Jägernamen verdient hatte. Aus Kummer fischte er die dicksten Knochen aus dem Kochgrübchen seiner Mutter und schlürfte das heiße wabbelnde Mark. Wenn der Kummer übergroß wurde, setzte Kogi sich zu den jüngeren Kindern ans Feuer und erzählte Geschichten. „Zwei Mammuts habe ich heute verjagt", erzählte er, „nur so, mit Schreien und Händeklatschen! Sie haben vor Schreck trompetet und sind rumpumpum in den Fluss. Als dann das Nashorn aus den Weiden brach –"

„Kogi Großmaul!", wisperten die Kleinen ...

Kogi seufzte. Unter den immer näher kommenden Besuchern hatte er Mima erkannt, die Tochter des Grauen Elchs. Sie war so alt wie er, doch zwei Handbreit gewachsen seit letztem Frühling, als Grauer Elch mit seiner Familie den Rentieren auf die Sommerweiden folgte. Nun, da der Wind nach Eisnadeln roch, auf den Nordhängen der Hügel schon ein wenig Schnee liegen blieb und die lästigen Mücken verschwunden waren, kehrten Rentiere und Jäger an den Fluss zurück. Mima würde den Winter über im Großen Lager bleiben. Was trug sie in der Hand? Eine eigene, für ihren Arm gebaute Speerschleuder?!

Damals in Niederösterreich

Kogi stöhnte. Wenn er mit dem Korb voller Dung an das Feuer seiner Mutter zurückkam, würde Mima sehen, dass er die Arbeit von fünf Sommer alten Kindern tat! Er musste diese Arbeit tun, weil seine Mutter zu wenige Töchter geboren hatte.

Er sammelte den Dung auf, den seine Geschwister ausgestreut hatten, riss sich den Kittel vom Leib und bedeckte damit den Korb. Von einem Wacholderstrauch brach er ein paar Zweige und pflückte eine Hand voll halb verdorrtes Duftkraut. So konnte er behaupten, dass er Räucherzeug für das Rauchfleisch geholt hatte. Zitternd vor Kälte lief er zum Lager hinunter und schlich zur Rückseite des Familienzeltes. Er schob den Korb zwischen die Mammutstoßzähne, mit denen die Zeltbespannung beschwert war, und trug die Räucherzweige zum Eingang.

Da saß Mima auf einem Mammutfell und trank Suppe aus einer Holzschale. „Dein Vater lässt dich grüßen", sagte sie. „Er bleibt noch einen halben Mond am oberen Fluss. Und das soll ich dir bringen." Sie hielt ihm die Speerschleuder hin. „Dein Vater meint, die alte, die du bis jetzt hattest, ist zu lang für deinen Arm."

Kogis Zeigefinger fuhr über die Schleuder. Sie war sanft gebogen und fein geglättet. Der Haken am hinteren Ende hatte die Form eines Entenkopfes. Irgendein warmes Gefühl in der Bauchgegend sagte Kogi, dass sein Vater diese Schleuder mit großer Liebe und Geduld für ihn gemacht hatte. Und er spürte Lust, sie auszuprobieren. Bald, noch an diesem Abend, sofort … Bei Dämmerlicht würden die Schneehasen aus ihren Verstecken hoppeln.

Mima lächelte. „Ich komme mit", sagte sie, als habe sie die Bilder in seinem Kopf gesehen.

„Ich bin nicht gut im Schleudern", hörte Kogi sich sagen. Er sprang auf, holte seinen Kittel, schlüpfte hinein und trug den Dungkorb zum Feuer. Sollte Mima von ihm denken, was sie wollte!

Sie nahm ihm den Korb ab und warf ein paar Fladen ins Feuer. „Gehen wir, Kogi!"

Sie ließ sich nicht abschütteln. Schweigend begleitete sie ihn auf den höchsten Hügel, duckte sich auf einem schneefreien Fleck und sah zu, wie er die Windrichtung prüfte. Er legte den Speer in die Schleuder.

„Dort!", flüsterte er plötzlich und deutete mit dem Kinn auf eine mit Schnee gefüllte Mulde. Mima strengte ihre Augen an. Sie konnte nichts erkennen. Kogi aber zielte, sprang zwei Schritte nach vor und schleuderte aus der Schulterdrehung den Pfeil. „Getroffen!", jubelte er. „Dicht hinter dem Kopf!"

Es war ein Schneehase, den er – weiß auf weiß – im Dämmerlicht erspäht hatte.

Mima schüttelte den Kopf vor Staunen. „Kogi-Falkenauge!", rief sie.

„Für meine scharfen Augen kann ich nichts", brummte er.

Er nahm sein Messer, häutete den Hasen und schenkte Mima das Fell. Sie freute sich. „Ich will dir auch etwas schenken", sagte sie. „Meine schönste Elfenbeinperle. Ich nähe sie an deinen Kittel, als Andenken an diesen Abend."

Lene Mayer-Skumanz

Damals in Niederösterreich

Die unbesiegbare Sonne

Carnuntum war die größte römische Ansiedlung im heutigen Österreich. Sie wurde als Militärstützpunkt Anfang des 1. Jahrhunderts nach Christi Geburt am südlichen Donauufer gegründet. In seiner Blütezeit umfasste Carnuntum mit ca. 50 000 Einwohnern die heutigen Gebiete von Petronell und Deutsch-Altenburg in Niederösterreich. Carnuntum bestand aus dem Kastell mit angeschlossener Soldatensiedlung sowie der Zivilstadt, die im Jahr 105 n. Chr. Hauptstadt der römischen Provinz Oberpannonien und Sitz des Statthalters wurde. Amphitheater, Thermenanlagen, Markthallen, Villen und Tempel für Gottheiten aus allen Gegenden des Reiches zählten zu den wichtigsten Bauwerken.

Kopf des Mithras

Ulpius Valerius hüllte sich in seinen Umhang und zog sich die Kapuze weit ins Gesicht. Er wollte nicht erkannt werden, wenn er zum Mithras-Heiligtum ging, nun, da die Sonne bereits tief im Westen stand.

„Soll ich dich begleiten, Herr?" Selbst der alte Pförtner Rufus klang besorgt. „Es ist nicht mehr sicher auf den Straßen –"

„Nicht nötig", beruhigte Ulpius seinen Diener. „Ich nehme einen Umweg, da erkennt mich niemand."

„Jupiter möge dich beschützen, Herr!", murmelte der Alte. Doch bevor er seinen Herrn aus der Tür ließ, blickte er selbst aufmerksam die Gasse hinauf und hinunter. „Kein Verdächtiger zu sehen."

Ulpius nickte dem Pförtner dankbar zu. Er wollte keiner Horde von Christen begegnen, die sich neuerdings immer wieder zusammenrotteten, um ehrwürdige Tempel zu überfallen oder heilige Götterbilder zu zertrümmern. Ulpius schüttelte angeekelt den Kopf. Diese Christen! Kaum hatte Kaiser Konstantin ihnen das Recht eingeräumt, ihren Glauben frei auszuüben, da kamen sie sich sofort besser vor als Menschen, die zu anderen Göttern beteten.

„Dieser Hass kommt davon, dass sie selbst lange blutig verfolgt worden sind", überlegte Ulpius. „Das vergessen sie nicht so schnell. Jetzt müssen sie sich nicht mehr verstecken, der Kaiser ist auf ihrer Seite, also rächen sie sich auf ihre Weise! Dabei soll ihr Christus ihnen Liebe und Vergebung vorgelebt haben – ist er nicht ebenso wie unser Mithras ein Lichtgott?"

Das behauptete zumindest Crispina, eine junge Sklavin in der Küche. „Für Christus gelten Frauen genauso viel wie Männer", erzählte sie beim Kochen. „Schade, dass unser guter Herr ein Anhänger des Mithras ist – dort sind Frauen im Tempel nicht erlaubt!"

Das stimmte zwar, aber Ulpius hatte nichts gegen andere Religionen einzuwenden. Warum sollte ein Glaube besser sein als ein anderer?

„Hauptsache", dachte Ulpius, „man fühlt sich bei seiner Gottheit geborgen und kommt mit ihrer Hilfe gut durchs Leben!"

Er hatte sich schon als junger Mann für den sonnengleichen Mithras entschieden. Mithras, der Sohn der höchsten Gottheit, wird aus dem harten Felsen geboren und tötet in himmlischem Auftrag einen mächtigen Stier, aus dem alle Pflanzen und Tiere entstehen, die für die Menschen auf der Erde zum Leben notwendig sind. Nun hilft Mithras allen zum Licht, die sich ihm anvertrauen: Denen, die sich bemühen, gut, ehrlich und liebevoll zu handeln, verspricht er nach ihrem Tod ein Dasein in ewiger Freude.

Damals in Niederösterreich

Ulpius erreichte sicher das Heiligtum und atmete auf. Er betrat die Vorhalle und verriegelte das Tor. Es gehörte zu seinen Pflichten, dreimal am Tag Gebete zur Sonne zu sprechen und den gemeinsamen Gottesdienst vorzubereiten. In seiner Ausbildung hatte er alle sieben Einweihungsgrade durchlaufen und versah nun das Amt eines Priesters. Er holte die Flöten, Glocken und Trommeln aus den Truhen, denn zum Gebet wurde immer musiziert. Er überprüfte auch, ob Wein, Brote, Teller und Trinkbecher für das gemeinschaftliche Mahl nach dem Gottesdienst bereitstanden.

Stufen führten in das Heiligtum hinunter, das einer Höhle ähnlich halb unter der Erde lag. Der Eingang wurde von einem steinernen Löwen bewacht. Daneben stand ein Wasserbecken, das wie eine Muschel geformt war. Ulpius wusch sich die Hände und benetzte auch seine Stirn, zum Zeichen, dass er reinen Herzens vor den Gott trat. Im Halbdunkel erschienen die Statuen an den Wänden wie graue Schatten, die den Eintretenden aus dunklen Augen musterten. Nur ganz hinten, vor dem großen Bild des Mithras, brannte ein Licht. Diese Flamme durfte nie verlöschen. Ulpius goss Öl in die Bronzelampe nach. Dann entzündete er die kleinen Tonlämpchen in den Wandnischen. Der Raum erhellte sich, und die goldenen Sterne, die an das dunkelblaue Deckengewölbe gemalt waren, warfen den Lichtschein funkelnd zurück.

Amphitheater

Auf dem großen Bild tötete Mithras den Stier mit einem Messer, zum Wohle der Menschen, Sonne und Mond schauten vom Himmel dabei zu. Mithras trug eine spitze Mütze und einen Strahlenkranz, sein Mantel wehte im Wind.

Ulpius´ Blick glitt vom Götterbild auf den figurengeschmückten Altar davor. Er hob die Hände zum Gebet. Plötzlich drang Lärm aus der Vorhalle zu ihm hinunter, es klang, als schlage jemand kräftig an die Tür. Ulpius wunderte sich. Sollten seine Glaubensbrüder schon eingetroffen sein? Aber die Sonne war noch nicht untergegangen –

Heidentor

Beunruhigt sah Ulpius zum Eingang, da hörte er das Krachen von splitterndem Holz. Triumphgeschrei und Poltern folgte, dann ein Augenblick der Stille. Gleich darauf brach wieder Tumult aus, Spottlieder auf die alten Götter ertönten. „Was –", brachte Ulpius gerade noch hervor, weiter kam er nicht. Eine Schar Männer mit Fackeln in den Händen stürmte herein, sie waren mit Äxten, Dolchen und Knüppeln bewaffnet. Sie johlten wie Betrunkene und schwangen ihre Waffen. „Nieder mit Mithras!", konnte Ulpius verstehen, und „Hoch Christus!".

Ulpius stellte sich schützend vor das Mithrasbild, aber ein Angreifer traf ihn mit seinem Stock an der Schläfe. Ulpius schrie auf und taumelte zu Boden. Hilflos sah er, was die Eindringlinge anrichteten: Sie stürzten den Altar um, löschten das Heilige Licht und beschmierten die Wandmalereien mit Tierdung. Einer pisste Mithras mitten ins Gesicht. „Da seht euch den großen Gott an, die unbesiegbare Sonne!", grölte er. „Ich erweise ihm die Ehre!" Seine Freunde applaudierten begeistert. Dann nahmen sie ihre Äxte und schlugen Mithras den Kopf ab. Sie spuckten vor dem enthaupteten Gott auf den Boden, dann verließen sie unter Gelächter den Tempel. Der Letzte drehte sich noch einmal um und schlug Ulpius mit einem Knüppel über den Schädel. Ulpius verlor das Bewusstsein.

Als er wieder zu sich kam, lag er zu Hause auf seinem Bett. Seine Wunden waren verbunden, aber sie schmerzten stark. Seine Frau beugte sich über ihn. „Was haben sie mit dir gemacht!", sagte Aurelia zornig. „Wenn Rufus dir nicht nachgegangen wäre, wer weiß –"

Tränen rannen ihr über die Wangen. „Und euer schöner Tempel –"

Ulpius nahm all seine Kräfte zusammen.

„Da ... drinnen", flüsterte er und deutete auf sein Herz, „der Tempel ist ... im Inneren ... Mithras als Sonne!"

Eva Maria Teja Mayer

Limerick

In CARNUNTUMs verfallenen Mauern
seh ich ein Monsterchen kauern.
So ganz ohne Kleider
friert's wie ein Schneider,
sagt: „Lass mich hier nicht versauern!"

Gerda Anger-Schmidt

Damals in Niederösterreich

Der Preis

Der Babenberger Markgraf Leopold III., genannt „der Heilige" (geb. um 1075 in Melk, gest. 1136 bei einem Jagdunfall), gelangte 1095 zur Regierung – seine Ländereien umfassten das heutige Niederösterreich und einen Teil Oberösterreichs. Er verlegte seine Residenz von Gars am Kamp bzw. Tulln nach (Kloster-)Neuburg, wo er auch das Stift zu Ehren der Gottesmutter Maria errichten ließ. Durch kluge Heirats- und Bündnispolitik, wie seine Vermählung mit Agnes, der Tochter Kaiser Heinrichs IV., stieg Leopold zu einem der angesehensten Reichsfürsten auf und legte den Grundstein für Österreichs zukünftige Bedeutung. Er wird heute als Landespatron Niederösterreichs verehrt.

Leopold lehnte sich in seinem Sessel zurück und nippte aus dem schweren Silberbecher, der vor ihm auf dem Tisch stand. „Hmm, der heurige Wein ist ausgezeichnet", meinte er, nickte seinem Kellermeister zu und entließ ihn mit einer freundlichen Handbewegung. Dann wandte er sich an den Haushofmeister: „Sag, Gezo, ist meine liebe Herrin zufrieden mit ihren neuen Räumen? Hat sie alles, was sie für Mägde und Dienstleute braucht? Ich möchte nicht, dass meine Markgräfin Anlass zur geringsten Klage hat!"

Gezo verneigte sich: „Nein, Herr, es wurde für alles vorgesorgt. Ich bin sicher, die Herrin wird sich in der neuen Burg wohl fühlen."

„Gut. Und wenn sie doch noch etwas wünscht, melde es mir." Der Markgraf erhob sich und rief nach dem Verwalter der markgräflichen Haushaltskasse. „Eberhard, ich brauche eine Aufstellung aller Ausgaben in diesem Monat, wie sie jetzt in der neuen Burg anfallen. Sei sorgfältig und vergiss nichts!"

Seit seiner Heirat mit Agnes musste sich auch Leopold einen ordentlichen Hofstaat leisten, alles andere wäre für die Kaisertochter unzumutbar gewesen! „Ich bin zwar nur ein einfacher Markgraf", dachte er, während er die Wehranlagen der neu errichteten Burg besichtigte. „Aber meine Herrin soll sehen, dass sie sich nicht unter ihrem Wert verheiratet hat."

Er stützte sich auf die Brüstung und schaute gedankenverloren über die Donau-Auen. Er erinnerte sich, wie ihm der junge König Heinrich V., der sich gegen seinen Vater Kaiser Heinrich IV. erhoben hatte, die Hand seiner Schwester anbot: als Preis dafür, dass der Markgraf von Österreich den alten Kaiser im Stich ließ und zu dem aufständischen Sohn wechselte. Nach langer Überlegung hatte Leopold zusammen mit seinem Schwager Boriwoj, dem Herzog von Böhmen, das kaiserliche Feldlager im Schutze der Nacht verlassen und war mit seinen Truppen heimgezogen. Kaiser Heinrich IV. musste seine Sache verloren geben und starb verbittert ein knappes Jahr später in Lüttich. „Verräter!", hatten damals die kaisertreuen Gefolgsleute Leopold beschimpft.

„Wie klug und weitsichtig von dem österreichischen Markgrafen", fanden hingegen die Fürsten und Bischöfe, die sich auf die Seite des Sohnes geschlagen hatten. „Mit Agnes erringt er einen begehrenswerten Preis! Sie bringt nicht nur reichen Besitz mit in die Ehe, sondern auch den Glanz des kaiserlichen Namens und ihre wertvollen verwandtschaftlichen Beziehungen!"

Damals in Niederösterreich

Dem konnte Leopold nur zustimmen. Aber war es allein die Aussicht auf mehr Macht und Einfluss, die ihn dazu veranlasst hatte, dem alten Kaiser die Treue zu brechen? Leopold schüttelte energisch den Kopf und richtete sich auf. Sein Blick schweifte über die Ansiedlung um Neuburg und zu der Stelle, wo er und Agnes ein Kloster bauen wollten, ein Stift, der heiligen Gottesmutter geweiht.

"Nein", sagte der Markgraf laut, und einige Dienstleute sahen ihn verwundert an. "Nein, es war nicht nur die Macht!" Es war der Krieg, der ihn schreckte, der sinnlose, blutige Krieg zwischen Vater und Sohn. War es nicht genug, dass man die Grenzen im Osten gegen die Ungarn sichern musste, die immer wieder Plünderungszüge auf Reichsgebiet unternahmen? Leopold konnte Krieg nicht ausstehen. Er braucht jeden kräftigen und gesunden Menschen hier in seinem Land, in Österreich ...

Der Haushofmeister riss ihn aus seinen Gedanken. "Herr", rief er, noch erhitzt vom Laufen, "Herr, die Herrin möchte dir gern etwas zeigen." Leopold nickte. "Ich komme sofort! Gezo, sag der Herrin Bescheid!" Der Haushofmeister drehte auf der Stelle um und hastete zurück. Leopold sah ihm zufrieden nach. Es war natürlich, dass Agnes sich schonte und so viel Zeit wie möglich in ihren Räumen verbrachte – jetzt, da sie wieder schwanger war und in wenigen Wochen der Geburt ihres siebenten gemeinsamen Kindes entgegensah.

Als er die Frauengemächer der Burg betrat, bemerkte er sofort, dass Agnes sich schon gut eingerichtet hatte. An den Wänden hingen gewebte Teppiche, und die schweren geschnitzten Holztruhen hatten bereits alle einen neuen Platz gefunden.

Agnes saß in einem mit Kissen ausgepolsterten Stuhl und sah dem Markgrafen fröhlich entgegen. Ihre reich bestickten Seidengewänder bauschten sich über ihrem Leib. Dann zeigte sie in eine Ecke des Raumes. "Schau, das ist für das neue Kloster, das wir bauen wollen! Heute erst ist das Modell aus Verona geliefert worden. Aber es soll so hoch wie ein echter Baum werden –"

Leopold sah sich neugierig um. Auf einem Tisch entdeckte er einen siebenarmigen Leuchter aus Bronze, der an einen schlanken Baum erinnerte. Der Stamm war mit einem feinen Muster durchbrochen gearbeitet, die gewundenen Arme rankten sich elegant nach oben, drei auf jeder Seite.

"So hoch wie ein echter Baum? Gegossen aus Bronze? Ist denn das überhaupt möglich?" Leopold kam aus dem Staunen nicht heraus.

"Oh doch, in Verona gibt es sehr geschickte Handwerker!" Agnes lachte vergnügt. "Die Bronze möchte ich vergolden lassen, und außerdem kommen noch Schmucksteine aus Bergkristall dazu."

"Du kennst wirklich die richtigen Leute!", rief der Markgraf. "Und besitzt einen ausgezeichneten Geschmack", fügte er ernst hinzu. "So wie er einer Fürstin aus kaiserlicher Familie zusteht. Du erlaubst doch, dass wir diesen schönen Leuchter – äh – gemeinsam stiften? Für unser Marienkloster?"

Agnes schmunzelte und nickte, und Leopold wusste, dass seine Frau in der Tat der wertvollste Preis war, den er für sich und sein Land erringen konnte.

Eva Maria Teja Mayer

Damals in Niederösterreich

Über den Semmering

Wer von Wien aus mit der Bahn nach Italien oder Slowenien reist, muss über den Semmering fahren. Vor 140 Jahren glaubte niemand, dass es möglich sei, eine Bahn über die Berge zwischen Gloggnitz und Mürzzuschlag zu bauen. Carl Ritter von Ghega entwarf einen kühnen Plan.

Aus vielen Ländern strömten 16 000 Arbeiter herbei. Die Täler und Berghänge waren voll von Baracken und Schänken. Tag und Nacht knallten und hallten die Sprengschüsse. Die Hänge wurden mit Lawinenbauten gesichert. Über den Tälern errichtete man Viadukte.

Viele Tunnel mussten in die Berghänge gegraben werden. Der Tunnel unter der Semmering-Passhöhe ist 1 400 Meter lang!

Dies alles musste ohne moderne Maschinen, wie sie heute verwendet werden, getan werden. Die Arbeit war schwer, der Lohn gering. Kein Wunder, dass viele Arbeiter die großen Strapazen der oft 16-stündigen Arbeitstage nicht aushielten. Sie liegen auf dem Friedhof zu Klamm begraben.

Am 17. Juli 1854 fuhr der erste Personenzug über den Semmering.

Viele Menschen in den einsamen Bergtälern hielten damals die Eisenbahn für ein Werk des Teufels. Sie konnten sich nicht vorstellen, dass ein Zug von einer Dampflokomotive gezogen werden konnte.

Quer durch Niederösterreich

Lilienfeld:
Von der Schulbank auf die Schipiste

Mathias Zdarsky (1856-1940) gilt als Begründer des Alpinschilaufs. Er entwickelte die „Lilienfelder Stahlsohlen-Skibindung" und den „Alpinski" und veröffentlichte das erste brauchbare Schilehrerhandbuch: „Lilienfelder Skilauf-Technik". Im Jahr 1900 gründete er den „Internationalen Alpen-Skiverein".

Einmal so Schi fahren können wie Hermann Maier! Mit glühenden Wangen sitzt Lukas vor dem Fernsehgerät, wenn die großen Rennläufer aus aller Welt um Spitzenplätze kämpfen.

Lukas besucht die 4. Volksschulklasse in Amstetten. Sein großes Hobby ist das Schifahren, bei einem Kinderrennen hat er im vergangenen Winter sogar einen Pokal gewonnen. Lukas' Eltern haben erst vor kurzem einen Bericht über die Schihauptschule Lilienfeld in der Zeitung gelesen. Sie wissen, dass es dort ein Internat gibt. Nach der Anmeldung fiebert Lukas der Aufnahmsprüfung entgegen.

Anna aus Wilhelmsburg ist ebenfalls sehr aufgeregt, als sie an diesem Märztag in Annaberg gemeinsam mit 50 anderen Kindern auf ihren Bretteln steht. Lukas und Anna zeigen ihr Können, legen ein paar elegante Schwünge hin, der Schihindernislauf und der Riesentorlauf mit Zeitnehmung sind für sie kein Problem. Nach einer sportärztlichen Untersuchung sind sie stolze Schüler der Schihauptschule Lilienfeld.

Lukas findet im Internat, einem modernen freundlichen Heim, sofort Freunde. Anna pendelt täglich wie viele andere Mitschüler von ihrem Heimatort zur neuen Schule.

Natürlich steht in Lilienfeld nicht nur Schifahren auf dem Stundenplan, Anna und Lukas müssen für Mathe-Schularbeiten büffeln, Englisch-Vokabeln lernen und ihre Deutsch-Hausübungen pünktlich abgeben. Diese drei Fächer werden wie in allen Hauptschulen in drei Leistungsgruppen geführt. Auch der EDV-Unterricht, Zeichnen und Werken kommen nicht zu kurz.

Aber schon nach drei Wochen Unterricht geht es von der Schulbank auf die Schipiste: zum ersten Trainingskurs in das Bundessportheim Kitzsteinhorn. Der Trainer von Anna und Lukas heißt Gernot Welbich und ist ein früherer Weltcupfahrer. Bis Anfang Dezember folgen vier weitere Trainingskurse in Salzburg und Kärnten. Trainiert wird Ausdauer, Kraft, Schnelligkeit, Gelenkigkeit, Gleichgewicht, Gewandtheit und Geschicklichkeit.

Die in den fünf Vorbereitungskursen erlernten Grund- und Renntechniken werden im folgenden Winter verfeinert. Dann geht es auf die Hänge von Türnitz, Annaberg, Josefsberg, Puchenstuben oder aufs Hochkar. Wie bei den Profis wird mit Videoüberwachung und Kippstangen gearbeitet.

Trainiert wird viermal die Woche. Aber nicht nur Schifahren, auch Leicht-

Quer durch Niederösterreich

athletik, Schwimmen, Rollerbladen und Mountainbiken sollen die Kondition fördern.

In den nächsten drei Jahren sollen Anna und Lukas ihr erworbenes Können bei den Österreichischen Schülermeisterschaften unter Beweis stellen. Und da schneiden die Lilienfelder immer ganz toll ab und erobern zahlreiche „Stockerlplätze". Einige schaffen es später bis in den Kader der Österreichischen Nationalmannschaft wie Andreas Buder, Elfi Deufl, Klaus Eberhard und natürlich Michaela Dorfmeister, die Doppelweltmeisterin und Weltcupgesamtsiegerin.

Nach der vierten Klasse Hauptschule wechseln manche Schüler in das Schigymnasium Stams oder in die Schihandelsschule Schladming. Wer sich nicht für eine Rennfahrerkarriere entscheidet, besucht ein Gymnasium, die HTL oder beginnt eine Berufslehre. Viele ehemalige Schüler arbeiten heute auch als Sportlehrer, Trainer und Schilehrer.

Anna und Lukas, die unbedingt einmal Rennläufer werden wollen, haben noch einen weiten schwierigen Weg vor sich. Aber wer weiß, vielleicht treten sie auch einmal in die Fußstapfen eines Hermann Maier oder einer Michaela Dorfmeister.

Robert Klement

Wusstest du das?
Der erste Schitorlauf wurde am 19. März 1905 auf dem Muckenkogel bei Lilienfeld veranstaltet. Keiner der Schiläufer kam ohne Sturz ins Ziel. Mathias Zdarsky organisierte das Rennen.

Michaela Dorfmeister:
Von der Schihauptschule zur Weltmeisterin

Die kleine Michi wollte nach der Volksschule unbedingt nach Lilienfeld. „Weil mich die Schüler der Schihauptschule bei jedem Rennen um mehr als 5 Sekunden abgehängt haben", erzählt sie schmunzelnd. Michaela Dorfmeister, aufgewachsen in Pernitz, erinnert sich gerne an ihre Zeit in Lilienfeld. Von 1983 bis 1987 besuchte sie ihre Wunschschule, die ihre spätere Karriere maßgeblich beeinflussen sollte: Sie gewinnt 15 Weltcuprennen, erobert Medaillen bei Olympischen Spielen und Gold bei den Weltmeisterschaften 2001 und 2003. Ihr Glücksbringer ist eine kleine graue Stoffmaus. Zu Hause warten die Meerschweinchen Naomi und Sally, die von den Eltern betreut werden, denn Michi ist fast das ganze Jahr von Rennen zu Rennen unterwegs oder auf Trainingslager. Wenn sie aber Zeit hat, schaut sie bei „ihren" Lilienfeldern vorbei, wo ihre glänzende Karriere begonnen hat.

Quer durch Niederösterreich

Hacke

Hackenschmied

Schnupperschmieden

Die Eisenwurzen

Deine Augen und deine Ohren rebellieren. Eigentlich möchtest du gleich wieder hinaus. Nur hinaus aus diesem Inferno von Hitze, Ruß und dröhnendem Lärm! Lange Zangen holen ein rot glühendes Ding aus dem Feuer, werfen es auf einen Amboss. Du glaubst, dein Trommelfell platzt, als der riesige Hammer immer wieder niedersaust. Es brodelt und kocht. Funken sprühen, Flammen zucken. Bist du in eine Zeitmaschine geraten? Hast du einen Zeitsprung hinter dir? Wo bist du gelandet? In einer Waffenschmiede des Mittelalters? Was wird aus dem rot glühenden Stück Eisen werden? Ein Schwert? Ein Harnisch? Eine Lanze?

Du brauchst einen Anhaltspunkt, versuchst, dich zu orientieren. Siehst dich mit brennenden Augen genauer um, entdeckst auf einmal Riemen, die ratternde Räder antreiben. Also, das Mittelalter scheint vorbei zu sein ...

14. Jahrhundert? 15. Jahrhundert? Vielleicht werden hier Messer angefertigt – oder Sensen, oder Sicheln? Du entdeckst plötzlich noch ein paar andere Menschen in diesem Raum voll Hitze, Lärm, Rauch und Ruß, Menschen, die sich anscheinend hier besser zurechtfinden als du. Keine Angst – du lebst noch mitten in der Gegenwart, auch wenn es nicht danach aussieht. Aber wo?

Es gibt nur mehr ein Gebiet, in dem man noch Hammerwerke und Schleifmühlen bestaunen kann, obwohl sie einst zu Hunderten die Flussläufe des Alpenlandes säumten. Es gibt nur ein Gebiet, in dem so seltsame Berufe wie Erzbergknappe, Harnisch-Schmied oder Essmeister ausgeübt werden – das Land der „Eisenwurzen", das Land an der Eisenstraße. Die meisten Hammerwerke sind freilich verfallen, doch einige gut erhalten, und einzelne wie das Sichelmuseum in Opponitz oder dieses hier in Ybbsitz sogar noch betriebsbereit! In der „uralten kaiserlichen Werkstatt", wie Ybbsitz oft genannt wurde, erzeugte man schon vor 700 Jahren Wurfgeschosse. Im 15. Jahrhundert gab es in Waidhofen eigene Zünfte (Zusammenschlüsse) der Ring- und Panzerstricker, der Klingen- und Messerschmiede, und noch vor zweihundert Jahren wurden 30 000 Stück Säbel von Ybbsitz nach Wien geliefert. Aber nicht nur Waffen, sondern Werkzeug und Geräte wie Messer, „Zauckerl" (das waren kleine Klapptaschenmesser, auch Taschenfeitel genannt), Bohrer, Feilen, Zirkel, Ketten, Pfannen, Hostieneisen, Schaufeln, Sägeblätter, Fensterbeschläge, Hacken, Nägel, Draht und vor allem Sicheln und Sensen kamen aus dem Gebiet der Eisenwurzen und nahmen ihren Weg in alle Ecken und Enden des Kaiserreiches.

Es ist ein faszinierendes Gebiet zwischen Donau und Mur, zwischen Krems

Quer durch Niederösterreich

und Erlauf, eingerahmt von den grünen Hügeln des Mostviertels, den Eisenerzer Schieferbergen, dem Karst des Toten Gebirges und dem wuchtigen Ötschermassiv. Hier entwickelte sich eine erstaunliche Wirtschaft, die jahrhundertelang funktionierte. Wie die Zahnräder eines Uhrwerks griff eins ins andere. Erz kam vom steirischen Erzberg. Holz und Holzkohle für die hungrigen Öfen lieferten die dichten Bergwälder – im Ybbstal kann man sogar heute noch einen Kohlenmeiler samt Köhler bestaunen – und Wasserkraft spendeten die Flüsse. Für den „Proviant" sorgten die Bauern des Alpenvorlandes. Neidhart von Reuenthal, ein Minnesänger, der häufig Gast auf den Burgen und bei den Bauern des Mostviertels war, machte schon im 13. Jahrhundert Werbung für die Qualität der Schwerter aus Waidhofen. Waidhofen an der Ybbs wurde reich und groß, wurde zum Mittelpunkt und Umschlagplatz für Eisen und alles, was man daraus herstellte, und das ganze Ybbs- und Erlauftal bis Wieselburg und hinaus nach Ybbs hatte daran Anteil.

Erlebnisbrücke

Das rot glühende Eisenstück hat inzwischen Form angenommen. Der Hammerschmied begutachtet die Werkstücke. Du schnappst ein paar Gesprächsfetzen auf, die dich noch neugieriger machen. Geheimnisvolle Namen fallen: „Hammerherr", „Messerer", „schwarzer Graf", „Bruderlade" … Da steht dein Entschluss fest: Du musst einfach wieder kommen. Hier gibt es noch so viel Interessantes zu entdecken und zu erfahren.

Im Fahrngruber-Hammer in Ybbsitz kannst du übrigens selbst einmal dein Glück als Schmied versuchen. Zum Schwert wird es nicht reichen, aber deine eigene Axt kannst du dir dort schon schmieden.

Franz S. Sklenitzka

Quer durch Niederösterreich

Sabine, das Landeshauptstadtkind

Sabine geht gerne mit Freundinnen ins Kino, liebt Pizza und Pistazieneis und surft gerne im Internet. Seit sie in der Sparzentrale St. Pölten arbeitet, hat sie freilich für ihre vielen Hobbys nicht mehr so viel Zeit. Wenn sie durch die Innenstadt bummelt oder ein Musical im St. Pöltner Stadttheater besucht, weiß kaum jemand, dass es sich bei Sabine Mandl um St. Pöltens berühmtestes Kind handelt.

Am 10. Juli 1986 fasste der Niederösterreichische Landtag den Beschluss, St. Pölten zur neuen Landeshauptstadt zu erheben. An diesem Tag wurde Sabine geboren und war somit das erste Kind, das in der neuen Landesmetropole zur Welt gekommen ist. In den Zeitungen wurde sie als „Landeshauptstadtbaby" gefeiert. Der Landeshauptmann war ihr Taufpate und stellte sich gemeinsam mit dem Bürgermeister mit Geschenken ein. Von Teddybär und Puppen bis zu CD-Player und Fahrrad – man hat auf Sabines Geburtstag auch in späteren Jahren nicht vergessen. Ein St. Pöltner Friseurmeister versprach gar, sich bis zu ihrem 18. Lebensjahr gratis um eine hübsche Frisur zu kümmern.

Als die moderne Landessportschule im Süden der Stadt eröffnet wurde, war Sabine gerade 4 Jahre alt. Bei der Grundsteinlegung des neuen Regierungsviertels besuchte sie die erste Klasse Volksschule. Sie hatte damals einen Ehrenplatz und wurde sogar dem Bundespräsidenten vorgestellt.

Sabine wuchs heran und mit ihr die neue Landeshauptstadt, die größer und größer wurde.

In der Hauptschule lernte sie, dass die Anfänge St. Pöltens auf die römische Stadt Aelium Cetium zurückzuführen sind. Im 12. Jahrhundert erhob der Bischof von Passau eine Siedlung, die um ein Kloster entstanden war, zur Stadt.

Am liebsten geht Sabine auf Einkaufstour durch die barocke Innenstadt. Was ihr an St. Pölten am besten gefällt? – „Der prächtige Dom, das Rathaus und das Institut der Englischen Fräulein." Natürlich sind ihr die Künstler Jakob Prandtauer und Daniel Gran ein Begriff, die die Stadt an der Traisen im 18. Jahrhundert zu einem Mittelpunkt des Barock machten.

Quer durch Niederösterreich

Im vorigen Jahrhundert ließ die günstige Lage an der Westbahn den Verkehrsknotenpunkt St. Pölten rasch zur Industriestadt wachsen. St. Pölten ist heute Bischofssitz, Schulstadt und Einkaufsstadt. Am Stadtrand haben sich in den letzten Jahren zahlreiche Industriebetriebe angesiedelt. Sabines Vater arbeitet bei der Firma Egger, die ein Spanplattenwerk und eine Brauerei betreibt. Ihre ältere Schwester Manuela ist im Wirtschaftsförderungsinstitut (WIFI) beschäftigt.

Als das neue Regierungsviertel an der Traisen eröffnet wurde, erklomm Sabine zuerst den 62 m hohen Klangturm, ein neues Wahrzeichen der Stadt. Von dort blickte sie auf das Landhausschiff, das moderne Festspielhaus, die Landesbibliothek, das ORF-Landesstudio und das Landesmuseum. Bei der Eröffnung dieses aufregenden Museums war Sabine selbstverständlich auch dabei.

Das St. Pöltner Landeshauptstadtfest, das jedes Jahr am 10. Juli, ihrem Geburtstag, gefeiert wird, ist für sie der Höhepunkt des Jahres. Da kommen Musikgruppen aus Amerika und England nach St. Pölten, zwei Tage wird in der Innenstadt gefeiert. Auch in diesem Jahr wurde sie wieder auf die Bühne gebeten, der Bürgermeister gratulierte und überreichte ihr ein tolles Handy, der Landeshauptmann Rollerskates.

Das einstige Landeshauptstadtbaby ist längst eine Landeshauptstadtlady. Der Ruhm, den sie einem glücklichen Wink des Schicksals verdankt, ist ihr nicht zu Kopf gestiegen. Sabine ist bescheiden geblieben und meint, „dass es gar nicht so leicht ist, auf eine Bühne zu klettern, wo man von Tausenden von Menschen angestarrt wird". Sie möchte es in ihrem Beruf als Großhandelskauffrau noch sehr weit bringen und büffelt gerade für einige Prüfungen.

„Es ist schon eine tolle Sache, wenn man Landeshauptstadtkind ist", meint sie am Ende des Gesprächs lachend. „Da muss man dem Schicksal echt dankbar sein."

Robert Klement

Quizfrage

Wann kommt ein Nilpferd nach ST. PÖLTEN?
Die Antwort lautet: Eher sölten.

Gerda Anger-Schmidt

Quer durch Niederösterreich

1, 2 oder 3 auf der Autobahn

Der Ausflug war wie immer einsame Spitze. Darin sind sich die Schüler der 4. Volksschulklasse aus Baden einig. Zunächst wurde von Puchberg aus mit dem Salamander, einem modernen Triebwagen, der Schneeberg erklommen. Dann ging es in den Naturpark Hohe Wand. Den krönenden Abschluss bildete ein aufregendes Geländespiel.

Die Heimfahrt verläuft ruhig. Otto mampft die letzten Reste der Jause. Sabine hört mit verstöpselten Ohren ihre Lieblingsband. In der letzten Reihe werden Ferienpläne diskutiert. Plötzlich wird der Bus langsamer und langsamer, der Fahrer schüttelt den Kopf, murmelt etwas Unverständliches. Wenig später tönt es aus dem Verkehrsfunk, auf der Südautobahn blockiere ein quer gestellter Lkw-Anhänger die Fahrbahn. Der Rückstau betrage bereits drei Kilometer.

Zunächst bewegt sich die Kolonne noch im Schritttempo, dann steht sie still. Nichts geht mehr auf der Süd.

„Das kann noch einige Zeit dauern", meint die Lehrerin zu den Schülern. Sie merkt, wie die Unruhe unter ihren Schützlingen wächst. Jetzt sollte ihr schnell etwas einfallen, um die Bande zu beschäftigen.

Plötzlich kommt ihr die rettende Idee:

„Ihr kennt doch alle das Quizspiel 1, 2 oder 3", sagt sie durchs Mikrofon. „Also, ich gebe euch zu jeder Frage drei Antwortmöglichkeiten. Bei 1, 2 oder 3 hebt ihr einfach die Hand. Für jede richtige Antwort gibt es einen Punkt, den ihr euch gutschreiben könnt. Aber bitte, seid fair und schummelt nicht!"

Sofort ist es im Bus mucksmäuschenstill, alle warten auf die erste Frage.

Und wie hättest du bei diesem Quiz abgeschnitten?

Robert Klement

Wie heißt der höchste Berg Niederösterreichs?

1 Ötscher   2 Schneeberg   3 Rax

Welcher Fluss bildet Niederösterreichs Grenze zur Slowakei?

1 March   2 Kamp   3 Leitha

In der Umgebung welcher Stadt wird nach Erdöl gebohrt?

1 Gmünd   2 Zistersdorf   3 Scheibbs

Wie heißt der Donauabschnitt zwischen Melk und Krems?

1 Strudengau   2 Nibelungengau   3 Wachau

An welches Bundesland grenzt Niederösterreich im Westen?

1 Steiermark   2 Burgenland   3 Oberösterreich

An welchem Fluss liegt St. Pölten?

1 Traisen   2 Thaya   3 Erlauf

Welche dieser drei Burgen liegt nicht in Niederösterreich?

1 Rosenburg   2 Kreuzenstein   3 Forchtenstein

In welchem Landesviertel liegt Zwettl?

1 Mostviertel   2 Waldviertel   3 Weinviertel

Welcher König wurde auf Dürnstein gefangen gehalten?

1 Löwenherz   2 Artus   3 Barbarossa

Wie heißt der Landesheilige und Schutzpatron Niederösterreichs?

1 Vinzenz   2 Leopold   3 Johannes

Lösungen: 2, 1, 2, 3, 3, 1, 3, 2, 1, 2

Oberösterreich

Damals in Oberösterreich

Eine ungewöhnliche Begegnung in Wels

Der folgende Text entstand im Rahmen einer Schreibwerkstatt für Kinder mit dem Kinderbuchautor Rudolf Gigler anlässlich des Ferialprogramms „Talentolino 04" in Wels. Die Autoren sind die Schüler und Schülerinnen Fabian Arminger, Paul Arminger, Teresa Gruber, Sarah Kaindlstorfer, Maximilian Heinz Ruep, Kerstin Schramm, Julia Spindler, Melanie Wögerer, Viktoria Wögerer.

Durch einen Zeitsprung treffen zwei Kinder aus Wels aufeinander. Raffael (Raffaela) ein Kind unserer Zeit, trifft auf Flavius (Flavia) aus Ovilava, wie Wels zur Zeit der Römer genannt wurde.

Beide Kinder (erstaunt): Wie siehst denn du aus? Und woher kommst du?

Raffael: Ich komme aus Wels und wir schreiben heute den 30. Juli 2004.

Flavius: Ich komme aus Ovilava und wir schreiben heute auch den 30. Juli, allerdings 150 nach Christus.

Raffael: Wels hieß früher Ovilava, ich weiß das, weil ich morgen ein Referat halten soll über ein Kind deiner Zeit. Anscheinend sind wir beide in eine Zeitmaschine geraten, die mich zurück …

Flavius: … und mich nach vor geworfen hat. Aber, wie konnten wir hier einander treffen?

Raffael: Keine Ahnung. Ich weiß nur, dass dich der Himmel schickt. Nun kann ich dich befragen, wie Kinder vor rund 2000 Jahren hier in Wels gelebt haben. Stört dich das Licht? Ich kann es abdrehen.

Flavius: Öllampen kann man doch nicht abdrehen, man löscht sie aus.

Raffael: Das ist keine Öllampe, sondern eine elektrische Lampe. Aber das kennst du wohl nicht. Da bist du viele Jahre zu früh auf der Welt gewesen.

Flavius: Kann sein, aber Lampen brauchen wir nicht so dringend, denn bei Einbruch der Dunkelheit gehen wir zu Bett.

Raffael: So früh? – Wie sieht dein Zimmer aus?

Flavius: Ich habe kein eigenes Zimmer. Bei uns sind die Wohnungen sehr klein und den Raum teile ich mit meinen Geschwistern und Eltern.

Raffael: Ein eigenes Zimmer ist schon cool, da merken die Eltern nicht sofort, wenn man seine Zähne einmal nicht geputzt hat. Aber Zähneputzen kennst du wahrscheinlich auch nicht.

Flavius: Da irrst du dich! Meine Eltern sind da sehr streng. Ich muss jeden Abend mindestens drei Minuten mit einem Holzstäbchen in den Zähnen bohren und sie danach mit Ruß polieren.

Raffael (erstaunt): Mit Ruß?

Flavius: Ja, das macht schöne weiße Zähne, man muss nur danach den Mund gut mit Wasser ausspülen.

Raffael: Sei froh, dass es zu deiner Zeit noch keine Zahnspangen gab. Ich hasse das Ding!

Flavius: Täusche dich nicht. Auch wir kennen so etwas Ähnliches. Mein Opa hat einen Zahnersatz, aus Metall und Knochen.

Raffael: Das hätte ich nicht gedacht. – Sind deine Eltern sehr streng? Meine Mutter regt sich immer auf, wenn ich mein Gewand nicht in den Kasten hänge.

Flavius: Das kommt mir bekannt vor! Aber wir verstau-

Damals in Oberösterreich

en unsere Kleidung, die Toga, in einer Truhe. Im Kasten sind die Teller, Töpfe, Krüge, Messer und Löffel.

Raffael: Hast du die Gabeln nicht vergessen?

Flavius: Nein, Gabeln kennen wir nicht.

Raffael: Was isst du zum Frühstück?

Flavius: Einen mit Wasser angerührten Getreidebrei, den wir *Puls* nennen. Dazu gibt es Oliven, Käse, manchmal auch ein Ei.

Raffael: Und was trinkt ihr?

Flavius: Wasser, selten Milch.

Raffael: Klingt aber nicht sehr köstlich. Esst ihr viel Fleisch?

Flavius: Weniger, denn Fleisch ist teuer. Wir ernähren uns nahezu vegetarisch.

Raffael: Ich mag Fleisch auch nicht so gerne, dafür liebe ich Ketchup! Eine rote Tomatensauce, die ich fast allen Speisen beifüge.

Flavius: Bei uns heißt das *Garum*. Eine scharfe Sauce, die aus Gewürzen und in der Sonne getrockneten, stark gesalzenen Fischen zubereitet wird. Die Sklavin unseres Nachbarn kann Garum herrlich zubereiten.

Raffael (empört): Dein Nachbar hat Sklaven?

Flavius: Jede Familie, die etwas Vermögen besitzt, hält sich Sklaven. Was ist daran so schlimm?

Raffael: Ich habe gelesen, dass Sklaven sehr schlecht behandelt wurden.

Flavius: Bei uns ist das nicht so. Sie gehören fast zur Familie und manche sind sogar als Lehrer angestellt.

Raffael: Weil du „Lehrer" sagtest. Wie ist es bei euch so in der Schule? Sind die Lehrerinnen sehr streng?

Flavius: Bei uns gibt es keine Lehrerinnen, nur Lehrer. Sie sind sehr streng und mein Lehrer hat mich schon oft geschlagen.

Raffael: Autsch! Hiebe gibt es bei uns zum Glück nicht mehr. Was ist eigentlich dein Lieblingsfach?

Flavius: Wir haben nicht viele Fächer. In der Grundschule wird Rechnen, Schreiben und Lesen gelehrt. Das genügt. Ich brauchte trotzdem lange, bis ich die 21 Buchstaben gut beherrschte und halbwegs schön auf die Wachstafel kratzen konnte.

Raffael: 21 Buchstaben? Beim Zählen hast du wohl nicht sehr gut aufgepasst! Das Alphabet hat doch 26 Buchstaben!

Flavius: Eures vielleicht, unseres hat nur 21.

Raffael: Wie viele Jahre geht ihr in die Schule?

Flavius: Kommt darauf an, ob du ein Mädchen oder ein Knabe bist. Für Mädchen ist die Schulbildung nach vier bis fünf Jahren vorbei. Höhere Schulen können nur Knaben besuchen.

Raffael: Wie sehen eure Klassenzimmer aus?

Flavius: Sehr unterschiedlich. Die Lehrer werden von den Eltern bezahlt und so kann es sein, dass man in einem Ladenlokal, in einem Hinterhof oder unter einer Arkade unterrichtet wird.

Raffael: Welche Spiele spielst du mit deinen Freunden?

Flavius: Ein Brettspiel, das heißt Mühle. Sehr beliebt ist auch das Nuss-Zielwerfen.

Raffael: Mühle habe ich auf meinem Computer. Aber mein Vater will nicht, dass ich zu viel spiele. Er ist überhaupt sehr streng. Gestern regte er sich auf, weil ich beim Essen lümmelte und halb auf der Bank lag.

Flavius: Bei uns wird bei einem Festmahl das Essen immer im Liegen eingenommen.

Raffael: Liegen alle beim Essen auf dem Boden?

Flavius: Eigentlich nur die Männer. Aber sie liegen nicht auf dem Boden, sondern auf einer Liege. An Feiertagen tun dies auch die Frauen und Kinder.

Raffael: Nun weiß ich ja viel über die Römerzeit. Eigentlich kann mit meinem Referat nichts mehr schief gehen. Was ich noch fragen wollte … (Merkt, dass Flavius weg ist.) Wo bist du? Nun kenne ich mich nicht mehr aus, ist das alles wahr oder habe ich es nur geträumt? Na ja, für morgen bin ich jedenfalls gerüstet!

Rudolf Gigler

Florian, der Landespatron

Florian lebte bis zu seinem Tod 304 n. Chr. in Ufernoricum (das heutige Oberösterreich und Teile Niederösterreichs südlich der Donau) und war ein überzeugter Christ. Das war in dieser Zeit sehr gefährlich, denn man verfolgte die Christen auf grausame Weise.

Da er bei seinem Glauben blieb, wurde er in Lauriacum (Enns/Lorch) von der Brücke gestürzt, sein Leichnam sollte im Anisus (Enns) versinken, er wurde aber von den Wellen auf einen Stein gehoben und dort von einem Adler bewacht, bis ihn seine Haushälterin, die fromme Witwe Valeria, fand. Sie begrub Florian heimlich. An seinem Grab trugen sich in den folgenden Jahrhunderten wundersame Heilungen zu.

Später tauchte bei Grabungsarbeiten ein Mühlstein auf, der heute in der Krypta der Stiftskirche St. Florian als derjenige Stein gezeigt wird, der Florian um den Hals gebunden wurde.

Florian ist der Hauptpatron der Diözese Linz und seit dem 4. Mai 2004 neben dem heiligen Leopold auch der Landespatron von Oberösterreich. Außerdem ist er der Patron der Feuerwehren, Töpfer, Hafner, Schmiede, Rauchfangkehrer, Seifensieder und Bierbrauer.

Der heilige Florian findet seine Ruhe

Wild um sich schlagend wachte Valeria auf. Sie spürte Stroh zwischen den Fingern, eine grobe Wolldecke, Weidenzweige. „Er ist tot", wimmerte sie. „Tot!"

„Hast du geträumt, Valeria?", fragte Iulius, der die Ochsen lenkte.

„Nein, es war – es war wirklich, ich war dabei, und er hat mich gerufen. Er will begraben sein …" Sie griff nach den Seitensprossen des Karrens und setzte sich auf. „Wo sind wir?"

„Am linken Fluss des Anisus, nahe der Mündung", sagte Iulius. „Wir waren so froh, als du endlich einschliefst, in unserem Waldversteck. Und als es anfing zu dämmern, sind wir weitergezockelt. – Da, trink einen Schluck Wasser. Wir werden bald den Hafen sehen. Falls der Nebel sich legt – "

Er reichte ihr die Feldflasche nach hinten. Iuma massierte sich die Füße und murmelte vor sich hin.

„Da war kein Hafen", sagte Valeria.

Iuma hob den Kopf und blickte sie forschend an. „Erkläre genauer, was du gesehen hast!"

„Wasser, Wassergischt, hoch aufspritzende. Ein grauer unwilliger Fluss, ein Fluss in Panik …"

„Valeria!"

Damals in Oberösterreich

„Pst, lass sie erzählen, Iulius!", knurrte Iuma. „Worüber empörte sich der Fluss?"

Valeria strich sich über die Stirn. „Er erschrak", flüsterte sie. „Er erschrak über den toten Körper auf seinem Grund. Er rollte ihn hin und her. Ein Seil … ein Seil zerriss. Und mit hoch brandenden Wogen trug der Fluss den Leichnam fort und legte ihn auf einen Felsen am Ufer."

„War es der Leichnam unseres Herrn Florian?"

„Ja. Ich glaube, ja. Aber Florians Stimme kam nicht von dem toten Körper her. Sie klang neben mir, hier oben links, ganz nahe. Valeria! Wie er immer gerufen hat. Nicht aufgeregt und auch nicht feierlich, sondern wie er Tag für Tag seine Anweisungen gab. Er möchte, dass er begraben wird …"

Iulius wickelte sich in seinen Mantel. „Mir ist kalt."

„Unsinn!", brummte Iuma. „Denk lieber nach! Gibt es hier irgendwo solch einen Uferfelsen?"

„Ja, an der leichten Krümmung des Anisus ein Stück flussaufwärts von hier, am rechten Ufer. Auf unserer Seite."

„Gut. Dann fahr hin."

Die Ochsen zogen den Karren näher ans Ufer und hielten schnaubend an, als dichtes Strauchwerk und krumme Weiden keine Durchfahrt erlaubten. Iulius half Iuma beim Aussteigen. „Wir müssen zu Fuß weiter."

„Ich komme mit", sagte Valeria. Sie sah, dass Iuma die Decke aus dem Karren zerrte, zusammenrollte und über seine Schultern legte. „So sicher bist du dir, Iuma?"

Er antwortete nicht.

Nach einem kurzen Fußmarsch erreichten sie eine Stelle, von der aus sie durch fließende Nebelschleier zum Wasser hinunterblickten. Ein Felsen ragte aus der grauen Flut, auf seiner Kuppe lag der Tote. Über ihm hockte mit ausgebreiteten Flügeln ein riesiger Adler. Nun drehte er den Kopf und äugte zu ihnen hinauf. Iulius bückte sich nach einem Stein.

„Nicht werfen!", befahl Iuma. „Es ist ein guter Vogel." Mit zusammengebissenen Zähnen machte er sich an den Abstieg.

„Ich komme, Herr. Ich komme!"

Der Adler wartete, bis Iuma sich auf wenige Schritte genähert hatte, dann strich er davon. In weiten Kreisen schraubte er sich höher und höher. Seine Flügel glänzten in der Morgensonne. Er verschwand, nur mehr ein Punkt, in südlicher Richtung.

Iuma breitete die Decke aus und wickelte den Toten damit ein.

Sie schleppten den Körper den Hang hinauf, trugen ihn zum Karren und betteten ihn zuunterst auf eine Strohschicht.

Einen Staatsverräter heimlich zu beerdigen war eine riskante Sache.

Iuma drängte zur Eile. Sie fuhren so schnell die Ochsen konnten stadtauswärts zur westlichen Gräberstraße und weiter hinaus ins freie Land.

Endlich kamen sie zu einer Stelle, die ihnen passend für ein Grab erschien. Sie machten sich hastig an die Arbeit, schaufelten eine Grube und legten den Leichnam hinein. Iuma band mit Birkenbast, der weißen äußeren Rinde der Birke, zwei Äste in Form eines Kreuzes, Valeria knüpfte den Bernsteinanhänger von ihrer Kette – das waren die Totengaben für Florian. Iulius goss ein paar Tropfen Wein hinterher, dann schaufelten sie die Erde zurück und häuften ein paar bemooste Steine und Büschel von Gras über den nackten Fleck.

Es blieb keine Zeit für lange Gebete.

„Florian, bitt für uns!"

Lene Mayer-Skumanz

Salz – das weiße Gold

Der König in einem Märchen hatte drei Töchter und liebte sie sehr. Als er Geburtstag feierte, schenkte ihm die jüngste Tochter ein Gefäß, das nichts als ein Häuflein Salz enthielt. Da wurde er zornig, jagte sie aus dem Schloss und verbot ihr, ihm jemals wieder unter die Augen zu treten. Dass er dem klugen Mädchen unrecht getan hatte, erkannte er viele Jahre später, als man ihm eine salzlose Speise servierte.

Der menschliche Körper braucht Salz, ungefähr drei Gramm pro Tag, haben Wissenschaftler herausgefunden. Salz war schon in der Jungsteinzeit eine wichtige Handelsware. Zu Beginn des Jahrtausends vor Christus wanderte das Volk der Illyrer aus dem Osten in das Alpenland ein. Der Mittelpunkt des Lebens war für die damaligen Menschen die Gegend um Hallstatt, denn das Salz aus den Bergen wurde gegen Feuerstein, Bernstein, Bronze- und Eisenwaren, gegen Glas- und Tonwaren getauscht. Die Handelswege führten bis an die Ostsee und an das Mittelmeer.

Wie wurde das Salzvorkommen entdeckt?

Regenwasser drang in den Fels und löste das Salz heraus. Als salzhaltiges Quellwasser trat es im Wald wieder an die Oberfläche. Rehe und Hirsche, die gern Salz leckten, fanden solche Quellen, und Jäger, die den Wildspuren gefolgt waren, kamen zu diesen Stellen. Sie vermuteten Salz im Gestein und begannen zu graben.

Tragsack

Die Bergleute der Bronzezeit schleppten die abgeschlagenen Steine in Fellbutten ans Tageslicht. Jeder Tragsack fasste 45 kg. Fackeln aus pechigen Holzspänen spendeten Licht und zeigten an, ob genug Sauerstoff im Stollen war. An der Arbeitsstelle wurden mehrere dieser Kienspäne in eine Felsritze gesteckt. Das Gestein trägt heute noch den Ruß der Fackeln.

Bronzepickel und Schuh eines Bergmannes

Die Kleidung der Bergmänner war aus Schafwolle, die Mützen waren aus Fell, die Hosen wurden vom Knie abwärts geschnürt, damit sie nirgends hängen blieben.

Vor 250 Jahren stieß ein Hallstätter Knappe auf einen grausigen Fund, auf einen „Mann im Salz": Der Leichnam war nicht verwest, aber stark zusammengedrückt, vermutlich war der Mann durch einen Felssturz verschüttet worden. Man befreite ihn und trug ihn ins Tal.

In einem Winkel des Hallstätter Friedhofs wurde er begraben. Niemand ahnte, wie lange der Tote im Stollen gelegen hatte, erst spätere Geologen fanden heraus, dass die Katastrophe in prähistorischer Zeit stattgefunden haben musste.

Damals in Oberösterreich

Das Salz konservierte Fell, Haut, Leder, Stoff und Holz. Auch Verdauungsreste fand man in den Gruben, Archäologen untersuchten sie. Der Speisezettel der Menschen vor fast drei Jahrtausenden: ein kräftigender Eintopf aus Hirse, Gerste, Saubohnen, Schweinespeck und Fleisch vom Wild. Als Nachspeise gab es Haselnüsse.

Weil das Salz die Nahrungsmittel frisch halten kann, war es so wertvoll. Man verwendete es zum Einpökeln von Fleisch und Fisch, zur Käseherstellung und um Butter haltbar zu machen.

Der Stolleneingang wurde von den Knappen „Mundloch" genannt. Davor bauten sie Blockhütten für ihre Vorräte. Im Museum von Hallstatt ist neben Werkzeugen und Schmuckstücken auch eine solche nachgebaute Hütte zu sehen.

Mit ihren einfachen Geräten arbeiteten die Männer im Berg, und im Sommer kamen die Händler, die ihre Waren für Salz eintauschten: Schmuck, Wein, Stoffe, Geschirr, sogar Elfenbein aus Afrika.

Maria Linschinger

Woher man das weiß?
Im Hochtal über dem Hallstättersee entdeckte man in der Mitte des 19. Jahrhunderts viele Gräber mit Grabbeigaben aus der Eisenzeit. Wer heute das Bergwerk und den unterirdischen Salzsee besichtigen will, wandert zuerst das Gräberfeld entlang.
Vor 400 Jahren begann man mit dem Auslaugen des Salzgesteins und leitete die Sole zu den Sudpfannen 40 Kilometer talabwärts bis an den Traunsee.
Diese erste Pipeline der Welt bestand aus Tausenden von zusammengesteckten Baumstämmen.
Die Landschaft um den Hallstättersee wurde von der UNESCO (United Nations Educational, Scientific and Cultural Organization/ Organisation der Vereinten Nationen für Bildung, Wissenschaft, Kultur und Kommunikation) zur Weltkulturerbe-Region erklärt.

Der weiße Hirsch

In den Kremstaler Wäldern lebten einst Bären, Wölfe und Wildschweine. Die Menschen hatten Teile des Urwaldes gerodet und bauten Getreide an, sie siedelten an Gewässern und fischten. Es war schwierig für die Siedler, mit ihren einfachen Waffen wilde Tiere zu erlegen, selten aßen sie Fleisch. Das Gebiet von Oberösterreich war damals, vor etwa 1200 Jahren, im Besitz des Bayernherzogs Tassilo. Wenn er zu Besuch in Lorch weilte, ging er gerne auf die Jagd. Sein Sohn Gunther begleitete ihn, er liebte die gefährliche Jägerei.

In einem schneereichen Winter brach die Jagdgesellschaft auf, um an der Krems Wildschweine zu jagen. Die Hunde liefen voraus, und bald spürte Gunthers Hund ein Wildschwein auf und folgte der Fährte. Gunther beeilte sich ihn einzuholen und ließ die anderen Jäger hinter sich. Außer Atem erreichte er einen zugefrorenen Teich. Plötzlich zitterte der Boden vom Trampeln der Hufe, der Schnee rutschte von den Ästen, und Gunther hörte ganz nah das Gebell seines Hundes und das wilde Schnaufen des Keilers. Dann stand er dem mächtigen Tier gegenüber!

Er hob seinen Jagdspieß, und als der Keiler ihn angriff, stieß er ihm die Waffe in den Hals. Der Schaft brach entzwei, Gunther konnte die Klinge nicht mehr herausziehen und war wehrlos. Das schwer verletzte Tier kämpfte um sein Leben und schlug seine scharfen Hauer tief in Gunthers Brust. Beide sanken nieder. Rot färbte sich der Schnee vom Blut des Jägers und vom Blut der Beute. Das Wildschwein war erlegt, der Jäger musste hilflos sterben. Der Hund beschnüffelte seinen Herrn, winselte und bellte. Das Echo hallte über den Teich.

So fanden die Jäger den toten Herzogssohn und bahrten ihn auf. Der Herzog hielt die Totenwache und kniete die erste Nacht im Gebet neben Gunthers Leiche. Da wurde es auf einmal Licht unter den Bäumen. Ein weißer Hirsch erschien. Sein Geweih war von seltsamen Strahlen umgeben.

Tassilo erfasste ein Schauer: Das war ein Zeichen! Hier sollte Gunthers Grabstätte sein, hier wollte er eine Kirche bauen lassen und später ein Kloster zum Gedenken an seinen Sohn.

Die Menschen im Kremstal erzählen immer wieder diese Sage von der Gründung des Stiftes Kremsmünster, aber niemand weiß, ob es sich wirklich so zugetragen hat. Es ist nicht einmal erwiesen, dass der Herzog Tassilo einen Sohn namens Gunther hatte. Eines ist aber sicher: Kremsmünster wurde im Jahr 777 von Tassilo gegründet. Sein Vater hatte einige Jahre zuvor das Kloster Mondsee errichten lassen. Den Benediktinermönchen ist es zu verdanken, dass das „Land ob der Enns" wirtschaftlich erschlossen wurde. Unter ihrer Anleitung wurden Wälder gerodet, Äcker angelegt und Dörfer gebaut, später auch Städte und weitere Kirchen.

Maria Linschinger

Die Stiftsbibliothek enthält wertvolle Bücher, Atlanten und Globen und den berühmten Tassilo-Kelch.

Damals in Oberösterreich

Eine Wanderung durch die Frankenburger Geschichte

Im Dreißigjährigen Krieg (1618-1648) versank ganz Europa und mit ihm Oberösterreich in nie gesehener Not und furchtbarem Elend. In diesem Religionskrieg kämpften Katholiken gegen Protestanten.

Eine besondere Grausamkeit ereignete sich in dieser finsteren Zeit im Markt Frankenburg am Hausruck. Die Bevölkerung war dort überwiegend protestantisch. Als am 11. Mai 1625 ein katholischer Pfarrer statt des evangelischen eingesetzt wurde, kam es schon während des Gottesdienstes außerhalb der Kirche zu Protesten. Die Sturmglocken wurden geläutet, die Bauern aus den benachbarten Orten eilten herbei und begannen mit der Belagerung des Schlosses.
1 200 Soldaten und 3 Kanonen wurden nach Frankenburg geschickt, um den Aufstand der Bauern zu unterdrücken.

Stefan Fadinger war einer der heldenhaften Anführer im oberösterreichischen Bauernkrieg.

Am 15. Mai 1625 kam es auf dem Haushamerfeld zur furchtbaren „Gnade" für die Rebellen durch den Statthalter Graf Herberstorff. Er ließ die Richter und Räte der Märkte sowie die Ausschussmänner der Pfarren um ihr Leben würfeln. 17 Bauern, die bei diesem grausamen Spiel eine niedrigere Augenzahl als ihre Partner gewürfelt hatten, wurden dem Henker übergeben.

Seit 1925 wird alle zwei Jahre das Geschehen um das Frankenburger Würfelspiel mit 400 Laiendarstellern als Schauspiel aufgeführt.

Monika Icelly

Werktags Arbeit, sonntags Schule

Es ist das Jahr 1923. Seit dem ersten Weltkrieg sind fünf Jahre vergangen. Jahre der Arbeitslosigkeit für Steyr, denn in der Fabrik, die Ingenieur Josef Werndl 1853 gegründet hatte, dürfen keine Kriegswaffen mehr erzeugt werden. In dieser Zeit war Steyr zu einer Stadt der Bettler geworden.
Aber jetzt gibt es wieder neue Arbeitsplätze: In den Steyrer Werken werden Autos und Autobestandteile hergestellt. Man führte die Fließbandproduktion nach amerikanischem Vorbild ein und ist stolz auf den industriellen Fortschritt. Doch leicht ist das Leben für eine Arbeiterfamilie nicht. Es gibt keine allgemeine Krankenversicherung und kein Krankengeld, die Kosten für Arzt und Behandlung müssen selbst getragen werden, und wer für längere Zeit erkrankt oder durch einen Arbeitsunfall zum Krüppel wird, verliert seine Stelle.

„Aufstehen!" Die Mutter rüttelt Hansi an der Schulter und will ihm die Tuchent wegziehen. Hansi hält sie mit beiden Händen fest. Er kneift die Augen ganz fest zu und dreht sich zur Wand. Der Strohsack knistert.
Es ist fünf Uhr früh, und Hansi möchte noch schlafen. Er beneidet seine kleine Schwester, weil sie bei der Mutter daheim bleiben darf. Er ist zwölf Jahre alt und muss mit dem Vater zur Arbeit in die Autofabrik gehen, obwohl Kinderarbeit bis zum 14. Lebensjahr schon seit vierzig Jahren verboten ist.
Die reichen Unternehmer brauchen billige Arbeitskräfte, sie beachten die staatlichen Schutzbestimmungen der Gewerbeordnung nicht, nur an den Sonntagvormittagen dürfen die Kinder zur Schule gehen. Um halb sechs Uhr läutet die Fabriksglocke, ein Arbeitstag dauert für Hansi 10 Stunden mit einer kurzen Mittagspause, für den Vater 14 Stunden. Sie arbeiten im Karosseriebau.

Gähnend steigt Hansi aus dem Bett, er deckt die kleine Liesl mit der Tuchent zu. Sie nuckelt am Daumen und lächelt im Schlaf. Hansi schlüpft in seine einzige Hose und zieht das Hemd über den Kopf. In der Küche steht das Frühstück auf dem Tisch: eine Schüssel mit gekochten Erdäpfeln und ein Krug mit Milch.
Die Mutter ist wie jeden Tag schon eine Stunde früher aufgestanden, hat Feuer gemacht, den Kochtopf aufgesetzt und beim Bauern Milch geholt. Der Vater bläst auf die heißen Erdäpfel. Hansi stellt sich neben ihn und darf mitessen. Die Mutter macht ihm Platz, und für einen Augenblick lehnt sich Hansi an ihre Brust.

Wie gern wäre er wieder so klein wie Liesl! Wie gern würde er der Mutter helfen, zum Beispiel am Waschtag, wenn sie den Korb mit der nassen Wäsche vom Waschplatz am Ufer des Flusses nach Hause tragen muss. Doch arbeiten ist besser als betteln, hat Hansi erkannt. Aber es fällt ihm schwer, den langen Arbeitstag im Staub der Fräsmaschinen und im Motorenlärm durchzustehen.

Er fasst nach der schwieligen Hand des Vaters. Sie treten aus dem Haus. Geredet wird kaum etwas auf dem Weg. Als sie vor dem Fabrikstor stehen, ist es noch immer finster.

Maria Linschinger

Nach dem Zweiten Weltkrieg standen die Fabrikshallen im Steyrer Wehrgraben leer und begannen zu verfallen, weil man die Fabrikation in eine moderne Anlage auf die Ennsleite verlegt hatte. In den alten Gebäuden wurde 1987 ein neuartiges Museum errichtet: das Museum Arbeitswelt.

Der traurige Fisch

In der Nähe von Mauthausen ging eines Tages eine junge Bauerntochter mit einem Korb voll Wäsche zu einem kleinen Weiher, um sie dort zu schwemmen. Als sie am Ufer niederkniete und mit ihrer Arbeit beginnen wollte, tauchte plötzlich der Kopf eines großen Fisches aus dem Wasser. Der Fisch schaute das Mädchen flehend an und sagte:
„Zieh mich bitte raus! Zieh mich raus!"
Das Mädchen erschrak so sehr, dass es die Wäsche im Stich ließ und nach Hause lief. Dort erzählte sie ihren Eltern aufgeregt, im Weiher sei ein Riesenfisch und hätte sie gebeten, sie solle ihn aus dem Wasser ziehen.
Die Eltern nahmen das nicht ernst. „Du hast geträumt", sagten sie. „Wer weiß, was du gesehen hast. Wahrscheinlich einen verwunschenen Prinzen!"
Sie schickten ihre Tochter zurück zu der Wäsche am Weiher.
Das Mädchen gehorchte. Vielleicht hatte sie wirklich geträumt? Und als sie zu ihrer Wäsche kam und zaghaft auf das Wasser des Weihers blickte, war dort nichts zu sehen. Nicht der kleinste Fisch.
Sie nahm das nächste Wäschestück, um es einzutauchen, und – da war er wieder, der große Fisch. Er sah unendlich traurig aus und bewegte ein paar Mal lautlos das Maul, als hätte er große Mühe, Menschenworte hervorzubringen, und dann hörte sie ihn flüstern: „Jetzt muss ich wieder sieben Jahre warten, bis ich ein Menschenkind bitten darf, mich zu erlösen! Sieben Jahre muss ich jetzt wieder warten und darf nicht einmal reden. Ich bin verwunschen worden. Warum hast du mich nicht herausgeholt?"
Vor lauter Mitleid fürchtete sich das Mädchen nicht mehr vor dem Fisch und fragte ihn: „Wer bist du wirklich? Vielleicht kann ich dir doch noch helfen!"
Aber der Fisch sagte nichts mehr und tauchte unter.
Bis heute hat er niemanden gefunden, der nicht vor ihm erschrickt und ihn erlöst. Man sieht ihn selten. Und manchmal taucht er auf und bewegt traurig und lautlos das Maul.

Friedl Hofbauer

Der Donaufürst im Strudengau

von Reinhard Wegerth und Franz Hoffmann

Ein dicker, alter Wassermann mit Goldkrone und Fischgespann

hatte im Donaustrom sein Reich. Die Leute oben warn ihm gleich,

nur hübsche Mädchen, die hat er ganz gern geraubt, der feuchte Herr,

damit sie ihn am Grund bedienen (als Wassergeister, auch „Undinen").

Der Vater eines solcherart entführten Mädchens fand das hart!

Sagenhaftes Oberösterreich

Nun wars der Donaufürst gewohnt, dass er ganz gern bei vollem Mond auftauchte in des Stromes Mitte, wie's auch bei vielen Fischen Sitte.

Der Vater wusste das und lag mit seinem Boot bereit. Ein Schlag, fest auf des Donaufürsten Haupt, hat ihn dann seiner Macht beraubt:

Die Krone blieb nicht ohne Loch – die Edelsteine sucht er noch!

*Nach dem Lesen dieser Sage
stellt man sich vielleicht die Frage:
Gibts heut noch etwas, das so heißt
wie dieser alte Wassergeist?
Oder blieb er damit allein?
Ein Schiff vielleicht und auch ein Wein
heißt „Donaufürst" – das kann schon sein!*

Die drei Sessel

An der Stelle, wo Bayern, Böhmen und Österreich aneinander grenzen, liegt der Dreisesselberg. Ganz oben stehen drei Sessel aus Stein, jeder in einem anderen Land. Der Sage nach sind es die drei Sessel, auf denen die Könige der drei oben genannten Länder saßen, wenn sie, jeder in seinem eigenen Land sitzend, miteinander Rat hielten.

Eines Tages saßen sie wieder dort und redeten und redeten. Weil nun eine solche Ratssitzung tagelang dauern konnte, gingen einige Herren aus dem Gefolge der drei Könige inzwischen miteinander zum Plöckensteiner See fischen.

Im See schwammen sonderbare Forellen. Sie hatten feurige Schuppen und um die Mäulerchen trugen sie rote Tupfen. Die wunderlichen Fische kamen ans Ufer geschwommen und drängten sich dort nahe zusammen. Die Herren mussten ihre Angeln gar nicht auswerfen, denn die Forellen sprangen ihnen in die Hände. Da sagte einer: „Denen ist wohl langweilig in ihrem finsteren Wasser, die wollen in unserer Pfanne brutzeln!"

Und wahrhaftig, kaum dass das Fett in der Pfanne über dem Lagerfeuer heiß war, sprangen die Forellen hinein und führten dort Freudentänze auf.

Den Herren aus dem Gefolge der drei Könige wurde es unheimlich. Und dann geschah etwas, das fast noch schrecklicher war als der fröhliche Forellentanz in der Bratpfanne: In dem tiefen Wald rundum bewegte sich plötzlich kein Ästlein, kein Blättchen, kein Windhauch regte sich. Aber gleich darauf erhob sich aus der Tiefe des finsteren Plöckensteiner Sees ein Sausen und Brausen.

Wellen schlugen heftig ans Ufer und eine Stimme rief: „Es sind noch nicht alle zu Hause!"

Den Herren aus dem Gefolge der drei Könige stiegen die Haare zu Berge. Der beherzteste unter ihnen ergriff die Bratpfanne mit den tanzenden Forellen und leerte sie eilig in den See. Dieser zischte und brauste noch eine Weile. Erst als alle Fische in der Tiefe verschwunden waren, glättete sich der Spiegel des Sees und der Wald regte sich wieder. Hinter einem Busch hervor hüpfte ein Moosweibchen, uralt und mit hellen Augen und sagte zu den Herren: „Meldet euren Königen auf ihren drei Sesseln, wir brauchen sie nicht. Der Wald ist älter als sie und weiser." Dann verschwand das Weiblein.

Die Herren saßen eine Weile wie betäubt, dann gingen sie zu ihren drei Herrschern zurück auf den Dreisesselberg und berichteten ihnen, was sie erlebt hatten und was das Moosweiblein gesagt hatte. Da erhoben sich die drei Könige von ihren drei Sesseln und gingen fort und kamen nie wieder.

Friedl Hofbauer

Oberösterreich lustig

Quergestreiftes ABC für OÖ-Fans

Altmünster
Braunau
Christkindl
Dachstein
Engelhartszell
Feuerkogel
Gallspach
Hausruck
Innviertel
Jedlersdorf
Kematen
Lambach
Mondsee
Nettingsdorf
Ottenstein
Pyhrnpass
Q u e r s t r e i f e n
Ranshofen
Seewalchen
Timelkam
Urfahr
Vorchdorf
Wesenufer
Boxham
Steyr
Zwettl

Gerda Anger-Schmidt

Countdown

Zehn ZWETTLer Zuckerbäcker
neun nette NETTINGSDORFer
acht ACHer Apfelbauern
sieben siegreiche SIEGHARTINGer
sechs SATTLEDTer Sängerinnen
fünf fröhliche FERNREITHer
vier VÖCKLABRUCKer Vogelhändler
drei durstige DACHSBERGer
zwei ZIPFer Zahnärztinnen
eine einzige EISENWURZEN!

Gerda Anger-Schmidt

Bezirkshauptstädte-Rap

WELS liegt an der Traun
Und in ROHRBACH wirst schön schauen.
Durch KIRCHDORF rennt ein Pfau
und in PERG gibt's Himmelblau.

BRAUNAU liegt am Inn
und GRIESKIRCHEN ist jetzt in.
In RIED gibt's viele Messen
und in FREISTADT kannst gut essen.

GMUNDEN liegt am See
und in SCHÄRDING rennt der Schmäh.
Schöne Aussicht hast in STEYR
und in LINZ gibt's hundert Mayer.

„Aber morgen", sagt der King,
„morgen geht's nach EFERDING
und am Sonntag fahr ma z'ruck
nach VÖCK-LA-BRUCK."

Gerda Anger-Schmidt

Kramlade

Weihnachten ist nicht lustig. Vorher haben es alle eilig, nachher sind alle enttäuscht. Das geht mir auf die Nerven. Bis jetzt habe ich zehn Weihnachtsfeste erlebt, aber nur an sechs kann ich mich erinnern. Als ich vier Jahre alt war, stand unser Baum auf dem Tisch, damit ich nicht hinaufklettern konnte. Auch die Krüge und Vasen, die meine Mutter sammelt, standen oben auf den Kästen. Eine kindersichere Wohnung, uninteressant für mich!

Deshalb war ich so gern bei meiner Großmutter. Oma hatte alles in Reichweite, was ich untersuchen wollte: eine blaugestrichene Kredenz[1] mit großen und kleinen Töpfen und Topfdeckeln, Schneerute und Quirl lagen bereit, damit ich ordentlich Musik machen konnte. Musik nannte meine Oma diesen Lärm.

Die Kramlade war bequem erreichbar, sie enthielt Omas gesammelte Wertlosigkeiten. Was ich da alles gefunden habe: gestreifte Schneckenhäuser, dünne und dicke Münzen, Trockenblumen, Knöpfe, Rosenkränze und Kinderzähne, Bleistiftstummel, Kerzenhalter für Geburtstagstorten, verfallene Gutscheine, tausend Jahre alte Hustenzuckerln, Murmeln und halbe Brillengestelle. Alles durfte ich verwenden.

Das war mein liebstes Spiel: das Verwenden-Spiel.

Je größer ich wurde, desto seltener war ich bei Oma. Meine Mutter verstand sich nicht gut mit ihr. Vater brachte mich zum Brunnenplatzl, wo sie in einem alten Mietshaus wohnte. Zu uns zu ziehen wäre Oma niemals eingefallen. Sie kannte meine Mutter und ihren Ordnungssinn. Das ganze Haus strahlte vor Sauberkeit, direkt ungemütlich.

Unsere Christbäume wurden jedes Jahr größer. Als wir einen kriegten, der bis zur Zimmerdecke reichte, war ich neun und Oma war im Pflegeheim. Ihre Übersiedlung hat keine Umstände gemacht, weil Oma nicht viel mitnehmen durfte. Den Inhalt der Kramlade kippte mein Vater in einen Müllsack, die Kredenz und die anderen Möbel holte eine Spedition ab. „So was kommt mir nicht ins Haus!", antwortete meine Mutter, als Vater fragte, ob man nicht etwas davon gebrauchen könnte. Mich fragte niemand. Ich hätte die Kredenz mitsamt dem Inhalt gern in mein Zimmer gestellt. Dann hätte es bei mir vielleicht ein bisschen wie bei Oma gerochen …

Oma war ein Pflegefall. Und das erste Weihnachtsfest im Heim war ein Reinfall.

Ich fuhr mit Vater am Heiligen Abend ans andere Ende der Stadt. Dort steht das Heim in einem kleinen Park.

Das fand ich gut: „Super, jetzt kann Oma im Garten spazieren gehen und die Enten im Teich füttern!"

„Jaja", brummte mein Vater. Er wusste etwas, was ich noch nicht wusste: Oma konnte nicht mehr selbstständig gehen. Sie saß in einem Rollstuhl und wackelte mit dem Kopf, als wir in die Halle kamen. Eine Pflegerin schob sie auf uns zu.

Oma wackelte stärker mit dem Kopf, als sie mich erkannte. Schlaganfall bedeutet, dass man nicht mehr alles machen kann wie bisher, entweder nicht mehr laufen oder nicht mehr sprechen oder beides nicht.

„Darf ich dich schieben?", fragte ich. Sie zwinkerte, das hieß wohl Ja. Also rollte ich sie zu dem Drei-Meter-Christbaum. Lange Lamettafäden hingen von den Zweigen, eine elektrische Kerzenkette lief rundherum. Der Baum sah traurig aus: keine Kugeln, keine Engel, keine bunten Holzfiguren wie an Omas Einpersonen-Baum.

Aus Omas Mundwinkeln flossen Speichelfäden, brrr! Ich suchte in der Hosentasche nach einem Taschentuch. Dann tupfte ich Omas Kinn ab. Sie zwinkerte wieder. Das hatte sie auch früher getan.

Weihnachten in Oberösterreich

Zwinkern konnte sie noch sehr gut. Ich zwinkerte zurück.

Dann erzählte ich ihr von der Schule. Etwas Lustiges natürlich, nach Noten hatte sie nie gefragt. Noten fand sie nicht interessant, meine Mutter dagegen interessierte sich nur für Noten!

„Kevin hat ein nacktes Männchen an die Tafel gezeichnet, mit allem Drum und Dran! Die Lehrerin ist fast ausgeflippt! Als ob sie das noch nie gesehen hätte. Blöd, was?"

Oma zwinkerte zweimal.

Mein Vater kam mit der Pflegerin zu uns her. „Die Kerzen werden um zwanzig Uhr eingeschaltet, dann wird eine CD mit Weihnachtsliedern eingelegt", sagte sie.

„Papa, können wir Oma heute mit nach Hause nehmen?", fragte ich schnell.

„Wo denkst du hin? Sie muss ja getragen werden, und den Rollstuhl bringen wir nicht ins Auto", antwortete er.

„Den Rollstuhl kann man zusammenlegen, nicht wahr, Oma?", rief ich laut.

Oma wackelte mit dem Kopf. Die Pflegerin schaute auf die Uhr: „Frau Förster, ich muss Sie jetzt in den Speiseraum führen, es gibt Abendessen."

„Papa!", schrie ich. „Mir ist was eingefallen! Wir schenken der Oma ein Handy, dann kann ich ihr viele SMS schicken!"

Mein Papa sagte, dass Oma mit einem Handy nicht umgehen könne, weil sie zitterte.

„Ich weiß noch was Besseres!", unterbrach ich ihn und hielt mich am Rollstuhl fest. „Ich schlafe heute bei dir, Oma. Hast du ein Klappbett im Zimmer?"

Die Pflegerin schob mich zur Seite. „Auf Wiedersehen, Herr Förster!", sagte sie.

Zu mir sagte sie nichts. Mein Vater schleppte mich zum Ausgang.

So ein Weihnachtsfest hat Oma nur einmal erlebt. Im nächsten Jahr nahm ich die Flöte mit und meine Freundin Carola. Wir spielten Oma zweistimmige Lieder vor. Sie bekam auch ein Bild, auf dem ich alle Kinder meiner Klasse aufgezeichnet hatte, samt ihren Namen, damit Oma sie unterscheiden konnte. Auch den Kevin, der so gern Schweinereien malte. Nach dem zweiten Weihnachtsfest im Pflegeheim starb Oma. Ich habe jetzt eine eigene Kramlade. Sie ist versperrbar und nur ich besitze einen Schlüssel. Ich sammle Wertlosigkeiten wie Oma: komisch geformte Steine, Kino-Eintrittskarten, Zuckerstücke für Pferde, Reisfrösche, seltsame Nudeln, abwaschbare Tattoos, alte und neue Liebesbriefe und was es sonst noch alles gibt.

Am Heiligen Abend krame ich in der Lade und denke an meine Oma.

Maria Linschinger

[1] Anrichte

Ein Besuch im Himmel

Kennst du diese Adresse „Christkindl/Unterhimmel"? Nein? Dann solltest du einmal von Steyr eine halbe Stunde Richtung Christkindl spazieren, wie es viele Wallfahrer seit über 300 Jahren machen. Alle wollen die wundertätige Christkindlfigur aus Wachs, die hier der Legende nach gefunden wurde, besuchen.

Von Ende November bis Anfang Februar ist auch das Sonderpostamt geöffnet. Dort werden jährlich weit über zwei Millionen Briefe und Karten abgestempelt und in die ganze Welt verschickt.

In Christkindl lässt es sich herrlich träumen: von Weihnachten, von Geschenken oder Geschichten. Und natürlich ganz besonders von den Ferien …

Monika Icelly

Leben am Wasser

Biber am Inn

Der junge Biber hat tagsüber in der Höhle geschlafen. Jetzt kämmt er mit den Krallen der Vorderpfoten sein Fell. Es ist dicht und wasserfest und schützt ihn vor Nässe und Kälte.

Seine Uferburg hat er ganz allein im neuen Revier gebaut. Er hat Äste und Zweige an die sanft abfallende Böschung gezerrt und ineinander verflochten, beide Eingänge mit Holzprügeln abgedeckt und einen Belüftungstunnel gegraben. Sogar eine kurze Rutsche ist entstanden, weil er immer denselben Weg vom Fraßplatz zurück ins Wasser nimmt. Der Inn strömt langsam und gleichmäßig, krause Wirbel drehen sich, als spielten die Wellen Karussell.

Der Biber hat zwei Jahre lang mit Eltern und Geschwistern in der gemeinsamen Höhle gelebt, dann ist er losgezogen, um sich selbstständig zu machen. Er hat gehofft, ein junges Biberweibchen zu finden und mit ihm eine Familie zu gründen. Auf der Wanderung ist er an vielen Biberbauten vorbeigekommen und musste Kämpfe gegen die Burgbesitzer austragen.

Erst viele Schwimmstunden flussaufwärts stieß er auf eine unbewohnte Stelle, an der er seine Burg bauen konnte.

Er hat alles nach Biberart gemacht: unter Wasser wird eingeschwommen, und der Wohnraum bleibt auch bei hohem Wasserstand trocken. Die Burg ist sicher. Aber er fühlt sich einsam. Er spürt, dass er eine Gefährtin braucht. Ein Biber braucht eine Biberin fürs Leben!

Die Sonne ist hinter dem Auwald untergegangen, der Fluss schimmert silbern. Die beste Tageszeit, um ungestört seinen Hunger zu stillen. Der Biber schlüpft durch den Gang ins seichte Wasser, und mit einem Ruderschlag seines breiten Schwanzes taucht er an die Oberfläche.

Er findet saftige Grünpflanzen und frisst Stängel, Blätter, Blüten und Früchte, bis er satt ist. Am Ende einer versteckten Bucht wachsen sogar Teichrosen, die schmecken ihm am besten.

Solang es Sommer ist, sind Wasserpflanzen seine Nahrung. Bis zum Herbst wird er Fällplätze suchen und vor dem Bau einen Vorratshaufen mit dünnen Baumstämmen und Ästen von Weiden und Pappeln anlegen, damit er im Winter nicht verhungert. Ein Biber hält keinen Winterschlaf. Sein Magen stellt sich auf Rinde und Blattknospen um. Seine langen Zähne sind scharf und wachsen immer wieder nach. Die Kiefer sind so kräftig, dass er sogar Hartholzstämme wie Eichen, Ahorn und Eschen fällen kann, wenn er in den Flussauen kein Weichholz findet. Er arbeitet immer in Ufernähe, damit er bei Gefahr ins Wasser flüchten kann.

An Flüssen, wo Biber leben, siedeln sich viele Tiere an: Auf einem Baumstamm, der halb im Wasser liegt, hat der Eisvogel seinen Jagdansitz, die Sumpfschildkröte sonnt sich, und im Astgewirr unter Wasser wimmelt es von Jungfischen. In abgestorbenen Bäumen bauen Spechte ihre Bruthöhlen, im morschen Holz leben Insekten, Nahrung für Baumläufer und Meisen. Wenn der starke Biber rund um seinen Bau das Wasser eisfrei hält oder Löcher ins Eis bricht, können Grau- und Silberreiher, Rohrdommel und Fischotter auch im Winter fischen.

Der junge Biber ist satt. Er lauscht. Was raschelt im Schilf? Er will schnell zurück in den Bau und rutscht die Böschung hinunter. Aber er rutscht nicht allein! Er sieht ein Fell – es ist genauso dunkelbraun wie seines. Ein Biberweibchen!

Gemeinsam platschen sie ins Wasser und schwimmen ein Stück in die Strömung hinaus, kehren um und spielen und tauchen, bis sie müde werden. Der Biber führt seine Partnerin in die Biberburg. Von nun an werden sie jeden Winter Hochzeit halten

Leben am Wasser

und jeden Sommer ihre Jungen aufziehen und einander treu sein. Ein Biberleben kann zwanzig Jahre dauern.

Biber wurden wegen ihres wertvollen Felles und saftigen Fleisches überall in Europa gejagt und ausgerottet. Katholische Kirchenmänner erklärten die Biber zu Fischen, weil sie im Wasser schwammen und einen „schuppigen" Schwanz hatten. In den Klöstern aß man deshalb Biberbraten als Fastenspeise.

Der letzte österreichische Biber wurde 1863 erlegt. Hundert Jahre später begannen Biologen, Biber wieder an österreichischen Flüssen anzusiedeln. Es ist gelungen: Die Biber schwimmen wieder!

Maria Linschinger

Wenn du dich genauer über das Come-back der Biber erkundigen willst, findest du interessante Informationen im Internet unter: www.distelverein.at

Atter = Wasser

Wenn Menschen ein Gebiet bewohnen, geben sie den Gewässern, den Fluren und Bergen Namen. An diesen alten Namen können wir ablesen, wo und wann die verschiedenen Völker siedelten. Hall war der keltische Name für Salz, Traun hieß „die Dröhnende" und Enns bedeutete Wasser. Ein noch älterer Name dafür kommt aus der illyrischen Sprache: Atter. Der größte See von Oberösterreich trägt also einen sehr alten Namen: Attersee.

In vorgeschichtlicher Zeit wohnten die Menschen an Flussläufen und Seen. Um vor wilden Tieren und Feinden sicher zu sein, bauten sie ihre Häuser auf Pfählen an seichten Buchten. Reste von Pfahlbaudörfern fand man auch am Mondsee und am Traunsee.

Wasserreiche Gegenden waren ideale Siedlungsgebiete, und das Salzkammergut, das zu einem großen Teil zu Oberösterreich und zu kleineren Teilen zur Steiermark und zum Bundesland Salzburg gehört, hat 76 größere und kleinere Seen, heute lauter beliebte Ausflugsziele.

Maria Linschinger

Kunst und Handwerk

Christian Ludwig Attersee

Wenn ein Maler den Namen Attersee als Künstlernamen wählt, wird er eine enge Beziehung zum Wasser haben. Das Wasser des Attersees gehört zu seinem Leben dazu. Das begann schon in der Kindheit: Die Familie Ludwig bewohnte ein schwimmendes Sommerhaus am Attersee, Christians Vater war Architekt und Bootsbauer.

Um das Hausboot schaukelten Motor- und Segelboote, der erste Blick am Morgen und der letzte am Abend fielen auf Wasser und Wellen. Als junger Segelsportler gewann Christian Ludwig viele Regatten[1]. Er wurde zuerst Jugendmeister von Oberösterreich, dann dreifacher Staatsmeister und nahm an der Weltmeisterschaft teil.

Er wagte immer weitere Fahrten und segelte schließlich sogar über den Atlantik wie Kolumbus, der Entdecker Amerikas.

Aber Christian beschäftigte sich nicht nur mit dem Wassersport, er begann zu malen und zu schreiben, entwarf Bühnenbilder, fotografierte, musizierte und sang eigene Lieder.

Er studierte in Wien Malerei und schloss sein Studium mit dreiundzwanzig Jahren ab. Immer wieder malte er die wechselnden Blautöne des Wassers, das Himmel und Wolken spiegelt. Er malte den Wind und den Sturm, in vielen Bildern sprüht die Gischt[2] der Bugwelle vor einem unsichtbaren Boot. Auf ungewöhnliche Weise sind Farben und Formen kombiniert.

Fassade des Atterseehauses auf der Mariahilferstraße in Wien

Attersee ist ein vielseitiger Künstler. Er sagt von sich: „Musik, Sprache und Malerei bilden bei mir eine Einheit", und tritt gern als Musiker und Interpret seiner Texte auf. Mit fünfzig Jahren wurde er Professor an der Akademie für Angewandte Kunst in Wien. Er leitet die Meisterklasse für Malerei, Tapisserie[3] und Animationsfilm[4]. Seinen Studenten zeigt er, dass sich Kunst auf verschiedene Weisen ausdrücken lässt, indem er als Designer arbeitet, Porzellan, Mosaiken, Fresken, Etiketten, Briefmarken und Plattencovers entwirft und sogar Hausfassaden gestaltet.

Wenn er an den oberösterreichischen See zurückkehrt, an dem er als Kind seine Feriensommer verbrachte, freut er sich über den Rosenwind, der von Norden her über den Attersee weht und die Segelboote antreibt. In seiner Heimatgemeinde wurde eine Ausstellungshalle für moderne Kunst gebaut und nach ihm benannt.

Maria Linschinger

[1] Segelwettbewerbe
[2] aufschäumendes Wasser
[3] Tapisserien sind gewebte Bildteppiche, die an die Wand gehängt werden.
[4] Trickfilm

Kunst und Handwerk

Lentos – ein architektonisches Kunstwerk

„Schau, das sind die Termine und die Themen für die Kreativwerkstatt im Sommer!" „Hast du dir schon etwas ausgesucht?"
„Nein, aber das klingt interessant: Eine fantastische Reise ins Universum – Sternzeit! Oder vielleicht melde ich mich für Chaos[1] und Ordnung an."
„Masken herzustellen wäre auch toll! Oder Collagen[2]?"

Martin und Anna studieren das Angebot. Jeden Mittwochnachmittag gibt es im Linzer Kunstmuseum Lentos ein Programm für Mädchen und Buben im Alter von 8 bis 13 Jahren. Es dauert jeweils zwei Stunden und beginnt mit einer Besichtigung des Hauses. Der Museumspädagoge[3] begleitet die Kinder zu einzelnen ausgestellten Werken. Dann arbeitet er mit ihnen im Erdgeschoss in einem Atelier. Dort wird gemalt, gezeichnet und gebastelt.
Mit 130 Metern Länge ist der Museumsbau am rechten Donauuferdamm so lang wie die großen Lastkähne, die auf dem Strom vorüberziehen.
Martin und Anna stehen in der überdachten Eingangshalle, wo eine Skulpturenschau[4] vorbereitet wird. Wie durch ein riesiges Fenster schauen sie hinüber auf den Stadtteil Urfahr, zum Rathaus und zum Ars Electronica Center und hinauf zum Pöstlingberg. Ein frischer Wind bläst vom Donaupark her, rechts sehen sie die Front des Brucknerhauses, links fährt eine Straßenbahn über die Nibelungenbrücke zum Hauptplatz.
Nach den Plänen von zwei Schweizer Architekten wurde das Museum aus Beton und Glas erbaut. Das Untergeschoss ist in eine Betonwanne eingebettet, mehr als hundert Zugpfähle schützen das Gebäude bei Hochwasser. Die Bibliothek und die Grafik-Sammlung sind hier untergebracht.
Neben dem Foyer[5] und dem Museumsshop führt die Treppe ins Obergeschoss. Dort befinden sich zehn Ausstellungsräume und ein stützenloser Saal mit 800 Quadratmetern.
Anna macht Martin auf die gleichmäßige Beleuchtung aufmerksam: Das Tageslicht kommt durch eine gläserne Decke.
Mit Glas sind auch die Außenwände verkleidet: Nachts wird das Gebäude mit Scheinwerfern angestrahlt, es leuchtet abwechselnd rot, gelb oder blau und spiegelt sich in der Donau.
Die Geschwister haben sich für zwei verschiedene Kurse entschieden: Anna für das Entwerfen von Masken, Martin für die Reise ins Universum. Die Eltern holen die beiden nach dem Kursbesuch ab. Sie setzen sich an einen Tisch auf der Terrasse des Museumscafés und genießen gemeinsam die Aussicht über die Stadt.

Maria Linschinger

[1] Unordnung
[2] Klebebild aus verschiedenen Materialien
[3] ausgebildeter Kunstvermittler
[4] Ausstellung mit Werken von Bildhauern
[5] großer Vorraum, Empfangshalle

Kunst und Handwerk

In Linz müsste man sein!

„Allgemeines Brainstorming[1]!", sagte die Lehrerin. Ihre Schulkinder stöhnten.

Sie sollten sich zum Abschluss der gemeinsamen Volksschulzeit etwas einfallen lassen. Das erste Semester war vorbei, das zweite würde wie immer viel kürzer sein, Ostern und Pfingsten, die Feiertage im Mai, die Schularbeiten ...

Brainstorming machen Wissenschaftler und Manager auf den Sitzungen, bis ihnen die Köpfe rauchen und endlich die Ideen auftauchen. Das kann dauern!

In der 4b dauerte es gar nicht lange, weil Patricks Vorschlag fast allen gefiel. Es wurde abgestimmt. Nun steht es fest: Die 4b plant ein aufwändiges Projekt, eine Internetseite über die Landeshauptstadt Linz!

In Partner- und Gruppenarbeit werden Veranstaltungen erklärt, die in Linz stattfinden, oder kulturelle Einrichtungen, die man in Linz besuchen kann. Auch Fotos sollen eingescannt[2] werden. Bei der Arbeit am Computer wird Evelyns Vater, ein Fachmann, mithelfen. Die Gemeinde hat für die Schule das nötige Equipment[3] angeschafft.

Die Klasse fuhr im März zu einem dreitägigen Besuch mit dem Zug nach Linz. Sie wohnten in der Jugendherberge Lentia 2000 und bekamen einen Fremdenführer zugeteilt. Alles, was Linz zu bieten hat, konnten sie in der knappen Zeit nicht sehen, die Tage waren ausgefüllt. Am ersten Abend fielen sie nach einer Vorstellung im Theater Phönix müde ins Bett, am zweiten spazierten sie durch die Fußgängerzone.

Sie besuchten das Landhaus, das Schlossmuseum, die Martinskirche auf dem Römerberg, den Neuen Dom und den Botanischen Garten, das Rathaus in Urfahr, das Brucknerhaus, das Kunstmuseum Lentos, den Donauhafen und die VOEST. Zum Abschluss fuhren sie auf den Pöstlingberg und gingen zur erneuerten Strecke der Pferdeeisenbahn.

Wieder im Klassenzimmer, studierten die Kinder Prospekte und Programme mit Angeboten, die es in der oberösterreichischen Landeshauptstadt für junge Leute gibt.

Hier ist die Liste:

die Ausstellung im *Ars Electronica Center* (Museum der Zukunftstechnologien),

Ars Electronica

Kunst und Handwerk

die Kreativwerkstatt im *Kunstmuseum Lentos*,
Musizieren und Singen mit Künstlern im *Brucknerhaus*,
das internationale *Pflasterspektakel* in der Altstadt,
die Kinderparade beim *Festival für Kinderrechte*,
das *Kuddelmuddel* (Kinderkulturhaus),
der *Theaterkeller im Ursulinenhof* (Schwerpunktprogramm für 9- bis 13-Jährige),
Schäxpir – das internationale Theaterfestival,
das *Open Air Fest auf der Donaulände* zwischen Lentos und Brucknerhaus.

Besucher der Kinderklangwolke vor dem Brucknerhaus

„Die Kinderklangwolke gehört auch noch dazu!", sagte Severin. „Zweitausend Kinder waren voriges Jahr im Donaupark. Ich war dort!"
„Und wann wird die veranstaltet?", wollte sein Banknachbar wissen.
„Im Herbst zu Schulbeginn, an einem Samstagabend."
Severin berichtete begeistert. Am meisten hatte ihn die Technik interessiert. Er war schon vor Beginn der Veranstaltung beim Brucknerhaus und beobachtete die acht Techniker. Nahezu zwanzig Kilometer Kabel wurden verlegt, vier Lautsprecherkräne aufgestellt und die Laserstrahl-Anlage installiert. Auf einer Plattform entstand eine Bühne für die Darsteller, auf Masten wurden Scheinwerfer montiert. Eine ganze Woche brauchte man für die technischen Vorbereitungen, erfuhr Severin von einem der Techniker.
Gegen neunzehn Uhr war der Himmel immer noch zu hell, erst eine Stunde später wurde es endlich dunkel. Die Wege und Grünflächen im Donaupark waren voller neugieriger Menschen, viele Kinder waren mit ihren Eltern gekommen.
Sobald die Musik einsetzte, wurden die Projektoren eingeschaltet und die Schau begann: Zu den Klängen eines unsichtbaren Orchesters beleuchteten die Farbstrahlen die Tänzer auf der Bühne und den Himmel über der Stadt. Sie zauberten flammende Bögen in die Nacht, Kreise, Fächer und Wasserfälle in wechselnden Farben. Der Widerschein erhellte die Gesichter im Publikum.
„Meine Eltern haben getanzt. Es hat ihnen genauso gut gefallen wie mir", sagte Severin. „Ich schreibe auf jeden Fall den Bericht über die Kinderklangwolke! Wer will mit mir zusammenarbeiten?"

Maria Linschinger

[1] Sammeln von Einfällen, um leichter eine Lösung für ein Problem zu finden
[2] in den Computer einspeichern
[3] technische Ausrüstung

127

Kunst und Handwerk

Ein altes Handwerk

Der Töpfer knetet einen Klumpen Ton. Zwischendurch klatscht er ihn auf das Brett. Neben ihm steht ein voller Wasserkübel. Er taucht mehrmals die Hände ein und arbeitet weiter, bis der Ton ganz glatt ist und alle Luftblasen entfernt sind. Dann knallt er den Patzen mit kräftigem Schwung auf die Töpferscheibe, damit der Ton gut haftet.

Mit nassen Händen streicht er über den Klumpen. Jetzt bringt er mit dem Fuß den Motor der Scheibe in Bewegung und legt seine rechte Hand auf die Tonkugel, seine linke etwas tiefer. Er drückt dagegen, damit sich beim Drehen allmählich ein Kegel bildet. Sobald die Form gleichmäßig ist, drückt der Töpfer einen Daumen in die Kegelspitze. Das nennt man das „Aufbrechen".

Die Handhaltung ist wichtig: Wie Zangen setzt der Handwerker die Hände ein und drückt mit den Fingern nach unten, dadurch wird die Öffnung im Kegel erweitert, während sich die Scheibe unaufhörlich dreht. Von außen stützt eine Hand die Wand, der Daumen ruht dabei auf dem Rand, mit der anderen Hand wird die Form nach oben gezogen. Das Gefäß, das entsteht, kann man bereits erkennen: eine Vase. Sie wächst in die Höhe, bis sie die gewünschte Form hat.

Jetzt steht die Scheibe still. Mit einem Schwamm glättet der Töpfer die Außenwände, mit einem Stück Draht schneidet er das Werkstück vom Scheibenkopf ab. Dann stellt er die Vase auf ein Regal. Wenn sie getrocknet ist, kann sie im Brennofen gebrannt werden. Danach wird sie glasiert[1] und nochmals gebrannt, das macht sie wasserdicht.

Der Keramiker schaut sich um. „Wer möchte es probieren?", fragt er.

Die ganze Zeit hat er ruhig gearbeitet, ohne die vielen Zuschauer zu beachten. Er sitzt nicht in seiner Töpferwerkstatt, sondern unter einem Zeltdach auf der Esplanade, dem breiten Uferweg entlang des Traunsees in Gmunden.

Eine lange Reihe von Marktständen zieht sich vom Rathaus über den Schubertplatz und auf beiden Seiten der Kastanienallee weiter bis zum Ende des Kurgartens. Der Töpfermarkt findet jedes Jahr Ende August statt. Aus verschiedenen Ländern reisen Keramiker an und stellen ihre Waren aus. Heuer nehmen 140 Werkstätten teil.

In der Kammerhofgalerie ist zur gleichen Zeit eine Ausstellung von Kunstkeramiken zu sehen. Vor dem Rathaus spielen die „Tanzgeiger" auf, es gibt Erfrischungen und Eisbuden. Die Stadt feiert ein Fest zu Ehren der Töpfer. Robert ist mit den Eltern nach Gmunden gefahren, eigentlich hat er

Kunst und Handwerk

sich nicht über den Ausflug gefreut. Es war schwierig, einen Parkplatz zu finden, die Tiefgarage war bereits voll. Außerdem ist es so heiß wie im Hochsommer.

Zuerst geht Robert gelangweilt von Stand zu Stand. Überall Schüsseln und Schalen, Teller und Tassen in allen Farben, Schmuck, Tonpfeiferln und Tierfiguren aus Keramik, lauter zerbrechliche Dinge. Manche Leute haben es eilig und drängen, manche tragen Sonnenschirme, andere verhandeln mit den Verkäufern wegen des Preises. Immer wieder bleiben Roberts Eltern stehen. Und dann muss auch er stehen bleiben und geduldig warten.

Erst als sie zu dem Stand kommen, wo sich die Töpferscheibe dreht, fängt es Robert an zu interessieren. Und jetzt meldet er sich und schlüpft zwischen den Zuschauern durch. Er bekommt eine Schürze umgebunden und darf sich auf den Platz des Töpfers setzen.

Es ist ein altes Handwerk, das in Gmunden noch immer ausgeübt wird: Der weiche Werkstoff Ton, den man dafür braucht, ist aus Granit entstanden, in Millionen von Jahren wurde er durch Wettereinflüsse ausgewaschen und zerbröselt.

Bereits im 16. Jahrhundert gab es die „Wasserhafner"[2] in Gmunden. Damals hat man einfache Tongefäße durch eine braune Bleiglasur wasserdicht gemacht. Und nicht viel später erfand man bereits das grüngeflammte Muster, mit dem die Keramik aus Gmunden weltbekannt wurde. Sogar das Glockenspiel am Rathausturm, das täglich viermal ertönt, ist aus grünweißer Keramik.

Unter dem Zeltdach am Schiffslandeplatz sitzen Kinder an langen Tischen und bemalen Häferln und Teller. Auch für Erwachsene gibt es einen Töpferkurs. Während Robert töpfert, besuchen seine Eltern das Museum der Stadt im Kammerhofgebäude. Danach machen sie zu dritt einen Spaziergang durch die Altstadt zum Rinnholzplatz. Dort steht ein keramischer Brunnen mit einer Salzträgerfigur.

Seine Vase wird Robert nach dem Brennen und Glasieren in der Keramikfabrik abholen.

Maria Linschinger

[1] mit einem Überguss versehen
[2] Töpfer

Dahoam is dahoam

Dahoam is dahoam

Hoamatland, Hoamatland han dih so gern
Wiar a Kinderl sei Muader, a Hünderl sein' Herrn.

Durih's Tal bin i glaffn, a'fn Hechl bin i glegn,
Und dein Sunn hat mi trückert, wann mi gnetzt hat dein Regn.

Dein Hitz is net zgrimmi, net zgroaß is dein Frost,
Ünser Traubn hoaßt Hopfn, ünsern Wein nennt ma Most.

Und zun Bier und zun Most schmeckt a kräftige Kost
Und die wachst alle Jahr, mit der Noat hat's koan Gfahr.

Deine Bam, deine Staudna sand groaß word'n mit mir
Und sie blüahn schön und tragn und sagn: „Mach's als wia mir!"

Am schönern macht's Bacherl, lass allweil tala,
Aber's Herz, von wo's auerrinnt, 's Herz lasst's da.

Und ih und die Bachquelln san Veder und Moahm.
Treibt's mih woderwill umher, mein Herz is dahoam.

Dahoam is dahoam, wannst net fort muaßt, so bleib;
Denn d' Hoamat is ehnter der zweit Muaderleib.

Franz Stelzhamer

Goisern, Goisern

Goisern, Goisern,
es is a Graus,
allweil wieder muaß i z'ruck zu dir,
sonst halt i's nimmer aus,
na, sonst halt i's nimmer aus!
Goisern, Goisern,
du gibst koa Ruah,
deine Berg' und deine Wiesen,
de g'hern halt
zu mir dazu.
A woanders
g'fallt's ma oft,
aber dann ganz unverhofft,
rührt se plötzlich was in mir
und z'ruck, z'ruck mecht i zu dir.
Goisern, Goisern,
i steh auf di,
und i steh a auf dei oanfachs
und abgnudlds
Jodl-ei-ti!

Hubert von Goisern

Franz Stelzhamer, Dichter der Landeshymne

Als „Vorfahren" heutiger Mundartdichter in Oberösterreich könnte man Franz Stelzhamer bezeichnen. Geboren wurde er 1802 in Pramet bei Ried im Innkreis. Er besuchte das Gymnasium in Salzburg, studierte Jus in Graz und Wien und verdiente sich nebenbei als Haus- und Privatlehrer seinen Unterhalt. Später führte er jahrelang ein unstetes Wanderleben. Als Journalist war er in Wien tätig, danach in Oberösterreich, Salzburg und Deutschland. Franz Stelzhamer starb 1874 mit 72 Jahren in Henndorf am Wallersee.

Monika Icelly

Dahoam is dahoam

Von der Heimat in die Ferne

Das Innere Salzkammergut, wie man die Gegend um Bad Goisern nennt, ist die Heimat von Hubert Achleitner. Aufgewachsen ist er in dem kleinen Kurort im oberen Trauntal, von den höchsten Bergen des Bundeslandes umrahmt.
Es gefällt ihm, dass man von unten im Tal hinauf ins Gebirge steigen kann, um einen besseren Überblick zu bekommen. Jemand, der in einer Ebene lebt, kann das nicht, sagt er.

Hubert von Goisern, wie der Musiker mit seinem Künstlernamen heißt, interessiert sich für die Lieder und Instrumente der Menschen anderer Kulturen, aber er kommt immer wieder in seinen Heimatort zurück, so wie im 19. Jahrhundert der Dichter Franz Stelzhamer, der sein Innviertler „Dahoam" liebte und von dort aus zu Fuß auf Wanderschaft ging. In vielen Mundartgedichten hat Franz Stelzhamer ausgedrückt, was er für die Heimat empfand.

Hubert von Goisern ist als heutiger Heimatdichter und Heimatsänger mit ihm verwandt. Er erzählt auf seiner Homepage von den Erfahrungen in Kanada, Afrika und Tibet, von den Menschen, die er kennen lernte und die mit ihm musizierten. Und er gibt auch gern Auskunft über den Beginn seiner Musikerlaufbahn.

Als er fünf Jahre alt war, wollte Hubert von Goisern Dirigent werden. Aber erst mit 27 Jahren begann er ernsthaft Musik zu studieren, zuerst in Toronto/Kanada, und ein paar Jahre später experimentelle Musik an der Wiener Musikhochschule. Er arbeitete als freier Musiker und Komponist in Österreich. Nach seinem ersten großen Erfolg mit dem „Hiatamadl" begannen die Tourneen in Europa und Amerika.

Hubert von Goisern hat auch die Musik zu einigen Filmen geschrieben und einmal eine Hauptrolle in einem Film gespielt. Bei den Musikaufnahmen zu dem Kinderfilm „Ein Rucksack voller Lügen" hat er mit den Kindern vom Leonganger Kinderchor zusammengearbeitet.

Die Marktgemeinde Bad Goisern hat dem berühmten Musiker die Ehrenbürgerschaft verliehen und als Besonderheit wurde eine Briefmarke mit seinem Portrait gedruckt. Hubert von Goisern wohnt mit seiner Familie in Salzburg. Er ist froh, wenn er zwischen den vielen Auftritten Zeit für seine beiden Kinder hat. Wer die Musik hört, die er mit seinen Musikerkollegen macht, lernt unsere Volksmusik auf eine ganz neue Art kennen.

Maria Linschinger

Ferien in Oberösterreich

Zwei Wochen im Hausruckwald

Sophia feiert ihren zehnten Geburtstag, neben der Geburtstagtorte liegt ein Briefumschlag. Aufgeregt öffnet sie ihn. Die Eltern und Leni, die kleine Schwester, beobachten sie gespannt. Sophia hält einen Gutschein in der Hand und liest. Sie strahlt. Endlich ist ihr Wunsch in Erfüllung gegangen: Die Eltern haben ihr einen zweiwöchigen Aufenthalt im Reitercamp Ampflwang zum Geschenk gemacht. Sophia möchte am liebsten sofort losfahren.

Ampflwang liegt mitten in den Hügeln des Hausruckviertels. Hier befindet sich die modernste Reitsportanlage von Oberösterreich mit ausgedehnten Reitwegen und dem größten Islandpferdegestüt von ganz Europa. Jedes Wochenende werden Wettbewerbe für die Kinder und Jugendlichen, die an Kursen teilgenommen haben, veranstaltet. Sie lernen alles Wissenswerte über Pferde und ihre Haltung. In den Reitstunden können Anfänger Ausritte im neuen Ponypark machen, Fortgeschrittene reiten in Gruppen im Gelände.

Sophias Handy klingelt. Auf dem Display erscheint die Telefonnummer ihrer Eltern.

Sophia: Ich hab doch gesagt, du sollst mich nicht jeden Tag anrufen, Mama! Es ist sowieso alles in Ordnung.

Mama: Ach, Sophia, ich mach mir Sorgen, du weißt ja, dass ich das Reiten für gefährlich halte. Hast du eine nette Zimmerkollegin?

Sophia: Nicht nur eine, drei! Die älteste ist aus Wien, die Dorli, mit der versteh ich mich am besten, die anderen zwei sind aus Linz. Zwillingsschwestern! Unzertrennlich! Es hätte im Gästehaus auch Zweier- und Dreierzimmer gegeben, aber zu viert ist es lustiger. Im Erdgeschoss haben wir einen riesigen Aufenthaltsraum. Da sind wir praktisch nur am Abend, weil wir den ganzen Tag bei den Pferden bleiben.

Leni (nimmt der Mutter den Telefonhörer aus der Hand): Hallo, Sophia, erzähl mir von deinem Pferd! Hat es dich schon einmal abgeworfen?

Sophia: Natürlich nicht! Die Flikka und ich sind die besten Freunde! Sie hat ein braun-weiß geschecktes Fell. Am ersten Vormittag darf man sich selber ein Pferd aussuchen und muss es beobachten, damit man es kennen lernt. Und dabei merkt sich das Pferd, wie ich rieche, und es merkt sich, wie ich es streichle.

Leni: Wie könnt ihr denn die vielen Ponys auseinander halten? Die Mama hat gesagt, dass es auf dem Gestüt mehr als 600 Pferde gibt.

Sophia: Das ist überhaupt nicht schwierig! Wenn wir in der Früh zur Koppel kommen, laufen uns die Pferde schon entgegen. Ich nehme immer einen Apfel

Ferien in Oberösterreich

oder eine Karotte mit, damit locke ich Flikka an. Dann führe ich sie zur Sattelkammer. Jeder Sattel und jedes Zaumzeug hat eine Nummer, wir müssen Ordnung halten. Und jede Reiterin pflegt auch das Fell und die Hufe von ihrem Pferd.

Leni: Jede Reiterin? Sind keine Buben im Camp?

Sophia: Nur zwei. Der Markus hat voriges Jahr schon die Reiternadel gemacht und möchte heuer das Bronzene Gangabzeichen kriegen. Da muss er den Tölt beherrschen, denn er will einmal Springreiter werden und ist sehr ehrgeizig. Aber der Lukas sitzt auf dem Pony wie ein Kartoffelsack, sagt die Reitlehrerin, wenn er so weitermacht, dann bekommt er nie den Reiterpass.

Leni: Armer Lukas! Aber was ist denn das, der Tölt? Ein Kunststück?

Sophia: Ja, das könnte man sagen, der Tölt ist eine Besonderheit der Isländer. Sie erlernen nicht nur die drei Gangarten wie andere Pferde, sondern außer Schritt, Trab und Galopp auch noch den Tölt. Da sitzt man ganz ruhig im Sattel, obwohl das Pferd eine hohe Geschwindigkeit erreicht. In ihrer Heimat, auf der Insel Island, legen die Ponys große Strecken im Tölt zurück. Ich freu mich schon darauf, wenn ich das einmal probieren darf. Aber im Anfängerkurs geht das nicht.

Leni: Weißt du was, nächstes Jahr bin ich schon acht, dann fahre ich mit und du kannst mir alles zeigen. Nicht wahr, Mama?

Mama (hat Leni den Hörer wieder abgenommen)*:* Sophia, der Vati will wissen, ob du auch tüchtig isst. Und ob du einen Hautausschlag bekommen hast. Und ob du immer die Reitkappe trägst.

Sophia: Sag ihm, dass er ganz beruhigt sein kann, die Reitlehrerin kontrolliert täglich unsere Ausrüstung. Und verhungern werde ich bestimmt nicht, wir kriegen genug. Alle haben riesigen Appetit, weil wir ständig in der frischen Luft sind. Und allergisch gegen Pferdehaare, wie der Vati, bin ich Gott sei Dank nicht. Wenn ihr mich am nächsten Sonntag abholt, könnt ihr bei der Abschlussprüfung zuschauen. Um 10 Uhr. Und, bitte, den Fotoapparat nicht vergessen!

Mama: Wir werden bestimmt pünktlich sein, Sophia! (legt erleichtert auf)

Leni: Mama, darf ich dann eine Reitstunde an der Longe nehmen? Ich bin jetzt schon siebeneinhalb!

Mama: Ich weiß nicht, ob dafür Zeit bleiben wird. Eigentlich wollten wir auf der Rückfahrt das Wasserschloss Aistersheim besichtigen.

Leni: Du immer mit deinen alten Gemäuern! Sport ist gesünder als Besichtigungen!

Maria Linschinger

133

Gefährliches Abenteuer am Attersee

Simon ist auf Ferienlager am Attersee. Er will zum Sommerfest in den Ort Attersee, um sich ein paar schöne Stunden mit Kristina, in die er sich verliebt hat, zu machen. Der Ort liegt am anderen Ufer des Sees.

„Wie kommen wir hinüber?", fragt Kristina.
Ohne lange zu überlegen, sagt Simon: „Mit der Libelle."
„Das dürfen wir doch gar nicht!"
„Na und? Wir müssen es den anderen doch nicht auf die Nase binden." Simon merkt, wie der Draufgänger in ihm erwacht. „Wenn die anderen beim Nachtmahl sind, fahren wir los. Okay?"
„Kannst du überhaupt segeln?"
„Nicht nötig! Wir rudern hinüber." Von seiner älteren Schwester Theres weiß Simon, dass jedes Segelboot Ruder mitführt.
„Na gut! Dann bin ich Punkt sechs am Bootssteg", sagt Kristina.
Bingo! Die Sache lässt sich gut an. Simon läuft in sein Zimmer. Max ist nicht da. Er hinterlässt ihm eine Nachricht. „BIN MIT KRISTINA BEIM SOMMERFEST." Dann steckt er sein Geld ein, und nimmt eine Packung Kaugummi mit. Für den pfefferminzfrischen Atem. Man kann ja nie wissen! Und dann, ab durch die Mitte.
Als er zum Strand kommt, sitzt Kristina bereits im Boot. Und neben ihr – Max. Simon glaubt, ihn laust der Affe. Was hat der hier zu suchen? Ist doch Abendessenszeit!
„He, Simon!", ruft er. „Ich komme mit euch mit!"
Aha, hat ihn Kristina schon eingeweiht! Schlagartig ist Simons Laune beim Teufel. Er springt ins Boot.
„Die wird sich wundern, wenn ich beim Sommerfest auftauche", sagt Max fröhlich.
„Wer?"
„Na, wer schon? Lola!"

Simon fasst es nicht. Da jammert er die ganze Zeit, wie sehr sie ihn auf Trab hält. Und dann fährt er ihr nach.
„Du weißt aber schon, dass du dir Schwierigkeiten einhandelst, wenn du dich unerlaubt entfernst?" Das war Simons letzter Versuch ihn loszuwerden.
„Keine Panik auf der Titanic!", sagt Max. „Das ist sie mir schon wert."
Simon blickt Kristina unglücklich an. Sie zuckt die Achseln. So fahren sie eben zu dritt los.
„Also dann! Von mir aus kann's losgehen", sagt Max. Kristina löst das Tau und stößt das Boot vom Steg ab. Simon legt sich ins Zeug und rudert schweigend und verbissen hinaus auf den See. Kein Lüftchen regt sich.
In einer knappen halben Stunde erreichen sie das andere Ufer. Sie vertauen die Libelle und klettern aus dem Boot. Der Steg führt direkt in einen großen Gastgarten. Dort erfahren sie, dass das Sommerfest erst am nächsten Tag stattfinden wird. Da sie Hunger haben, kehren sie in eine Pizzeria ein.
Um halb elf verlassen sie das Lokal. Höchste Zeit zurückzurudern. Im Ferienlager ist ab 23 Uhr Nachtruhe. Das Wetter hat in der Zwischenzeit umgeschlagen. Es hat stark abgekühlt. Aus der Ferne hört man Donnergrollen. Manchmal zucken Blitze über den See.
Als die Kinder den Bootssteg erreichen, fallen die ersten Tropfen. Binnen Minuten prasselt es auf sie nieder. Was tun? Sie flüchten in das nahe Bootshaus und stellen sich dort unter. Das Gewitter entlädt sich direkt über dem Ort. An eine Rückfahrt mit dem Boot ist gar nicht zu denken.
„Wir sollten drüben anrufen!", sagt Kristina.
Simon winkt ab. „Nein! Da handeln wir uns nur Ärger ein! Das Gewitter ist sicher bald vorbei."
„Wir könnten ein Taxi rufen", schlägt Max vor.

Ferien in Oberösterreich

„Vergiss es! Wir haben kein Geld mehr."

Das Gewitter verzieht sich tatsächlich bald wieder. Auch der Regen hört auf. Dafür kommt jetzt ein Sturm auf. Die Turmuhr schlägt elf. Sie verlassen das Bootshaus und laufen hinüber zum Steg. Der See ist aufgewühlt. Irgendwie unheimlich.

„Sollen wir nicht doch lieber drüben anrufen?", fragt Kristina.

„Nein, wir schaffen das schon allein! Wenn wir jetzt anrufen, würde alles auffliegen."

Die Kinder nehmen die Ruder heraus. Mit vereinten Kräften kippen sie die Libelle um das Regenwasser auszuleeren. Dann steigen sie ins Boot. Simon peilt das Ferienheim an, das von Scheinwerfern bestrahlt ist. Es scheint ihm viel weiter entfernt zu sein als bei Tageslicht. Er legt sich in die Riemen. Die Wellen schlagen von jeder Seite an ihr Boot. Der Sturm ist so stark, dass er teilweise nur das rechte Ruder einsetzen kann um nicht vom Kurs abzukommen. Nach zehn Minuten hat er keine Kraft mehr und Max übernimmt das Rudern. Dann Kristina. Anfangs reden sie noch miteinander. Blödeln sogar noch ein bisschen. Aber bald vergeht es ihnen. Sie müssen einander in immer kürzeren Abständen ablösen. Langsam kriecht Angst in Simon hoch.

Sie sind noch mitten am See und kämpfen um jeden Meter. Plötzlich steigen Leuchtraketen auf. Ein Motorboot fährt den See ab. Es kommt aber nicht in ihre Nähe. Simons Handflächen brennen. Ihm ist eiskalt und siedend heiß.

Da! Eine Leuchtrakete schlägt knapp neben ihnen ins Wasser. Im nächsten Augenblick sehen sie, wie das Motorboot wendet und auf sie zukommt. Das Motorboot kommt näher. Immer näher.

Wiederum schlägt eine Leuchtrakete knapp neben ihnen ein. Gleich darauf richten sich starke Scheinwerfer auf sie. Simon reißt sich den Pullover vom Leib und schwenkt ihn wie verrückt. Auch Kristina ist aufgesprungen. Mit einer Hand hält sie sich am Mast fest. Mit der anderen winkt sie. Die Gendarmen haben die Kinder gesichtet. Das Boot verlangsamt sein Tempo und gleitet seitlich an die Libelle heran. Simon fällt ein Stein vom Herzen.

„Sind das die drei?", fragt ein Gendarm.

„Jaja, das sind sie!", rufen Theres, Lola und Niko durcheinander und ziehen die Libelle an das Motorboot heran.

Gerettet! Niko hilft den erschöpften Kindern ins Gendarmerieboot hinüber.

„So ein Leichtsinn, bei diesem Wetter auf den See hinauszufahren!", schimpft der Gendarm, der die Libelle ins Schlepptau genommen hat. „Übers Knie sollte man euch legen."

Niko legt Simon den Arm um die Schultern. „Tut mir Leid!", murmelt er. „Aber wir ..."

Lola hält Max wie ein Riesenbaby im Arm. Entweder ist er tatsächlich vor Erschöpfung eingeschlafen oder er stellt sich schlafend. Theres hat den Arm um Kristinas Schultern gelegt. Niko um Simons. Ihm entgeht nicht, wie sich ihrer beider Fingerspitzen berühren. Kristina sitzt neben Simon und sagt kein einziges Wort. Ob sie böse auf ihn ist, weil alles so anders gekommen ist als geplant?

Das Gendarmerieboot braust bereits dem Ufer zu, da spürt Simon, wie Kristina ihre Hand in seine schiebt und den Kopf an seine Schulter lehnt. Ja, wenn das so ist! Dann hatte diese Nacht doch ihr Gutes!

Gerda Anger-Schmidt

Ferien in Oberösterreich

Reisen mit einer PS

In Oberösterreich Urlaub zu machen war schon zu Kaisers Zeiten schick. Die Kaiservilla in Bad Ischl war die Sommerresidenz des Habsburgers Franz Joseph (1848-1916). Ihm und seiner Frau Elisabeth muss es in Ischl sehr gut gefallen haben, denn die Anreise aus Wien dauerte immerhin 50 Stunden, also mehr als zwei Tage! 80-mal soll der Kaiser diese Strapazen auf sich genommen haben.

Per Dampfer ging es zunächst auf der Donau von Wien nach Linz, dann weiter mit der Pferdeeisenbahn nach Gmunden, von dort mit dem Kaiserschiff nach Ebensee und schließlich mit der Kutsche nach Ischl. Um dem Kaiser das mehrfache Umsteigen zu ersparen, sollte die Pferdeeisenbahn bis zur Kaiservilla ausgebaut werden. Doch noch bevor dieser Plan verwirklicht werden konnte, wurde die Pferdeeisenbahn – nur 45 Jahre nach ihrer Errichtung – eingestellt.

Die Pferdeeisenbahn wurde aber nicht errichtet, um die kaiserlichen Hoheiten ihrem Urlaubsreiseziel ein Stück näher zu bringen, sondern um Salz in Fässern aus dem Salzkammergut nach Böhmen zu transportieren.

Wenn du dich heute fühlen willst wie Franz Joseph und Elisabeth, kannst du von Mai bis Oktober eine Nostalgiefahrt auf einem kleinen Teilstück der alten Trasse unternehmen.

Die Damen und Herren der Pferdeeisenbahn empfangen dich in historischen Kostümen beim Aufsitzplatz neben dem Nachbau des ehemaligen Speisesalettels in Kerschbaum. Die Strecke führt durch die wunderschöne Mühlviertler Hügellandschaft und endet beim Pferdeeisenbahnhof Kerschbaum. Hier ist in den ehemaligen Gewölbestallungen das Pferdeeisenbahnmuseum untergebracht.

Die Pferdeeisenbahnstation Kerschbaum liegt in der Gemeinde Rainbach im Mühlviertel, ca. 6 Kilometer nördlich der mittelalterlichen Stadt Freistadt und ca. 8 Kilometer von der tschechischen Grenze entfernt.

Der Bahnhof Kerschbaum befindet sich am höchsten Punkt der alten Strecke, genau in der Mitte. Hier kreuzten sich zu Mittag die Personenzüge aus Linz und Budweis. Während die Pferdegespanne gewechselt wurden, stärkten sich die Fahrgäste im ersten Bahnhofsrestaurant Europas. Auch heutige Besucher kehren gerne hier ein, bevor es mit einer Pferdestärke zurückgeht zum Speisesalettel, wo die Erlebnisfahrt endet.

Evelyn Kapaun

Salzburg

Sagenhaftes Salzburg

Die Stierwascher

Vor ein paar hundert Jahren ist die Stadt Salzburg von einem starken Feind belagert und eingenommen worden. Wer konnte, hatte sich auf die Festung Hohensalzburg geflüchtet. Die Menschen haben Vieh und Lebensmittel für lange Zeit mitgenommen.

Nun steht die starke Festung Hohensalzburg auf einem hohen Felsen. Der Feind merkte bald, dass sie durch Kampf kaum einzunehmen war, und entschloss sich, sie zu belagern und auszuhungern.

Das wäre vielleicht sogar gelungen. Für so viele Leute waren auf Dauer die Lebensmittelvorräte zu gering, und die Menschen, die in der Burg Zuflucht gesucht hatten, wurden schwach vor Hunger und die Verteidiger hatten auch kaum mehr Kraft. Und dass der Feind freiwillig abzöge, war nicht zu hoffen. Eines Tages waren alle Vorräte aufgegessen und alles Vieh geschlachtet, bis auf einen einzigen, weißen Stier.

Der Burghauptmann überlegte, ob er nicht auch diesen Stier schlachten lassen und den Verteidigern der Burg zu essen geben sollte. Vielleicht konnten sie doch noch einen Ausfall wagen. Aber er wusste zugleich, es würde auch nicht viel helfen, diesen letzten Stier zu schlachten. Da fiel ihm plötzlich ein, dass man die Angreifer durch eine List zum Abzug bewegen könnte.

Er ließ den Stier holen und befahl, ihn für die Feinde gut sichtbar oben auf dem Festungswall herumzuführen und ihn dabei zu zwicken, dass er laut brülle. Da wüssten die da unten, dass es gewiss keine ausgestopfte Tierhaut war, wie dies andernorts von Belagerten versucht worden war.

So führten sie also den weißen Stier auf dem Wall, dem Feind gut sichtbar, herum und der Stier brüllte laut.

Nun befahl der Burghauptmann, den Stier braun anzumalen. Als das geschehen war, wurde der braune Stier auf dem Burgwall herumgeführt, und auch der braune Stier brüllte laut und lebendig. Sie führten ihn wieder herab, und nun wurde er schwarz gefärbt und brüllend auf dem Wall herumgeführt.

Wirklich und wahrhaftig, nun zogen die Belagerer ab. Sie wollten nicht länger eine Festung belagern, in der noch so viel lebendiges Schlachtvieh vorhanden war.

Als der Feind fort war und die Geflüchteten in ihre Wohnstätten in der Stadt Salzburg zurückkamen, führten sie den schwarzen Stier zur Salzach und wuschen die schwarze und die braune Farbe von ihm herunter, und da wurde er wieder weiß. Bald hieß es in der Gegend, die Salzburger seien seltsame Leute, sie hätten einen schwarzen Stier weißgewaschen, und so bekamen sie den Spitznamen „Stierwascher".

Später, um das Jahr 1500, hat man dann zur Erinnerung an das Geschehnis auf der Festung Hohensalzburg eine Orgel gebaut und sie den „Stier von Salzburg" genannt. Sie wurde zu einem berühmten Wahrzeichen der Stadt.

Friedl Hofbauer

Wusstest du, dass ...

der „Salzburger Stier" auch der Name für einen Kulturpreis ist? Seit 1982 wird er jährlich von Rundfunkanstalten aus Deutschland, Österreich, der Schweiz und auch aus Südtirol (ARD, ORF, DRS, RAI Bozen) an Kabarettisten vergeben.

Die Zauberin vom Silbereck

In der Nähe des Silbererzbergwerks im Silbereck im Murwinkel wohnte die Ruapnbäuerin mit ihrer Tochter. Die Bergknappen kamen oft zu Besuch. Sie brachten dem hübschen Mädchen Blumensträußchen und kleine Stücke Silbererz zum Geschenk, und so mancher von ihnen hätte das Mädchen gern geheiratet.

Die Ruapnbäuerin aber wollte nicht, dass ihre Tochter einen gewöhnlichen Knappen heiraten sollte, denn sie hätte gern einen Grafensohn als Bräutigam für ihr Kind gehabt. Als aber die Bergknappen nicht davon abließen, um das Mädchen zu werben, verbot sie ihnen ihr Haus. Das half freilich nichts. Denn die jungen Burschen stellten sich draußen auf und sangen dem Mädchen ein Ständchen nach dem anderen. „Die geben doch keine Ruhe", sagte die Ruapnbäuerin. „Ich muss etwas Ernsthaftes dagegen tun." Das konnte sie auch.

Die Ruapnbäuerin war nämlich eine Zauberin. „Am besten wäre es, wenn überhaupt alle Knappen aus der Gegend verschwänden", dachte sie. Und sie wusste auch schon, wie sie das zaubern sollte. Sie ließ sich vom Schmied eine eiserne Henne schmieden und ein paar eiserne Eier dazu, goss kochendes Pech und kochenden Schwefel darüber, damit die Henne und die Eier nicht verrosten konnten, und dann ging sie heimlich zum Silbereck und vergrub die Henne mitsamt den Eiern im Berg.

Und was geschah? Von diesem Augenblick an fand sich in dem Bergwerk kein Silbererz mehr, auch in den reichsten Erzadern nicht. Die Bergknappen hatten keine Arbeit und keinen Verdienst mehr und zogen fort.

Grafensohn ist keiner gekommen, um die Tochter der Ruapnbäuerin zu heiraten, und auch sonst niemand. Die Ruapnbäuerin und ihre Tochter sind längst gestorben.

Aber die Erzadern im Silbereck sind noch immer verzaubert, und niemand kann das Silber entdecken, bevor nicht ein Sonntagskind die Henne samt den Eiern findet und ausgräbt oder bis sie trotz Pech und Schwefel einmal doch verrostet sind.

Friedl Hofbauer

Die Wildfrauen in der Satanswand

Oberhalb des Dorfes Tweng ragt eine steile, unzugängliche Felswand auf. In dieser Wand befindet sich eine Höhle, deren Eingang man vom Tal aus gut sehen kann. Die Felswand heißt Satanswand und die Höhle heißt Wildfrauenhöhle.

Eine Sage erzählt, dass sich einst auf einem Kirtag in Tweng auch drei Wildfräulein zum Tanzen eingefunden haben. Der Teufel, der wieder einmal als flotter Jägerbursche unterwegs war, kam vorbei und sah die drei Wildfräulein tanzen. Die ließen keinen Tanz vorbeigehen und hätten das auch kaum gekonnt. Denn alle Burschen drängten sich um die drei schönen Fräulein, und jeder wollte wenigstens einen Tanz mit einer von ihnen tanzen. Dass es Wildfräulein waren, sah man ihnen nicht an.

Zu der Zeit wohnten die drei Fräulein noch nicht wie heute in der Wildfrauenhöhle, sondern ganz hoch oben, wo die Luft dünn ist und wo sie oft mit dem Sonnenschein verwechselt werden, der über die Berge flimmert. Auf dem Kirtag in Tweng aber sahen sie aus wie Dorfmädchen.

An diesem Abend ist der Teufel oder der Satan, wie er auch heißt, von der Tanzmusik gelockt, in Tweng vorbeigekommen. Er drängelte sich ungeduldig vor und holte sich eines der Fräulein nach dem anderen zum Tanzen.

Als die Musik einmal Pause machte und die drei Wildfräulein beisammenstanden und miteinander tuschelten, schlich sich der satanische Jäger heimlich an und hörte die Erste sagen: „Wenn dieser Jäger mich wieder zum Tanzen holen will, nimm ihn bitte du. Ich mag nicht mit ihm tanzen."

Da sagte die Zweite: „Mit dem tanze ich bestimmt kein zweites Mal!", und fragte die Dritte: „Du doch wohl auch nicht?"

„Nein", sagte die Dritte. „Gewiss nicht!"

Der Teufel im Jägergewand schaute grimmig drein.

Er war der Einzige auf diesem Festplatz, der wusste, dass die drei Fräulein keine Dorfmädchen, sondern Wildfrauen waren. Und er wusste auch, welchen Weg nach Hause sie nach Ende des Tanzfestes nehmen würden. Er verließ das Fest und versteckte sich außerhalb des Dorfes hinter dem dichten Buschwerk, an dem der Heimweg der drei Wildfräulein vorüberführte.

Es wurde spät und der Mond stand hoch, als die drei Wildfräulein an dem Gebüsch vorübergingen. Da brach der Teufel hervor, packte alle drei und flog mit ihnen die steile Felswand hinauf zu einer Höhle, die bis dahin noch keinen Namen gehabt hatte. Aus Rache hat er die drei Wildfräulein in diese Höhle gebannt. Dort müssen sie bleiben, bis drei kühne Gämsjäger die steile Felswand hinaufklettern und sie erlösen.

Dass die drei Wildfrauen in der Höhle sitzen, weiß man, weil sie bei Sonnenschein auf der Felsplatte vor der Höhle ihre Wäsche aufhängen, und so haben die Leute im Dorf die Höhle Wildfrauenhöhle genannt. Die Felswand aber haben sie Satanswand genannt. Denn wer sonst als der Satan könnte holde wilde Frauen in eine finstere Höhle verbannen?

Friedl Hofbauer

Ein „salziger" Name

Ortsnamen, die Hall enthalten, deuten auf Salzvorkommen und Salzabbau hin. Hall ist der keltische Name für Salz. Salz, das „weiße Gold", hat dem Bundesland und seiner Landeshauptstadt den Namen gegeben.

Der Salzbergbau geht auf die Kelten zurück, die 400 v. Chr. auch das Gebiet des heutigen Salzburg besetzten.

Die „Hallstatt-Leute" haben auf dem Dürrnberg eine Siedlung gegründet, um den Salzbergbau zu verstärken. Aber auch auf dem Hellbrunner Berg und dem Rainberg in Salzburg, dem Georgenberg bei Kuchl und dem Biberg bei Saalfelden bauten die Kelten befestigte Höhensiedlungen.

Die Salzgewinnung im Untertagbau brachte wirtschaftlichen Wohlstand. Salz war eine wichtige Handelsware. Dafür konnten prachtvolle Schmuck- und Gebrauchsgegenstände aus Gold, Bronze, Eisen, Bernstein und Glas eingeführt werden.

Der hohe Wert des Salzes bedeutete für die Salzherren nicht nur Reichtum, sondern auch Macht. Das zeigt sich auch in den Funden. Von großer Bedeutung sind die Grabbeigaben in den Fürstengräbern am Dürrnberg. Sie erzählen von der Freude der Menschen an wertvollem Schmuck und Gegenständen des täglichen Lebens.

Was die Kelten auf dem Dürrnberg hinterließen, übertrifft bei weitem alle anderen Funde im übrigen Österreich. Die berühmte Schnabelkanne vom Dürrnberg, die 1932 entdeckt wurde, ist für die gesamte europäische Keltenforschung von großer Bedeutung.

Die interessante Welt der Kelten kann man im Keltenmuseum in Hallein erforschen.

Der Bayernherzog Theodor schenkte Rupert die Reste der alten Römerstadt Iuvavum auf dem Gebiet der heutigen Stadt Salzburg und übertrug ihm die Rechte des Salzabbaus.

Der heilige Rupert, der Salzburger Landespatron, wird daher mit einem Salzfass in der Hand dargestellt.

Monika Icelly

Ein „salziger" Name

Der Salztransport auf dem Wasserweg

Zwei Drittel der in Hallein erzeugten Salzmengen wurden auf der schiffbaren Salzach nach Norden bis zur Donau transportiert.

Darüber gibt es bereits aus dem 1. Jahrhundert nach Christus Aufzeichnungen.

Auf dem Landweg, besonders im Winter auf Schlitten, wurde nur ein geringer Teil des Salzes verfrachtet.

Durch die Salzschifffahrt wurde Oberndorf sehr wohlhabend. Dort wurde das Salz von den kleineren Zillen auf größere Schiffe umgeladen.

Erzbischof Friedrich II. von Walchen gründete 1278 die Schiffergarde. Diese sollte die Salzachschiffer gegen räuberische und kriegerische Überfälle schützen. Diese Garde gibt es auch heute noch. Veranstaltungen wie das Schifferstechen in Oberndorf locken Tausende von Schaulustigen an.

Vorbild dieses Geschicklichkeitsspiels sind die mittelalterlichen Ritterturniere. Die „Stecher" versuchen ihre Gegner ins Wasser zu befördern. Die Verlierer müssen bei eisigen 10 Grad Wassertemperatur an Land schwimmen. Zum Schluss gibt es für die beiden Besten schöne Erinnerungspreise.

Monika Icelly

Schifferstechen in Oberndorf

Versuch mit Salz

Fülle ein Papiersäckchen mit Salz und lasse es einige Stunden bzw. Tage liegen. Kontrolliere das Salz in deinem Säckchen! Was erkennst du?

Das körnige Salz ist geklumpt. Das heißt, es zieht die Feuchtigkeit an. Aus diesem Grund gibt man in einen Salzstreuer Reiskörner, damit das Salz trocken und streufähig bleibt.

Monika Icelly

Wusstest du das?

Salz findet auch Einsatz ...

- *zum Konservieren von Speisen,*
- *in Form von Salzsteinen für die Tiere zum Lecken,*
- *zum Enteisen von Straßen und Eisenbahnschienen,*
- *als Rohstoff für die chemische Industrie,*
- *zum Härten von Stahl.*

Die Bischöfe und die Tiere

Erzbischof Wolf Dietrich hat in Salzburg viel gebaut und vieles verändert. Wolf Dietrich, aber auch seine Vorgänger und Nachfolger hatten viel für Tiere übrig.

Dort wo sich heute der Hellbrunner Zoo befindet, haben die Erzbischöfe schon vor fast 500 Jahren Steinböcke, Kaninchen, Fasane und Hirsche gehalten. Das alles hat zum Schloss Hellbrunn gehört. Hierher sind die Bischöfe gekommen, wenn sie etwas Ablenkung gesucht haben.

Wer sich nicht den ganzen Zoo ansehen will, sondern nur einen bestimmten Teil, kann zum Beispiel zu den Graureihern gehen.

Die Bischöfe haben Falken darauf trainieren lassen, die Graureiher zu fangen. Die Falken waren allerdings nicht stark genug, um die Graureiher zu verletzen. Sie hielten sie nur so lange am Boden fest, bis die Menschen die Reiher packen konnten. Die Vögel wurden dann mit einem Ring am Bein markiert und anschließend wieder freigelassen. Diese Art der Jagd muss den Bischöfen so großes Vergnügen bereitet haben, dass sie die Graureiher unter Schutz stellten.

In der Salzburger Altstadt erinnert die Steinbockapotheke an die Zeit der Bischöfe. Früher hat man verschiedene Körperteile des Steinbocks zu Medizin verarbeitet. Besonders Teile des Herzens waren dafür begehrt. Dadurch wurde der Steinbock schon zur Zeit der Bischöfe fast ausgerottet. Im 15. Jahrhundert hat man deshalb Steinböcke aus anderen Teilen der Alpen geholt und sie im Pinzgau freigelassen. Leider sind die Steinböcke trotzdem verschwunden. Der Mensch hat sie aber wieder zurückgebracht und heute leben wieder einige tausend Steinböcke in Österreich.

Die Steinböcke kann man ebenfalls bei einem Besuch im Hellbrunner Zoo sehen. Dort gibt es ein Rudel, aus dem auch immer wieder Tiere freigelassen werden.

Wenn man zum Mönchsberg hinaufschaut, kann man dort die Felsen und die vielen Nischen erkennen, in denen die Turmfalken brüten. Hier haben bis ins 16. Jahrhundert auch Waldrappe gelebt. Im Haus der Natur kann man diesen hühnergroßen, schlanken Vogel mit seinem schwarzen, glänzenden Gefieder, seinem langen, gebogenen Schnabel und seinem roten Kopf mit dem Federbüschel darauf sehen.

Die jungen Waldrappe müssen sehr gut schmecken, denn die Bischöfe haben sie gerne während der Fastenzeit gegessen. Deshalb haben sie den Bewohnern in der Getreidegasse verboten, die Waldrappe von den Fenstern ihrer Häuser aus mit Steinen zu bewerfen oder abzuschießen.

Heute ist der Waldrapp aus Europa fast völlig verschwunden. Aber in Grünau kann man Waldrappe beim Flugtraining beobachten; sie folgen dabei einem kleinen Flugzeug.

Wie die Graureiher wurden auch die Biber von den Bischöfen unter Schutz gestellt. Sie waren eine beliebte Fastenspeise. Während der Fastenzeit durfte man kein Fleisch außer Fisch essen. Da der Biber im Wasser lebt, hat man ihn einfach zu den Fischen gezählt. Damit war das Essen von Bibern während der Fastenzeit erlaubt. Biber haben außerdem ein tolles Fell, das sicher bei den Erzbischöfen auch sehr beliebt war.

Biber hat es früher in ganz Salzburg gegeben, aber 1869 wurde der letzte Biber Österreichs in den Salzachauen erlegt. Erst Anfang der 1980er-Jahre kam der Biber wieder nach Salzburg zurück. Heute kann man seine Fraßspuren an vielen Bäumen in den Salzachauen finden.

Leopold Slotta-Bachmayr

Ein Fest beim Erzbischof

Wenn man Lust auf das Mittelalter hat, sollte man in den Lungau fahren.

Der Lungau ist der südlichste Gau des Bundeslandes Salzburg und übt auf seine Besucher einen besonderen Reiz aus. Diese außergewöhnliche naturbelassene Landschaft faszinierte bereits die Salzburger Erzbischöfe, denen die Burg Mauterndorf gelegentlich als Sommerresidenz diente.

Die Burg Mauterndorf ist ein beeindruckendes Bauwerk mit reicher geschichtlicher Vergangenheit.

Auf ihrer Zeitreise ins Mittelalter treffen die Besucher auf den Erzbischof Leonhard von Keutschach. Das Stammhaus Keutschach lag am Nordufer des Keutschachersees in Kärnten. Der „Keutschacher" führte eine Rübe im Wappen. Dafür gab es im Volksmund sagenhafte Erklärungen. Eine davon besagt, dass der Vater dem Jüngling nach dessen Entschluss, Geistlicher und nicht Bauer zu werden, eine Rübe nachgeworfen hat. Nach einer anderen Legende soll sein Onkel Wolf zu Ulm den jungen Leonhard wegen seines schlechten Studienerfolgs zur Rede gestellt und nach einer frechen Antwort mit einer Rübe beworfen haben.

Erzbischof Leonhard von Keutschach war für Salzburg sehr wichtig. Ihm ist es vor rund 500 Jahren gelungen, das durch Kriege verarmte Erzstift Salzburg zu einem neuen Aufschwung zu führen. Einerseits war er sehr sparsam, andererseits hatte er große Geldeinnahmen durch den Salz- und Edelmetallbergbau. Er ließ auch die ersten Großsilbermünzen, die Rübentaler prägen.

In der Burg Mauterndorf kannst du ein Fest am Hofe des Erzbischofs selbst mitgestalten. Du kannst dich verkleiden, Turniere und Tänze einstudieren und zum Abschluss bei einem Festmahl alles vorführen.

Monika Icelly

Geschichtliches Salzburg

„Nicht stillhalten, wenn ein Unrecht geschieht!"

Wie oft passiert es, dass Menschen zusehen, wenn jemand beleidigt oder gequält wird. Sich für andere Menschen einzusetzen erfordert viel Mut. In politisch schwierigen Zeiten konnte man dafür mit Gefängnis oder sogar mit dem Tod bestraft werden.

Eine Heldin, die für andere ihr Leben riskierte, war Agnes Primocic. Agnes wurde am 30. Jänner 1905 als drittes von sechs Kindern einer armen Arbeiterfamilie geboren. Über ihre Schulzeit erzählt sie: „Ich bin gerne in die Schule gegangen, denn gelernt habe ich leicht. Ich habe die vier Klassen Volksschule und drei Klassen Bürgerschule[1] gemacht. Mit dreizehn Jahren bin ich aus der Schule."

Mit 16 hat Agnes in der Halleiner Zigarrenfabrik zu arbeiten begonnen. Als Betriebsrätin war sie bei den Arbeiterinnen und Arbeitern sehr beliebt, weil sie sich für sie eingesetzt hat. Außerdem war sie gebildeter als die meisten und konnte ihnen daher vieles erklären, was sie aus Büchern wusste.

„Sie wollten gerne, dass ich ihnen etwas erzähle. Ich habe viel gelesen und habe mich vielleicht auch ein bisschen mehr ausgekannt in allem."

Diese Zeit in der Fabrik hat sie geprägt. Die Arbeiterinnen und Arbeiter der Halleiner Zigarrenfabrik haben durch ihren Zusammenhalt ein halbwegs lebenswertes Dasein erreicht.

Agnes Primocic erzählt, dass sie in der Fabrik zur

Agnes Primocic

Solidarität und zum Helfen, wo immer es geht, erzogen wurde. Diese Haltung hat auch ihr weiteres Leben bestimmt. Gefängnisstrafen hinderten sie nicht daran, ihre politischen Ansichten zu vertreten und gegen ein ungerechtes Regime[2] zu kämpfen.

In der Zeit des Nationalsozialismus war ihr Leben besonders gefährdet. Einmal wurde sie von der Gestapo abgeführt und musste ihre beiden kleinen Kinder krank alleine zurücklassen. Ihr Mann war damals in Russland im Krieg. Ihr Bruder kämpfte in Spanien gegen die Faschisten[3]. Er wurde verhaftet und kam ins Konzentrationslager[4] Dachau. Das KZ Dachau hatte ein Außenlager am Fuß des Steinbruchs von Hallein. In den letzten Kriegsmonaten half Agnes Primocic 17 Häftlingen freizukommen. Für ihren Einsatz für andere Menschen wurde Agnes Primocic am 28. Juni 2000 zur Ehrenbürgerin von Hallein ernannt. Damit die Erinnerung an die schreckliche Zeit nicht verloren geht, besuchte sie jahrzehntelang als Zeitzeugin zahlreiche Schulen in ganz Österreich. Dort erzählte sie, dass man oft zu ihr gesagt hat: „Hättest du halt nichts getan, dann wärst du nicht gefährdet gewesen."

Agnes Primocic hat darauf nur eine Antwort gehabt: „Ich kann nicht stillhalten, wenn ich sehe, dass Unrecht geschieht! Ich hätte mein Leben lang kein ruhiges Gewissen mehr gehabt."

Monika Icelly

---

[1] frühere Bezeichnung für Hauptschule
[2] Herrschaftssystem, politische Führung
[3] Faschismus – Herrschaftssystem mit einem Führer, der unumschränkte Macht ausübt
[4] Konzentrationslager/KZ – Straflager, Vernichtungslager im Nationalsozialismus

Kann man mit Mut duschen?

„Was bedeutet für euch Mut?", fragte ich die Kinder der vierten Klasse der Volksschule in Zell am See. Diese Schule war Plattform des wirklich interessanten und beeindruckenden Projekts „Soziales Lernen". In allen Bereichen des Schulbetriebs wurde die Wichtigkeit des sozialen Zusammenlebens herausgearbeitet.

Was heißt soziales Zusammenleben?

Das bedeutet, dass es sehr wichtig ist, wie wir miteinander umgehen. Ob wir nett zueinander sind oder ob wir einander verspotten oder jemanden von gemeinsamen Unternehmungen ausschließen. Ob wir uns als Klassengemeinschaft fühlen und den Freundinnen und Freunden helfen, wenn sie etwas nicht so gut können. Es bedeutet auch, dass wir auf unsere Mitschülerinnen und Mitschüler zugehen und höflich zu den Lehrern und Lehrerinnen sind.

Im Rahmen dieses Projekts machte ich einen Mut-Workshop in den verschiedenen Klassen.

„Für mich bedeutet Mut, alleine in einen dunklen Wald zu gehen", sagte Florian, indem er sich wie ein Bär breitschultrig auf seinem Stuhl aufbäumte, als könnte er jeden besiegen, der versuchen würde, ihn auf seinem dunklen Pfad zu erschrecken.

„Für mich bedeutet es, vom 5-Meter-Turm zu springen", antwortete Max, von dessen stolz gerötetem Gesicht man ablesen konnte, dass ihn diese Übung doch einige Überwindung kostet.

„Ja, dafür braucht man viel Mut, das stimmt! Aber es gibt auch noch eine andere Art von Mut. Was könnte denn das sein?", fragte ich die anderen Kinder.

Laura meldete sich: „Ich brauche auch Mut, wenn ich etwas falsch gemacht habe, um es dann zuzugeben."

„Ja, oder wenn jemand geärgert wird und ich kann ihm helfen!", rief Paul in die Runde.

Ich war zufrieden: „Ja, genau. Diese Art von Mut meine ich. Darüber möchte ich nun mit euch sprechen. Man braucht auch viel Mut, um zu sagen, was man gut an sich findet. Wir können so viele Dinge aufzählen, die wir an uns nicht gut finden. Vielleicht können wir auch noch viele Dinge aufzählen, die wir gut können. Aber wenn ich jetzt sage: ‚Ich finde gut an mir, dass ich ein sehr höflicher Mensch bin', könnten einige sagen: ‚Eigenlob stinkt!' Ist doch so!?"

Mut kann man lernen, zum Beispiel in einem Mut-Workshop der in Salzburg lebenden Autorin Uschi Ghavami.

Ermutigungsprojekt in der Volksschule

Für seine persönliche Schatzkiste bekommt jedes Kinde einen echten Edelstein als ersten Glücksbringer.

Ermutigungsprojekt in der Volksschule

Am Ende des dreitägigen Workshops zeichnet Frau Ghavami einen Klassenbaum. Als Wurzeln werden die gemeinschaftsfördernden Eigenschaften aufgeschrieben, welche die Kinder im Laufe des Projekts erarbeitet haben. Der Stamm symbolisiert die Klassengemeinschaft.

Jeder Schüler bekommt ein Blatt zum ausschneiden. Sie/er schreibt einen persönlichen Vorsatz auf, den sie/er zur Gemeinschaft beitragen will.

Ich schaute in die Runde und alle Kinder sahen verlegen zu Boden und nickten.

„Du brauchst Mut, um selbstsicher zu sagen, was du gut an dir, deinem Charakter, deinem Verhalten findest. Dieser Mut ist so wichtig. Es ist so wichtig, dass du lernst, dich selbst gut zu finden. Wenn du dich gut findest, magst du dich, und wenn du dich magst, fühlst du dich gut und hast viel Spaß und ganz viele Freunde."

Dies waren ganz neue Gedanken für die Kinder der vierten Klasse. Aber das war ja das Ziel dieses Workshops, die Kinder aufzufordern, über Mut nachzudenken.

„Wollt ihr lernen, wie das geht? Wie man lernt, seine guten Seiten zu sehen?", fragte ich auffordernd.

„Ja, ja, das wollen wir!" Eine freudige Begeisterung ergriff die Kinder und ich merkte, dass sie es verstanden hatten.

Im Sitzkreis sollte jedes Kind eine gute Eigenschaft von sich nennen. Es war wirklich schwer. Die Kinder dachten nach und grübelten und trauten sich nicht, es vor den Klassenkameraden auszusprechen. Die Lehrerin und ich mussten einigen von ihnen gut zureden, damit sie diese Aufgabe bewältigen konnten.

Aber aller Anfang ist schwer.

Ja, so ist das mit dem Mut. Der ist nicht von einem Moment auf den anderen da. Aber wenn du daran arbeitest und dich selbst beobachtest, wirst du feststellen, dass du ein wunderbares Kind bist, mit vielen wertvollen Eigenschaften. Denn jeder Mensch ist wie eine große Schatzkiste voll toller Edelsteine. Diese Edelsteine sind eben diese unsere wertvollen Eigenschaften. Vielleicht fällt es dir schwer, sie an dir selbst zu finden. Nun, dann kannst du dich von Zeit zu Zeit mit Mut duschen. Dann geht es besser.

„Mit Mut duschen, was heißt denn das?"

Alle Kinder der Klasse sitzen im Kreis und ein Kind geht in die Mitte. Es darf sich freuen, denn es bekommt eine Mut-Dusche von seinen Klassenkameraden. Jedes Kind darf sagen, was ihm an dieser Mitschülerin oder diesem Mitschüler gut gefällt, was es mag an diesem Kind.

Das ist ein wunderbares Spiel, das dir hilft, deine guten Eigenschaften zu erkennen. Du siehst, dass die anderen dich mögen und was sie an dir schätzen. Also wirklich eine Mut-Dusche!

Uschi Ghavami

Lungauer Bräuche

Die Kasmandl san do!

Wenn die Kinder mit Laternen durch die Straßen ziehen, heißt es im Lungau: „Die Kasmandl san do!"

Lautes Gebimmel von Kuhglocken kündigt sie an, schaurig und geheimnisvoll in der finsteren Nacht.

Die Vorbereitung hat schon lange vor dem 10. November begonnen. Denn jedes Kasmandl muss seine Rolle gut einstudiert haben, wenn beim Kasmandlrennen auch etwas „herausschauen" soll.

Voran schreitet der Lichtträger mit der ausgehöhlten Rübe auf der Stange. Dann

kommen die Kasmandl in ihren schmierigen alten Lederhosen, langen Unterhosen und Bergschuhen. Der Halterhut ist tief ins Gesicht gedrückt. Das Gesicht verdeckt ein dichter, wilder Bart.

Hinterdrein marschiert der Bauer und der Hoita (Hirte) mit dem Stier.

Zu einer richtigen Kasmandlpassen gehört eine zünftige Sennerin. Sie trägt in einem Korb „Schnuraus", kleine Würfel aus Germteig, die in heißem Schmalz herausgebacken werden, und „Rahmkoch". Sie verwaltet meistens auch die Kasse.

An jeder Haustüre wird ein großer Radau gemacht. Wenn die Hausleute geöffnet haben, dringen die Kasmandl in die warme Stube ein und geben ihre Lieder und Gedichte zum Besten.

Zum Schluss scheppert die Sennerin mit der Kasse, damit keiner vergisst, dass die armen Kasmandl durch den Winter kommen müssen.

Zum Dank für die milden Gaben dürfen sich die Zuhörer aus dem Korb mit Schnuraus und Rahmkoch bedienen.

Natürlich gibt es auch größere Kinder, die schon längst aus dem Brauch des Kasmandlrennens herausgewachsen sind.

Sie lauern den Kasmandlgruppen in der Dunkelheit auf und erschrecken sie mit Schweizer Krachern und über den Weg gespannten Schnüren.

Dieser Brauch geht auf eine uralte Sitte zurück. Früher dürften die Kasmandl ausgestoßene und arme Kinder gewesen sein, die den Winter in den Almhütten verbracht haben. Vorher haben sie sich wahrscheinlich den Vorrat an Nahrungsmitteln bei den Bauern erbettelt.

Bernadette Pechhacker

Lungauer Bräuche

Die Riesen vom Lungau

„Der Samson kommt, der Samson kommt!", ertönt der Ruf der Zuschauer am Nachmittag des Fronleichnamstages.

Die Musikkapelle marschiert voraus, hinterdrein ein Riese.

Seinen Kopf schmückt ein Helm mit Federbusch, die Haare sind lang und gelockt wie bei Samson aus der biblischen Geschichte.

Die Brust ist gepanzert. An die Schulter lehnt er einen langen Speer. In einer Hand hält er den Kieferknochen eines Esels.

Ganz erhaben schreitet er daher. Unter dem Rock sieht man ein Paar Beine, die im Vergleich zu dem großen Mann sehr klein ausschauen.

Die stammen von einem starken Mann, der das schwere Holzgerüst im Inneren der Figur trägt.

Seine Begleitung bilden zwei „Zwergerln": Zwergenmann und Zwergenfrau.

Nur von weitem sehen sie wie Zwerge aus, denn ihre Köpfe sind viel größer als der Rest des Körpers.

Übermütig rempeln sie die Zuschauer an und verteilen auch so manchen Fußtritt.

Da bleibt die Musikkapelle stehen. Schnell eilen drei, vier starke Männer herbei und stützen den großen Mann.

Die Musikanten stimmen den Samsonwalzer an.

Die Helfer lassen den Samson frei und er beginnt zu tanzen.

Den Samson gibt es im Lungau schon lange. In insgesamt neun Orten marschieren die Riesenfiguren am Nachmittag des Fronleichnamstages und an den anschließenden Sonntagen in Musikbegleitung auf.

Der Samson aus Mariapfarr ist auch sehr reiselustig, denn er hat verwandte Riesen in Spanien ausfindig gemacht.

Nun besuchen die Riesen einander. Wer so ein Samsontreffen miterlebt hat, ist beeindruckt vom Auftritt dieser Giganten.

Bernadette Pechhacker

Weihnachtliches Salzburg

Das Salzburger Adventsingen

Jedes Jahr freuen sich nicht nur die Einheimischen, sondern Menschen aus aller Welt auf den Salzburger Advent. Besonders beliebt sind das Adventblasen am Residenzplatz, das Kripperlschauen im Heimatwerk, auf dem Christkindlmarkt Geschenke auszusuchen oder eine Pferdeschlittenfahrt. Auch im Marionettentheater finden adventliche Sing- und Musikveranstaltungen statt.

Der Höhepunkt aber ist für viele der Besuch des Salzburger Adventsingens im Großen Festspielhaus. Besonders beliebt ist dabei der Auftritt der Hiatabuam und Hiatamadln.

Monika Icelly

Wusstest du das?
Jährlich finden im Großen Festspielhaus 18 Vorstellungen vor rund 36 000 Zuschauern statt.
Etwa die Hälfte der Besucher reist aus der Bundesrepublik Deutschland an, die meisten davon aus dem benachbarten Bayern.
Mehr als zweihundert Menschen aus Salzburg und Umgebung wirken bei der Veranstaltung mit.

Ein Hiatabua erzählt

Bei meinem ersten Auftritt war ich total aufgeregt. Dabei hatten wir das ganze Jahr über im Salzburger Musikum geprobt. Die meisten von uns nahmen ihre eigenen Musikinstrumente zu den Proben und später dann auch zu den Aufführungen mit.

Neben dem Singen und Musizieren wurden wir auch im Schauspielen unterrichtet. Jede Rolle ist auf den Charakter des Hirtenbuben zugeschnitten. Die Lehrer legen großen Wert darauf, dass unser Spiel natürlich wirkt.

Weil im Land Salzburg so viele verschiedene Dialekte gesprochen werden, hat man uns Hirtensänger in zwei Gruppen eingeteilt: 12 Kinder kamen aus dem Innergebirg und zehn aus dem Außergebirg. Ich war in der Gruppe Außergebirg und konnte die „Innergebirgler" manchmal gar nicht richtig verstehen.

Ab Herbst wurde dann schon ganz intensiv gemeinsam geprobt. Die Hirtentage in der letzten Ferienwoche verbrachten wir auf der Alm. In fast 1 200 Metern Höhe haben wir im Freien gesungen, musiziert und die einzelnen Szenen für das Adventsingen einstudiert.

Mit all den Kühen, Pferden und Ziegen haben wir uns wirklich wie Hirten gefühlt. Einige von uns sind noch nie vorher auf einer Alm gewesen. Sie mussten sich erst an das Almleben und das gemeinsame Schlafen auf den Matratzenlagern gewöhnen.

Nicht jeder ist dann schließlich mit einer Rolle besetzt worden. Daher war ich auch sehr stolz, dass ich bei den Aufführungen im Dezember in der Rolle des Lippei dabei sein durfte. Wenn ich erst einmal in den Stimmbruch komme, ist es garantiert vorbei. Dann nimmt ein anderer meinen Platz ein.

Monika Icelly

Weihnachtliches Salzburg

Advent am Tauern

Nicht nur auf der Bühne des Salzburger Festspielhauses kann man sich adventlich einstimmen. Eine schöne Idee ist es auch, selbst ein Hirtenspiel einzustudieren. Dabei könnt ihr euch die Volksschüler aus Untertauern als Vorbild nehmen, von denen die folgende Szene aufgeführt wurde.

Hirten auf dem Weg von Untertauern auf den Tauern, Flötenspiel im Hintergrund

Seppei:
I bin no ganz fertig, a so ho i mi gschreckt.

Hiasi:
Ba mir a no schiaga d'Angst in die Knochn steckt.

Toni:
So ebbas ho i überhaupt no nia gsegn.

Irgei:
Koa Sekund mehr bin i da in meina Harpfn glegn.

Seppei:
Muass a woi a Wunder gschechn sei.

Hansei:
Wann der Himme in der Nacht is so hei *(hell)*.

Loisei:
Was habts denn für Gstodi, i ho nix gsechn und ghert,
mittn in der Nacht ma ausn Schlaf aufgweckt werd.

Seppei:
Geh Loisei, du Schlafhaubn, red koan Schmoarrn,
sei froh, dass d'aufgweckt bist woarn.
Hiatz teats weiter, ehs Hirta va Untertauern, mia sand eh scho spat dro,
wann ma ins nit schlein, vasaman mia dös Wunder womöglich no.

Lied „Kirchberger Hirtenlied"

Moaknecht vom Kohlmayr (kommt auf die Bühne):
Grüaß enk Gott, Buama, losts zua,
mir lasst's oafach koa Ruah.

I ho am Tauernkoar ba die Schafi gwacht,
da hat's über insare Berg a söchane Liachtn gmacht.
Und a schneeweißer Engl steht vor mir,
feierlich sagt er: „Ich verkünde dir,
heit is der göttliche Heiland geborn als kloans Kind –
in an Stall in Bethlehem, macht's enk auf gschwind!"

Loisei:
Schaut's amoi, va überall kemman Hirtn daher,
van Seekar aussa, doscht van Lungau auffa no viel mehr.
Mia miassn weitertoa, dass ma nit die Letztn wern,
schaut's auffi, genau übern Pass leicht hiatz der Stern.

Michi (Kleiner Hirte läuft nach):
Boats a wenk, boats, i fall allwei her,
ehs geht's ma viel z'schnell, dös is a Malher.
I mecht dem Kindl a sagn meine Grüaß,
aber i bin halt nit so schnell auf die Füaß.

Von der anderen Seite kommen nun Mädchen vor zur Bühne und singen das Lied „Stern über Bethlehem"

Moaknecht:
Schaut's, die Dirndln sand a scho dou,
hiatz moan i, geht nocha neamd mehr ou.

Weihnachtliches Salzburg

D' Weiberleit brauchn ja allwei an Ewigkeit,
bis s'fesch zsammgschwanzt sand, bist nit gscheit.
Habt's es a scho gsechn, den Stern, die Liachtn,
kemmt's her da, braucht's enk nit fürachtn.

Rosi:
Geh, ehs schauts eh no ganz gschreckt und tramhapert aus der Wäsch',
mir hamb zwoar a wenk länger braucht, dafür san ma hiatz fesch:
fürs göttliche Kind san ma gricht und hamb a allerhand mit,
gehen ma weiter, dem Kometn nach, oder nit?

Hiasi:
Woi, woi, mitanonder suach ma's Jesukind zu Bethlehem im Stall,
dös wird si sicher gfrei(n) über ins all'.

Resi:
I ho glei a wenk was mitgnumma zan Essn,
Brot, Speck und Butter, und ebbs zan O(n)legn ho i a nit vergessn.
Dös Röckei soit en Kindl machen woarm,
wanns a so daliegt in der Fuatterkrippn nackert und arm.

Lisi:
I geh zum Kindl oafach hi
und knie mi nieder vor eam ganz sti(ll).

Maria:
Und i wer(d) mit dem kloan Spatz nett schatzn und lachn,
damit ko i sicher a kloane Freud eahm machen.

Cilli:
Ja, i ho gar nix rechts bei mir,
aber Jesukindl, i kimm trotzdem za dir.
Dass i di ho gern,
soist va mir, liabs Kindl, hearn.

Mizzi:
Cilli, du hast mehr mitbracht, wiast denkst,
wannst en Kindl dei Liab vaschenkst,
ko koaner gebn eahm mehr,
du gehst ins voro, kimm her.
(Begibt sich mit der Laterne an die Spitze des Hirtenzugs)

Fanni:
Ja, liabe Leit, wann ma ins hiatz nach Bethlehem aufmachn,
soit a niader vergessn seine alltäglichn scheinbar wichtign Sachn.
I mecht's no amoi laut und deutlich sagn,
was ma soitn hi(n) zan Krippei tragn.
Es is d'Liab, und für dös brauchst Zeit,
leider fehlt ins dö oft heit,
wegan Geld
is alls in Hetz auf dera Welt.
Lass ma ins doh a wenk dawei,
dass d'Liab wachsn ko, da drei.
(Deutet mit der Hand auf ihr Herz)

Lied „Komm, wir geh'n nach Bethlehem"

Annerl:
Mia Hüatabuam und -dirndln wünschn enk no an schön Advent und a schöns Fest,
recht viel und lauter liabe Gäst',
wenig Stress und wia gsagt, dös bissl Zeit,
dass aufkimmt echte, tiafe Weihnachtsfreid.

Lied „Und wieder ist Weihnacht"

Michi:
Dank schö, dass all' kemma seids,
a voll's Haus ham ma ghabt, ins gfreit's.
Wann's hiatz hoam wird's foahrn oder geh,
secht's ba der Tür zwoa Hirtn steh,
d'Untertaurer wissen's scho, um a kloane Spend
bittn mia Kinder recht herzlich ganz am End.

Gesungen und gespielt von Schülerinnen und Schülern der Volksschule Untertauern
Konzept: Marianne Gsenger und Annemarie Mayerhofer
Mundartdichtung: Franz Haitzmann
Aufführung: 16. Dezember 2003 im CCO-Tauernsaal

Weihnachtliches Salzburg

Die Raunächte

Der wahrscheinlich ursprünglichste Brauch im Salzburger Advent bezieht sich auf die so genannten „Raunächte".

Es sind die ganz spezielle Nächte, in denen sich nach dem Volksglauben die Schranken zwischen dem Heute und dem Morgen, zwischen Himmel und Hölle, zwischen Mensch und Tier öffnen.

In den Raunächten ist es nicht geheuer. Zum Beispiel sprechen die Tiere im Stall plötzlich in menschlicher Sprache. Wenn man sich versteckt und ihnen aufmerksam zuhört, kann man die Zukunft erfahren. So erzählt es jedenfalls eine Legende.

Eine der Raunächte ist die Nacht des 21. Dezember, die längste Nacht im Jahr. Ursprünglich war ja auch das Weihnachtsfest ein Lichterfest. Es sollte die bedrückende Zeit der Finsternis erhellen.

Der christliche Glaube vereinte dann das Gedenken an die Geburt Jesu mit dem alten Brauch der Wintersonnenwende zu dem, was wir heute „Weihnachten" nennen.

Beim „Räuchern-Gehen", ebenfalls ein alter Brauch, geht auch heute noch das Familienoberhaupt mit dem Rauchfass durch das ganze Haus. Mit Weihrauch und verbrannten geweihten Osterzweigen werden Stall und Stube, Familie und Tiere „beräuchert". Das soll die bösen Geister vertreiben und Glück für das nächste Jahr bringen.

Monika Icelly

Weihnachtliches Salzburg

Stille-Nacht-Orte

Viele Orte in Salzburg stehen mit dem berühmtesten deutschsprachigen Weihnachtslied in Verbindung. Eine eigene Gesellschaft, die Stille Nacht Gesellschaft, hat sich die Erforschung der Entstehung des Liedes zum Ziel gesetzt. Du findest wichtige Informationen im Internet unter www.stillenacht.at.

Joseph Mohr, der den Text zu „Stille Nacht!" schrieb, lebte um 1794 im Haus Steingasse 31 in Salzburg.

 In den Jahren 1815 bis 1817 hatte Mohr in Mariapfarr im Lungau die Stelle eines Koadjutors (Amtsgehilfe eines katholischen Geistlichen) inne. Hier verfasste er 1816 den Text von „Stille Nacht!".

Komponiert (vertont) hat „Stille Nacht!" 1818 der in Oberösterreich geborene Franz Xaver Gruber. Er war Lehrer in Arnsdorf (in der Nähe von Oberndorf). Hier steht das Schulhaus, in dem Gruber gewohnt und gewirkt hat. In der Klasse, in der Franz Xaver Gruber unterrichtete, steht heute noch sein Lehrerpult. Die Wohnung im oberen Stock beherbergt das Franz-Xaver-Gruber-Museum.

 Uraufgeführt wurde „Stille Nacht! Heilige Nacht!" in der Christmette 1818 in der St. Nikolaus Kirche in Oberndorf. An der Stelle der Kirche steht heute die Stille-Nacht-Gedächtniskapelle.

In Wagrain befinden sich die von Joseph Mohr gegründete Schule und auch sein Grab. Vor dem südseitigen Friedhofseingang informiert eine Dauerausstellung über sein Leben und Wirken sowie über die Entstehungs- und Verbreitungsgeschichte von „Stille Nacht!".

Monika Icelly

Tierisches Salzburg

Im Haus der Natur

Carina und Monika stehen am Mirabellplatz und warten auf den Bus nach Hause. Sie gehen beiden in die Volksschule in St. Andrä. Heute war ein besonderer Tag. Ihre beiden Klassen haben gemeinsam das Haus der Natur besucht. Dazu mussten sie nicht einmal mit dem Bus fahren. Sie sind über den Markartplatz gegangen, haben die Salzach überquert und schon waren sie am Ziel.

„Wie hat es dir gefallen?", fragt Carina.

„Am Anfang war es ganz schön gruselig. Als wir in die große Halle mit den Sauriern gekommen sind und ein Saurier auf einmal ganz furchtbar gebrüllt hat – da habe ich mich schon ein wenig gefürchtet", sagt Monika und verrät damit ein Geheimnis, das sie außer ihrer besten Freundin sonst niemandem anvertrauen würde.

„Ich habe es auch unheimlich gefunden", gesteht Carina. „Aber die vielen Fische waren toll. So schön bunt! Der Tintenfisch hat sogar immer die Farbe gewechselt."

„Hast du die Frau gesehen, die bei den Haien getaucht ist?", fragt Monika.

„Ja, das ist ziemlich mutig, auch wenn die Haie nicht sehr groß waren. Ich glaube, sie hat die Fenster geputzt …"

Die beiden unterbrechen ihr Gespräch, weil der Bus kommt. Sie steigen ein und haben Glück. In der Mitte sind nebeneinander zwei Plätze frei. Der Bus fährt an.

„Was habt ihr noch gesehen?", setzt Monika das Gespräch fort.

„Nach den Fischen waren wir in der Salzachausstellung. Dort bin ich durch den Biberbau geklettert und habe an einem Modell gesehen, wie die Salzach Salzburg überschwemmt."

„Ich war dafür in der Weltraumhalle. Stell dir vor, am Jupiter würde ich 7 200 Kilo wiegen aber am Mond nur 4 Kilo."

„Da würde ich lieber am Mond wohnen."

Die beiden sind sich einig, dass 24 Kilo auf der Erde okay sind.

„Den Buben hat die Bärenhöhle am besten gefallen. Sie haben so getan, als würden sie den Bären jagen. Immer müssen die etwas jagen und einfangen", sagt Carina und rollt die Augen.

„Genau! Dass sich die nicht einmal in Ruhe das Haus der Natur ansehen können", pflichtet ihr Monika bei.

„Hast du gewusst, dass es in Salzburg Goldschakale gibt?", fragt Carina.

„Was sind das für Tiere?", will Monika wissen.

Im Haus der Natur in Salzburg werden verschiedenste Bereiche der belebten und unbelebten Natur aus Österreich und allen Teilen der Welt, von der Arktis bis zum Regenwald, von der Urzeit bis zur Gegenwart, dargestellt. Zu den Höhepunkten des Museums gehören die Saurier, die Menschenausstellung, die Kristalle, die Weltraumhalle, eine Schau über die Welt der Meere, die Aquarien und Terrarien sowie lebende Insekten. Nähere Informationen findest du im Internet unter: www.hausdernatur.at

Tierisches Salzburg

"Die sehen aus wie kleine Hunde mit einem schwarzen Rücken und goldgelben Beinen. Sie wandern von Slowenien und Kroatien aus nach Norden. Im Fernsehen habe ich das gesehen, aber dass sie auch bis nach Salzburg kommen, habe ich nicht gewusst."

"Sind die nicht gefährlich?", will Monika weiter wissen. Sie fahren gerade durch einen Wald und schauen sich um. Vielleicht hüpft ja gleich ein Goldschakal auf die

Straße. "Nein, erstens sind sie nicht besonders groß und zweitens fressen sie nur Mäuse und solche Tiere. Außerdem wurde bis jetzt nur ein Goldschakal in Gastein beobachtet."

Da ist Monika aber beruhigt.

In der Zwischenzeit ist der Bus immer leerer geworden und sie müssen aufpassen, dass sie ihre Station nicht übersehen. Das ist ihnen schon einmal passiert, da haben sie sich vertratscht.

"Wir waren auch noch bei den Schlangen", erzählt Carina weiter. "Ein Mann hat die Schlangen aus ihrem Käfig genommen."

"Es heißt Terrarium und nicht Käfig", weiß Monika. "Bei den Schlangen waren wir auch. Habt ihr auch eine Schlange halten dürfen?"

"Ja, obwohl ich mich am Anfang nicht getraut habe. Die Schlange hat so kalt und glitschig ausgesehen. In meiner Hand hat sie sich aber ganz trocken und warm angefühlt, fast schon angenehm. Die Schlange ist dann auf meinem Arm hinaufgekrochen und hat sich in mein Genick gelegt. Dort ist es nämlich schön warm und das brauchen die Schlangen", gibt Carina wieder, was der Schlangenpfleger ihnen erzählt hat. Monika ist erstaunt und fast ein wenig neidisch. Sie hat sich nämlich nicht getraut, die Schlange zu berühren.

Plötzlich hält der Bus und die beiden springen auf. Fast hätten sie wieder einmal ihre Haltestelle verpasst …

Leopold Slotta-Bachmayr

Fritz, der Spatz, ist im Zoo Salzburg zuhause

Fritz, der Spatz, wohnt im Zoo Salzburg. Er hat seine Höhle gleich über dem Büro des Zoodirektors. Vielleicht ist er deshalb immer bestens informiert.

Von seiner Höhle aus hat Fritz eine tolle Aussicht auf die Gibbons und die Totenkopfaffen. Fritz kann schnell einmal die Aras besuchen, eine Papageienart aus Südamerika, und er hat auch nicht weit zu den Eseln.

Ein Stück weiter sind die Wölfe zuhause. Da muss Fritz allerdings ein wenig aufpassen. Wölfe können einem kleinen Spatz gefährlich werden …

Wenn Fritz nach links aus seiner Höhle fliegt, trifft er Gämsen, Fischotter, Bären, Rentiere und Steinböcke. Wenn er ganz frech ist, fliegt er zu den Gämsen und stibitzt ihnen ein paar Grashalme für sein Nest.

Rechts von seiner Höhle befindet sich ein Glashaus; das kennt Fritz nur von außen. Darin leben Affen, ein Leguan und seltsame blaue Vögel. Ein wahres Schlaraffenland für Spatzen ist gleich daneben: das Restaurant. Dort fallen für sie immer wieder Brösel, Salatreste oder manchmal sogar Pommes frites ab. Wenn Fritz in dieser Richtung weiterfliegt, trifft er Kapuzineraffen und Guanakos – so heißt die Wildform des Lamas. Dann kommen die Raubkatzen: Jaguar, Puma, Leopard, Schneeleopard, Tiger und Löwe. Da fliegt Fritz meist schnell vorbei, denn mit den Raubkatzen ist noch weniger zu spaßen als mit den Wölfen.

Nicht weit entfernt leben die Przewalskipferde. Diese mongolische Pferderasse ist die Urform des Hauspferdes. Dort steht auch ein mongolisches Zelt: eine Jurte. Fritz hat es sich einmal genau angesehen, aber für einen Spatz bietet es keine standesgemäße Unterkunft. Bei den Przewalskipferden fallen jede Menge Pferdeäpfel an, darin findet Fritz viele leckere Samen. Gleich gegenüber sind die Nashörner und man kann sich nicht vorstellen, wie groß die Nashornäpfel erst sind …

Hat sich Fritz endlich voll gefressen, ist es Zeit für ein Schwätzchen im Vogelpark. Manche der Vögel leben im Zoo, andere können frei herumfliegen. Wieder andere machen auf ihrer Reise in den Süden hier Rast. Wenn dann noch ein wenig Zeit bleibt, fliegt Fritz auch noch bei den Graureihern vorbei. Meistens stehen die allerdings im Wasser herum und halten nach Fischen Ausschau. Da kann ein kleiner Spatz einfach nicht mitreden.

Hoch über dem Zoo kreisen einige große Vögel, die Fritz nicht so gut kennt: Mit den Turmfalken und den Dohlen, die in der Felswand über dem Zoo brüten, hat er immer wieder Kontakt, aber die Gänsegeier, die am Untersberg brüten oder in den Hohen Tauern herumfliegen, kommen nur zum Fressen in den Zoo.

Jetzt muss der kleine Spatz aber zusehen, dass er in seine Höhle kommt, um sich ein wenig auszuruhen. Heute Abend ist Nachtzoo und die Brösel und Essensreste, die bei den vielen Besuchern anfallen, sind ein Festmahl, das sich Fritz sicher nicht entgehen lässt.

Leopold Slotta-Bachmayr

Tierisches Salzburg

Spot, der Rettungshund

Spot ist ein Border Collie, einer dieser schottischen Hütehunde, die dem Schäfer die Schafe zutreiben, damit er nicht so viel laufen muss. Das macht Spot aber nur in seiner Freizeit, denn „von Beruf" ist er Rettungshund. Gemeinsam mit seinem Partner sucht er nach Menschen, die sich verirrt haben und nicht mehr nach Hause finden.

Der Tag beginnt für Spot meist ganz normal. Er wartet, bis sein Herrchen munter wird; manchmal hilft er auch ein bisschen nach: mit ein wenig Abschlecken oder Winseln.

Wenn das Herrchen endlich mit dem Frühstück fertig ist, fahren sie in den Park. Dort gibt es eine tolle Hundewiese, auf der Spot herumlaufen kann, solange er will. Anschließend gehen die beiden noch eine Runde spazieren. Nach dem Spaziergang geht es ab ins Büro. Das ist für Spot meistens der langweiligste Teil des Tages.

Manchmal bekommt sein Herrchen aber einen Anruf, bei dem er ganz aufgeregt wird. Spot weiß dann gleich, worum es geht. Wahrscheinlich hat sich wieder irgendjemand verirrt ...

An solch einem besonderen Tag zieht sein Herrchen ein rotes Gewand an und packt den Rucksack. Neben all den anderen Sachen sind darin auch Spots Wasser und die Weste mit dem roten Kreuz. Wenn er diese Hundeweste anhat, weiß er genau: Er ist im Einsatz.

Am Einsatzort sind dann meist viele Menschen. Spot und sein Herrchen treffen dort immer wieder alte Freunde: Hunde wie Menschen. Während sich die Menschen besprechen, haben die Hunde noch genügend Zeit um die wichtigsten Neuigkeiten auszutauschen.

So richtig los geht es, wenn die Menschen eine lange Kette bilden, indem sie sich nebeneinander aufstellen. Die Hunde suchen vorneweg, die Menschenkette folgt ihnen langsam. Für die Hunde ist das ziemlich anstrengend und heiß; sie können nicht schwitzen wie die Menschen. Nach spätestens einer Stunde brauchen sie entweder ein kühles Bad oder etwas zu trinken und eine Pause, bevor es wieder weitergeht.

Die Hunde nehmen bei der Suche den Geruch von Menschen auf. Der Geruch wird ihnen durch den Wind zugetragen. Sie laufen dann hin um festzustellen, ob es wirklich der Mensch ist, den sie suchen. Das erkennen sie daran, dass dieser Mensch nicht herumläuft und sich irgendwie komisch verhält.

Wenn ein Hund eine vermisste Person gefunden hat, bellt er laut, läuft zu seinem Herrchen und zeigt ihm, wo sie liegt.

In Salzburg gibt es ungefähr 80 Rettungshundeteams, die aus einem Suchhund und seinem menschlichen Partner bestehen. Die Teams gehören zur Bergrettung, dem Roten Kreuz und der Vermissten- und Lawinensuchhundestaffel. Sie suchen jedes Jahr ungefähr 30-mal nach vermissten Personen und Menschen, die unter einer Lawine oder einem eingestürzten Haus verschüttet sind.

Bis jetzt haben Spot und sein Herrchen nur bei einer Übung jemanden gefunden. Bei einem richtigen Einsatz hatten sie noch kein Glück. Auch ein Rettungshund muss sich seine Erfolge hart erarbeiten.

Wenn der Einsatz vorbei ist, werden Spot und sein Herrchen gemeinsam mit anderen Hunden und Menschen in einem Auto zum Ausgangspunkt zurückgefahren. Das kann für Spot ganz schön unangenehm sein, denn meist ist es ziemlich eng im Fahrzeug. Spot verträgt sich auch nicht mit jedem anderen Hund, und außerdem treten die Menschen oft einmal versehentlich auf seinen Schwanz. Aber als echter Rettungshund versucht er das zu übersehen – es gehört einfach mit zu seinem Beruf.

Heute ist aber ein ganz normaler Tag. Kein Anruf, der den zähen Stunden im Büro ein vorzeitiges Enge gesetzt hätte. Spot ist gespannt, wo sein Herrchen heute Abend mit ihm spazieren gehen wird. Er freut sich darauf, noch ein wenig zu üben. Andere Hunde treffen, ein wenig suchen, das macht Spaß.

Danach noch ein leckeres Abendessen und dann ab ins Bett.

Leopold Slotta-Bachmayr

Bäuerin, ich habe ein Ei gefunden!

Laura kommt aufgeregt aus dem Hühnerstall gelaufen. Alle Hühner rennen wild gackernd um sie herum. Der Hahn flattert krähend über ihren Kopf weg in den Garten.

„Bäuerin, ich habe ein Ei gefunden!", ruft Laura ganz aufgeregt und hält stolz ihr wertvolles Fundstück in die Höhe.

Aber bevor Frau Wörgetter, die Bäuerin, das Ei entgegennehmen kann, zerbricht es in Lauras aufgeregt zitternder Hand, und der feuchte, glitschige Inhalt rinnt ihr den Arm hinunter.

„Ja, Laura, da hast du wohl zu fest gedrückt. Eier musst du vorsichtig behandeln, denn die Schale ist sehr dünn."

Barbara Wörgetter hat auf ihrem Bauernhof oft Besuch von Kindern. Seit vielen Jahren schon kommen die Schulklassen der Saalfeldener Volksschulen auf ihren Hof, um einen Vormittag lang die Arbeit einer Bäuerin zu beobachten und auch selbst zu machen.

Zu Beginn des arbeitsreichen Vormittags, wenn die Hände noch sauber sind, wird in der Küche der Bäuerin der Brotteig angesetzt. Dieser muss eine Weile gehen, bevor die Kinder ihn verarbeiten können.

In der Zwischenzeit verlagert sich das Treiben in den Stall. Dort werden die Tiere gefüttert, das Gras zusammengerecht, die Eier aus dem Hühnerstall geholt und die Ziegen gemolken.

Beim Ziegenmelken fragt eines der Mädchen: „Bäuerin, warum hat die Ziege nur zwei Zitzen statt vier?"

Barbara freut sich über diese Frage und erklärt dem Kind, dass Ziegen immer nur zwei Zitzen haben und dass die Darstellungen in den Kinderbüchern oft falsch sind.

Barbara hat 14 Ziegen in ihrem Stall. Jedes der Kinder darf sich beim Melken versuchen. Die meisten tun sich etwas schwer mit dieser doch sehr fremden Beschäftigung. Sie trauen sich nicht richtig, die Zitzen der Ziegen fest in die Hand zu nehmen und sie nach unten hin auszudrücken. So bleibt es meist bei wenigen Tropfen, und wenn die Kinderhände zu zaghaft sind, kitzelt es die Ziegen und sie schlagen mit ihren Beinen aus.

Die frisch gemolkene Milch wird dann mit ins Haus genommen, denn daraus muss ja nun die Butter gemacht werden, die die Kinder dann auf ihren selbst gebackenen Broten verspeisen werden.

Die Milch wird in einer dafür vorgesehenen Maschine zentrifugiert[1]. Das Gerät hat zwei Öffnungen in verschiedener Höhe: aus der oberen rinnt die Magermilch heraus und aus der unteren der Rahm.

Während der Rahm geschlagen wird erklärt die Bäuerin: „Wenn eure Mutti Schlagobers schlägt und beim Rühren zu viel plappert und nicht aufpasst, sagt sie auf einmal: ‚Huch, nun ist es Butter geworden!'"

Wenn der Rahm so lange geschlagen wurde, dass die Butter fest geworden ist, schüttet man die Buttermilch ab und wäscht die Butter mit kaltem Wasser. Dann kann man sie in eine Butterform streichen und in kaltes Wasser stürzen. Fertig ist die Butter!

Barbara Wörgetter liebt es, die Vormittage mit den Kindern zu verbringen. Ihr Bauernhof ist auch wirklich ein Bauernhof zum Anfassen.

Uschi Ghavami

---

[1] geschleudert

Literarisches Salzburg

Wo das Leben zur Sprache kommt – Das Salzburger Literaturhaus

Das Salzburger Literaturhaus ist im ältesten Gebäude Lehens untergebracht. Der 400 Jahre alte, denkmalgeschützte Eizenbergerhof hat eine bewegte Geschichte. Um 1600 soll der Wirt Balthasar Eizenberger an der damaligen Poststraße nach Bayern ein stattliches Gasthaus errichtet haben. In Briefen Leopold Mozarts ist das Haus mehrmals erwähnt als „eine Art Kasino außerhalb der Stadt, in dessen großem Saale manchmal Bälle, Gastmahle und Hochzeitsfeste abgehalten wurden".

1991 wurde das Salzburger Literaturhaus gegründet. 2001 nannte man den Platz vor dem Eizenbergerhof H. C. Artmann-Platz. Damit wollte man dem großen österreichischen Schriftsteller, der auch ein Ehrendoktorat der Universität Salzburg erhalten hatte, nach seinem Tod im Jahr 2000 ein Denkmal setzen.

Neben einem umfangreichen Programm für Erwachsene bietet das Literaturhaus aber auch Lesungen und Workshops für Schulen an. In den Schreibwerkstätten des Literaturhauses können Kinder lernen, wie Schriftstellerinnen und Schriftsteller zu arbeiten. In einer solchen Schreibwerkstatt ist die folgende Geschichte entstanden. Vielleicht wirst auch du dadurch angeregt, selbst Texte zu verfassen.

Monika Icelly

*Litera*risches Salzburg

Eine supertolle Erfindung

Eines Morgens sagt Professor Monogrohm (der berühmte Erfinder der fünfeckigen Kugel, der Frühstücksmaschine und des trinkbaren Superhaarwaschmittels) zu seiner Frau: „Es ist höchste Zeit, dass ich wieder einmal eine meiner berühmten Erfindungen mache. Aber mir fällt nichts ein, was ich erfinden soll."

Nach dem Frühstück ging Professor Monogrohm in seine Erfindungswerkstatt hinunter und setzte sich hin. Er überlegte, welche Maschine oder welches Gerät er erfinden könnte. Da waren zum Beispiel: eine elektronische Zehennägelschneidemaschine, ein Entenrupfgerät, ein Schnellschlafapparat, ein Fußabstreifkochlöffel, eine Kachelofeneinheizmaschine, ein Sonnenuntergangsgerät, ein elektrischer Schilehrer, ein Elektrobriefausfüller, aber leider kein automatischer Hausaufgabenmacher.

„Ja genau, das ist es, was ich suche. Ich erfinde einen automatischen Hausaufgabenmacher. Da werden sich die Kinder in der Schule freuen!" Gleich darauf machte er sich an die Arbeit. Professor Monogrohm baute ein Teil an das andere. Als er fertig war, betrachtete er die Maschine von allen Seiten. Sie sah zwar ein bisschen außergewöhnlich aus, aber das machte nichts. Die automatische Hausaufgabenmaschine hatte die Form eines kleineren Autos. Rechts unten und links oben hatte sie zwei kleine Schubladen. Rechts oben die Tastatur eines Computers, auf der ein roter und ein grüner Knopf waren. Ach ja, da gab es noch einen gelben zum Ausschalten und den blauen Knopf. Das alles funktionierte so: In die rechte untere Schublade legte man einen Zettel hinein. Dann drückte man auf den roten Knopf und speicherte die Seite auf der Tastatur ein. Nachher drückte man auf den grünen Knopf, und die automatische Hausaufgabenmaschine schrieb zum Beispiel die Rechenaufgaben. Wenn die Hausaufgaben fertig waren, brauchte man nur auf den blauen Knopf zu drücken, und der Zettel kam bei der linken oberen Schublade heraus. Dann drückte man auf den gelben Knopf, und die Maschine schaltete sich aus!

Und so erfand Professor Monogrohm an diesem Tag doch noch eine supertolle Maschine.

Julia Greisinger, 4B VS Taxham

Wusstest du das?
Ein Salzburger erregte durch eine ganz besondere Erfindung Aufsehen: Ein Pensionist aus Saalfelden, Hubert Riedelsperger, konstruierte ein Hilfsgerät für alte Menschen: das Socken-Anziehgerät. Es handelt sich um eine mechanische Verlängerung der Arme für Senioren, die Probleme beim Bücken haben. Nach demselben Prinzip funktioniert auch das Hosen-Anziehgerät.

The Sound of Music

Wolfgang Amadeus Mozart

Der wohl berühmteste Salzburger Musiker ist Wolfgang Amadeus Mozart (1756–1791). Zwei Drittel seines kurzen Lebens verbrachte er in Salzburg. In der Getreidegasse ist Mozarts Geburtshaus, auf dem Makartplatz kann man Mozarts Wohnhaus besichtigen. Auch sein Vater Leopold und seine Schwester Nannerl waren hervorragende Musiker. Zusammen unternahmen sie Reisen durch ganz Europa. Bekannte Mozartopern sind: „Die Zauberflöte", „Die Entführung aus dem Serail", „Don Giovanni" und „Die Hochzeit des Figaro". Mozart war aber nicht nur aufgrund seiner Musik berühmt, sondern auch wegen seiner Späße berüchtigt.

Der arme Leutgeb

„Wolfgang, schäm dich!", rief Konstanze. „Der arme Leutgeb! Dauernd musst du ihn foppen!" Wolfgang grinste. Er konnte Leutgeb gut leiden, aber seine Gutmütigkeit reizte ihn. Leutgeb war ein ausgezeichneter Hornist und in gewisser Hinsicht ein Schicksalsgenosse: Auch Ignaz Leutgeb hatte vor einigen Jahren den Dienst beim Salzburger Erzbischof quittiert und war nach Wien gekommen. In Wien hatte er Glück gehabt. Das Glück hieß Barbara Plazerin, Tochter eines Käsemachers in der Vorstadt, in Lerchenfeld. Leutgeb hatte Barbara geheiratet und gelernt, wie man Käse macht. Aber das Hornblasen konnte er nicht lassen, wenn er auch als Musiker viel weniger verdiente als beim Käsemachen.

Wolfgang komponierte gern für Leutgeb. Gerade hatte er ein Rondo für Horn und Orchester fertig geschrieben, eine mitreißende Jagdmusik mit wirkungsvollen Bravourstellen[1] für den Hornisten. Nun trug er in den Noten der Solostimme Anmerkungen in italienischer Sprache ein, die seinen Freund Leutgeb beim Blasen zum Lachen bringen sollten …
„Schäm dich!", rief Konstanze noch einmal.
Wolfgang schämte sich nicht. Bei der Generalprobe legte er die Noten auf Leutgebs Pult. „Du kannst ja auch schwierige Stücke vom Blatt spielen …" Leutgeb nickte. Er war es gewohnt, dass Mozart die Noten immer im allerletzten Moment brachte. Das Orchester setzte ein und Leutgeb holte Luft für seinen Solo-Einsatz. Was stand da über der Notenzeile? „Ihr Einsatz, Herr Esel!" Leutgeb fing an zu blasen. Er hatte kaum Zeit zu Mozart hinüberzuschielen, denn nun kam ein langer schwieriger Lauf. „So hör schon auf!", stand darüber in Wolfgangs Handschrift. Und ein paar Takte weiter: „Du Hornvieh! Hu, war das falsch!" Leutgeb hatte es richtig

gespielt, aber nun spürte er, wie ihm heiß wurde. Er holte Luft, blies weiter, las gleichzeitig: „Dummkopf, was treibst du da! – Hilfe! – Hol ein bissl Luft! – Tempo, Tempo, es geht ja schon besser!"

Lachlust befiel ihn, dazu ein hilfloser Zorn. Die Muskeln an seinem Hals spannten sich, er bekam einen krebsroten Kopf. Die Kollegen wurden aufmerksam, warfen ihm Blicke zu, der Cellist vor ihm drehte sich sogar nach ihm um. Hatte er etwa gegickst?[2]

Nein. Weiter. Er wollte sich nicht unterkriegen lassen. Wieder eine Solostelle. Luft holen. Nicht lesen, was über den Noten steht …

„Du verfluchter Kerl", stand da. „Hör auf, ich flehe dich an …"

Leutgeb hätte platzen können. Noch 20 Takte bis zum Schluss. Wolfgang, du boshafter Kerl, na warte!

„Bravo, da blökt ein Schaf!", las Leutgeb. Weiterblasen, nicht lesen. Die Schlusstakte …

„Fertig? Dem Himmel sei Dank! Genug, genuuuuuug!", stand da geschrieben, mit drei Rufzeichen.

Leutgeb setzte sein Instrument ab und schaute Mozart an.

Der grinste von einem Ohr bis zum andern.

Ein Kollege, der Klarinette spielte, kam herüber und schlug Leutgeb auf die Schulter. „Gratuliere! Was du aus deinem Hörndl alles rausholst …" Er blickte in die Noten, stutzte und fing zu lesen an.

„Jessas na, der arme Leutgeb …"

Alle kamen, lasen und bedauerten ihn. Und Mozart lachte, weil ihm ein Streich gelungen war.

„Na, Ignaz, zufrieden mit deinem Rondo?"

Leutgeb holte tief Atem. „Ein herrliches Stück", sagte er.

Lene Mayer-Skumanz

Wusstest du das?
Im Jahr 1905 stellte Paul Fürst die Mozartkugel bei einer internationalen Pariser Ausstellung vor und erhielt dafür eine Goldmedaille.
Das Rezept ist heute immer noch das gleiche.

[1] technisch schwierig zu spielende Stellen, bei denen der Musiker sein ganzes Können zeigen kann
[2] ein Überschlagen der Stimme oder eines Tones

The Sound of Music

Edelweiss, Edelweiss
Every morning you greet me
Small and white
Clean and bright ...

So beginnt ein Lied aus „The Sound of Music", dem erfolgreichsten amerikanischen Musikfilm aller Zeiten. Er erzählt die Geschichte der in Wien geborenen Maria Augusta Kutschera, die im Benediktinerkloster auf dem Nonnberg in Salzburg zur Novizin erzogen werde sollte.

Von der Schwester Oberin wurde sie in den Haushalt des Baron Georg Ritter von Trapp entsandt, um sich um eine schwer erkrankte Tochter des Barons zu kümmern. Der Baron war im Ersten Weltkrieg ein berühmter U-Boot-Kapitän gewesen. Er war verwitwet und hatte 7 Kinder.

Maria kehrte nicht mehr ins Kloster zurück, sondern heiratete 1927 den verwitweten Baron. Sie gründete mit ihren eigenen und Baron Trapps Kindern aus erster Ehe einen A-Capella-Chor. Dieser Chor errang 1937 den ersten Preis des Musikwettbewerbs der Salzburger Festspiele.

Nach Hitlers Machtergreifung 1939 floh die Familie und ließ allen Besitz und alle Freunde in Salzburg zurück. Über Nacht wurden die Trapps arm. Sie waren Flüchtlinge ohne Heimat und ohne Rechte. Mittlerweile waren es 9 Kinder, das zehnte war unterwegs. Das Einzige, was sie zusammen tun konnten um zu überleben, war Singen. Mit ihren Auftritten finanzierte die Familie ihr Leben. Es begann mit Engagements bei Hochzeiten und Geburtstagspartys. Später unternahm der Trapp-Chor unter dem Namen „The Trapp Family Singers" weltweite Konzerttouren. Ihre neue Heimat wurde der amerikanischen Bundesstaat Vermont, wo sie ein altes Farmhaus kauften. Die Berge dort erinnerten sie an Salzburg.

Der Hollywood-Film aus dem Jahr 1965, in dem die bekannte Schauspielerin Julie Andrews die Rolle der Maria von Trapp spielt, machte die Familie Trapp in Salzburg und in aller Welt berühmt. Angeblich besuchen 7 von 10 Touristen aus den USA und aus Asien Salzburg vor allem aus dem Grund, um die Originalschauplätze des Films zu sehen.

Eine vierstündige Bustour führt heute interessierte Salzburg-Besucher zu den berühmten Drehorten: Schloss Mirabell mit seiner wunderschönen Gartenanlage, Schloss Leopoldskron und das Jagdschloss Hellbrunn, das Fürsterzbischof Markus Sittikus im 17. Jahrhundert erbauen ließ. Auch das Kloster Nonnberg, wo Maria erzogen wurde und wo 1927 die Hochzeit mit Baron von Trapp stattfand, wird besichtigt. Die Tour führt schließlich bis St. Gilgen am Wolfgangsee und zur Kirche in Mondsee, wo die Filmhochzeit gedreht wurde.

Monika Icelly

The Sound of Music

Ein Theater für Puppen

Zwischen Mozarteum und Landestheater befindet sich in der Stadt Salzburg das Marionettentheater. Mozarts Zauberflöte ist das meist gespielte und erfolgreichste Stück in der Geschichte dieser Puppenbühne.

Das Salzburger Marionettentheater beschäftigt 12 Puppenspieler. Die Ausbildung zum Puppenspieler erfolgt am Theater selbst. Sie erfordert ebenso viel Zeit und Ausdauer wie das Erlernen eines Musikinstruments.

Die Puppenspieler arbeiten tagsüber in den Werkstätten des Theaters. Es gibt eine eigene Schneiderei für die Kostüme der Puppen, eine Tischlerei und eine Schlosserei für den Bau der Kulissen und des Bühnenbildes, und nicht zuletzt die Puppenwerkstätte, in der die Marionetten gebaut und gewartet werden.

Die Marionetten werden nach den Entwürfen des jeweiligen Regisseurs einer Produktion teilweise im Theater gefertigt, teilweise von einem Bildhauer geschnitzt. Für jedes Stück werden eigene Figuren angefertigt. Diese werden nicht umgezogen, sondern für jede neu kostümierte Rolle muss eine eigene Marionette hergestellt werden.

In jedem Stück treten zwischen 20 und 90 Figuren auf. Insgesamt „beschäftigt" das Salzburger Marionettentheater derzeit rund 500 Marionetten.

Neben den Werkstätten gibt es außerdem ein großes Tonstudio, in dem die Aufnahmen für die jeweilige Produktion geschnitten und eingerichtet werden.

Der Beleuchter arbeitet mit einem computergesteuerten Lichtpult. Erst die bestmögliche Ausleuchtung der Kulisse und der Marionetten zieht den Zuschauer ganz in das Geschehen auf der Bühne hinein und regt seine Vorstellungskraft an, sodass er alles andere rund um sich vergisst.

Das Salzburger Marionettentheater spielt rund 160

Vorstellungen im Jahr in Salzburg, weitere 60 bis 100 Vorstellungen jährlich auf Tourneen, die das Theater in die ganze Welt führen.

Dafür gibt es eine eigene Reisebühne. Mit den Puppen, Requisiten und Bühnenbildern und der Licht- und Tonausstattung gehen ca. 4 bis 5 Tonnen Fracht per Lastwagen, Flugzeug oder Schiff auf Reisen.

Monika Icelly

Begriffe aus der Welt des (Figuren-)Theaters
Marionette: an Fäden aufgehängte, bewegliche Gliederpuppe
Kulisse: Elemente auf einer Theaterbühne, die Wirklichkeit vortäuschen (Wände, Landschaften, Einrichtungsgegenstände …)
Charaktere: Gesamtheit der Eigenschaften einer Figur/Rolle
Regisseur: Spielleiter beim Theater
Tournee: Gastspielreise

Von Bergen und Höhlen

Glück auf! – Im Ramingsteiner Silberbergwerk

Seid ihr schon einmal mit einer Bummelbahn gefahren? Einer Bummelbahn, die von einer rauchenden Dampflokomotive gezogen wird? Wo man angeblich unterwegs Blumen pflücken kann?
Diese Bummelbahn, die Murtalbahn, bringt uns nach Ramingstein.
Von der Haltestelle in Ramingstein erreichen wir die Anfahrtshütte zum Silberbergwerk.
„Anfahrtshütte" bedeutet nicht, dass ihr die Hütte etwa mit dem Auto anfahren sollt!
In ein Bergwerk geht man nicht, sondern man „fährt ein". Daher der Name.
Auf dem Parkplatz vor der Hütte begrüßt uns ein Bergknappe.
Er erklärt uns, worauf wir bei der Fahrt ins Bergwerk achten müssen.
Wir bekommen wasserdichte Jacken und einen Helm.
Auf dem Helm befindet sich eine alte, echte Bergwerkslampe mit offenem Feuer.
Wer sich vor dem offenen Feuer fürchtet, kann sich auch mit einer Taschenlampe auf den Weg machen.
Am unteren Rand einer Abraumhalde aus taubem Gestein (ohne Erzgehalt) befindet sich der Eingang zum Hauptstollen (Mundloch).
Gleich ist es finster. Die Lichtkegel der Lampen helfen uns, den Weg zu finden.

Im Stollen kommen wir an verschiedenen Stationen vorbei, an denen uns der Knappe erklärt, wie früher das Silbererz abgebaut wurde.
Über eine Treppe und das Fuchsloch – eng und dunkel – erreichen wir die „Große Zeche". Die Zeche ist ein riesiger Raum mitten im Berg: 90 Meter lang, 12 Meter breit und 10 Meter hoch!
In der Knappenstube legen wir eine Pause ein.
Die Knappen mussten sich früher ja auch „untertag" (im Bergwerk) stärken.
Kann vielleicht jemand eine Knappen- oder gar eine Geistergeschichte erzählen?
Die klingen hier besonders schaurig!
Im Zwergengang (gebückt), denn der Stollen wird jetzt besonders niedrig, gelangen wir durch die Leopoldisohle zu einem Wasserfall, der mitten im Berg entspringt.
Das ist die Cornelienquelle.
Über einen Steigbaum und eine schmale Kluft erreichen wir wieder das Tageslicht.
Zurück auf dem Parkplatz begegnen wir Ramo, dem Maskottchen der Bergleute.
Du findest ihn auch auf einigen Schautafeln des Montanlehrpfades.
Er stellt dir Fragen, die du vielleicht schon beantworten kannst. – Wenn du gut aufgepasst hast!

Bernadette Pechhacker

Von Bergen und Höhlen

Naturgewalten

Die Sonne scheint, die Vögel zwitschern. Die Berge erheben sich mächtig über das frische, kräftige Grün der Wälder. Es ist Juni, fast alle Schularbeiten sind schon geschrieben und die meisten Familien zieht es hinaus in die Natur.

„Was machen wir heute?", fragte Frau Hartl ihre Kinder Sarah und Paul. Von Saalfelden aus gibt es so viele Freizeitmöglichkeiten, dass eine heftige Diskussion über das Ziel des Ausflugs folgt. Im Umkreis von nur zwei Kilometern birgt das Pinzgauer Saalachtal drei außergewöhnliche Naturdenkmäler: die Saalachtaler Naturgewalten.

Lamprechtshöhle

Dazu gehört die Lamprechtshöhle, die mit ihren rund 51 Kilometern eines der größten Höhlensysteme Europas ist.

Dann gibt es die Seisenbergklamm in Weißbach bei Lofer. Durch die 600 Meter lange Klamm wurde früher Holz transportiert. Das bezeugt heute noch das alte Sägewerk am Eingang der Klamm in Weißbach.

Die dritte Attraktion ist die Vorderkaserklamm, die zwar nicht ganz so lang und spektakulär ist wie die Seisenbergklamm, aber durch die wunderschönen Badeseen und die Grillplätze im Schiedergraben ein tolles Erholungsgebiet ist.

Seisenbergklamm

Die Vorderkaserklamm ist dann auch das erwählte Ausflugsziel von Familie Hartl, die auf dem Weg dorthin noch einen Freund von Paul mitnimmt. So macht der Ausflug noch viel mehr Spaß. Ausgerüstet mit Dosenlupe und Badetuch geht es ins Vergnügen.

Fröhlich laufen die Kinder den steilen Weg hinauf. Frau Hartl keucht mühsam hinterher; sie trägt den schweren Rucksack mit der Jause und all den anderen Notwendigkeiten.

Bald kommen die Ausflügler zum ersten Wasserfall, den sie ehrfürchtig bestaunen. Er fällt nur wenige Meter vor ihnen 30 Meter in die Tiefe. Aber das ist nur ein kleiner Vorgeschmack auf das Getöse, das sie noch erwarten soll.

„Wie entsteht eigentlich eine solche Klamm?", fragt Paul. Seine Mutter, die zuvor den Prospekt studiert hat, erklärt ihm: „So etwas dauert sehr lange. Im Laufe vieler Jahrhunderte fräst sich ein Bach durch die Felsen. In diesem Fall war es der Ödenbach, der vor etwa 12 000 bis 14 000 Jahren, als das Gletschereis der letzten Eiszeit abgeschmolzen war, angefangen hatte, sich jährlich bis zu 6 Zentimeter durch den Fels zu fressen. Heute ist die Klamm bereits 400 Meter lang und 80 Meter tief, oben ist sie bis zu 6 Meter breit und unten an die 80 Zentimeter eng."

Von Bergen und Höhlen

Vorderkaserklamm

Die vier Wanderer steigen die vielen Stufen des Steges hoch, der durch die engen, unheimlichen Schluchten der Klamm führt. An vielen Stellen ist es nass und glitschig und manchmal ist es so dunkel, dass man die Treppen kaum sieht. Paul wird es unheimlich und er möchte, dass die Mutter vorangeht.

Staunend stehen die Ausflügler immer wieder am Geländer des Steges und blicken in die tosende Tiefe. Die Lautstärke des herabstürzenden Wassers ist gewaltig. Die Kinder müssen schreien, wenn sie einander verstehen wollen. Es ist wirklich abenteuerlich. Die Felswände sind ganz glatt und ausgehöhlt. Kein Wunder, wenn schon seit so vielen Jahrtausenden das Wasser daran heruntergestürzt ist. Tief unten befinden sich kleine Wasserbecken, die mit ihrem grünlichen Wasser wie erfrischende Badewannen aussehen.

Paul aber meint ganz richtig: „Ich glaub, wenn ich da reinfalle, bin ich weg!"

In der Felswand entdecken die Kinder eine Inschrift, auf der steht, dass die Begehung durch die Klamm 1882 mithilfe der Besteuerung der Bevölkerung erbaut wurde. Sarah fragt, was das bedeutet.

„Damals wurden eben noch mehr Steuern von der Bevölkerung eingetrieben, um mit dem Geld diese Stege zu bauen", erklärt Frau Hartl.

Am Ende der Klamm angekommen, lassen sich die vier müde und erschöpft auf einer Bank nieder und verspeisen ihre Jause. Max, der Freund von Paul, meint ganz versonnen: „So stelle ich mir das Paradies vor."

Nach einer Weile machen sie sich wieder auf den Rückweg. Die Kinder zählen die vielen Stufen und Stege, die durch die Klamm führen. Sie sind dabei so laut, dass man sie sicher bis nach Lofer hören kann. Aber es ist einfach lustig, das Dröhnen der eigenen Stimmen zu hören. Sie zählen 51 Stege und 35 Stiegen mit 373 Stufen. Gewaltig!

Zum Ausklang des Nachmittags vergnügen die Kinder sich noch in einem der kleinen, kalten Badeseen in der Nähe der Klamm. Sie jagen die vielen Kaulquappen mit den Händen und betrachten sie durch ihre mitgebrachte Dosenlupe.

Uschi Ghavami

Steiermark

Blick aufs Steirerland

Die Landkarte

Ich hab dir von meiner Mauer erzählt. Wenn du sie sehen willst, musst du in unseren Garten kommen. Mach bitte die Gartentür zu, dann halt dich links. Geh einfach an unserem Haus vorbei. Erschrick nicht vor dem Baumstumpf gleich neben dem Haus. Der Birnbaum, zu dem er gehört hat, ist krank geworden und abgestorben.

Mein Vater hat den Stumpf stehen lassen als Wächter des Gartens, denn seine Astlöcher sehen aus wie ein grimmiges Gesicht, richtig zum Fürchten.

Wenn du die Steinstufen zum Gemüsegarten hinuntersteigst, findest du meinen Lieblingsplatz: die alte Gartenmauer.

Du musst zuerst an der Silbertanne vorbei, dann tauchst du zwischen den Fliederbüschen durch. Pfeife dreimal, dann weiß ich, dass du kommst.

Sonst bleib ich nämlich in meinem Versteck hinter dem Bretterschlag, unter dem manchmal auch ein Igel sitzt.

Der kennt mich schon. Er läuft gar nicht weg oder rollt sich zur Stachelkugel ein. Er zuckt nur mit der Nase, wenn ich in seine Nähe komme.

Also: Du weißt, drei Pfiffe, und du wirst mich finden. Wenn ich das morsche Brett, das ich mir vom Komposthaufen organisiert habe, zur Seite schiebe, kannst du meinen geheimen Fleck an der Mauer sehen: die Landkarte. Sag nicht: Da ist nur der Verputz heruntergebröselt. Dieser Fleck schaut doch aus wie eine echte Karte.

Ein bisschen sieht er sogar aus wie die Steiermark. Wie ein abgewinkeltes Knie von der Seite. Ein bisschen mehr von einem dünneren Oberschenkel ist da, und ein bisschen weniger von einem dickeren Unterschenkel. Die graue Steiermark schwimmt als eine Knie-Insel im weißen Mauermeer.

Schau, da links oben in der Ecke! Dieser Gupf könnte das Ausseer Land sein.

Natürlich wirst du über mein „links oben" die Nase rümpfen. Im Nordwesten muss es heißen, wirst du sagen. Ich habe natürlich versucht, eine Windrose in die weiße Mauer zu kratzen. Da ist noch mehr Verputz abgebröckelt, und ich hab es sein lassen. Ich hab vorsichtig die Enns, die Mur und die Mürz einzeichnen wollen. Gelungen ist mir das nicht so gut. Wo auf meiner Mauerlandkarte Graz liegt, ist leicht zu finden. Ich hab einen dunklen Fleck hingemalt.

Was glaubst du, wo sich der Semmering befindet? Mitten auf der Kniescheibe. Von dort geht es ins Niederösterreichische, aber da ist nur weiße Wand, Niemandsland.

Manchmal stell ich mir vor, die Steiermark ist das einzige erforschte Land Österreichs, nein, ganz Europas. Alles andere herum ist unbekannt. Früher hat man unbekannte Länder als weiße Flecken auf der Landkarte stehen lassen.

Auf meiner Gartenmauerkarte ist alles um die Steiermark weiß, also noch nicht entdeckt. Da gäbe es sehr viel zu erforschen. Aber ich bin froh, dass das in Wirklichkeit nicht stimmt. Das wäre doch einfach unheimlich, wenn außer der Steiermark nichts bekannt wäre. Das möchte ich nicht. Was sagst du dazu?

Walter Thorwartl

Blick aufs Steirerland

Suchaktion

Klein sucht Geld
KNITTEL sucht .... (FELD)
Regen sucht Wurm
UHR sucht .... (TURM)
Wald sucht Weg
MÜRZ sucht .... (STEG)
Milch sucht Kuh
WUND sucht .... (SCHUH)
Lebzelt sucht Herz
EISEN sucht .... (ERZ)
Zucker sucht Bäcker
ROSS sucht ..... (EGGER)
Willi sucht bald
EIBIS sucht .... (WALD)
Kugel sucht Blitz
DONA sucht ..... (WITZ)
Aber morgen, in STAINZ,
da treff ich den Heinz.

Gerda Anger-Schmidt

Werbung

Was macht den Geier groß und stark?
Ein Urlaub in der STEIERMARK.

Gerda Anger-Schmidt

Blick aufs Steirerland

Steirische Landeshymne

Hoch vom Dachstein an, wo der Aar noch haust,
bis zum Wendenland am Bett der Sav'
und vom Alpland an, das die Mürz durchbraust,
bis ins Rebenland im Tal der Drav':
Dieses schöne Land ist der Steirer Land,
ist mein liebes, teures Heimatland.

Wo die Gämse keck von der Felswand springt,
und der Jäger kühn sein Leben wagt;
wo die Sennerin frohe Jodler singt
auf der Alp', die hoch in Wolken ragt:
Dieses schöne Land ist der Steirer Land,
ist mein liebes, teures Heimatland.

Wo durch Kohlenglut und des Hammers Kraft
starker Hände Fleiß das Eisen zeugt;
wo noch Eichen stehn, voll und grün von Saft,
die kein Sturmwind je noch hat gebeugt:
Dieses schöne Land ist der Steirer Land,
ist mein liebes, teures Heimatland.

Wo der Mais und Haid'n herbstlich duftend blühn,
und des Obstes Füll' so lachend keimt;
wo im Unterland süße Trauben glühn,
deren edles Blut wie Perlen schäumt:
Dieses schöne Land ist der Steirer Land,
ist mein liebes, teures Heimatland.

Wo sich lieblich groß eine Stadt erhebt,
hart am Atlasband der grünen Mur;
wo ein Geist der Kunst und des Wissens lebt,
dort im hehren Tempel der Natur:
Dieses schöne Land ist der Steirer Land,
ist mein liebes, teures Heimatland.

Jakob Dirnböck

Manche Begriffe hast du vielleicht nicht verstanden. Hier eine kleine Hilfestellung:

Mit *Aar* ist der Adler gemeint.
Das *Wendenland am Bett der Sav'* ist das Grenzland zum heutigen Slowenien, der Fluss Save entspringt in Slowenien, nahe der Grenze zur Steiermark.
Das *Rebenland im Tal der Drav'* bezeichnet das Weinbaugebiet im Drautal.
Die Mur wird mit einem glänzenden Stoffband, dem *Atlasband*, verglichen.
Die Natur wird als *hehrer Tempel* bezeichnet, also als etwas Heiliges, Kostbares angesehen.

Damals in der Steiermark

Über den Sölkpass

Das muss man sich einmal vorstellen, wie es damals war, als die Soldaten der Römer über den Sölkpass kamen.

Viele hundert Jahre ist das schon her. Heute führt eine bequeme Straße über den Pass, von Schöder im Süden nach Sankt Nikolai im Norden, am Beginn der Großsölk.

Die Römer werden auf einem schmalen steinigen Pfad marschiert sein, steil aufwärts, mit gefährlichen Stellen, an denen man leicht abstürzen konnte. Jäger, Händler und Waldmenschen werden diesen Pfad benutzt haben.

Die römischen Soldaten suchten damals nach Übergängen, wie sie rascher ins Ennstal gelangen könnten, ohne umständlich den Weg durch das Murtal, das Liesing- und das Paltental zu suchen.

Die Römer werden geschwitzt und geschimpft haben, in ihren unbequemen Rüstungen, die Pferde hinter sich herziehend, die ihnen den Proviant und die Ausrüstung trugen. Aber sie waren Soldaten, die ihren Vorgesetzten gehorchen mussten, wenn sie ihren Sold bekommen wollten.

Heute sind die Berge, die man vom Sölkpass aus sieht, das Schafdach, der Kammkarlspitz, der Unholding im Nordosten und das Nagleck im Westen, beliebte Wanderberge. Damals mussten sie den Römern wie unheimliche, dicht bewachsene Gebirge vorgekommen sein, wo unbekannte Tiere und seltsame Wesen auf sie lauerten.

Vom Pass aus aber konnten sie dann sehen, dass ein langes Tal nach Norden führte. Diese Aussicht wird ihnen neuen Mut gegeben haben. Sie hatten einen wichtigen Übergang über die Tauern entdeckt! Ihre Spuren sieht man noch heute vom Pass abwärts führen. Ein kaum sichtbarer, mit Steinen ausgelegter Weg schlängelt sich die Passhöhe abwärts und verliert sich irgendwo im Almgras und in den Latschen.

Man kann ein Stück auf dieser alten Römerstraße wandern, wenn man genau aufpasst, wohin man tritt. Sonst kann man sich in diesem Gelände leicht den Fuß verstauchen.

Ist es nicht ein seltsames Gefühl, unterwegs auf den Spuren der römischen Soldaten zu sein? Fast könnte man glauben, dass man ihre Stimmen hört, und das Klirren ihrer Rüstung und ihrer Waffen. Vielleicht haben sie so miteinander geredet, lateinisch, in der Sprache des Römischen Reiches: „Tullius, was soll ich da in dieser unfreundlichen Gegend? Am Tag sich schinden und schwitzen, in der Nacht frieren, auf einem Lager aus Stein."

Damals in der Steiermark

„Ja, Camillus, hast du letzte Nacht diese Stimmen gehört? Das sind die Geister der Berge. Habt ihr die glühenden Augen nicht gesehen?"
„Tullius, du Angsthase, das waren Nachtvögel, Eulen!"
„Freunde, wie gerne wäre ich jetzt zu Hause in Umbria! Diese Wärme, diese lieblichen Hügel! Bei Jupiter, was mache ich bloß hier!"
„Wollt ihr wohl still sein! Wenn euch der Centurio hört!"
„Marcus, spiel dich nicht auf! Oder macht dir dieser Marsch deshalb so viel Spaß, weil du vielleicht den doppelten Sold kriegst?"
„Seht, dort vorne geht es wieder abwärts! Wenn wir Glück haben, schlagen wir unser Lager heute Abend im Wald, auf weichem, moosigem Grund auf. Lasst uns nicht streiten, amici!"

Im Großsölktal gibt es Einheimische, die schwarzes Haar und eine dunkler getönte Haut besitzen. Das sind Nachkommen der römischen Soldaten, die in diesem engen Taleinschnitt zurückgeblieben sind, so sagt man. Ob das stimmt, weiß man nicht. Aber ist es nicht spannend sich vorzustellen, dass man einen Ahnen aus dem alten Rom, aus Süditalien, vielleicht sogar aus Nordafrika oder Kleinasien hat?
Was könnte dieser Ahne wohl alles erzählen?

Walter Thorwartl

173

Die Gründung von Mariazell

Basilika von Mariazell

Gnadenstatue

Um das Jahr 1157 war die Gegend des heutigen Mariazell reinste Wildnis voll Bären, Wölfen und Elfen. Ja, die gab es damals dort und auch noch viele Spukgestalten, gute und böse, holde und unholde.

Um die Mitte des zwölften Jahrhunderts aber wurde das ein wenig anders. Damals sandte der Abt von St. Lambrecht, Otto VII., einen Priester in dieses heidnische Dickicht, um die Menschen dort zum Christentum zu bekehren.

Der Priester pilgerte, dem Geheiß des Abtes gehorchend, den weiten, mühsamen Weg durch den unwirtlichen Forst. Er trug ein Marienbild unter dem Arm, zu dem er herzlich betete, wenn er im Dorngebüsch nicht mehr weiterkam oder wenn ein Wildbach ihm den Weg versperrte. Nach dem Gebet fühlte er sich jedes Mal stärker und konnte weitergehen.

Er wollte hier irgendwo der Muttergottes zu Ehren eine Klause bauen, aber kein Platz schien ihm richtig. So irrte er durch die Gegend, und einmal brach er vor Erschöpfung zusammen und hatte nicht einmal mehr Kraft zu beten. Da fiel sein Blick auf einen unüberwindlichen Felsen vor ihm, und ringsum war schier undurchdringliches Dorngestrüpp.

„Muss ich hier sterben?", dachte er. „Ich kann ja nicht mehr weiter!"

Wie zum Abschied betrachtete er das Bild der Muttergottes und es schien ihm plötzlich, als ob sie lächelte. Da hielt er das Bild dem Felsen entgegen und wusste gar nicht, warum!

Plötzlich sah der Felsen nicht mehr unüberwindlich aus und öffnete sich vor seinen Augen wie ein Tor. Der Pilger ging durch das Felsentor und sah dahinter ein freundliches Tal vor sich liegen. Er ging den Weg hinunter, baute unten seine Einsiedlerzelle und nannte diese Maria zu Ehren „Marienzelle". Sie wurde mit der Zeit das Ziel vieler Pilger und galt als ein Gnadenort.

Etwa 200 Jahre später stand Ludwig I., König von Ungarn und Polen, vor einer Schlacht gegen die Türken, die viermal so viele Soldaten hatten wie er selbst. Von seiner Gemahlin, die öfter schon zu der „Marienzelle" gepilgert war, wusste er, dass die Muttergottes dort besonders gnadenreich wirkte.

Ludwig gelobte, anstelle der kleinen Zelle eine prächtige Wallfahrtskirche bauen zu lassen, wenn er über die Türken siegte. Und weil er die Schlacht gegen die Türken gewann, hielt er Wort und baute die Wallfahrtskirche Mariazell.

Friedl Hofbauer

Damals in der Steiermark

Der steirische Prinz

Zwei große Lieben kennt sein Leben. Beide sind glücklich. Erzherzog Johanns eine Liebe, das ist die Steiermark. Hier gründet er 1811 das „Joanneum", ein Museum, das für alle offen steht. Auch Arme dürfen sich anschauen, was hier gezeigt wird. Andere Habsburger öffnen ihre Museen nur den Adeligen. Für das Joanneum sammelt Erzherzog Johann alte Bücher. Lässt neue Werke über das Leben in der Steiermark schreiben. Auch in der Landwirtschaft geht er neue Wege. Er baut mit dem Brandhof am Hochschwab einen Bauernhof, wie er seiner Meinung nach sein sollte. Arbeitet dort nach modernen Methoden und bringt anderen Bauern bei, wie es geht. Außerdem gründet er die Bergakademie in Vordernberg. Hier lässt er alles unterrichten, was man für den Bergbau braucht. Diese Schule gibt es noch heute. Sie ist nach Leoben übersiedelt. Erzherzog Johann gründet in Vordernberg Betriebe, die Eisen auf neue, billige Art verarbeiten. Kein Wunder, dass der Mann beim Volk beliebt ist.

Noch beliebter macht ihn die zweite große Liebe seines Lebens. Die Postmeisterstochter Anna Plochl, die er 1819 kennen lernt. Er will sie sofort heiraten. Aber zu dieser Zeit dürfen Adelige nur Adelige heiraten. Muss Erzherzog Johann, der „steirische Prinz", auf seine geliebte Nanni verzichten, weil sie keine Adelige ist?

Jahrelang sieht es so aus. Am 18. Februar 1829 ist es dann aber endlich doch so weit. Kaiser Franz I. erlaubt die Heirat. Es wird eine glückliche Ehe. Nur einmal kommt es zu einem kleinen Streit. Anna will nach Graz fahren. Sie erlaubt dazu dem Kutscher, in einer vornehmen Livree[1] und nicht wie sonst im einfachen Steirerrock zu fahren. Erzherzog Johann rügt sie. Er selbst trägt immer nur den grauen Steireranzug, weil auch seine Steirer nichts anderes anziehen. Dem Kaiser in Wien übrigens hat es nie gefallen, dass sich sein Bruder Johann so anzieht wie alle anderen Steirer.

Nur einmal verlässt Erzherzog Johann die Steiermark. Als 1848 in ganz Europa die Revolution ausbricht, will zunächst der Kaiser, dass Johann ihn vertritt. Dann wird er von den Deutschen zum Reichsverweser[2] gewählt. Johann fährt nach Wien und Deutschland. Nach einem Jahr ist seine Aufgabe beendet. Johann kann endlich in seine geliebte Steiermark zurückkehren. Hier stirbt er auch nach einem langen und glücklichen Leben am 11. Mai 1859.

Traude Kogoj/Konrad Mitschka

Erzherzog Johann rudert Anna Plochl über den Toplitzsee

[1] uniformartige Dienerkleidung
[2] Stellvertreter des Kaisers

Damals in der Steiermark

Hexenverfolgung

Im Hexenmuseum im Kellergeschoß der berühmten Riegersburg kann man viel über die Hexenverfolgungen in der Steiermark erfahren.

Bis zur Mitte des 18. Jahrhunderts, also nicht nur im „finsteren" Mittelalter, wurden in der Steiermark rund 300 angebliche Hexen und Zauberer in Hexenprozessen verfolgt.

Vor allem Außenseiter und Menschen mit besonderen Fähigkeiten wurden mit den absonderlichsten Anschuldigungen belastet. Oft waren es auch allein stehende ältere Frauen, die als Belastung für die Gesellschaft empfunden wurden.

Man warf diesen Menschen vor, mit dem Teufel im Bund zu stehen. Angeblich konnten sie mit dem „bösen Blick" Krankheit und Unglück hervorrufen. Auch das Verwünschen, das „falsche Lob", war gefürchtet und man versuchte Kinder und Jungvieh mit Amuletten davor zu schützen. Die so genannten Milch- oder Kuhhexen beschuldigte man, die Kühe dazu zu bringen, keine Milch zu geben.

Auch wer sich gut mit der Heil- und Giftwirkung von Pflanzen auskannte, galt als verdächtig. Der Aberglaube ging so weit, dass manchen Frauen unterstellt wurde, sich spezielle Flugsalben zu mischen, mit denen sie dann auf Besenstielen durch die Lüfte fliegen würden.

Riegersburg

Damals in der Steiermark

Selbst für bedrohliche Unwetter mussten oft Hexen und Zauberer als Sündenböcke herhalten. Der Aberglaube hat sich bis heute in manchen Teilen Österreichs gehalten, wo geweihte Kerzen entzündet werden, wenn ein Gewitter aufzieht. In der Südsteiermark werden manchmal noch magische Gegenstände zum Schutz an die Tür angebracht.

Bei den Hexenprozessen galten eigene Regeln. Es genügte von jemandem verdächtigt und angezeigt zu werden, der einem schaden wollte, um verurteilt zu werden. Ein Geständnis wurde durch den Einsatz der Folter erpresst. Das heißt, dass den Menschen unerträgliche Schmerzen zugefügt wurden, bis sie das sagten, was man von ihnen hören wollte. Die Folter wurde erst 1776 durch Maria Theresia abgeschafft.

Die „Blumenhexe" von der Riegersburg

Beim größten Hexenprozess in der Steiermark wurde der Burgherr der Riegersburg, Johann Ernst Graf von Purgstall, vom Kaiser mit der Leitung der Untersuchung beauftragt. Er zählte zu den prominentesten Hexenrichtern der Oststeiermark.

Im Juni 1673 hatte es gleich drei schwere Unwetter mit Sturm und Hagelschlag in der Nähe der Riegersburg gegeben. Ein Großteil der Ernte wurde zerstört. Angeblich waren die Gewitter durch Hexerei herbeigeführt worden.

Katharina Paldauf

Unter den Angeklagten befand sich auch Katharina Paldauf, die Frau des Burgpflegers der Riegersburg. Sie war berühmt für ihre Liebe zu Blumen. Selbst im Winter konnte sie diese in ihrem Blumenzimmer zum Blühen bringen. Das war den Menschen unheimlich und man hielt sie für eine Hexe. In Wirklichkeit bezog sie aus Holland Blumenzwiebeln, die auch im Winter sehr gut gediehen.

Sie wurde vor Gericht gebracht und schließlich hingerichtet.

Als „Blumenhexe" ging sie in die Geschichte ein.

Martina Mitsch

Sagenhafte Steiermark

Am Grundlsee

„Da, schau einmal rüber zu dem grauen Pfahl, auf das alte Holz, das dort vorne aus dem Wasser ragt. Das könnte was erzählen."

„Warum?" fragte Klemens. „Hölzer können nicht reden. Papa, bitte, was soll das Holz erzählen?"

„Na, die Geschichte vom großen Wels in diesem See."

Sie saßen auf ihren Liegestühlen auf dem steinigen Strand von Gössl, am östlichen Ende des Grundlsees. Die Anfahrt mit dem Auto über Bad Mitterndorf und über den Radlingpass in die Ortschaft Grundlsee war schweißtreibend gewesen. Der Grundlsee selbst ist ein wunderschöner Badesee, eingebettet in die Berge des steirischen Salzkammerguts.

Nicht weit von ihrem Liegeplatz gab es das Gasthaus „Zum Rostigen Anker". Von dort hatten sie sich Getränke geholt. Das heißt, Papa war aufgestanden und hatte die Getränke für die Familie besorgt.

„Die Geschichte von was?" fragte Lisa. Sie war ein Jahr jünger als Klemens.

Klemens grinste und schaute zu Papa hinüber.

„Vom Wels. Das ist ein riesiger Raubfisch. Aber in dem See gibt´s sicher keinen Wels! Höchstens Forellen."

Mama lachte: „Wenn du den Kindern jetzt eine Schauergeschichte erzählst, halten sie nicht einmal ihren großen Zeh ins Wasser. Und das wäre schade."

Mama setzte sich auf und schlüpfte in ihre Badeschuhe.

„Ich werde mir den Wels einmal anschauen. Wer geht mit?"

Sie sahen ihr nach.

„Pass auf, Mama!", rief Lisa kleinlaut.

Papa schnalzte leise mit der Zunge.

„Keine Angst, Lisa, das ist ja nur eine Geschichte."

„Ich weiß schon", kicherte Klemens, „die Geschichte, die das Holz dort erzählt. Das hast du doch gesagt, Papa?"

„Genau, dieser Holzpfahl ist der Rest von einem Anlegeplatz. Das war vor langer, langer Zeit, da haben die Menschen aus lauter Übermut ein riesiges Schiff gebaut. Das lag hier vor Anker. Die Menschen feierten auf diesem Schiff Tag und Nacht. Sie schrien und sangen und tanzten. Der See und seine Tiere kamen nicht zur Ruhe. Die Leute von Gössl waren in ihrer Ausgelassenheit so laut, dass selbst der uralte Riesenwels vom Grund des Sees aufgeweckt wurde. Mir hat vor Jahren ein alter Fischer die Geschichte erzählt. Dort im ‚Rostigen Anker' sind wir gesessen.

Sagenhafte Steiermark

‚Weißt du', hat der alte Fischer gesagt, ‚dann ist er vom Grund des Sees heraufgestiegen, ganz langsam, der alte Wels, um nachzusehen, was da seine Ruhe stört. Sein riesiger Buckel durchbricht die Oberfläche des Sees. Er glänzt ölig in der Abendsonne. Endlich zeigt er sein furchtbares Haupt. Die Augen glitzern zornig, als sie das beleuchtete Schiff sehen. Die hässlichen Barteln schwimmen wie große Schlangen auf dem aufgewühlten Wasser, sie winden sich in den Wellen. Endlich klappt der riesige Wels sein entsetzliches Maul auf. Ein grässlicher, tiefer, lang gezogener Ton dringt aus seinem nachtschwarzen Schlund. Die Felswände werfen den unheimlichen Ton zurück. Die Menschen auf dem Schiff werden aufmerksam, sie schauen auf das Wasser und zum Himmel hinauf. Wie von dem Riesenwels gerufen, quellen dunkle Wolken über die Berge und bedecken den Abendhimmel. Ein schlimmes Gewitter zieht herauf. Blitze zucken, ihr grelles Licht zeigt den Menschen das riesige Ungeheuer, wie es mit großer Wut auf ihr Schiff zuschwimmt, wie es das schwarz glänzende Wasser vor sich herschiebt. Die Menschen stehen starr vor Schrecken. Gleich hat er das Schiff erreicht! Er reißt sein hässliches Maul weit auf!'"

Es ist ganz still am Strand. Lisa starrt Papa an, ihr Mund ist beinahe so weit offen wie das Maul des Welses.
„Weiter? Und? Was ist dann geschehen? Erzähl, Papa. Tu schon weiter!"
Klemens ist ganz nahe gerückt. Papa lacht.
„Ich weiß es nicht. Der alte Fischer hat einfach aufgehört. Er hat den Kopf geschüttelt und ist davongegangen. Aber warum fragst du nicht den alten Holzpfahl dort draußen im Wasser? Der könnte vielleicht die Geschichte zu Ende erzählen."
„Das ist unfair, Papa!" Klemens ärgert sich und wirft einen Stein ins Wasser.
„Pass auf, dass du niemand triffst. Na, ist Papa fertig mit seiner Geschichte?" Mama steigt aus dem Wasser, sie schüttelt ihr nasses Haar und spritzt alle an.
„Ich bin froh, dass du wieder da bist", sagt Lisa.

Walter Thorwartl

Sagenhafte Steiermark

Vom knöchernen Jäger

„Warum müssen wir mit dem Zug fahren?"

Klemens schaute zu Papa hinauf. Sie standen am Bahnsteig des Liezener Bahnhofs und warteten auf den Regionalzug.

„Das ist so öd. Mit dem Auto sind wir doch viel schneller. Ich mag nicht auf den Zug warten."

„Das Auto ist in Reparatur. Wenn wir nicht bis morgen in Liezen bleiben wollen, müssen wir den Zug nehmen. Mama wartet auf uns."

Sie waren beinahe allein im Abteil. Eine ältere Frau nickte ihnen freundlich zu, als der Vater sich nach freien Plätzen erkundigte.

„Wir fahren nur nach Öblarn, dort machen wir Urlaub."

Die Frau saß auf dem Platz neben der Abteiltür, beide Fensterplätze waren frei.

Klemens sah sich mürrisch um.

„Ich will wenigstens was sehen!" Er ließ sich auf einen Platz am Fenster fallen. Missmutig sah er auf die vorüberhuschenden Firmen und Industrieanlagen.

Der Vater zeigte gut gelaunt nach links.

„Willst du vielleicht aus dem Gangfenster schauen. Da breitet sich ein bekanntes Naturschutzgebiet aus, das Wörschacher Moos, ein weitläufiges Moorgebiet mit geschützten Tieren und Pflanzen. Ich hab da schon manchmal vom Zug aus Rehe entdeckt."

Klemens machte verächtlich „pfff" und riskierte keinen Blick auf die linke Seite, Richtung Süden. Der Vater sah zu der älteren Frau hinüber und zuckte mit den Achseln. Dann begann er von neuem: „Schau einmal hinauf!

Auf dem niederen Felsenkamm kannst du die Reste der Ruine Wolkenstein erkennen, sie wacht sozusagen über dem Ort Wörschach. Dort oben veranstalten sie richtige Ritterspiele."

„Da gibt's noch Ritterspiele? Geh, von der Ruine ist aber nicht mehr viel da. Ein Turm und ein paar Steinhaufen. Wahrscheinlich schauen die Ritter ähnlich aus."

Sie hielten in Stainach und fuhren dann auf den mächtigen Bergstock des Grimming zu. Die Bergkirche von Pürgg zu ihrer Rechten,

Grimming

Sagenhafte Steiermark

das „Steirische Kripperl", erwähnte der Vater gar nicht, ebensowenig Schloss Trautenfels, das sie aus nächster Nähe passierten.

In der Nähe der Station „Sankt Martin am Grimming" versuchte der Vater noch einmal, das Interesse von Klemens zu wecken. Er wies auf die Flanke des Grimming.

„Da, siehst du das Tor im Berg? Der Sage nach öffnet es zweimal im Jahr. Dann kannst du hinaufsteigen, eintreten und Gold und Edelsteine heraustragen …"

„Papa, das ist was für Babys. Das kannst du Babys erzählen."

Klemens schaute missmutig aus dem Fenster. Das Tor sah ja ganz interessant aus, musste er zugeben. Der Vater ließ nicht locker.

„Da oben soll ein Jäger herumgeistern, das Gespenst von einem Jäger. Der Bursche hat es auch einmal probiert, weil er arm war und in eine reiche Bauerntochter verliebt. Der Jäger ist durch das Tor gegangen und im Berg verschwunden. Von ihm hat man nie mehr etwas gehört. Aber seine Knochen hat man angeblich unter dem Tor gefunden."

„Echt?" Klemens sah sich das Felsentor doch genauer an.

Plötzlich ließ ihn eine brüchige Stimme hochfahren: „Ja, der Jager! Lang ist es her, aber die Leut sagen, manchmal, wenn's dämmrig wird, sitzt er noch da, am Wegrand, Richtung Öblarn, wie ein grauer Wuzel, und winkt und grinst." Die alte Frau lächelte ein wenig boshaft.

„Und in Öblarn sind seine Knochen begraben, in einer Friedhofsecke. Das Grab ist längst weg. Kannst ja schauen, ob du's find'st."

Klemens schauderte und rückte vom Fenster ab.

Der Zug schwenkte nach links, nach Südwesten, und überquerte das Ennstal.

Wie riesige weiße Vögel schwebten zwei Segelflieger über dem Tal. Sie leuchteten hell im Schein der tief stehenden Sonne.

Walter Thorwartl

Sagenhafte Steiermark

Der steirische Erzberg

*von Reinhard Wegerth
und Franz Hoffmann*

Man wusste, dass der Wassermann manchmal aus seiner Grotte kam,

um sich zu sonnen, wenn ihn fror. Da sprangen Steirerbuam hervor,

fesselten ihn aus Übermut, bevor er sich noch ausgeruht.

Sie wollten ihn nicht wirklich quälen, ihn nur im Dorf zur Schau ausstellen.

Da sprach der arme Wassermann:
„Ihr Steirerbuben, hört mich an!
Ich brauch auf meiner Haut den Tau,
auch wartet meine Wasserfrau
auf mich und auch mein Wasserkind –
so lasst mich bitte frei geschwind!"

Sagenhafte Steiermark

*Nach dem Lesen dieser Sage
stellt man sich vielleicht die Frage:
Stimmt das mit der Ewigkeit?
Hält der Berg noch Erz bereit?
Jawohl! Genug gäb' er noch her!
Trotzdem schürft's heute niemand mehr:
Man kauft's woanders billiger.*

Quer durchs Land

Glück ab, gut Land!

Wenn du in der Oststeiermark den Raum rund um den Stubenbergsee besuchst, kannst du des Öfteren bunte Kugeln am Himmel beobachten, die scheinbar lautlos dahinschweben. Diese wie übergroße Luftballone aussehenden Heißluftballone finden im Steirischen Hügelland nahezu ideale klimatische Bedingungen vor.

Aber es brauchte viele Jahre, bis die Ballone ihren Weg in das Oststeirische Hügelland fanden. Nahezu 500 Jahre ist es nun her, dass Leonardo da Vinci anlässlich der Krönung eines Papstes (1513) mit heißer Luft gefüllte Heiligenfiguren aus Papier über den Boden schweben ließ.

Aber es sollte noch fast 300 Jahre dauern, bis am 19. September 1783 in Paris die erste Ballonfahrt stattfand. Es waren die Gebrüder Montgolfier, die einen Ballon aus Stoff und Papier bauten, der immerhin 17 Meter hoch war. Um diesen steigen lassen zu können, wurde unter dem Ballon ein Feuer entfacht.

Weil man damals glaubte, dass Rauch die Ursache für das Steigen des Ballons wäre, verbrannten die Gebrüder Montgolfier Stroh, Schafwolle, alte Schuhe und Knochen. Alles Dinge, die viel Rauch und Gestank entstehen ließen. Das war wohl auch der Grund, warum der französische König Ludwig der Sechzehnte das Spektakel aus einiger Entfernung beobachtete. Er war es auch, der verboten hatte, Menschen in einen Ballonkorb zu lassen. Somit waren ein Hahn, eine Ente und ein Schaf die ersten Ballonfahrer. Die erste Fahrt dauerte nur acht Minuten. Dabei wurde eine Höhe von 120 Metern erreicht.

Später gestattete der König auch Menschen im Ballon mitzufahren. Somit hatte die Menschheit den ersten Schritt getan, ihren großen Traum vom Fliegen zu verwirklichen.

Heißluftballone der heutigen Zeit sehen etwas anders aus als damals. Vor allem sind sie größer. Mit dem Stoff der Hülle, aus schwer entflammbarem Nylon, könnte man fünf Tennisplätze abdecken. Zum Vernähen dieser Stoffbahnen benötigt man rund 7 000 Meter Zwirn. Der Inhalt des fertigen Ballons beträgt 3 000 Kubikmeter. Das ist schwer vorstellbar. Vielleicht hilft folgender Vergleich: Der Inhalt von 900 000 Flaschen Limonade würde in einen Ballon passen. Nur steigen könnte er dann nicht mehr ...

Inzwischen weiß man auch, dass Ballone nicht durch Rauch, sondern durch Wärme aufsteigen. Das funktioniert nach einem einfachen physikalischen Gesetz: Warme Luft ist bekanntlich leichter als kalte. Ein Gasbrenner erwärmt die Luft im Inneren der Hülle und dadurch steigt der Ballon in die Höhe und beginnt zu fahren.

Im Wesentlichen besteht ein Heißluftballon aus drei Teilen. Zu der bereits besprochenen Ballonhülle kommen noch der Korb und der Brenner. Im Brenner wird Gas verbrannt und die dabei entstehende warme Luft füllt den Ballon. Im Korb ist Platz für den Piloten und seine Passagiere. Aber auch einige weitere Dinge müssen Platz finden: die Gasflaschen, Kompass, Höhenmesser, Temperaturanzeiger für die Ballonhülle und eine Landkarte. Wichtig ist auch das Funkgerät, mit dem der Pilot in Verbindung zu seiner Bodenmannschaft, seinen Verfolgern, steht.

Verfolgt wurden die Heißluftballone schon immer. Früher waren es verängstigte Bauern, die mit einer Mistgabel in der Hand die Hülle eines soeben gelandeten Ballones zerstörten, weil sie glaubten, dass nur Personen, die mit Hexen und Teufel im Bund stehen, fliegen könnten. Heute werden die Ballonfahrer nicht mit Mistgabeln oder Holzknüp-

Quer durchs Land

peln gejagt, sondern mit geländegängigen Autos. Sie verfolgen die Fahrt des Ballons, um nach dessen Landung den Ballon und seine Passagiere aufzunehmen.

Die Reiseroute eines Ballons bestimmt allein der Wind. Da aber in verschiedenen Höhenlagen verschiedene Windströmungen herrschen, kann der Heißluftballon durch Aufsteigen (Hülle beheizen) oder Absinken (warme Luft ablassen) seine Fahrt doch ein wenig steuern.

Warum sagt man eigentlich „fahren" statt „fliegen"? Dafür gibt es verschiedene Erklärungen: Zur Zeit der ersten Ballonfahrer stammten alle Geräte zum Orientieren, also die Navigationshilfen, aus der Schifffahrt. Auch in der Art der Fortbewegung kann der Ballon mit einem Segelboot verglichen werden. Das Boot fährt wie der Heißluftballon vor dem Wind. Eine andere Erklärung ist, dass die warme Luft im Ballon leichter ist als die Luft außerhalb. Daher fährt der Ballon auf einem Luftpolster dahin. Was immer auch richtig ist, wichtig ist zu wissen, dass der Ballon fährt und nicht fliegt!

Weil die ersten Ballonfahrer Adelige waren, erhebt man auch heute alle neuen Fluggäste nach ihrer ersten Fahrt in den Adelsstand. Diese „Taufe" zum Abschluss der ersten Ballonfahrt bringt Rechte, aber auch Pflichten mit sich. Zuerst erhält man einen klangvollen Namen, der immer Bezug auf die Fahrt oder die Landung nimmt. Dann zündet der Pilot einige Haare des zu Taufenden an. Diese kleine Flamme wird mit Sekt gelöscht. Dazu spricht der Pilot: „Ich taufe dich mit dem Feuer, das uns in die Lüfte hebt, und lösche es mit dem Wasser, das wir so gerne trinken."

In früheren Zeiten wurde nach der Taufe eine Woche lang gefeiert. Es gab Ochsen und Lämmer am Spieß; Wein und Bier flossen in Strömen. Heutzutage ist es üblich, im Anschluss an die Taufe mit dem Piloten und seiner Mannschaft gemeinsam essen zu gehen.

So, nun hast du einiges über die Ballonfahrt erfahren. Zum Abschluss noch ein Tipp: Ballonfahrer haben ein großes Herz für Kinder. Fast jeder Pilot hat Aufkleber, Sticker oder Postkarten von seinem Ballon, die er gerne verteilt. Also: Beim nächsten Heißluftballon, den du landen siehst, nichts wie hin! Grüße mit dem Ballonfahrergruß: „Glück ab, gut Land", und du wirst sicher nicht leer ausgehen.

Rudolf Gigler

Quer durchs Land

Die „Vier letzten Dinge"
Besuch in Stift Admont

Klemens hat sich sehr gewundert, als ihn die Mama in die prachtvolle Bibliothek des Benediktinerstifts Admont mitgenommen hat.

Zuerst war er gar nicht begeistert von der Idee, eine Bibliothek anschauen zu müssen.

„Warum darf ich nicht bei Papa und Lisa bleiben?"

„Du weißt, dass Lisa verkühlt ist. Papa hat uns weggeschickt. Heute kümmert er sich um deine Schwester. Und außerdem – das schadet dir nicht, wenn du ein paar Bücher siehst."

Mama hat auf seine Proteste nicht so recht reagiert.

„Bücher? Wie viele Bücher muss ich da anschauen?", hat Klemens geraunzt.

Mama hat beiläufig gesagt: „So an die 90 000."

90 000. Das ist eine Zahl, die man sich nicht vorstellen kann.

„Die Admonter Stiftsbibliothek hat aber insgesamt ungefähr 200 000 Bücher", erzählt Mama weiter.

„Keine Videokassetten, keine DVDs?"

Darauf hat Mama keine Antwort gegeben.

Bücher, überall Bücher! Aber nicht solche mit bunten Rücken, sondern die meisten mit gelben oder braunen Einbänden.

„Die liest sicher keiner mehr!"

Mama schmunzelt.

„Hast du eine Ahnung! Aus der ganzen Welt kommen Wissenschaftler her, um diese kostbaren Exemplare zu studieren. Die Bücher sind unvorstellbar viel wert. Am wertvollsten aber sind die Handschriften. Die Stiftsbibliothek in Admont ist die größte Klosterbibliothek der Welt. Aber ich will dir jetzt etwas zeigen, das du bestimmt nicht so bald vergisst."

Klemens geht mürrisch hinter seiner Mutter her, die endlos scheinenden weißen Bücherkästen entlang. Der Boden zeigt ein riesiges Muster aus weißen, grauen und dunkelroten Steinen.

Klemens versucht nur auf den weißen Steinen zu gehen. „Wenn ich daneben steige, muss ich für immer hier bleiben und die Bücher zählen", denkt er bei sich zum Spaß.

„Da, schau dir das an!"

Plötzlich steht Klemens vor einem grinsenden geflügelten Skelett, das einen alten Mann verfolgt. Beinahe wäre er von den weißen Steinen abgekommen.

Quer durchs Land

„Das ist die erste Figurengruppe der ‚Vier letzten Dinge', der Tod. Der Bildhauer Josef Stammel hat diese Skulpturen geschaffen."
Klemens graust vor dem unheimlichen Knochengerüst, und er ist froh, dass ihn die Mutter weiterzieht.

„Hier ist das Gericht dargestellt. Nach dem Glauben der katholischen Kirche wird nach der Auferstehung über den Menschen bestimmt, ob er in den Himmel kommt – der Engel weist ihm den Weg – oder in die Hölle. Was fällt dir an der Teufelsgestalt auf?"
„Der hat ja eine Brille!"
Die Mutter lacht: „Dazu gibt es eine Geschichte. Josef Stammel hat für seine Arbeiten seiner Meinung nach zu wenig Geld bekommen. Dafür hat er sich am Rentmeister – das ist der Verantwortliche für die Finanzen des Stifts gewesen – gerächt. Er hat den Teufel wie ein Ebenbild des sparsamen Rentmeisters gestaltet, mit Brille, Bart und Buch. Natürlich hat man die Ähnlichkeit bemerkt, aber der Bildhauer hat eine Ausrede für die Brille gefunden. Der Teufel muss gut sehen können, um die Sünden der Menschen in seinem Buch lesen zu können. Da, gegenüber siehst du die Darstellung der Hölle."

Das ist jetzt wirklich grausig! Der Teufel trägt keine Brille mehr, aber dafür hat er einen Schweineschädel mit gewaltigen Eckzähnen! Er zieht den verdammten Menschen, den er auf seinen Schultern trägt, hinunter in den Höllenrachen.

„Schau dir lieber den Himmel an. Das ist endlich mal etwas Beruhigendes! Da, sieh dir die Engel an!"

Klemens hat genug von diesen Figuren. Außerdem ist er jetzt neben die weißen Steine gestiegen. Muss er jetzt ewig hier herinnen bleiben und die Bücher zählen?

„He, was schaust du so entsetzt? Du musst dich nicht vor diesen Skulpturen fürchten. Das sind Holzschnitzereien, mit Bronzefarbe bemalt. Die sind in der Mitte des 18. Jahrhunderts entstanden, im Zeitalter des Barock. Heute denken wir über Tod, Auferstehung, Hölle und Himmel anders. Du musst dich nicht fürchten."

Dankbar geht Klemens an den endlosen Reihen der Bücher zurück zum Ausgang. Jetzt kommen ihm die langweiligen Einbände richtig sympathisch vor.

Walter Thorwartl

Quer durchs Land

Der Apfel

Der Apfel fällt weit vom Stamm.

In der Südsteiermark und im südlichen Burgenland, wo die Apfelbäume auf Hügeln stehen, rollt der vom Baum gefallene Apfel zwei, drei Kilometer weit ins Tal.

Er will vom Baum, der ihm so lange die Freiheit vorenthielt, nichts mehr wissen.

Die Kinder, die auf dem Schulweg vorbeikommen, heben den Apfel auf. Sie stecken ihn zum Jausenbrot in die Schultasche. Manchmal ist da schon ein anderer Apfel versteckt, zwischen den Heften und den Bleistiften, der zweite Apfel wird dann in der Pause gegen ein Stück Schokolade, gegen einen Traubenzucker oder gegen eine Birne eingetauscht.

In der Volksschule werden die Kinder dem Apfel gegenüber bald misstrauisch.

Der verhängnisvolle Apfel!

Eva hat ihn vom Baum geholt, damals, das war ein großer Fehler. In der Religionsstunde dürfen die Kinder den Apfel am Baum mit Buntstiften rot anmalen. Zu Hause, bei der Mutter, essen sie an diesem Nachmittag nur die gelbe Banane.

Jahre später hören die Schüler auch ein Lob des Apfels:

Die Brüste der Geliebten sind rund und voll wie Äpfel; der Freund unter den Fremden ist wie der Apfelbaum unter wilden Bäumen; die Verliebten und Glücklichen treffen einander unter dem blühenden Apfelbaum; die Kranken des Hauses werden mit frischen Äpfeln versorgt.

Aber – und das haben sie nicht vergessen: Die böse Stiefmutter bringt dem schönen Schneewittchen einen vergifteten Apfel.

Die alte Geschichte lässt so manche fast wieder zur Banane greifen. Aber die – das haben sie inzwischen gelernt – ist für die Affen.

Die Steirische Apfelstraße beginnt in der Nähe von Gleisdorf und führt über das Dorf Puch bis zur Feistritz. Im Frühjahr hüllt sich die etwa 25 Kilometer lange Apfelstraße in ein weißrosa Frühlingskleid. Es blühen dort über eine Viertelmillion Apfelbäume.

Heinz Janisch

Graz ist schön

Graz ist schön. Von Graz aus ist es nicht mehr weit bis in den Süden. Das merkt man schon an den Cafés in der Hauptstraße. Im Frühling und im Sommer sitzen die Menschen im Freien, wie in Italien, Slowenien oder Kroatien. Sie sind guter Laune, unterhalten sich, lachen und trinken Kaffee und Mineralwasser und Bier und Wein. Die bunt gestalteten Züge der Straßenbahn fahren knapp an den Tischen und Sesseln der Cafés vorbei. Ein warmer Wind weht durch die Straßen, manchmal bringt er den Geruch vom Markt mit. Es riecht nach reifem Obst, nach Gemüse und gebratenem Fleisch.

Man könnte sich gut vorstellen, dass hinter dem Ruckerlberg oder hinter der Ries gleich das Meer beginnt. Woher kämen denn sonst die Möwen, die man an der Mur wie weiße Papierfetzen umherwirbeln sieht?

Graz ist zu jeder Jahreszeit schön. Im Frühling ist das keine Kunst, da ist es überall schön. Der Blick vom Schlossberg zeigt uns eine wunderbare Stadt mit Parks, Häusern und Villen mit ihren blühenden Gärten. Im Sommer stöhnen die Menschen zwar manchmal über die Hitze, die zwischen den großen Häusern zittert, dafür herrscht aber ein buntes Treiben bis spät in die Nacht hinein, in den Straßen, auf den Plätzen, in den Parks. Auch im Spätherbst, wenn dichter Nebel über der Stadt hängt, kann man die Schönheiten der Stadt entdecken. Denn langsam beginnen dann die Lichter der Vorweihnachtszeit die Straßen und Häuser zu schmücken. Schließlich erstrahlt alles im Zauber des Advent.

Da ist dann auch schon der halbe Winter vorbei. Wie schnell beginnen wieder in den Vorgärten die ersten Blumen und Sträucher zu blühen, auch wenn sich mancher noch über den letzten Schneematsch ärgert.

Nicht nur die großen Gebäude wie die Oper, das Rathaus oder das Zeughaus sind schön. Es gibt viele versteckte Gassen mit besonderen Häusern und Gärten, es gibt geheime Winkel und Ecken in dieser Stadt, die man gern erforschen möchte.

Graz lernt man nicht so schnell kennen. Immer wieder kann man etwas Neues entdecken. Du musst dich nur auf die Suche machen.

Graz als Kulturhauptstadt Europas im Jahr 2003 hat sich sehr viel einfallen lassen. Wer hat sich nicht über den ungewöhnlichen Schatten des Uhrturms gewundert, ist nicht auf der so genannten Acconci-Murinsel gewesen und hat das neue Kunsthaus bestaunt?

Walter Thorwartl

Kunsthaus Graz

Grazer Merksatz:
Im Falle eines Falles:
GRAZ DARF ALLES!

Gerda Anger-Schmidt

Quer durchs Land

Wunderwelt des Wassers: das Rogner-Bad Blumau

Es war ein kühler, sonniger Herbsttag. Nach einer gemütlichen Fahrt durch die wunderschöne oststeirische Landschaft erreichten sie Bad Blumau.
„Na bitte, wo ist da die Therme?"
Klemens sah auf die Häuser und die Kirche und gähnte.
Die flachen Hügel vor ihnen schimmerten in den herrlichsten Herbstfarben.
Aber am flachen Hang, weiter vorne, da leuchtete etwas, funkelte und glänzte im Sonnenlicht. Kuppeln und Türmchen blitzten golden auf. Was war das? Eine seltsame, bunte Wunderwelt, die die Herbstfarben noch übertreffen wollte!
„He, das gibt's ja gar nicht!"
Klemens starrte verdutzt aus dem Autofenster.
„Das kommt mir vor wie im Film vom Herrn der Ringe, das schaut aus, als wenn das Hobbingen wäre, nur viel bunter und größer."

„Na bitte, das ist die Therme. Was sagst du jetzt?"
Papa grinste.
Klemens sagte nichts mehr.
In der Früh hatte er ein gelangweiltes Gesicht gezogen, als er gehört hatte, wohin es heute gehen sollte.

Ein Ausflug in die Therme. Das konnte nur fad werden.
„Das ist was für alte Leute. Im warmen Wasser liegen wie ein faules Walross."
Papa hatte nur gelächelt.
„Erstens ist das Wasser, in dem Walrösser sich normal aufhalten, ziemlich kalt, und zweitens sind sie keineswegs faul, sondern meistens in Bewegung, gerade weil das Wasser so kalt ist."
Klemens hatte durch die Nase geschnaubt:
„Sehr witzig, Papa, aber das weiß ich auch."

Und jetzt waren sie mitten drin in der Märchenstadt des Rogner-Bades Blumau.

„Da wachsen ja Bäume auf dem Dach! Und Gras! Schau, die goldene Kugel!"
Lisa starrte in die Höhe. Sie wanderten durch Gänge mit prachtvollen Säulen, die in allen Farben schimmerten.
„Da gibt's ja gar keine richtigen Ecken! Da ist überhaupt nichts wirklich gerade! Der Weg ist ganz bucklig! Na, die haben aber schlampig gebaut!"
Mama legt Klemens den Arm um die Schulter.
„Weißt du, was der weltberühmte Wiener Künstler Friedensreich Hundertwasser, der Planer und Architekt dieser Therme, gesagt hat: ‚Auf dem Glatten

Quer durchs Land

rutscht alles aus. Auch der liebe Gott fällt hin. Denn die gerade Linie ist gottlos.' Das Bucklige, das Runde ist Absicht."

Klemens wälzte sich faul im warmen Wasser. Es war schon ein wenig dämmrig geworden. Aus den Becken stieg der Wasserdampf wie Zauberrauch in die kalte Herbstluft. Die Gebäude mit den sanft geschwungenen Formen verschwanden beinahe dahinter. Es war, als schwebten sie knapp über dem Boden.
„Das sind Märchenschlösser. Da möchte ich drin wohnen. Einmal."
Lisa stand im Wasser und schaute um sich.
„Tauch den Kopf unter! Heraußen ist es zu kalt für nasse Haare", sagte Mama, während sie sich auf dem Rücken treiben ließ.
„Wie ein Seehund", dachte Lisa, während sie prustend unterging. Aber sie traute sich nichts zu sagen.
„Vielleicht ist Mama dann gekränkt", überlegte sie.

„Schau, da liegt ein Schiff vor Anker! Wie das Piratenschiff von Kapitän Hook! He, kämpfe, Hook, alter Stockfisch, hier kommt Peter Pan!"
Klemens schlug aufs Wasser, dass es nur so spritzte. Gut, dass gerade niemand in der Nähe war. Doch, da schwamm jemand auf ihn zu!
„Tick, tack, tick, tack, tick, tack! Kennst du das Krokodil nicht, das Hooks Wecker verschluckt hat und auch dich gleich fressen wird, wenn du weiter so einen Wirbel machst?"
Klemens wurde gepackt und unter Wasser gezerrt. Das Papakrokodil hielt den zappelnden Peter Pan kurz fest, ließ ihn aber gleich los, weil Mama das Krokodil an den Zehen packte.
„Friss ihn bitte nicht auf, unseren großen Helden. Wir wollen ihn noch lange bei uns haben. Außerdem müssen wir langsam ans Duschen und Anziehen denken."
„Das ist noch viel zu früh!", maulten Lisa und Klemens wie aus einem Mund.

Als sie den Parkplatz vor dem Rogner-Bad Blumau verließen, sagte Lisa nur ein Wort:
„Schade."

Später meldete sich Lisa wieder vom Rücksitz.
„Ich hab so merkwürdige Sachen gelesen in der Therme. Und da im Prospekt steht's auch: ‚FühlDichFit, StressLassNach, FühlDichWohl.' Was heißt das?"
Mama gähnte zufrieden.
„Fühl dich wohl. Das heißt genau das, was es sagt. Du bist eingeladen, dich wohl zu fühlen. Das ist das Angebot der Therme Blumau, capito?"
Klemens dachte bei sich: „Genau, so eine Therme ist cool. Das nächste Mal bist du dran, Käptn Hook, samt deinem Schiff, verlass dich drauf, ich komme wieder!"

In der steirischen Thermenregion bieten noch vier weitere Heil- und Thermalbäder Erholung. Sie heißen Loipersdorf, Bad Gleichenberg, Bad Waltersdorf und Bad Radkersburg.

Walter Thorwartl

Bauernleben

Wie die Bauern früher Weihnachten feierten

Die Weihnacht war nicht nur für Menschen da,
auch für Pflanzen und Tiere, für alles, was lebt.
Der Bauer ging zum Vieh in den Stall
und sagte: „Christ ist geboren!"
Er gab den Tieren ein feines Futter,
Hafer und Kleie mit Salz vermischt,
mit Äpfeln und Semmelbrocken.
Er ging zum Bienenhaus mit seiner
Weihrauchpfanne und schwenkte sie rund
um die Bienenkörbe.
„Auf, auf in Gott's Nam,
helft's wiederum z'samm,
bringt's der Kirch a Kerzenwachs
und uns an Hönig,
an guaten, und net z'wenig."

Nach der Mitternachtsmette
ging die Bauersfamilie in den Obstgarten.
Alle Knechte und Mägde gingen mit.
Sie klopften mit Stecken
die Bäume munter.
„Baum, Baum, wach auf, setz Blüten auf!
Trag recht viel Äpfel und Birn,
nicht nur für Bauern, auch für die Dirn."
Die Mädchen umarmten die Bäume,
um die Weihnachtsfreude
an sie weiterzugeben.

Das Wasser im Bach bekam einen Tropfen Honig,
das Feuer im Herd einen Tropfen Wein.
Und es hieß, dass in der Christnacht
die Tiere sprechen können
und die Bäume aufblühen im Schnee
und alles Geschaffene eine Familie ist:
Mutter Erde, Pflanzen, Tiere und Menschen.
Lene Mayer-Skumanz

Bauernleben

Steirische Bauernrätsel

Volksgut

Zerscht öis grean und nocha braun,
vorn Essn aufihaun
(Nuss)

Kimmb von Lebm, hot nouch koans,
kimmb's zan Lebm, witt wieda oans.
(Ei)

Hot in Bauch vulla Zähnt und schnorrcht
gonz laut.
Frisst in Wold, doss man na schaut.
(Säge)

Wachst schnelle wiar a Sau,
und wonns groaß gmua öis,
mogs die gonze Welt neehma dafuattern.
(Feuer)

Eini muasst und außifohn.
Brauchst koa Rouß und aah koan Wogn.
Wonn i nölt a Lugna bin:
Erscht wonnst draußtn bist, bist drin.
(Hemd)

Wonn sie göiht, bleibt sie do.
Göiht sie nöit, hults wer ooh.
(Uhr)

Der hots scha long,
der hots scha long neahma,
der hots neahma long,
Der hots scha lang neahma long.
(Haar)

Bauernregeln

Weht der Wind von LEIBNITZ her,
fährt mein Freund aufs hohe Meer.
Weht der Wind jedoch von BRUCK,
kommt mein Freund gleich wieder z'ruck.
Sitzt ein Bär am GRÜNEN SEE,
schenk ihm einen Vierblattklee.
Sitzt er jedoch an der MUR,
schenk ihm deine Armbanduhr.

Gerda Anger-Schmidt

Alles Kürbis

Kürbisfeste und Kürbisbräuche

Wusstest du, …

… wie die Kürbisse nach Europa gelangten?
Im Zuge der Entdeckung Amerikas durch Christoph Kolumbus kam der Kürbis um 1500 nach Spanien und breitete sich von dort in ganz Europa aus.

… dass rund um die Kürbisernte nicht nur alte Feste neu belebt, sondern auch ganz neue Feste erfunden werden?
In vielen Orten werden im Herbst Puppen mit Kürbisköpfen gebastelt. Die Kürbisherrschaften tragen Hüte und Kopftücher, sitzen im Vorgarten oder auf der Bank bei der Bushaltestelle, lehnen am Zaun oder spielen Karten im Schatten des Nussbaums. Ein anderes Beispiel: Im steirischen Ort Preding wird auch heute noch alle drei Jahre ein „Kürbisbürgermeister" gewählt, nach einem alten Brauch: Unter einem großen Baum im Hof des Rathauses wurde ein runder Tisch aufgestellt, darauf kam eine Schüssel mit Maisbrei. Alle Ratsherren, die gerne Bürgermeister werden wollten, mussten sich um die Schüssel setzen. Über der Schüssel hing an einer Schnur ein großer Kürbis von einem Ast. Der Gerichtsdiener schnitt die Schnur durch, der Kürbis platschte in die Schüssel. Wer am meisten mit Maisbrei bespritzt war, wurde neuer Bürgermeister.

… dass man früher die Schalen der Kürbiskerne für Juckpulver verwendete?

… dass man früher meinte, die Kürbisse würden besonders groß, wenn man beim Setzen der Kerne Lügengeschichten erzählt?

Gerda Anger-Schmidt

Kürbis-Radiomeldung

Düdeldüdeldü! Achtung, Achtung! An alle Autofahrer! Auf der A 2 in Richtung GRAZ kommen Ihnen zwischen SINABELKIRCHEN und GLEISDORF rollende Kürbisse entgegen. Bitte weichen Sie großräumig aus oder halten Sie Messer und Gabel bereit!

Gerda Anger-Schmidt

Alles Kürbis

Kürbis-Allerlei

Na so was, da sind ja die Wörter durcheinander gekullert!
Ob wir sie wieder richtig zusammensetzen können?

NEKR	Köstliches aus dem Inneren des Kürbis	_____
GRONAE	Eine Kürbisfarbe	_____
TÜLBE	Daraus wird einmal ein Kürbis	_____
RNTENE	Endlich ist es so weit! Wir können …	_____
TRNAGE	Dort gießen wir täglich unseren Kürbis	_____
TRO	Noch eine Kürbisfarbe	_____
DLEF	Dort ist Platz für viele, viele Kürbisse	_____
TÜBRESISKF	Das feiern wir im Herbst	_____
CCHUNZII	Dunkelgrüne oder gelbe Kürbisverwandte	_____
NERÖLK	Flüssiges Köstliches aus dem Inneren des Kürbis	_____

Lösung: Kern, Orange, Blüte, ernten, Garten, Rot, Feld, Kürbisfest, Zucchini, Kernöl

Cornelia Buchinger

Kürbis-Ratespiel

Wie heißen die Märchen?
Zwerg Kürbis
Die Bremer Stadtkürbistanten
Der gestiefelte Kürbis
Schneeweißchen und Kürbisrot
Der Kürbis mit den drei goldenen Haaren
Der Wolf und die sieben Kürbisse

Gerda Anger-Schmidt

 *Alles Kürbis*

Wir basteln unsere Kürbisse selbst

* Das können wir ganz einfach selber machen.
** Knifflig! Dafür brauchen wir Bastelerfahrung.
***Vorsicht! Das sollten Profis oder Erwachsene für uns erledigen.

Fensterbilder

Wir brauchen:
schwarzes Naturpapier, etwa so groß wie ein Schulheft
Seidenpapier oder farbiges Transparentpapier
   (lässt das Licht schöner durchscheinen)
eine spitze Schere oder ein Stanleymesser
Klebstoff, hellen Buntstift

* Wir zeichnen das Bild, das wir nachher ausschneiden wollen, auf das dunkle Naturpapier, und zwar so, dass die „Stege" (also das Zeichnungs-Gerippe) etwa einen Zentimeter breit und miteinander verbunden sind. Die Motive sollten einfach und großflächig sein.

** Dann schneiden wir die schwarzen Flächen aus: Mit der spitzen Schere stechen wir in die Mitte der Fläche und schneiden dann den Rand entlang.

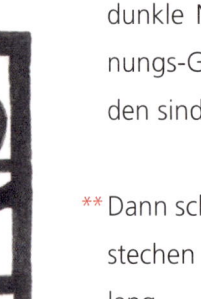

***Einfacher ist es, das Muster mit dem Stanleymesser auszuschneiden. Das sollte jedoch ein Erwachsener für uns machen. Stabile Unterlage nicht vergessen.

** Fehler können wir auf der Rückseite mit Klebestreifen „reparieren".

* Für jedes „Loch" Seidenpapier zuschneiden, etwas größer, jedoch nicht so groß, dass es ins „Nachbarloch" reicht. Das Seidenpapier auf der bezeichneten Naturpapierseite aufkleben. Achtung: Klebstoffspuren auf Seidenpapier sieht man! Mit der schönen Seite nach innen auf die Fensterscheibe kleben.

Cornelia Buchinger

Abenteuer Steiermark

Abenteuer im Wald

Heute will ich das erste Mal in diesem Jahr in den Wald gehen.
Es wird zwar auf den schattigen Stellen noch Schnee liegen, aber ich habe gute Schuhe angezogen. Auf diesen Moment habe ich mich schon lange gefreut.
Ich bin sogar ein bisschen aufgeregt. Ich werde meine besonderen Plätze aufsuchen. Genau diese Plätze, von denen ich im Herbst Abschied genommen habe.

Da gibt es den Stein, der aussieht wie der Knochenschädel von einem Tyrannosaurus Rex, nur ohne Zähne. Er grinst aus dem Dickicht, halb verborgen, nicht mehr gefährlich und doch unheimlich. Vielleicht drei Meter von dem Stein entfernt bin ich voriges Jahr in ein Sumpfloch gestiegen. Im Herbst war das. Ich bin mit dem Gesicht voran in das gelbe Sumpfgras gefallen. Mir war, als hätte der Saurierschädel schadenfroh gegrunzt. Aber ich weiß, das ist Unsinn.
Dann denke ich mir aber, aus dem Dickicht auf der anderen Seite der Wiese schauen mir Waldwesen zu. Die denken sich, was macht der Mensch da in unserem Reich? Deshalb nehme ich mir vor, dass ich besonders behutsam durch den Wald gehen werde. Ich will niemanden stören.

Abenteuer Steiermark

Natürlich weiß ich, dass es keine Waldelfen, Baumfeen oder Pilzzwerge gibt. Weiß ich das wirklich? Ganz sicher bin ich mir nicht. Wenn irgendwo ganz hinten im Wald etwas gluckst oder blubbert, dann bleibe ich sofort stehen. Ich mache sogar oft meinen Schritt nicht zu Ende. Ein Fuß bleibt in der Luft hängen, bevor ich ihn ganz langsam auf den weichen Waldboden stelle. Das angenehme Gruseln zwischen den Schulterblättern ist sofort da. Ein bisschen Furcht auch. Was war das? Ein Vogel? Was soll es sonst gewesen sein? Ein verborgener Bach? Oder gibt es die wirklich, die da hinten, da unten, im Busch, unter dem Strauch, in der Erde, die auf Mäusen reiten und auf Libellen fliegen? Kleine Wesen, die dich ständig anschauen, über dich kichern? Oder große plumpe Geschöpfe, die unter den Steinen hausen und jeden Eindringling, der ihre Ruhe stört, verfolgen, mit schweren, tappenden Schritten.

Ich glaube nicht an solche Geschichten.
Aber ich habe oft ein merkwürdiges Gefühl. Manchmal, so glaube ich, sind sie wirklich da, diese Wesen. Schaut da nicht etwas hinter dem Baumstumpf hervor, mit Schneckenhörnern und Spitzohren, und grinst lautlos? Wenn ich rasch hinsehe, bemerke ich, wie sich die Schneckenfühler einziehen, sonst nichts. Gehe ich mit klopfendem Herzen zu der Stelle hin, ist – nichts da.

So viele Abenteuer wie der Wald kann kein Computerspiel bieten. Ich will lieber in der wirklichen Welt wandern, die Augen und die Ohren bereit, alles aufzunehmen, etwas Neues zu sehen und zu hören. Das finde ich spannend. Alles riechen, den Boden unter den Fußsohlen spüren, Bäume, Zweige, Blätter, Pilze angreifen, das macht Spaß. Oft macht man seltsame Funde, eine bunte Feder von einem unbekannten Vogel, ein leeres Nest, Schneckenhäuser, einen vertrockneten Feuersalamander, einen alten grauen Knochen. Das kann auch ein Abenteuer sein.
Jetzt bin ich bereit für diese Abenteuer, und andere, von denen ich noch gar nichts ahne! Ich freu' mich auf den Wald!

Walter Thorwartl

Hinein in die Pilze

Bei uns in der Obersteiermark finde ich noch oft Rotkappen. Viele Leute wollen diese Pilze mit dem gesprenkelten Stiel und dem orangeroten Hut nicht. Pilze, die rot aus dem Wald leuchten, müssen giftig sein. Das weiß man doch vom Fliegenpilz! Aber es gibt einige Pilze mit roten Kappen, die nicht giftig sind.

Irrtümer beim Erkennen und Bestimmen von Pilzen kennen wir genug. Daher ist es sehr wichtig, dass die Schwammerlsucher wirklich nur Pilze sammeln, die sie kennen, und wenn es auch „nur" der Herrenpilz und das Eierschwammerl sind.

Rotkappe

Die Rotkappe verfärbt sich wenn man ihr Fleisch verletzt oder anschneidet dunkelblau bis schwarz. Ui, das muss doch ein sicheres Zeichen für Gift sein! Wieder falsch!
Die Rotkappe ist ein fleischiger, dem Herrenpilz verwandter Pilz, der fast so gut schmeckt wie sein braunhütiger, weißstieliger „Cousin".

Der Maronenröhrling mit seinem kastanienbraunen Hut und der gelben Unterseite ist ein sehr schmackhafter Pilz. Wenn man aber den gelben „Schwamm" unter dem Hut drückt, läuft er auch blau an. Aber da gibt's von Gift keine Spur!
Maronenröhrling, Rotkappe und Herrenpilz gehören zu den Röhrenpilzen. Wenn man einmal den Unterschied von Röhrenpilzen und Blätterpilzen weiß, ist man schon auf einem guten Weg, ein Schwammerlkenner zu werden.

Maronenröhrling

Bei den Pilzen heißt es aber immer: höchste Vorsicht! Nur wenn man Pilze einwandfrei erkannt hat, darf man sie zubereiten und essen oder anderen schenken. Es gibt Pilzberatungsstellen, bei denen man seine Funde genau bestimmen lassen kann. Wir kennen nämlich genug gefährliche Pilze, die Knollenblätterpilze, zu denen auch der Fliegenpilz und der Pantherpilz gehören, den Ziegelroten Risspilz, den Riesenrötling, den Satanspilz und viele andere.

Steinpilz

Pilze, die bereits alt und madig sind, soll man auch stehen lassen. Sie können ungenießbar oder sogar gesundheitsschädlich sein.

Abenteuer Steiermark

In den Wald gehen und Pilze suchen ist aber immer ein schönes Abenteuer. Was werde ich heute finden? Bringe ich eine Überraschung mit? Wird es heute nichts mit einem Pilzessen?

Aber auch wenn man mit einem leeren Korb nach Hause kommt, war diese Pilzwanderung nicht umsonst. Langsam durch den Wald zu wandern, Ausschau nach allem Möglichen zu halten, auf die Stimmen der Vögel, das Summen der Insekten zu lauschen und die Waldluft einzuatmen ist doch auch ein großes Vergnügen!

Noch etwas: Wenn ihr Pilze findet, die ihr nicht kennt, schaut sie euch an, aber lasst sie bitte unversehrt stehen. Vielleicht freut sich auch ein anderer über sie.

Walter Thorwartl

Satanspilz

Fliegenpilz

Tirol
Quer durch das Land im Gebirge

Das Land im Gebirge

Wo immer du Tirol betrittst: Du bist hoch oben. In etwa 1 000 Meter Höhe bist du bei Hochfilzen, wenn du mit der Österreichischen Bundesbahn von Osten kommst. Annähernd 1 300 Meter hoch bist du, wenn du im Westen durch den Arlbergtunnel nach Tirol fährst. Noch 500 Meter höher überquerst du den Arlbergpass. Von Salzburg erreichst du dein Heimatland über den etwa 1 300 Meter hohen Pass Thurn oder den 1 500 Meter hohen Gerlospass, es sei denn, du durchquerst ein Stück deutsches Gebiet und überwindest dann den Pass Strub, der nur rund 700 Meter hoch ist. Die Verbindungen von Bayern nach Tirol führen über den Scharnitzpass (964 m), über Giesen (820 m) oder den Achenpass (940 m).

Das Außerfern, das sich gegen Bayern öffnet, liegt bei Reutte mehr als 800 Meter und bei Ehrwald fast 1 000 Meter über dem Meer. Der Inn tritt bei Finstermünz gleichfalls auf stolzer Seehöhe (über 1 000 m) in das Land Tirol. Der Reschenpass ist bei 1 500 Meter, der Brennerpass fast 1 400 Meter hoch. Auch die Grenze Tirols im Drautal nahe Innichen befindet sich in über 1 100 Meter Höhe.

Und nur wo die Drau und der Inn das Land verlassen, bist du „weit unten": an der Drau bei Dölsach auf rund 650 Meter, am Inn bei Kufstein nicht ganz 500 Meter über dem Meer. Es ist verständlich, dass man Tirol das „Land im Gebirge" nannte, ehe es seinen jetzigen Namen bekam.

nach Hans Weigel

Quer durch das Land im Gebirge

Zweimal Flug für Anna

„Anna, kommst du mit uns auf die Tuxerspitze? Deine Mama erlaubt es." Frau Nowak steht vor der Küchentür und hält schon einen Bergstock in der Hand.

„Aber zieh dir feste Schuhe an! Der Steig ist abschüssig. Da kann man leicht ausrutschen", meint ihr Mann.

Anna lebt seit dem Beginn der Ferien mit ihrer Mutter in einer Almhütte im Stilluppgrund.

Zu Hause sind sie in Brandberg, am Rand eines kleinen Dorfes im Zillertal. Der Vater arbeitet bei einer großen Baufirma, die Straßen und Brücken oder Tunnels im ganzen Land baut. So muss er am Montag in aller Früh weg und kommt erst am Freitag spät nachts nach Hause. Zum Glück ist Mutter da. Sie betreut die zweiundzwanzig Schafe, kocht, hält das Haus sauber und hilft Vater am Wochenende die Wiese mähen. In den Ferien geht Mutter mit Anna auf eine Alm. Die zweiundzwanzig Schafe sind auch da, inmitten von hunderten Schafen, die anderen Bauern gehören. Mutter hilft der Bäuerin in der Küche und bedient die Gäste. So verdient sie etwas Geld.

Herr und Frau Nowak sind seit vier Tagen Gäste in der Almhütte. Sie haben Anna schon in ihr Herz geschlossen und auch Anna findet sie nett.

Die Bergschuhe sind beim Schuster, so schlüpft Anna schnell in ihre Laufschuhe, die ja auch eine Profilsohle haben. Nun geht's los.

Bald windet sich der Steig in engen Serpentinen den Hang hinauf. Herr Novak geht voran, dann kommt Anna und als Letzte Frau Novak. Anna kann sie keuchen hören. Sie ist das Bergsteigen nicht gewohnt. Aber sie hält sich tapfer und die drei kommen gut voran.

An einer Quelle wird gerastet. Frau Nowak teilt Wurstbrote aus.

„Wie schön es hier ist!", ruft Herr Nowak begeistert aus.

Anna nickt mit vollem Mund. Bergsteigen ist viel schöner, als der Mutter beim Bedienen der Gäste zu helfen.

„Also wisst ihr", sagt Frau Nowak plötzlich, „das Grau dieser Wolken gefällt mir gar nicht."

Herr Nowak nimmt das Seil aus dem Rucksack. Anna protestiert. Sie ist schwindelfrei und kann gut klettern.

„Entweder du lässt dich anseilen, oder wir gehen zurück."

Das Steiglein führt über Steinplatten und zerklüftete Felsen. Dann müssen sie ein Schneefeld queren, nochmals einen kurzen Steilaufschwung überwinden und schon stehen sie beim Gipfelkreuz.

Es ist kühl. Der Wind bläst und mächtige graue Wolken sind aufgezogen. Frau Nowak schenkt jedem eine Tasse heißen Tee ein. Dazu gibt es einen Müsliriegel und ein Stückchen Schokolade. Dann verstaut sie die Thermosflasche in ihrem Rucksack.

„Heute gibt's kein Gipfelgenießen", sagt sie. „Wir müssen schauen, dass wir so schnell wie möglich vom Grat wegkommen."

An der Stelle, wo sie beim Aufstieg gerastet haben, nehmen sie das Seil ab. Während Herr Nowak es hastig aufrollt, zucken schon Blitze über den nun fast schwarzen Himmel. Ein Donnerschlag folgt dem anderen. Dann prasselt Regen nieder. So schnell sie können, eilen sie den schmalen Pfad hinunter. Die Steine sind nass und schlüpfrig. „Lieber langsam und sicher!", sagt Herr Nowak. Aber da ist es schon passiert.

Der Steig hier ist eigentlich ganz ungefährlich. Deshalb gehen sie nicht mehr am Seil. Anna weiß nicht, wie ihr geschieht. Mit einem Mal verliert sie den Halt unter den Füßen, gerät ins Rutschen, ver-

Quer durch das Land im Gebirge

sucht verzweifelt, sich irgendwo festzuhalten. Aber da wird die Geröllhalde steiler und das Rutschen geht in eine rasende Fahrt über. Voller Schrecken denkt sie: „Jetzt ist es aus!" Doch auf einmal spürt sie einen heftigen Ruck und bleibt liegen.

Irgendwo über ihr hört sie jemanden rufen, aber sie kann nicht antworten. Ihr Mund ist voller Blut. Dann verliert sie das Bewusstsein.

Sie weiß nicht, wie viel Zeit vergangen ist, als ohrenbetäubender Lärm die sanfte Stille zerreißt. Ein Hubschrauber steht wie eine riesige Hornisse über ihr in der Luft.

„Der Hubschrauber bringt dich ins Krankenhaus nach Schwaz. Jetzt wird alles wieder gut." Die Stimme kennt sie. Frau Nowak streichelt ihr über die Wangen.

Als Anna eine Woche später wieder gesund und munter zu Hause ist, ärgert sie sich noch immer. Einmal im Leben durfte sie mit dem Hubschrauber fliegen. Und da hat es keinen Spaß gemacht: Wenn der Kopf brummt und jeder Knochen im Körper wehtut, macht nicht einmal Hubschrauberfliegen Spaß.

Rosmarie Thüminger

Quer durch das Land im Gebirge

Leuchtturm über Innsbruck

David lebt mit Mama, Papa und der kleinen Schwester in Lienz. Zu seinem zehnten Geburtstag hat sich seine Tante eine besondere Überraschung ausgedacht. Er darf in den Weihnachtsferien eine Woche zu ihr nach Innsbruck kommen.

Endlich ist es so weit. Onkel Fritz und Tante Lisa holen ihn mit dem Auto ab. Ein bisschen mulmig fühlt David sich schon, als Onkel Fritz losbraust und die winkende Mutti immer kleiner und kleiner wird, bis sie überhaupt nicht mehr zu sehen ist.

Es wird Abend, bis sie in Innsbruck ankommen. Mit dem Lift fahren sie in den elften Stock hinauf. David kennt Innsbruck von früheren Besuchen. Er kennt auch die Wohnung der Tante. Doch er war bisher nur am Tag zu Besuch hier. Der Blick auf die Stadt und die Berge hat ihn immer fasziniert.

Die Vorhänge sind noch aufgezogen und David läuft zum Fenster. Vor ihm breitet sich ein Meer von Lichtern aus. Wie tausende Sterne funkelt und glitzert die Stadt unter ihm. Aber auch an den Hängen, die jetzt nicht zu sehen sind, ziehen sich Lichterketten empor.

„David, komm in die Küche. Da wirst du erst Augen machen", sagt Tante Lisa. Sie dreht die Lampe aus und öffnet sogar das Fenster, damit David eine ungehinderte Sicht hat.

„Wau, das ist aber toll!", ruft David ganz überwältigt aus.

Durch die schwarze Nacht leuchtet eine elegant geschwungene, steile und hohe Kurve in wechselnden Farben. Einmal strahlt sie orange, dann violett, später grünlich und schließlich blau.

„Errätst du, was das ist?", fragt Onkel Fritz, der eben in die Küche kommt, um sich eine Flasche Bier aus dem Kühlschrank zu holen.

David überlegt.

„Ein Leuchtturm?"

Onkel Fritz lacht. „Nein. Aber ein Turm ist tatsächlich auch dabei."

„Ich helfe dir", sagt Tante Lisa. „Wenn sich deine Augen an die Dunkelheit gewöhnt haben, wirst du sehen, dass das Gebäude auf einem Hügel steht. Es ist ein besonderer Hügel, er steht im Süden der Stadt. Wie heißt der Hügel?"

„Weiß nicht", sagt er kleinlaut. Vielleicht hat David im Unterricht ein bisschen geträumt?

„Auf diesem Hügel haben für Tirol vier bedeutende Schlachten stattgefunden."

Da fällt es David ein. „Unter Andreas Hofer! Der Hügel, das ist der Bergisel. Mit der Sprungschanze. Die ist in Wirklichkeit ja noch viel toller als im Fernsehen."

„Am Tag ist sie noch schöner. Da kann man sie in allen Einzelheiten bewundern. Weißt du, wer sie entworfen hat?"

David zögert. „Im Fernsehen haben sie gesagt, eine Frau – eine Architektin."

„Genau", bestätigt Tante Lisa. „Zaha Hadid hat den Architekturwettbewerb für die Innsbrucker Sprungschanze gewonnen."

„Morgen gehen wir hin und schauen sie uns genau an", verspricht Onkel Fritz.

„Aber jetzt wird gegessen", sagt Tante Lisa.

Da es Milchreis mit Zucker und Zimt und goldgelb zerlassener Butter gibt, hat David gegen diesen Befehl absolut nichts einzuwenden.

Rosmarie Thüminger

Quer durch das Land im Gebirge

Wie ich zum Schispringen kam

Ich bin am 21.11.1983 zum Erschrecken einiger Menschen auf die Welt gekommen, in einer Bergstadt in der Steiermark, und zwar in Eisenerz. Schon als Baby machte ich meine ersten Sprungversuche. Da ich keine Schanze finden konnte, war der Wickeltisch das Geeignetste und in den darauf folgenden Jahren das Stockbett meiner Schwester. Diese Versuche landeten nicht auf dem Treppchen, sondern ich war Stammgast im Krankenhaus. Da niemand meine Qualitäten bemerkte, musste ich mich mit Fußballspielen zufrieden geben.

Viele Leute behaupteten, an mir sei ein Junge verloren gegangen. Doch dem ist nicht so: Nur weil ich jeden Tag beschmutzt nach Hause kam und meine Mutter jeden Tag waschen musste, erlaubte sie mir schließlich das Schispringen. Spät, aber doch – in den Ferien zwischen der ersten und zweiten Klasse Hauptschule – machte ich endlich meine ersten richtigen Sprungversuche. Zum Erstaunen meiner Eltern und meiner damaligen Trainer stellte ich mich nicht so blöd an und erlernte mit viel Freude das Springen. Mein Ehrgeiz und mein großer Sturkopf verhalfen mir schnell zu guten Sprüngen.

Ich besuchte die Sporthauptschule in Eisenerz und war stolze Schülerin der ersten speziellen Schiklasse. Dann landete ich im Schigymnasium Stams.

Daniela Iraschko

__Daniela Iraschko__ ist eine der erfolgreichsten Schispringerinnen Österreichs. Zu den größten Erfolgen der mehrfachen österreichischen Meisterin zählen der Weltrekord im 200 m Schifliegen am Kulm in der Saison 2002/03 und der Gesamtsieg der 2. Sommer-Tournee.

Auf ihrer Homepage www.daniela-iraschko.at.tf erzählt sie, wie sie zum Schispringen kam.

Quer durch das Land im Gebirge

Die Entstehung von Stift Stams

Stams ist nicht nur wegen seines Schigymnasiums bekannt, sondern auch wegen seines berühmten Stifts. In ihrem Buch „Der Adlergroschen" erzählt Lene Mayer-Skumanz die Geschichte seiner Entstehung. Die folgende Szene beschreibt das Treffen zwischen Meinhard, Graf von Tirol, und dem Grafen von Hertenberg und dessen Sohn Heinrich.
Graf Meinhard formte das Land Tirol und stiftete das Kloster Stams. Das Land, auf dem das Kloster errichtet werden sollte, gehörte zum Grafschaftsgericht der Hertenberger. Die „grauen Brüder" sind die Zisterzienser.

„Habt Ihr schon gehört von unserem Vorhaben? Wir bauen ein Kloster in Stams. Ein Kloster für die grauen Brüder. Es geschieht auf ausdrücklichen Wunsch meiner lieben Herrin Elisabeth, die ja auch das Land am Inn in die Ehe mitgebracht hat. Ihr könnt Euch wohl denken, Heinrich, warum sie Stams ausgewählt hat."
Der Hertenberger schaute Meinhard gerade in die Augen. „Ein gutes Vorhaben. Ein guter Platz, unter dem Schutz des Täufers, der unbeirrbar seinen Weg gegangen ist bis zum bitteren Ende und nun im Himmel unser Fürsprecher ist."
„Dank für diese Worte! Ich werde sie Elisabeth überbringen. Wir wussten, dass Ihr uns verstehen würdet. – Ich habe den Mönchen auch die Höfe zu Tanne und Staudach geschenkt. Die liegen in Eurem Grafschaftsgericht. Wär uns angenehm, wenn Ihr von Euren Rechten absteht."
„Darüber können wir reden."
„Und über die Überfuhr. Da müssen wir auch klären, wo die Rechte sind. Ob Ritter Ulrich sie von Euch zu Lehen hatte."
„Auswendig weiß ich´s nicht, Meinhard. Ich muss meinen Amtmann fragen. Aber seid versichert, dass wir Hertenberger viel für Euer Kloster tun werden! Das schwör ich Euch! – Bub, hast du das gehört? Auch in deinem Namen hab ich´s gelobt."
Der junge Heinrich nickte ernst. „Ich will dem Kloster schenken, was ich kann – wenn ich erst groß bin."
Irgendetwas in Heinrichs Gesicht, in dem ergebenen Blick rührte Meinhard. Er wollte ihm etwas zum Abschied schenken. Ein schönes Zaumzeug? Etwas zu lesen?
Er bat die beiden, noch ein wenig zu warten, und ging in seine Schlafkammer. Prüfend sah er sich um. Auf Schloss Tirol hätte er seine Elisabeth

Quer durch das Land im Gebirge

um Rat gefragt. Sein Blick fiel auf die Bücher, die über seinem Betschemel auf dem Wandbrett standen. Er griff eines heraus.

Ein Marienlob in Latein, hübsch verziert mit bunten Bildchen, bestimmt einen Haufen Geld wert, aber das Recht der Überfuhr war auch was wert! Und das weitere Wohlwollen der Hertenberger, was Stams betraf!

Er ging in den Saal zurück und drückte das Buch dem jungen Heinrich in die Hand. „Dem braven Lateinschüler!"

Heinrich wurde dunkelrot. „Herr, so was Kostbares!"

„Ja, damit das Lernen Spaß macht."

Der Bub schlug das Buch auf. „Ich verspreche Euch, Herr, wenn ich das bete, werde ich denken an Euch."

Sie nahmen Abschied und bald darauf erscholl vom Hof herauf das Wiehern ihrer Pferde, die von den Knechten aus dem Stall geführt wurden.

Meinhard sah den Hertenbergern nach, wie sie durchs Tor ritten. Ein lieber Bub, der junge Heinrich. Wenn ich das bete, hatte er gesagt. Nicht: Wenn ich das lese.

Lene Mayer-Skumanz

Quer durch das Land im Gebirge

Ein Märchen in Fortsetzungen – die Kristallwelten in Wattens

Ein Riese mit funkelnden Augen bewacht den Eintritt zu den unterirdischen Swarovski-Kristallwelten in Wattens.
Kristalle sind Symbol für Erneuerung und Veränderung von Form, Farbe und Klang. Daher bieten auch die Kristallwelten ständig neue Schätze, die es zu entdecken gibt.

Hast du schon einmal von André Heller gehört? Der österreichische Künstler fällt immer wieder durch seine ungewöhnlichen Ideen auf. Eine seiner Leidenschaften ist die Gartenkunst. Sie spielt auch in den Kristallwelten eine große Rolle. Du solltest einmal durch das Labyrinth wandern und schauen, was in der Mitte dieses Irrgartens steht. Du musst aber besonders aufpassen, dass du den Weg zurück findest. Für kleine Abenteurer wurden Kinderspielplätze angelegt, auch sie sind künstlerisch gestaltet. André Heller hat mit Gartenbauarchitekten und Gärtnern eine vielfältige Parklandschaft geschaffen. Im Alpengarten triffst du auf seltene, aber typische Tiroler Pflanzen und Tiere.

Warum die Kristallwelten ein Märchen in Fortsetzungen sind? Sie wandeln sich wie der Kristall bei funkelndem Licht. Sie werden ständig um neue Wunderkammern und wechselnde Ausstellungen erweitert. Du kannst das verfolgen und das Märchen weiterschreiben …

Monika Icelly

Quer durch das Land im Gebirge

Auf einem Tiroler Hof

Die Urgroßmutter ist schon lang im Himmel.
Ihr Backofen steht noch da.
Platz für neun Laibe Brot!
Wenn mein Papa den Ofen heizt,
verschwindet er drin bis zur Brust.
Er schiebt die Glut an die Seiten,
dann fegt er die Bodensteine
mit dem tropfnassen Fichtenzweig.
Nun schiebt er die Pizza hinein
mit dem langen Schuber.
Wir üben, sagt er, mit Pizza.
Später mit Keksen.
Wenn wir den Ofen gut genug kennen,
backen wir Brot, und wenn das gelingt,
laden wir deine Schulklasse ein,
noch vor der Erstkommunion.
Ich hör es knistern und rieche den Duft,
ich freu mich und denke:
Im Himmel oben freut sich die Urgroßmutter,
weil ihr Backofen wieder in Schwung kommt.

Lene Mayer-Skumanz

Bauernregeln

Willst du vom BERGISEL springen,
hörst du alle Engel singen.

Schwimmt ein Wal den INN hinunter,
werden alle SCHWAZer munter.

Ist wieder mal ein Stau in WÖRGL –
und wer ist schuld? Mein Hund, der Jörgl.

Träumst du oft von GOLDENEN DACHLn,
braucht dein Ofen neue Kacheln.

Läufst du einmal einer Gams nach,
find'st du sie gewiss in KRAMSACH.

Gerda Anger-Schmidt

Quer durch das Land im Gebirge

Demo auf der Autobahn

„Seid ihr fertig?", ruft Papa von der Tür her. „In zwanzig Minuten fährt der Bus."

Mike schnappt sich das eingerollte Transparent, Mutti schlüpft in den Anorak und Lea läuft zum Papa, klatscht in die Hände und sagt: „Hupa mi! Hupa mi!" Das heißt: „Trag mich. Trag mich!" Lea ist ein kluges Kind. Sie weiß: Bus heißt fahren, aber auch Fußmarsch und ihre Beinchen sind noch kurz.

Papa reicht Mama den Rucksack und setzt sich dafür Lea auf die Schulter. Dann geht's los.

Am Bahnhof warten schon viele Leute. Die meisten haben eingerollte Stoffbahnen, Stangen oder Papptafeln dabei. Als der Bus einfährt, gibt es ein bisschen Gedränge, aber alle kommen mit.

Die Fahrt geht zur Autobahn.

Jeden Tag kann Mike von seinem Zimmerfenster aus die riesigen Autoschlangen beobachten. Meist fahren zwei Schlangen nach Süden und zwei nach Norden und alle rollen an seinem Elternhaus in der Nähe des Brenners vorbei. Ihre Blechleiber schillern in vielen Farben, rot und grün, orange und blau. Zwischen den kleinen bunten Flecken stechen große und riesengroße heraus. Manche sind rund wie Tonnen, manche eckig. Das sind die Transporter. Solange er das Fenster geschlossen hält, schauen sie eigentlich ganz harmlos aus. Aber wenn Mike einmal Lust hat, sich die Sonne direkt auf das Gesicht scheinen zu lassen, und deshalb das Fenster aufmacht, wird ihm jedes Mal angst und bang. Plötzlich ist es so laut im Zimmer, dass er den CD-Player abschaltet. Vor lauter Gedröhne kann er keinen Ton mehr hören. Und statt des Duftes, der früher von den Wiesen ins Haus wehte, dringt nun der Gestank von Abgasen herein.

Heute aber fährt kein einziges Auto über die Autobahn. Dafür spazieren viele Menschen herum, manche schieben Kinderwägen, andere fahren mit ihren Rollschuhen, Musik wird gespielt und an verschiedenen Ständen gibt es heißen Tee, Limonade und Kuchen zu kaufen.

Kinder laufen herum und spielen Fangen oder schlecken Eis. Dann verstummt die Musik und eine Frau beginnt zu reden. Sie erzählt, dass ihr kleiner Sohn oft krank ist und die Ärzte der schlechten Luft an der Transitstrecke die Schuld daran geben. Sie möchte, dass die Luft wieder besser wird. Als sie fertig ist, klatschen die Leute in die Hände. Dann spielt wieder Musik und wieder redet jemand. So geht das dahin. Zum Glück erspäht Mike seinen Freund Thomas. Die kleine Lea muss bei den Eltern bleiben,

Quer durch das Land im Gebirge

aber die zwei Freunde ziehen los und nun ist es nicht mehr langweilig. Sie kommen zu einem Tisch, da liegen Kärtchen, Buntstifte und Luftballons. Kinder zeichnen und schreiben Botschaften auf die Kärtchen. Thomas nimmt ein Kärtchen und schreibt darauf: „Macht unseren Lebensraum nicht kaputt." Das hat er heute gehört. Und Mike zeichnet die Autoschlangen, die er von seinem Fenster aus sehen kann. Sie schauen so schön aus, dass die Frau, die Luftballone mit Gas füllt, meint: „Da musst du aber etwas darunterschreiben, sonst glaubt man, du machst Reklame für den Autoverkehr!"

Später, als er mit seinen Eltern schon wieder im Bus sitzt und nach Hause fährt, hört er, wie Papa sagt: „Also, ich fürchte, die Demonstration wird nicht viel nützen."

Mama hält die schlafende Lea auf dem Schoß. „Wir müssen es eben versuchen", sagt sie. „Wir dürfen nicht lockerlassen. Es geht um uns und die Kinder."

„Genau das habe ich auf mein Kärtchen geschrieben", sagt Mike. „Vielleicht hat den Luftballon schon jemand gefunden."

„Einer, der die Lastwägen durch halb Europa schickt, leer oder auch voll, weil er davon profitiert. Der liest es und kommt zu Einsicht und transportiert nur mehr Waren, die man braucht." Papa schüttelt lachend den Kopf.

„Träumen wird man wohl noch dürfen", sagt Mama trotzig. Da legt Papa seinen Arm um ihre Schultern und drückt sie an sich.

Rosmarie Thüminger

Tiroler Weihnacht

Der weite Weg des hl. Nikolaus

Es waren nur mehr drei Tage bis zum Nikolausabend. Sogar in der Schule roch es nach Lebkuchen und Mandarinen. Wenn die Lehrerin durch die Reihen ging, knirschten die leeren Schalen der Erdnüsse unter ihren Füßen.

Frau Moser setzte sich auf das Schreibpult von Murat, der in der ersten Reihe saß. Wie immer stellte sie viele Fragen. Sie wollte wissen, wer von den Kindern Angst vor Krampussen habe. Sie wollte wissen, ob der hl. Nikolaus höchstpersönlich zu den Kindern kam. Oder ob er sich geheimnisvoll gab und Schokoladen und Kekse still und heimlich während der Nacht vor die Betten stellte.

Die Kinder redeten aufgeregt durcheinander. Jedes hatte viel zu erzählen. Nur Murat saß da und sagte kein Wort.

„Nun Murat", fragte die Lehrerin, „wie ist es bei euch? Bringt dir der hl. Nikolaus gar nichts?"

Murat schwieg weiter. Selbstverständlich kannte er diese seltsamen Gestalten mit den weißen Bärten und den komischen Mützen. Hundertfach bevölkerten sie Kaufhäuser und Schaufenster. Dann gab es noch die dunklen, zottigen Gestalten, die Ruten und Ketten in den Händen hielten. Murat wollte weder mit den einen noch mit den anderen etwas zu tun haben. Sie waren ihm unheimlich. Ihm brachte der Nikolaus jedenfalls nichts. Er wollte das nicht sagen. Sonst machten sich einige womöglich wieder über ihn und seinen Glauben lustig.

„Weißt du, dass der hl. Nikolaus aus deiner Heimat stammt?", fragte Frau Moser.

Murat schüttelte den Kopf.

„Aber ich weiß es!", rief Hamida aufgeregt. „Der Nikolaus stammt aus der Stadt Myra in der Türkei. Ich habe die Geschichte gelesen."

„Dann erzähl sie uns", bat die Lehrerin.

Hamida begann:

„Es war einmal ein Kaufmann, der unbedingt zu Geld kommen wollte. Als er eines Tages auf Reisen war, erschien ihm der Verführer.

‚Willst du reicher werden als alle anderen?', fragte er.

‚Nichts lieber als das!', antwortete der Kaufmann.

‚Dann musst du mir dein Herz geben', verlangte der Verführer.

Ohne Zögern tauschte der Kaufmann sein Herz gegen einen Stein. Das geschah in nur einem Augenblick, dann verschwand der Verführer.

Von da an wurde der Kaufmann immer reicher. Aber so schnell, wie sein Reichtum wuchs, wurde er immer einsamer.

Einmal kam er wieder nach Myra, wo ihm der Verführer begegnet war. Diesmal traf er auf den Bischof Nikolaus, der hier lebte.

‚Was bedrückt dich, dass du traurig bist?', fragte er den Kaufmann. Der erzählte ihm seine Geschichte.

Da sagte der Heilige: ‚Du kannst wieder glücklich werden, wenn du mit deinem Geld den Menschen hilfst. Geh zu den Armen und Kranken und tu ihnen Gutes.'

Das tat der Kaufmann, und mit jedem guten Wort und jeder guten Tat schmolz der Stein in seiner Brust, und das Herz kam wieder. Als er starb, war aus dem armen Reichen ein reicher Armer geworden."

„Von dieser schönen Geschichte können wir alle lernen. Ob der Nikolausabend in der Familie gefeiert wird oder nicht", sagte die Lehrerin.

Dann läutete schon die Schulglocke und die Kinder stürmten aus der Klasse.

Rosmarie Thüminger

Tiroler Weihnacht

Bei uns daheim wird das Christkind schön gefeiert. Gegen Abend nimmt der Hausvater das Weihrauchfass und wandelt durch das Haus, von einer Stube in die andere. Dabei betet er laut, und der Weihrauch steigt auf. Wenn er mit dem Haus fertig ist, geht er durch den Hof und in den Stall und vom Stall in den Schupfen und vom Schupfen in den Heustadl: Wir alle wandeln hintendrein und singen und beten. Es ist schön und feierlich, wenn wir im Laternenlicht hinter dem Vater durch Haus und Hof ziehen und den Herrgott darum bitten, dass er uns das Unsrige erhält, die Kühe und Rösser und alles. Hernach gehen wir in die Stube zurück. Der grüne Kachelofen ist heiß, es riecht nach Bäckerei und Weihrauch. Ein großer Teller mit dem dunklen Kletzenbrot aus getrockneten Birnen und Zwetschken steht auf dem Tisch, und jeder kann sich nehmen. Am Fenster, im Eck, ist auf einem eigenen Tischlein die Krippe aufgestellt. Da liegt das Jesuskind drin, winzig klein, nur mit einem Windeltuch bedeckt. Die heilige Maria kniet daneben, der heilige Josef steht da, auf seinen Hirtenstab gestützt, und ein halbes Dutzend weißer Lämmer liegt rings im Stroh. Auch ein Esel und ein Ochs sind dabei. Von der Seite her kommen die Hirten, und ein Engel zeigt ihnen den Weg. Wir stehen jedes Jahr mit neuer Bewunderung vor der Krippe und können uns nicht satt sehen.

Später am Abend kommen dann die Nachbarn herüber, und wir sitzen alle die halbe Nacht miteinander auf – auch die Burgl, unsere Magd. Sogar unser Hund darf hereinkommen und beim Ofen liegen. Wenn dann vor Mitternacht die Glocken zu läuten beginnen, ziehen alle, auch die kleinen Kinder, warm eingepackt, in die Schneenacht hinaus. Der Zoppl zündet Kienspäne an; die leuchten rötlich, und die Funken fallen durch die Dunkelheit in den Schnee. Von überallher aus den Häusern und Höfen kommen die Bauern, tragen die Kienfackeln und gehen zur Mette. In der Kirche drin aber ist alles ein Glanz und eine große Christfestlichkeit.

So wird aus dem Jahre 1806 erzählt. Ähnlich geht es ja heute da und dort auch noch zu. Einiges ist aber wohl ein bisschen anders geworden.

Mira Lobe

Tiroler Weihnacht

Die Suche nach dem Weihnachtsbaum

„Wenn Papa nicht bald heimkommt, nehme ich die Säge und gehe allein den Christbaum holen."

„Soll das eine Drohung sein?", fragte Mama.

Auf diese Frage gab Andrea keine Antwort. Sie lief zum Fenster. Vom Kamin des Nachbarhauses stieg grauer Rauch auf, die Katze Lilli spazierte durch den Garten und hinterließ zarte Spuren im Schnee, aber die schmale Straße, die von Elbigenalp zu ihrem Dörfchen führte, blieb leer. Sie wandte sich wieder der Mutter zu.

„Darf ich wenigstens Computer spielen?"

„Kommt nicht in Frage!" Die Antwort klang so bestimmt, dass Andrea wusste: An dieser Entscheidung war nicht zu rütteln. Trotzdem musste sie ein bisschen murren und klagen. „Alle in unserer Klasse dürfen viel, viel öfter Computer spielen als ich und die haben auch noch viel mehr und viel tollere Spiele. Aber bei uns heißt es immer …"

„Du könntest ja inzwischen alles herrichten", sagte die Mutter. „Die Schneeschuhe stehen noch im Keller, eine starke Schnur findest du im dritten Regal rechts. Die Säge hol ich aus dem Werkzeugschrank. Dann könnt ihr losziehen, sobald Papa da ist."

In diesem Augenblick hörte man ein schweres Auto in den Hof rollen.

„Na endlich!" Andrea stürzte hinaus und riss die Autotür auf.

Zehn Minuten später fuhren sie bereits den Forstweg bergan.

Hier kannte sich Andrea gut aus. Papa hatte diesen Wald mitsamt dem kleinen Bauernhof von seiner Mutter geerbt. Mama bewirtschaftete den Hof, Papa arbeitete als Lehrer an der Schnitzschule und betreute den Wald. Jeden Sommer verbrachte Andrea mit ihrem Papa viele Tage zwischen diesen Bäumen, sammelte Beeren, suchte Pilze und – einen Christbaum. Nur in den schneefreien Jahreszeiten konnte man sehen, welche Fichte oder Tanne gut und regelmäßig gewachsen war, mit dichten Zweigen und einem schönen Wipfel. Da war die Mama heikel.

Papa parkte den schweren Geländewagen in einer Ausweiche. Dann befestigten sie die Schneeschuhe an ihren Füßen. Es waren besondere Schneeschuhe. Keine von denen, die man um teures Geld in den großen Sportgeschäften kaufen konnte. Papa hatte sie selbst gefertigt.

Wozu war er denn Lehrer an einer berühmten Schnitzschule?

Dann zogen sie los. Zuerst ging es einen steilen Hang hinauf, später eine Lichtung entlang. Bei jedem Schritt sanken sie ein, Papa mehr, Andrea

Tiroler Weihnacht

weniger. Der Schnee war so locker, dass man mit den besten Schneeschuhen der Welt ein wenig eingesunken wäre.

Die Zweige der Nadelbäume beugten sich unter der Schneelast. Nur die nackten Äste der Laubbäume hielten den weißen Polstern stand. Am Boden kreuzten sich viele Spuren: zarte, kaum sichtbare von Mäusen und Vögeln, kräftigere von Rehen, Hasen oder Füchsen. Manchmal rührte ein leichter Wind an den Zweigen und Schnee staubte auf die Köpfe der zwei Wanderer.

„Glaubst du, wir finden ihn überhaupt noch?", fragte Andrea.

„Aber ja. Hier in der Nähe muss er stehen."

Andrea reckte den Hals, so hoch sie konnte.

„Da schau! Da ist er ja, der Bursche!", rief Papa und deutete auf einen roten Farbfleck, der zwischen Zweigen und Schnee schimmerte.

Es war das Band, das er im Herbst um den Wipfel des auserkorenen Bäumchens geknotet hatte.

Papa nahm den Rucksack von seinen Schultern und holte die Säge heraus. Andrea rüttelte an den Ästen, um den Schnee abzuschütteln.

Papa sägte geschickt und schnell. Bald neigte sich die Fichte zur Seite. Schwieriger war es schon, die Zweige an den Stamm zu binden. Doch das musste sein, sonst würden sie beim Transport beschädigt. Als auch das gelungen war, lud Papa den Baum auf seine Schultern und sie stapften in der eigenen Spur zum Auto zurück.

Rosmarie Thüminger

Nino fährt ins Ötzi-Dorf

Nino lebt mit seinen Eltern und einem jüngeren Bruder in Hall. Er geht in die 4. Klasse Volksschule. Eines Tages fragt Frau Moser: „Was haltet ihr von der Idee, einmal das Ötzi-Dorf anzuschauen?"

Selbstverständlich sind alle begeistert. Die Lehrerin organisiert einen Bus, der groß genug für alle Kinder ist. Der Papa von Nino erklärt sich bereit, mitzufahren. Er wird Frau Moser helfen, die Kinder zu betreuen.

Dann ist es so weit. Die Kinder kommen wie gewöhnlich in die Schule. Aber heute wartet kein Klassenzimmer, sondern ein hellblauer Bus.

Mit großem Hallo stürmen die Kinder auf ihre Plätze. Fünf Minuten vor acht sind bereits alle da. Es kann losgehen.

Eine gute Stunde später sind sie angekommen. Frau Moser rät, die Mützen über die Ohren zu ziehen und die Handschuhe nicht im Bus zu vergessen.

Eine junge Frau begrüßt die Kinder und beginnt zu erzählen:

„Der Gletschermann lebte ungefähr 3200 Jahre vor Christus. Diese Zeit bezeichnen wir als Jungsteinzeit. Seine Kleidung war aus Ziegenfell gefertigt. Er trug mit Heu ausgestopfte Schuhe, die Sohlen waren aus Bärenfell. Für die Jagd verwendete er einen großen Bogen aus Eibenholz mit Pfeilen. Er war noch jung, als er im ewigen Eis erfror."

„Warum ist er denn überhaupt da hinaufgestiegen?", ruft Edith dazwischen.

„Was ihn wirklich bewog, in diese einsamen Höhen zu steigen, wird wohl für immer sein Geheimnis bleiben", antwortet die Führerin. „Vielleicht wollte er seine Viehherden hüten oder jagen. Vielleicht hat er auch nach Kupfer oder Gold gesucht oder er wollte einfach der Sonne näher sein ..."

Dann führt sie die Kinder ins Dorf hinein, damit sie mit eigenen Augen sehen können, wie die Menschen in jener Zeit gelebt haben. Da sind einmal die Hütten, die ganz aus Holz gebaut sind. Es gibt einen Ofen zum Brotbacken und einen Kuppelofen, in dem Keramik erzeugt wird. Die Führerin erklärt, was man brauchte, um Feuer zu entzünden, und wie die Menschen ihre Kleidung herstellten. Die Kinder probieren, aus Feuerstein und Zunder Feuer zu schlagen. Das ist eine Kunst, die viel Geduld erfordert. Auch das Anfertigen von Geräten aus Feuersteinen setzt großes Können voraus. Im Sommer gibt es verschiedene Kurse. Da lernt man zum Beispiel, Fladenbrote zu backen. Aber das kann Nino sowieso. Da würde er schon lieber die Spuren von Wildtieren erkunden oder ein paar Tage in der Wildnis leben. Papa will vorläufig nichts versprechen.

Der Gletschermann

Auf dem kleinen Teich schwimmt ein Einbaum, den man leider nicht benützen darf. Allen Kindern gefallen die Ziegen und die Waldschafe und natürlich die drei großen Auerochsen mit ihren mächtigen Hörnern.

Auf der Heimfahrt hat Frau Moser eine Überraschung. Für jedes Kind gibt es ein großes Stück Fladenbrot aus dem Ötzi-Dorf und Früchtetee mit Honig und Zitrone aus ihrer eigenen Küche.

Rosmarie Thüminger

Der 5000 Jahre alte Gletschertote vom Hauslabjoch beschäftigt seit seiner Entdeckung die Wissenschaft. Immer wieder gibt es neue Vermutungen. Zuletzt behauptete ein Fachmann:

„Ötzi" war ein Mörder

Horst Seidler, der Präsident des wissenschaftlichen Beirats des Ötzi-Musems in Bozen, ist sich sicher, neue Erkenntnisse zum Fall „Ötzi" gewonnen zu haben: Der Mann, dessen Leiche nach 5300 Jahren in den Ötztaler Alpen gefunden wurde, soll nicht – wie bisher vermutet – von einem Feind mit Pfeil und Bogen ermordet worden sein. „Dieser Pfeil war sicher nicht die unmittelbare Todesursache", so Seidler, der als international anerkannter Experte gilt. Seine neue Theorie: „Ötzi" soll selbst einen Kontrahenten in einen Hinterhalt gelockt, überfallen und mit seinem Kupferbeil erschlagen haben. Seidler: „Das war die effektivste Tötungswaffe, die Ötzi bei sich trug." Mehrere tiefe Schnittverletzungen an der rechten Hand des Eismannes würden auf einen wilden Kampf hindeuten. Seidler glaubt jetzt aber auch zu wissen, wie Ötzi tatsächlich ums Leben kam: „Er ist vor Erschöpfung eingeschlafen und nie wieder aufgewacht." Unser Ötzi soll also erfroren sein.

Der Gletschermann

Das Buch „Der Gletschermann" ist ein spannender Krimi aus der Steinzeit. Es erzählt die packende Geschichte von „Ötzi", so wie sie sich zugetragen haben könnte.

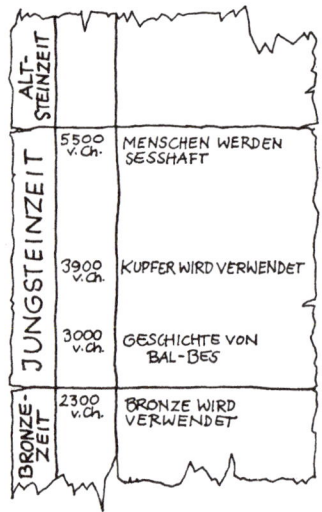

STEINZEIT

Unsere Geschichte spielt gegen Ende der Jungsteinzeit, die auch Kupferzeit genannt wird. Zu Beginn der Jungsteinzeit wurden die Menschen sesshaft, bauten Hütten und betrieben Ackerbau und Viehzucht. Gegen Ende dieser Epoche lernten sie bereits Kupfer zu verarbeiten, doch blieb der Stein immer noch das wichtigste Material für Werkzeuge. Erst in der darauf folgenden Bronzezeit setzten sich Metallwerkzeuge durch.

Füße gehen, gehen gleichmäßig und rasch. Füße treten auf Stein, auf Moos, dann wieder auf Stein. Die Füße gehen bergan. Steigen über morsche umgefallene Baumstämme, springen über kleine Bäche. Die Füße sind in Leder gekleidet. Das Leder ist alt und rissig. Das Leder hat Löcher. Zehen schauen heraus. Die Ledersohle ist dünn, und der Fuß spürt jedes Steinchen. Doch die Füße gehen. Bei jedem zweiten Schritt schlägt der Köcher mit den Pfeilen an die Hüfte. Bogen und Köcher hängen an der Schulter und schlagen Takt. Gehen, gehen, gehen …

Augen sehen die Füße, die gehen. Augen sehen den Mann, der geht. Augen von Menschen, in sicherem Abstand, gut versteckt hinter Büschen, Bäumen, Steinen, beobachten den Mann. Wachsame, misstrauische Augen folgen dem, der geht.

Der Mann sieht die Augen nicht. Er folgt dem Bach. Seine Füße suchen den kaum erkennbaren Pfad. Bergan windet sich der Weg. Umgeht große Steine, schlängelt sich zwischen Bäumen, quert Bäche, ist von Dornenranken überwachsen. Der Weg wird steiler, der Fuß rutscht. Die Hände müssen beim Gehen helfen. Der Atem des Mannes geht kurz und schwer. Das Gehen wird ihm schwer. Die Füße werden schwer, gehen langsamer. Die Füße sind müde. Die Füße bleiben stehen.

Bal-Bes bleibt stehen. Bal-Bes ist müde. Er legt Bogen und Köcher ab und setzt sich hin. Er streckt die Beine aus, streckt den ganzen Körper aus. – Tut gut. Muskeln entspannen sich, der Atem wird ruhiger. Ruhe tut gut. Auch die wachsamen Augen, die Bal-Bes gefolgt sind, bleiben stehen. Sie warten, sie beobachten.

Bal-Bes schließt die Augen. Hinter geschlossenen Augen sieht Bal-Bes seine Füße gehen. Er sieht sie, wie sie über Steine, Gras, Moos, Wurzeln und wieder über Steine gehen. Er sieht den umgestürzten Baumstamm, sieht Bäume, deren Blätter gelb und rot und braun geworden sind. Er sieht weiße Bergspitzen, die höher werden, je länger Bal-Bes in das Tal hineingeht. Bal-Bes sieht den Bach. Immer wieder den Bach, den er entlang, talauf gegangen ist. Der Bach hat viele kleine Kinder: kleine Bäche. Die Kinder

Der Gletschermann

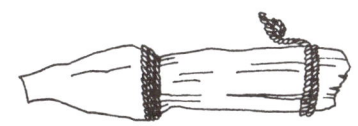

kommen von den Bergen, spritzen über Felsen und laufen zur Mutter. Mutter Bach ist selbst Kind, läuft selbst zur Mutter, zum Grünen Fluss.

Vor zwei Tagen, bei Sonnenaufgang, war Bal-Bes noch selbst beim Grünen Fluss. Seither ist er gegangen, den Bach entlang, der hinauf in die Berge führt. Zwei Tage ist er gegangen, hat in der Nacht unter Bäumen geschlafen. Nun wird es wieder bald dunkel.

Die Tage vorher, viele, viele Tage vorher, war er den Grünen Fluss aufwärts gegangen und weiß, dass selbst der Grüne Fluss Kind ist. Kind von Dau-Kall, der großen Mutter aller Flüsse. Sie scheint stillzustehen, so groß und schwer ist Dau-Kall, so langsam bewegt sie sich. Doch sie fließt – wohin weiß Bal-Bes nicht. Bäche und Flüsse fließen, ohne müde zu werden, immerfort.

Bal-Bes ist müde. Nicht nur müde vom heutigen Gehen, müde vom jahrelangen Gehen. Müde vom Fortgehen, vom Immer-wieder-Fortgehen wie Bach und Fluss. Bal-Bes beneidet den See, der nicht fortgehen muss, der stillsteht. Bal-Bes möchte stillstehen, möchte See sein … Bal-Bes ist eingeschlafen.

Erich Ballinger

Dieses Steinmesser mit Holzgriff wurde beim Toten vom Hauslabjoch gefunden.

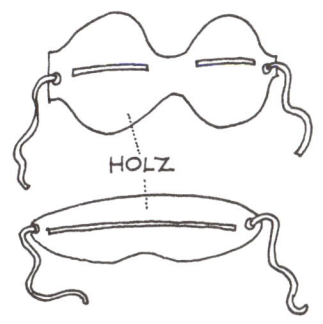

Schneebrillen der Eskimos
So könnte sich auch „Ötzi" gegen die Schneeblindheit geschützt haben.

Ötzi, der Mann aus dem Eis

Rekonstruierter Schuh

219

Sagenhaftes Tirol

Der große Hund

In alten Zeiten geschah es öfter als heute, dass ein Bär aus den Karawanken nach Osttirol wechselte. Bauern und Hirten gerieten dann jedes Mal in helle Aufregung. Jeder, der von dem Bären erzählte, machte ihn ein bisschen größer und gefährlicher, bis er in den Geschichten endlich zu einem furchtbaren Riesenbären geworden war.

Es gab aber auch mutige Hirten im Land, zum Beispiel den jungen Florian aus dem Pustertal. Zwar las er lieber in alten Büchern, als hinter den Tieren herzurennen, und einmal band er sogar den beiden Ochsen die Schwänze zusammen, um von ihnen beim Lesen nicht immer gestört zu werden. Eines Tages aber blökten die Schafe so unruhig und ängstlich, dass der Hirtenbub von seinem Buch aufschaute. Er sah, wie ein braunes, zottiges Tier ein Lamm anfiel.

„Wirst du wohl loslassen, du garstiger Hund!", rief Florian.

Der Eindringling brummte und blinzelte listig mit den Äuglein. Florian sprang ihn an, und das Tier packte den Buben mit seinen haarigen Vorderpratzen. Sie balgten sich hin und her, bis sie eng umschlungen gemeinsam den Abhang hinunterkugelten. Das Zotteltier brach sich dabei das Genick. Florian aber schleppte sich mit vielen Wunden nach Hause.

„Ich hab´ mit einem großen Hund raufen müssen", berichtete er den entsetzten Eltern. Als der Vater Nachschau hielt, fand er einen toten Jungbären.

Friedl mit der leeren Tasche und das Goldene Dachl

Im Jahr 1415 wurde der Landesfürst von Tirol, Herzog Friedrich von Österreich, von seinen Feinden aus dem Land vertrieben und führte eine Zeit lang ein abenteuerliches, für einen Herzog recht ungewöhnliches Leben. Er hatte nun keine Macht mehr und auch kein Geld und seine Feinde nannten ihn deshalb voll Spott den Friedl mit der leeren Tasche. Sie schickten Spione nach ihm aus, um ihn zu fangen und dann Lösegeld von ihm zu erpressen. „Wenn der Friedl auch kein Geld hat", sagten sie, „so hat er doch reiche Freunde, die für ihn bezahlen werden."

Der Friedl mit der leeren Tasche wollte sich aber nicht fangen lassen. So verkleidete er sich und zog als wandernder Sänger und Spielmann singend von Ort zu Ort durch Tirol. Anfangs erkannte ihn niemand als den Herzog des Landes. Eines Tages aber kam er auf seiner Flucht in die Gegend um Landeck zu einem Bauernhof und bat dort um ein Nachtlager auf dem Heuboden oder im Stall. Der Bauer lud den Unbekannten zum Nachtmahl ein. Zum Dank für erwiesene Gastfreundschaft pflegte der als Sänger verkleidete Herzog ein Lied zu singen. Diesmal sang er eines seiner traurigsten Lieder: das Lied von einem aus seinem Land gejagten Fürsten, der heimatlos herumirrt. Die Bauersleute mussten an ihren eigenen Herzog denken, der ja auch heimatlos herumirrte, und fingen, wie die Sage berichtet, zu weinen an. Als nun der Spielmann sie fragte, warum sie denn weinten, erzählten sie ihm von dem bitteren Schicksal ihres Herzogs Friedl. Friedl mit der leeren Tasche war gerührt von der treuen Liebe seiner Tiroler Bauern zu ihrem Landesherrn und gab sich ihnen zu erkennen. Die Bauersleute

220

Sagenhaftes Tirol

zeigten sich so glücklich, ihren Landesfürsten, den sie schon für tot gehalten hatten, noch am Leben zu sehen, dass der Friedl mit der leeren Tasche neuen Mut fasste und wieder glaubte, sein Schicksal könne sich noch ändern.

Herzog Friedl wollte sich nun nach Südtirol wenden. Dort wusste er einen Freund, der ihm vielleicht Schutz und Hilfe gewähren konnte. Mit der Hilfe von Bauern und Hirten, die ihm den Weg zeigten, zog Friedrich nach dem Süden. Leere Taschen hatte er freilich immer noch, und seine Feinde waren ihm immer noch auf der Spur. So legte der vertriebene Landesfürst seine Spielmannskleider ab und verwandelte sich in einen Hirten. Er soll eine Zeit lang in den Bergen Schafe gehütet haben. Sein Ziel, die Herrschaft über Tirol zurückzugewinnen, verlor er aber nicht aus den Augen und zog weiter in Richtung Südtirol.

Eines Tages aber spürten ihn die Spione, die immer noch nach ihm gesucht hatten, doch auf. Sie hätten den Herzog beinahe gefangen, denn sie hatten erkundet, dass er eben beim Hendlmüller Unterschlupf gefunden hatte. Sie umzingelten bereits das Haus.

Da versteckte der Hendlmüller seinen Herzog in einer Fuhre Mist und fuhr ihn damit weg, an einen sicheren Ort. Und die Spione kriegten ihn nicht.

Als Herzog Friedrich mithilfe seiner Getreuen seine Macht zurückgewann und auch keine leeren Taschen mehr hatte, machte er den Hendlmüller zum Grafen. Der durfte sich von da an Graf Hendl nennen. Er gründete das Geschlecht der Grafen Hendl und durfte ein Mühlrad im Wappen tragen.

Weil der Friedl mit der leeren Tasche nun wieder reich war und das auch zeigen wollte, ließ er am Neuhof, der früheren Burg in Innsbruck, einen Erker aus Marmor anbauen und das Dächlein darauf – das Dachl – mit vergoldeten Kupferschindeln decken. Das Goldene Dachl in Innsbruck wurde eine weltbekannte Sehenswürdigkeit. Den Friedl mit der leeren Tasche aber vergaß man trotzdem oder vielleicht grade deshalb nicht.

Friedl Hofbauer

Sagenhaftes Tirol

Friedl mit der leeren Tasche

von Reinhard Wegerth
und Franz Hoffmann

Ein Sänger wandert hier allein
im Schnee. Er hofft, man lässt ihn ein

und vortragen am warmen Herd,
was ihm schon lang das Herz beschwert:

„Es war einmal
   in diesem Land
ein Herzog,
   war den Bauern gut.
Wollte sie sehn
   als freien Stand –
den Adel brachte es in Wut.
Vor seinen Feinden
   musste fliehn
der Herzog,
   durch Tirol jetzt ziehn
verkleidet arm als Musikant –
   nur Freunde
      haben ihn erkannt!"

„Er ist es selber! Unser Herr!
Wir wollen Friedls* Wiederkehr
hinein nach Innsbruck! Unbedingt!
Helfen dir gern, dass es gelingt!"

*Friedrich IV. (1382 - 1439)

Sagenhaftes Tirol

Die Einstellung tat Friedrich wohl.
Doch ging er noch nach Südtirol,
um zu erfahren, ob auch dort
die Bauern gäben ihm ihr Wort.

So war es auch, und nicht nur das:
Trotz großem Kopfgeld war Verlass
auf seine Bauern bei Meran.

Kein Häscher kam an ihn heran,
und liegend unter Kuhstallmist
er ihnen leicht entkommen ist.

Die Bauern halfen ihrem Herrn
ganz ohne Lohn, sie taten's gern.
(Auch war ja Friedls Tasche leer -
sein Spitzname kommt davon her.)

Des Herzogs Rückkehr an die Macht
hat Aufschwung in Tirol gebracht:
Es wurden alle Bauern frei
und man fand so nebenbei
Silberminen in Tirol -
Da wurde Friedls Tasche voll!

Nach dem Lesen dieser Sage
stellt man sich vielleicht die Frage:
Ob Untertanen immer blind
zu ihrem Herrn gestanden sind?
Das nicht. Anscheinend kam's drauf an,
was ihnen so ein hoher Mann
versprach - und ob er's hielt sodann!

Damals in Tirol

Die Römer in Aguntum

Die Römer sind auf ihren Eroberungszügen vor fast 2000 Jahren auch nach Tirol gekommen und haben es zu einem Teil ihres großen Reiches gemacht. Überall, wo sie hinkamen, entstanden gut angelegte Militärstraßen, die auch dem Handel nützten. Es waren keine asphaltierten Straßen oder gar Autobahnen, wie sie heute durch unser Land führen. Aber es waren mit Steinen gepflasterte Wege, auf denen ein Ochsengespann oder eine Postkutsche leicht Platz hatte. Nur sehr holprig dürfte so eine Fahrt gewesen sein, ganz ohne Stoßdämpfer und gefederte Sitze!

Eine sehr wichtige Römerstraße war die durch das Pustertal nach Aguntum bei Lienz. Aguntum war die einzige Stadt in Tirol. Die Römer hatten sie nach ihrem Geschmack erbaut.

Besonders die Händler kamen sehr gerne hierher. Da gab es genug Leute, die kauften und verkauften. Es wurde vor allem mit Kupfer, Gold, Silber und Eisen aus dem Tauerngebirge gehandelt. Das Eisen brauchten die Römer hauptsächlich um daraus Waffen zu machen. Die Feinschmecker unter den Händlern kauften gerne Honig und Käse.

Von den Geschäften erholte man sich im Sommer wie im Winter in den Thermen. Das waren die öffentlichen Badeanlagen. In geheizten Räumen standen Becken mit warmem oder kaltem Wasser. Wer Lust hatte, badete im Schwimmplatz. Weniger Sportliche besuchten eine Theatervorstellung oder feierten ein Fest in einem der sehr vornehmen Häuser der reichen Römer.

Es gab viele schöne Häuser in Aguntum, mit Säulen, mit Wandmalereien, mit Mosaikfußböden, ja sogar mit Wand- und Fußbodenheizung. Die Häuser der Einheimischen waren kleiner und bescheidener. Aber alle waren sie gemauert. Die Einheimischen hatten nur die Holzbauweise gekannt. Erst die Römer brachten ihnen das Ziegelbrennen, das Mörtelmischen und das Mauern bei.

Lange lebte man friedlich in Aguntum. Hundert Gemeinderäte und zwei Bürgermeister wachten darüber, dass in Stadt und Land alles seine Ordnung hatte. Ausgediente Soldaten waren für die Sicherheit der Einwohner und Gäste verantwortlich, und die weithin sichtbare Stadtmauer hat so manchen Feind abgeschreckt.

Erst gegen Ende der römischen Herrschaft wurde die Stadt von Feinden niedergebrannt und verwüstet. Vor etwa dreihundert Jahren hat eine Mure die Ruinen von Aguntum verschüttet.

Der reißende Debantbach aber hat im Laufe der Zeit einzelne Stücke der verschütteten Römerstadt wieder freigegeben. Bauern aus der Umgebung fanden Mauerreste, Tonscherben, Gebrauchsgegenstände und Schmuckstücke, wenn sie ihre Felder bestellten.

In der Zwischenzeit haben Geschichtsforscher auch Teile der Stadtmauer, der Badeanlagen und der Wohnhäuser ausgegraben. Wer Interesse hat, kann alles östlich von Lienz in einem schönen Freilichtmuseum besichtigen.

Römische Ausgrabungen in Aguntum

Der Pleitegeier

Kaiser Maximilian ist nicht nur für seine Kletterei auf Kirchtürmen oder in Bergwänden bekannt. Der Sohn des ständig müden Friedrich III. will auch in der Politik hoch hinaus. Maximilian will Macht. Und um diese zu erlangen, ist dem blonden Mann mit den kühlen blauen Augen jedes Mittel recht. Er besticht die Kardinäle, weil er Papst werden möchte. Mit den Königen der umliegenden Reiche führt er zeitlebens Krieg. Stets gewinnt Kaiser Max ein bisschen Land, Geld aber hat der Mann mit der geschwungenen Adlernase trotzdem nie. Und das, obwohl er nacheinander die beiden reichsten Frauen Europas heiratet. Die erste ist Maria von Burgund, und mit ihr erwirbt er das Reich Burgund. Dann Bianca Maria Sforza, die gezählte 400 000 Golddukaten mit in die Ehe bringt. Aufs Heiraten versteht sich Maximilian überhaupt prächtig: Zwei seiner Kinder heiraten ins spanische Königshaus. Seine Enkelin Maria wird mit dem böhmisch-ungarischen Königssohn vermählt. Das Habsburgerreich erstreckt sich dadurch letztlich von Spanien bis Böhmen und Ungarn. Ein Zeitgenosse schreibt dazu:

Maximilian I.

„Bella gerant alii, tu, felix Austria, nube!" – „Lass andere Kriege führen, du, glückliches Österreich, heirate!"

Durch die Heiraten wird Österreich größer, Maximilian aber nicht reicher. Sieben Jahre später ist der Kaiser pleite, so sehr, dass selbst seine Truppen aufhören, für ihn zu kämpfen, weil er den Sold nicht zahlen kann. Die Gründe für die Misere sind die Kriegslust, aber auch sein Hang zu Pomp und Glorie. Seien es die üppigen Hoffeste, die kostspieligen Turniere oder einfach nur sein Spleen, selbst die prachtvolle Kleidung seiner Gäste aus eigener Tasche zu bezahlen. Teuer sind aber auch seine Gelehrten, mit deren Hilfe der Kaiser seine Lebensgeschichte schreibt. Eine Geschichte, die zeigen soll, wie großartig er ist und wie sehr ihn seine Untertanen lieben. Das Gegenteil aber ist der Fall. Verarmt durch horrende Steuern, rächen sich die Bürger. In Brügge sperren sie den Kaiser für einige Monate ganz einfach ein. Und die Innsbrucker verweigern ihm Essen und Unterkunft, weil er nicht bezahlen kann. Der darmkranke Maximilian muss weiter und stirbt im Alter von 60 Jahren auf der Reise nach Wien in der Burg von Wels: reich an Land, aber arm an Geld.

Traude Kogoj/Konrad Mitschka

Damals in Tirol

Die Auswanderer

Wie in anderen Tälern Tirols wandten sich im 16. und 17. Jahrhundert auch im Defereggen viele Katholiken von ihrem Glauben ab und dem neuen Glauben der Lutheraner zu. Das hatte viele Gründe: Die zwei wichtigsten waren die große Armut der Bevölkerung und die Missstände innerhalb der Kirche. Damals gab es Priester, Ordensleute und Bischöfe, die nach immer mehr Macht und Reichtum strebten und in Saus und Braus lebten, während die Menschen bittere Not litten. Viele glaubten mit der lutherische Lehre zum Glauben der Urkirche zurückkehren zu können.

Einer dieser Menschen war Thomas Veldner. Er weigerte sich, dem lutherischen Glauben abzuschwören, und musste deshalb seine Heimat verlassen. Seine Frau Maria ging mit ihm, die kleine Tochter Elisabeth nicht. Alle Kinder, die jünger als vierzehn Jahre waren, wurden gewaltsam im Land zurückgehalten.

Am 15. März 1684 schrieb er folgenden Brief an seine Schwester Therese:

Liebe Schwester,

durch einen glücklichen Zufall habe ich heute unseren Nachbarn Martin Pergler getroffen, gerade als er durch die Straßen von Augsburg zog, um seine Wolldecken, die die Bauern im Defereggental herstellten, feilzubieten. Er wird bald nach Defereggen zurückkehren. Deshalb gebe ich ihm diesen Brief mit. Verbrenne das Schreiben, sobald du es gelesen hast!

Nun sind vier Monate vergangen, seit meine Frau und ich unsere geliebte Elisabeth bei dir zurücklassen mussten. Unser einziger Trost ist, dass wir sie in deiner Obhut wissen.

Die Sehnsucht nach der Heimat und unserer Familie ist groß. Aber ich wollte, ich konnte meinem neuen Glauben nicht abschwören. Zu stark ist mein Zorn auf die Obrigkeit, ihre Heucheleien, ihre Verschwendungssucht. Und Maria denkt wie ich. Wir sind dir unendlich dankbar, dass du Elisabeth in dein Haus aufgenommen hast. Gott möge dir alles tausendmal vergelten.

Ich verrate dir einen Plan, über den du zu niemandem ein Wort verlieren darfst. Nicht zu Elisabeth, nicht zu Leonhard, deinem Mann.

Noch bedeckt tiefer Schnee Joche und Übergänge. Aber in einigen Wochen, wenn die Steige wieder begehbar sind, werde ich eines Tages heimlich und bei Nacht bei dir eintreffen. Ein paar Tage werde ich versteckt in deinem Haus leben. Dann, wenn die Gelegenheit günstig ist, wirst du Elisabeth auf die Legalm begleiten. Du weißt, wie gut ich das ganze Gebiet kenne. Ich habe ja schon als Bub dort Vieh gehütet. Wir werden Pfade benützen, die nur von Gämsen und Schafen benützt werden und die kein Mensch je betritt. So wird es mir mit Gottes Hilfe gelingen, Elisabeth heimlich außer Landes zu schaffen und zu uns nach Augsburg zu bringen.

Maria und mir geht es so weit gut. Ich habe Arbeit bei einem Tischlermeister gefunden und Maria geht zu reichen Bürgersfrauen Wäsche nähen. Vielleicht bekommt sie eine Stelle als Köchin in einem viel besuchten Gasthof in unserer Gasse.

Grüße und küsse Elisabeth, besuch das Grab unserer Eltern, das ich vier Monate nicht mehr besuchen konnte. Und noch einmal: Verbrenne diesen Brief! Er könnte dir, deiner Familie, aber auch mir gefährlich werden.

Es umarmt dich in großer Dankbarkeit
dein Bruder Thomas

Rosmarie Thüminger

Verrat in Tirol

„Wenn sie kein Brot haben, dann sollen sie Kuchen essen!" Dieser Ausspruch über Arme stammt von der österreichischen Prinzessin Marie Antoinette. Er fällt 1789 in Frankreich, am Vorabend der „Französischen Revolution". Von da an reißen die Bürger in Frankreich die Herrschaft an sich. Sie nehmen den Fürsten Geld, Land und Häuser weg. 1793 werden der König und seine Frau enthauptet.

Der österreichische Herrscher Franz II. befürchtet, dass seine Untertanen Ähnliches planen. Er verstärkt die Polizei. Wer wie in Frankreich die Reichen zu Gunsten der Armen entmachten will, der verliert in Österreich das Leben. Franz II. will gemeinsam mit anderen europäischen Herrschern den alten Zustand in Frankreich wiederherstellen.

Damit beginnt ein insgesamt 23 Jahre langer Krieg gegen Frankreich. Lange steht es unentschieden. Doch dann kommt in Frankreich Napoleon an die Macht. Der klein gewachsene Korse ist ein genialer Feldherr. Er erobert halb Europa. Verliert nur wenige Schlachten. Eine davon gegen den österreichischen Erzherzog Karl in Aspern, am 22. Mai 1809.

Andreas Hofer

Österreich muss Napoleon aber letztlich als Sieger anerkennen. Als Preis verlangt Napoleon unter anderem auch Tirol. Das will einem tief religiösen Wirt aus St. Leonhard so gar nicht passen. Prompt erhebt sich Andreas Hofer gegen die Besatzer. Nicht alle Tiroler unterstützen seinen Kampf. Die meisten Innsbrucker begrüßen die neuen Landesherren aus Bayern, denen Napoleon Tirol überlassen hat. Am Bergisel schlagen die 14 000 Getreuen des Andreas Hofer die Bayern und vertreiben sie aus Tirol. Die Bauernregierung unter dem Tiroler Nationalhelden erlässt umgehend seltsame Gesetze. So sollen zum Beispiel Frauen künftig ihre Arme mit Gewand bedecken, um die Soldaten nicht zu verwirren. Weiteren Erlässen kommt ein Befehl von Kaiser Franz aus Wien zuvor. Andreas Hofer soll die Regierung an die Bayern zurückgeben, dafür wird ihm nichts geschehen. Hofer befolgt den Befehl. Kehrt in seinen Gasthof zurück. Da überredet ihn der Kirchenmann Joachim Haspinger, noch einmal gegen die Bayern zu kämpfen. Hofer rückt mit seinen letzten Getreuen aus und verliert. Die Bayern verfolgen ihn nun unerbittlich. Andreas Hofer versteckt sich auf der Pfandleralm. Doch für 1 500 Gulden verrät ihn der Tiroler Bauer Franz Raffl. Andreas Hofer wird gefangen und am 20. Februar 1810 in Mantua hingerichtet. Noch heute gilt er den Tirolern als Held – und wird landesweit im Andreas-Hofer-Lied besungen.

Traude Kogoj/Konrad Mitschka

Damals in Tirol

Andreas Hofer-Lied

Landeshymne

Zu Mantua in Banden der treue Hofer war,
in Mantua zum Tode führt' ihn der Feinde Schar.
Es blutete der Brüder Herz,
ganz Deutschland, ach, in Schmach und Schmerz,
mit ihm das Land Tirol, mit ihm das Land Tirol.

Die Hände auf dem Rücken der Sandwirt Hofer ging
mit ruhig festen Schritten, ihm schien der Tod gering,
der Tod, den er so manches Mal vom Iselberg geschickt ins Tal,
im heil'gen Land Tirol.

Doch als aus Kerkergittern im festen Mantua
die treuen Waffenbrüder die Händ' er strecken sah,
da rief er laut: „Gott sei mit euch,
mit dem verrat'nen deutschen Reich
und mit dem Land Tirol!"

Dem Tambour will der Wirbel nicht unterm Schlegel vor,
als nun der Sandwirt Hofer schritt durch das finst're Tor.
Der Sandwirt, noch in Banden frei,
dort stand er fest auf der Bastei,
der Mann vom Land Tirol.

Dort soll er niederknien. Er sprach: „Das tu ich nit!
Will sterben, wie ich stehe, will sterben, wie ich stritt,
so, wie ich steh' auf dieser Schanz.
Es leb' mein guter Kaiser Franz,
mit ihm das Land Tirol!"

Und von der Hand die Binde nimmt ihm der Korporal,
und Sandwirt Hofer betet allhier zum letzten Mal.
Dann ruft er: „Nun, so trefft mich recht.
Gebt Feuer! – Ach, wie schießt ihr schlecht!
Ade, mein Land Tirol!"

Julius Mosen, 1831

Adele Stürzl – eine große Kämpferin

Adele Stürzl (ganz links)

Adele trat aus dem Haus und schaute sich vorsichtig um. Niemand war zu sehen. Also konnte sie es wagen. Mit raschen Schritten eilte sie die Straße hinauf.

Man schrieb das Jahr 1942. Damals herrschte das Nazi-Regime. Menschen, die sich für die Entrechteten und Verfolgten einsetzten, galten als Verräter und wurden von den Machthabern unerbittlich verfolgt.

Adele trug, gut verborgen unter ihren Kleidern, ein Kuvert mit Geld. Sie hatte es bei Gesinnungsfreunden in ihrer Heimatstadt Kufstein gesammelt. Viele ihrer Kolleginnen und Kollegen waren in Not geraten, weil Familienangehörige verhaftet und eingesperrt worden waren. Sie brauchten dringend Hilfe und Unterstützung.

Adele querte die Straße, bog in eine schmale Gasse ein. Es war ein wunderbarer Sommermorgen. Die Wiesen dufteten, der Himmel stand blau und seidig über den hellen Felswänden des Wilden Kaisers und ein leichter Wind rauschte in den Birken. Wie schön wäre die Welt ohne Verfolgung und Krieg!

Die „Rote Hilfe" hatte Adele beauftragt, Anna Hofer die Summe zu überbringen. Ihr Mann war letzte Woche von der Gestapo verhaftet worden und sie hatte kein Geld, um Essen für die Kinder zu kaufen. Nur mehr wenige Schritte trennten sie von Annas Wohnung. Da brauste plötzlich ein Auto heran, stoppte knapp vor ihr. Zwei Männer in Zivil sprangen heraus und stellen sich ihr in den Weg.

„Einsteigen!", befahl der ältere.

„Wieso? Wer sind Sie überhaupt?"

Der eine Mann packte sie hart am Arm, der andere zückte einen Ausweis. „Gestapo!"

Sie stießen Adele trotz deren Gegenwehr ins Auto. Noch am selben Tag wurde sie nach Innsbruck gebracht. Obwohl sie bei den Verhören schwer misshandelt wurde, verriet sie niemanden.

Adele Stürzl musste als politische Gefangene zwei Jahre im Innsbrucker Gefängnis verbringen. Dann wurde sie nach München transportiert und dort vor Gericht gestellt.

Die nationalsozialistischen Richter warfen ihr vor, dass sie als Widerstandskämpferin und Kommunistin gegen das Hitler-Regime gekämpft hatte.

Im April 1944 wurde Adele Stürzl mit sechs Mitangeklagten zum Tode verurteilt. Sie starb am 30. Juni 1944 durch das Fallbeil.

Adele Stürzl war eine mutige Frau. Sie hat die Verfolgung und Ermordung Unschuldiger nicht hingenommen. Sie hat die Wahrheit gesagt und versucht, andere Menschen von dieser Wahrheit zu überzeugen. Sie hat ihr Leben eingesetzt, um mitzuhelfen, Österreich von Terror und Krieg zu befreien.

Heute trägt eine Straße in Kufstein ihren Namen.

Rosmarie Thüminger

Die Schwabenkinder

Die Schwabenkinder

Den Hungerweg vom Vintschgau über den Reschen- und den Arlbergpass nach Ravensburg sind unzählige Kinder armer Tiroler Bergbauern gegangen. Sie zogen im März, für die Gebirgslagen also im Spätwinter, los. Die heutigen Straßen in diesem Gebiet darf man keinesfalls mit den damaligen vergleichen. Im schneereichen Gebiet des Arlbergs wurden die Straßen damals nicht geräumt, sondern der Schnee wurde gebrochen. Das heißt, er wurde von Mensch und Tier festgetreten, so gut es ging.

Was es für die Kinder bedeutete, die Strapazen des langen Fußmarsches zu überstehen, können wir uns heute nur schwer vorstellen. Selbst die modernen Räumfahrzeuge schaffen es nicht immer, den Arlbergpass befahrbar zu halten. Wer ihn heute im März überquert – im geheizten Auto –, ist meist unterwegs zu dem großen Schigebiet. Warme Stiefel und wasserfeste Schianzüge sind eine Selbstverständlichkeit.

Damals trugen die Kinder dünne Jacken und Tücher und zerschlissene Schuhe, die kaum vor Kälte und Nässe schützten. Zur mangelhaften Ausrüstung kam die karge Verpflegung. Alle hatten den Winter über mit ihren Familien gehungert, und nach den anstrengenden Tagesmärschen gab es selten eine ausreichende Mahlzeit oder auch nur einen warmen Raum zum Übernachten.

Auf dem Kindermarkt in Ravensburg suchten sich die wohlhabenden Bauern der Umgebung Kinder als billige Arbeitskräfte für den Sommer aus. Im Herbst ging es zurück in die Heimat.

Erst in der Mitte der Zwanzigerjahre des 20. Jahrhunderts ging die Schande der Wanderungen armer Kinder von Österreich nach Schwaben sang- und klanglos zu Ende.

Othmar Franz Lang

Die Schwabenkinder

Ein Esser weniger am Tisch

Kaum begann im März der Schnee zu schmelzen, zogen seit dem 16. Jahrhundert Scharen von armen Kindern aus Tirol, Vorarlberg und Graubünden ins reiche Oberschwaben. Auf dem Gesindemarkt boten die 7- bis 14-Jährigen ihre Dienste als Saisonarbeiter in der Landwirtschaft an. Bis Martini verrichteten sie von früh bis spät Schwerstarbeit. Als Lohn winkte oft nur „ein leinenes Kleitle und ein wenig Gelt".

Leo Kerber sitzt am Kachelofen seiner Lechtaler Bauernstube und erinnert sich noch genau, wie er als Achtjähriger den Sommer über beim Geißhüten 25 Mark verdient hatte. Zu seiner Zeit als „Schwabenkind" gab es nämlich schon richtige Verträge mit ausgehandeltem Lohn.
Leo Kerber hat immer einen „guten Platz derwischt", im Unterschied zu seinem Bruder Josef, der als Neunjähriger weinend bei Nacht und Nebel weglief und sich auf eigene Faust einen neuen Dienstherrn suchte. Denn im Herbst ohne einen Groschen Geld heimzukommen, das konnte er sich nicht vorstellen.

Im November wanderten die beiden Brüder dann denselben Weg wieder zurück. Ausgestattet mit einem kärglichen Lohn: zwei Hemden, zwei Hosen und zwei Paar neuen Schuhen sowie einigen Gulden, die sie den Eltern freudestrahlend auf den Tisch legten.

gekürzt nach Hadwig Perwein

Tagesablauf eines Schwabenkindes um 1836

3.00 Uhr früh	Aufstehen
4.00 Uhr früh	Auf dem Weg zur Arbeit
Schlag 5.30 Uhr	Arbeitsplatz in der Fabrik einnehmen
19.30 Uhr	Arbeitsschluss, anschließend Heimweg
20.00 – 22.30 Uhr	Ankunft daheim

Zeit für den Schlaf eines Kindes etwa 4 Stunden pro Tag

Die Schwabenkinder

Schilderung eines Zeitgenossen

Da standen denn z. B. in der Bachstraße vor dem Gasthof zur Krone in Ravensburg oft mehrere Hunderte solcher Kinder an einem Wochenmarkttage des Frühjahrs beisammen, in weißen Leinwandhöschen und Jäckchen die Knaben, in duftigen Röckchen die Mädchen, das Gewand bei allen so dünn, dass der Wind durchspielte. Von Schuhen und Strümpfen oft keine Spur, ebenso fehlte jede Kopfbedeckung. Mit nackten, rot angelaufenen Füßen, erfrorenen Nasen und bloßem Kopfe harrten sie an einem noch oft sehr rauen Märztage des Schicksales, das ihrer wartete ... lauter stämmige Hofbauern begannen die Kinderschar zu mustern ...

„Was kostet das Büblein da?"

„Sechs Gulden", war die Antwort.

„Seid Ihr bei Trost, der Bub ist ja nicht einmal groß genug, um einem Kalb in die Augen sehen zu können."

Josef Muther (1912)

Auf dem Gesindemarkt in Ravensburg

Vorarlberg

Zurück aus den Ferien

Der Löwe von Lindau

Warum wollen Lehrerinnen jedes Jahr einen Aufsatz über das schönste Ferienerlebnis? Simon ist das ein Rätsel. Ein Rätsel, das ihn in der zweiten und dritten Klasse je einen zernagten Bleistift gekostet hat. Heuer aber, in der vierten Klasse, weiß er sofort, was er schreiben will!
DER LÖWE VON LINDAU, wählt er als Überschrift.
Und dann schreibt er ohne einmal nachzudenken:
Meine Oma ist schon alt, aber sehr rüstig. Am Anfang der Sommerferien kam sie mit dem Fahrrad zu uns. Und sagte: „Morgen mach ich mit euch einen Ausflug, weil ihr so ein schönes Zeugnis habt!"

MS Vorarlberg

Meine Schwester Sandra und ich wollten wissen, wohin. Aber Oma hat es als Geheimnis bewahrt. Da waren wir schon sehr neugierig!
Zum Glück schien am nächsten Tag die Sonne. Zuerst sind wir mit dem Bus nach Bregenz gefahren. Als wir nicht beim Bahnhof ausstiegen, ahnte ich schon etwas. Und wirklich, Oma fuhr mit uns zum Hafen!
Sie kaufte drei Karten nach Lindau. Unser Schiff hieß „MS Vorarlberg". Es lag schon an der Mole. Hinten spritzte Wasser heraus, und ich hatte Angst, dass das Schiff gleich ablegen würde. Doch dann sah ich, dass erst die angekommenen Passagiere ausstiegen.
„Wollt ihr wissen, was dieses stolze Schiff mit faulen Tomaten zu tun hat?", fragte Oma plötzlich.
Natürlich wollten wir! Oma erzählte, dass es früher auf dem Bodensee nur Dampfschiffe gab. Mit dem Motorschiff „MS Vorarlberg" wurde der letzte dieser alten Salondampfer abgelöst. Man wollte das neue Schiff „Karl Renner" taufen (das war der erste österreichische Bundeskanzler der Zweiten Republik). Doch die Vorarlberger wollten ein Schiff mit dem Namen „Vorarlberg"! Also warfen sie bei der Schiffstaufe mit matschigem Obst herum – und gewannen den Streit!
„Und was heißt MS?", fragte Sandra.
So begriffsstutzig können wirklich nur ältere Schwestern sein! Ich hatte aber keine Zeit, Sandra deswegen lange zu hänseln. Denn jetzt durften wir an Bord. Sonnenklar, dass ich gleich aufs Oberdeck stürmte. Als Oma nachkam, schnaufte sie ein wenig. Wir schauten zu, wie die „MS Vorarlberg" ablegte. Ein Mann löste das dicke Tau vom Landepflock. Zuerst drehte sich nur der Bug. Dann aber ging ein Zittern und Stampfen durch das Schiff und wir fuhren langsam aus dem Hafen.

Zurück aus den Ferien

Es war ein wunderschönes Gefühl! Über uns flogen Möwen, das Wasser schäumte weiß auf, und der Fahrtwind – riss mir die Kappe vom Kopf!
„Opfergabe an die Fische", spottete Sandra. Doch Oma versprach, mir in Lindau eine neue Kappe zu kaufen.
Wir erkundeten das Schiff und lasen auf einer Tafel, dass es 62 Meter lang ist und 1 000 Passagiere fasst. Dann tranken wir im Schiffsrestaurant Limonade. Oma zeigte uns, in welcher Richtung Friedrichshafen und die Insel Mainau liegen. Dort würde ich auch gerne einmal hin, besonders nach Friedrichshafen, ins Zeppelin-Museum!
Leider verging die Fahrt viel zu schnell. Hinter uns sahen wir noch fern die Bregenzer Bucht, und vor uns schon das Ufer von Lindau.
Am allerbesten gefiel mir der steinerne Löwe, der in Lindau die Hafeneinfahrt bewacht. Er ist das Wahrzeichen von Lindau, und Oma sagt, er sei schon 150 Jahre alt. Es hat den Löwen schon gegeben, als Omas Opa noch lebte. Der war Fischer und fuhr manchmal nach Lindau hinüber, um für seine Braut Geschirr zu kaufen. Oma sagt, dass das verboten war, weil man Ware aus Deutschland hätte verzollen müssen.
Heute in der EU ist das nicht mehr so. Aber irgendwie bin ich doch stolz darauf, dass mein Ur-Ur-Opa ein Fischer und Schmuggler vom Bodensee war!

Susa Hämmerle

Echtes Hundewetter und falsche Wölfe

Es regnet, regnet, regnet ... Und dabei hat sich Rebecca so auf ihre Ferien in Vorarlberg gefreut! Sie wollte mit der Gerdl-Oma zu den Pferden auf der Rheinwiese gehen und mit dem Hans-Opa im Entenloch Kaulquappen fangen. Sie wollte ihrer Schwester Katja auf dem geteerten Hausplatz das Inlineskaten lernen. Und ihrem Bruder Sven das Schwimmen: im Bodensee oder im Brugger Loch ...
Und jetzt sitzen sie den ganzen Tag im Haus herum. Alle Bücher gelesen. Alle Puzzles zusammengesetzt. Alle Videokassetten gesehen. Und jedes von Gerdl-Omas Spielen gespielt ...

„Hört endlich auf, auf dem Sofa herumzuhopsen", faucht Rebecca ihre Geschwister an. Um Haaresbreite wäre ein Gerangel daraus entstanden – doch in diesem Augenblick läutet die Türklingel.

Es ist Tante Claudia aus Feldkirch. „Na, ihr Niederösterreicher", begrüßt sie die Kinder. „Ganz schön nass bei uns im Ländle! Habt ihr Lust, in ein Museum zu gehen?"

Die Gesichter von Rebecca und Katja zeigen nicht unbedingt Begeisterung. Doch Sven, der erst vier Jahre alt ist, fragt sehr interessiert: „Gibt es dort Apfelmus?"

„Nein, Tiere", lächelt Tante Claudia. „Also, was ist?"
Die Tiere haben Katja überzeugt. Sie zieht sich schon die Jacke an.

„Na gut", lässt sich schließlich auch Rebecca herab. „Aber nur, wenn es nicht lang dauert. Ich muss noch an Mama schreiben. Obwohl ich überhaupt nicht weiß, was!"

Tante Claudia lacht. „Wetten, dass du es am Abend wissen wirst?"

Und Tante Claudia behält Recht! Sechs Stunden später sitzt Rebecca am Stubentisch und schreibt ihrer Mutter einen ellenlangen Brief:

Liebe Mama!
Bitte sei jetzt nicht beleidigt, weil du ja selbst aus Vorarlberg kommst. Aber ehrlich: Das Wetter hier ist ein richtig saumäßiges Hundewetter! Dauernd regnet es, und wir können nicht hinaus. Immer nur fernsehen und lesen, faaaad!

Heute wären wir vor Fadheit fast gestorben. Aber dann stand plötzlich Tante Claudia vor der Tür. „Gehen wir in ein Museum?", fragte sie. Sven wollte wissen, ob es dort Apfelmus gibt. Ich aber dachte mir: „Na toll! Museum! Dort ist es sicher noch fader!"

Um Tante Claudia einen Gefallen zu tun, fuhr ich aber trotzdem mit. Nach einer langen Fahrt waren wir endlich da. Das Museum heißt „Inatura" und ist in Dornbirn. Von außen gefiel es mir gar nicht. Ein langweiliges Gerät stand im Hof herum, und auch das Gebäude war langweilig grau.

Inatura: Empfangshalle

Doch meine Einstellung änderte sich, als wir eintraten. Auf einer Glasplatte über mir standen Tiere aus Plastik, die fast wie echt aussahen!

Ich konnte es kaum erwarten, nach oben zu gehen und sie anzugreifen. Doch zuerst mussten wir bezahlen. „Na, so fad kann es nicht sein, wenn du schon so zappelig bist", grinste Tante Claudia.

Endlich durften wir hinein. Ich beachtete die zwei Wegweiser gar nicht und flitzte hinauf zu den Plastiktieren. Katja und Sven rannten mir nach. Aus der

Zurück aus den Ferien

Nähe betrachtet, sahen die Tiere noch viel echter aus, und sie fühlten sich auch echt an. Als wir alles betrachtet und betastet hatten, bemerkte Sven einen dunklen Gang. Und schon war er darin verschwunden ...

Zehn Sekunden später hörte ich einen schrillen Schrei. Mein Herz begann schneller zu klopfen. Katja und ich rannten gleichzeitig los, doch ich war zuerst am Ende des Gangs. Und hätte fast laut gelacht: Mein kleiner Bruder stand vor einem Plastikwolf und weinte bitterlich. Ich nahm ihn auf den Arm und streichelte den Wolf. Nach und nach verlor Sven die Angst vor dem „Monster", und ich konnte mich genauer umsehen. In diesem Raum gab es viel zu entdecken. Einen Tunnel, echte Ameisen und Bienen, und noch ein paar von den „echt falschen" Tieren: ein Nashorn, ein Wildschwein – und Svens schreckliche Wolfsfamilie ...

Nach einer Weile wagten wir uns in den nächsten Gang. Im Raum dahinter erwartete uns ein 3-D-Kino. Toll! Auch Tante Claudia, Katja und Sven waren begeistert. Doch immer derselbe Film wurde bald langweilig. Also gingen wir weiter. Von da an jagte ein Ereignis das andere: Echte Fische, die man füttern und streicheln konnte. Echte Küchenschaben und Kakerlaken. Noch mehr 3-D-Filme. Ein Raum, in dem seltene Schmetterlinge umherflatterten. Und überall Fühl- oder Duftlöcher, die aber leider mehr nach Rasierwasser rochen als nach dem, was drinnen sein sollte ...

Am besten gefielen mir die Hasen, die Meerschweinchen und die anderen echten Streicheltiere. Die Frettchen in dem nachgebauten Keller fand ich auch toll. Was ich nicht so mochte, waren die Spinnen, Schlangen und Eidechsen ganz zum Schluss. Zum Glück waren sie hinter dickem Glas eingesperrt!

So Mama, jetzt habe ich dir alles von der „Inatura" erzählt. Wir sitzen in der gemütlichen Stube, draußen regnet, regnet, regnet es. Gerdl-Oma meint, dass das Hundewetter noch ein paar Tage bleiben wird. Wahrscheinlich genau so lange, bis du kommst. Doch keine Sorge! Du wirst nicht drei vor Langeweile gestorbene Kinder vorfinden! Denn Tante Claudia hat die ganze Woche frei. Morgen fährt sie mit uns nach Bregenz ins Landesmuseum, wo wir alte Instrumente und römische Wachstafeln ausprobieren können. Und übermorgen nimmt sie uns nach Götzis mit – in ein echtes Kindermuseum!

Eine dicke Umarmung und Bussi von
Rebecca
(und auch von Katja und Sven)

Susa Hämmerle

Alemannisch – Wie die „Gsiberger" reden

Die Geheimsprache

Ist das ein Geflüster und ein Gekicher! Jenni und Lisa, die zwei dicksten Freundinnen von ganz Götzis, kriegen sich heute gar nicht mehr ein!

Herr Scheffknecht, der am Computer etwas arbeiten soll, fragt: „Habt ihr Lachpulver geschluckt, oder was?"

Die Mädchen kichern noch mehr. Dann würgt Jenni heraus: „Neiwein, Pawapa. Gewe-heiweim-sprawachewe!"

„Wie bitte?" Herr Scheffknecht schaut reichlich verdutzt.

„Wir üben unsere neue Geheimsprache, Herr Scheffknecht", erklärt Lisa.

„Aha! Hoffentlich bekommt ihr davon keinen Zungenknick. Denn für mich klingt das mehr nach Zungenbrecher als nach Sprache!"

„Probier doch mal, Papa!", ruft Jenni. „Du musst nur immer wa, we, wi, wo, wu, wau, wei dazwischenschieben!"

Herr Scheffknecht verzieht das Gesicht. „Das ist mir zu anstrengend. Aber wetten, dass ich auch eine Geheimsprache kann?"

Ohne die Antwort der Mädchen abzuwarten beugt sich Herr Scheffknecht vor und sagt blitzschnell: „I lassat minas Moatle nid im nüje Suntagmantl uf enara Suschnäderä ujehogga."

Jenni und Lisa starren ihn verständnislos an. „Also, ich habe außer Moatle nur Bahnhof verstanden. Hat es überhaupt etwas geheißen?", fragt Lisa.

„Natürlich", lacht Herr Scheffknecht. „Das war reinstes Wälderdeutsch. Die Übersetzung lautet: Ich würde mein Mädchen nicht im neuen Sonntagsmantel auf ein Moped aufsitzen lassen!"

„Ist ja cool", kichern die Mädchen. „Das klingt ja wirklich fast wie eine Geheimsprache."

Herr Scheffknecht speichert seine Datei ab und klappt einen Ordner zu. „Wisst ihr eigentlich, dass wir Vorarlberger in den Ohren der anderen Österreicher dauernd in Geheimsprache reden?"

„Na ja, wir sagen halt gsi statt gewesen", meint Lisa.

Und Jenni ergänzt: „Und odr nach fast jedem Satz."

Herr Scheffknecht muss schmunzeln. „Das allein ist es nicht. Den großen Unterschied macht aus, dass wir Alemannisch sprechen. Als Einzige in Österreich."

„Darum sind wir auch Vorarlberg und nicht Hinterarlberg", kichert Jenni schon wieder los. Und Lisa prustet: „Nein, wir sind Gsiberg!"

„Es muss doch Lachpulver sein", seufzt Herr Scheffknecht. „Oder auf gut Vorarlbergisch: Kitterpülverle."

Es ist, als hätte er Öl in ein Feuer geschüttet. Die Mädchen wollen sich

Alemannisch – Wie die „Gsiberger" reden

förmlich zerkugeln! Doch irgendwann geht ihnen die Luft aus und sie beruhigen sich wieder. Jenni hat außerdem eine Frage: „Okay, Papa. Wir Vorarlberger reden also Alemannisch. Aber warum ist dann der Moped-Satz für Lisa und mich wie eine Geheimsprache? Der Bregenzerwald liegt doch auch in Vorarlberg, odr?"

„Ja, Fräulein Klug", antwortet Herr Scheffknecht und setzt sich zu den Mädchen. „Der Grund ist, dass das Alemannische die verschiedensten Dialekte hat. Und dann gibt es ja auch noch das Walliserdeutsch und …"

„Herr Scheffknecht", unterbricht ihn Lisa. „Was sprechen eigentlich die Lustenauer? Für mich klingt nämlich meine Tante Ulli aus Lustenau wie chinesische Geheimsprache! Vor allem, wenn sie mit mir schimpft!"

„Tja, das weiß man nicht so genau. Sicher ist nur, dass es nirgendwo sonst in Vorarlberg so viele lustige Ausdrücke gibt wie in Lustenau. Sprecht mir mal nach: Äuoli."

„Erst, wenn du uns sagst, was das heißt!", sagt Jenni.

„Ei."

„Wie bitte?" Jenni und Lisa glauben beide sich verhört zu haben. Doch Herr Scheffknecht wiederholt: „Na, Ei halt. Von der Henne. Und jetzt probiert mal: Äu-o-li."

Sowohl Jenni als auch Lisa bemühen sich redlich. Doch sie bringen nur ein Würgen heraus. Herr Scheffknecht verzieht keine Miene.

„Gadaladalella.", sagt er.

„Gada-le-was?", gluckst Jenny.

„Ich weiß, was das ist!", japst Lisa. „So nennt Tante Ulli den Schieber am Fensterladen, mit dem sie den Laden anhängen kann!"

„Richtig", sagt Herr Scheffknecht. „Gada ist ein altes Lustenauer Wort für Elternschlafzimmer; Lada ist der Laden; Lella die Zunge. So ein Ladenhalter schaut ja wirklich aus wie eine Zunge, die man umlegen kann. Die wörtliche Übersetzung von Gadaladalella ins Hochdeutsche lautet also: Elternschlafzimmerfensterladenhalter."

Jenny und Lisa können sich jetzt nicht mehr halten. Sie kichern und prusten und wälzen sich auf dem Sofa herum.

Herrn Scheffknecht bleibt nur die Flucht. „Wirklich, typischer Fall von Lachpulver", brummt er, als er den Computer für heute vorläufig abdreht. Das Letzte, was er von Lisa und Jenni hört, ehe er auch aus dem Wohnzimmer flüchtet, ist:

„Gawa-dawa-lawa-dawa-lewellawa."

Susa Hämmerle

Vorarlberg in alter Zeit

Geschichte Vorarlbergs: von der Urzeit zur Neuzeit

Vorarlberg wurde in der Altsteinzeit (60 000 v. Chr.) zum ersten Mal besiedelt. Zunächst wohnten die Menschen in Höhlen. Sie waren Jäger und Sammler und fertigten ihre Werkzeuge hauptsächlich aus Stein.

In der Jungsteinzeit (5 000 v. Chr.) ließen sich Menschen am Bodenseeufer und im Rheintal nieder. Sie lebten in Pfahlbauten, betrieben Ackerbau und hielten Haustiere.

In der Bronzezeit (2 000 v. Chr.) begannen die Menschen Werkzeuge, Waffen und Schmuck aus Bronze herzustellen.

In der Eisenzeit (um 800 v. Chr.) wurden die Werkzeuge und Waffen aus Eisen gemacht. Die kriegerischen Räter, die im Rheintal und Walgau lebten, hatten bereits Pfüge mit Rädern, die von Rindern gezogen wurden.

Zirka 400 v. Chr. wanderten die Kelten ein.

15 v. Chr. eroberten die Römer das Gebiet des heutigen Vorarlberg. Als nach ca. 500 Jahren ihr Reich zerfiel, siedelten sich die Alemannen an.

Die irischen Mönche Kolumban und Gallus verbreiteten um 610 n. Chr. den christlichen Glauben in den alemannischen Siedlungen.

Im Mittelalter wurden die Städte Bregenz, Feldkirch und Bludenz gegründet.

Um 1300 kamen die deutschsprachigen Walser aus dem Schweizer Wallis ins Land. Sie hatten Saumtiere dabei: Esel, Pferde und Maultiere, die selbst im Hochgebirge trittsicher sind. So konnten sie Gebiete erreichen, die bislang noch nicht besiedelt waren. Sie ließen sich in den Hochtälern des Großen und Kleinen Walsertals nieder. An den sonnseitigen Hängen rodeten sie große Waldflächen, um Weideland für ihr Vieh zu bekommen.

Zur Zeit der Franzosenkriege ging Vorarlberg 1805 an Bayern.

1814 wurde das Gebiet wieder an Österreich zurückgegeben.

Erika Schneider

Lavezeimer mit Bronzehalterung

Zwiebelknopffibel

Speerspitze

Vorarlberg in alter Zeit

Vivat, Brigantium!

Es war an einem Sommertag. Brigid, das keltische Fischermädchen vom Stamm der Brigantier, befand sich unten am See. Ihr Vater hatte ihr aufgetragen die Netze zu überprüfen. Danach, so freute sich Brigid, würde sie einen herrlich plitschenden Köpfler machen und ein wenig tauchen und schwimmen ...

Brigids Vorfreude wurde jäh zerstört. Denn gerade als sie mit der Arbeit fertig war, hörte sie von der Siedlung her Geschrei: „Frauen und Kinder, versteckt euch! Ihr Männer, zu den Waffen! Die Römer kommen, schnell!"

Brigid rannte in die Siedlung. Ihre Mutter erwartete sie schon. Gemeinsam mit den anderen Frauen und Kindern flohen sie den Berg hinauf. Sie fanden eine versteckte Höhle. Und dann, die nächsten bangen Tage und Nächte lang, flehten sie ihren Kriegsgott an: „Starker Teutates, steh unseren Männern bei!"

Teutates erhörte die Gebete nicht. Nach einer erbitterten Seeschlacht errangen die Römer den Sieg. Das ganze heutige Vorarlberg gehörte somit zur römischen Provinz Rätia. Diesen Namen gab Kaiser Augustus dem riesigen neu eroberten Gebiet nördlich der Alpen, weil es außer von Kelten vorwiegend von Rätern bewohnt war. Wo früher die Pfahlbauten von Brigids kleinem Stamm gewesen waren, errichteten die römischen Soldaten nun ihr Lager ...

Brigid konnte sich kaum noch an die Siedlung erinnern. Das Lager „Brigantium" war fast schon eine Stadt geworden! Und Brigid eine alte Frau. Sie hatte sieben Enkel. Ihr Mann Valerian, ein römischer Soldat, war vor dreizehn Jahren gestorben. Jetzt, als Greisin, schätzte Brigid vor allem die gepflasterten Straßen. Und das römische Bad, das ihren Kreuzschmerzen Linderung brachte.

Wenn nur ihre Enkel nicht nach Rom auswanderten! Denn wer sollte ihr sonst auf den Markt gehen, um Butter, Käse und Honig zu tauschen? Die Händler aus Rom gaben dafür Stoffe und Südfrüchte her. Und beides brauchte Brigid um sich warm zu halten – von innen und von außen her ...

50 nach Christus erhielt das Römerlager Brigantium von Kaiser Claudius das römische Stadtrecht. Prächtige Villen, Handelshäuser und ein Tempel wurden erbaut. Außerdem führte eine gut befestigte Straße direkt nach Rom.

Brigids Enkel waren nicht nach Rom gegangen. Sie hatten den Tod ihrer Großmutter betrauert und die Ernennung von Brigantium zur Stadt gefeiert. Mit begeisterten Vivat-Rufen – „Vivat! Es lebe die Stadt Brigantium!" – und mit vielen Bechern Vinum.

Vorarlberg in alter Zeit

So nannten die Römer das berauschende Getränk, das aus Trauben gekeltert wurde. Diese Trauben wuchsen an Rebstöcken. Zeile um Zeile davon hatten die Römer gepflanzt, an den Berghängen rund um den Lacus Brigantinus. So hieß jetzt der See. Es fuhren schöne Schiffe darauf, und Brigids Enkel Marius zählte manchmal vom Ufer aus die Segel. Er tat dies auch an jenem Tag im Jahr 69 nach Christus. Bei 27 Segeln war er angelangt, als er plötzlich Rufe und Schreien hörte: „Feuer! Es brennt!"

Nach dem schrecklichen Stadtbrand wurde Brigantium auf der Ölrainterrasse neu aufgebaut. Größer und noch prunkvoller – mit einem Forum, mehreren Tempeln, Villen, Märkten, Bädern ... Es gab jetzt auch deutlich mehr Handelshäuser. Brigantium wurde in den folgenden zwei Jahrhunderten zu einer wichtigen Handelsstadt des Römischen Reiches, die gerne von Kaufleuten aus ganz Italien besucht wurde.

Längst hatten Brigids Nachkommen die keltischen Wurzeln vergessen. Sie waren mit Römern, Rätern, Helvetern verheiratet und sprachen Rätoromanisch, eine Mischung aus Rätisch und Latein. Ihr Leben war recht komfortabel, nur eines bereitete ihnen Sorge: die Alemannen …

Die Alemannen, ein westgermanischer Volksstamm, bedrohten die Grenzen des Römischen Reiches. 259 fielen sie auch in Brigantium ein und zerstörten die Stadt. Brigantium wurde auf dem Hügel der heutigen Oberstadt neu aufgebaut und stark befestigt. Und es blühte noch einmal auf – trotz andauernder Grenzkriege mit den Alemannen ...

Schließlich, um das Jahr 400, hielt die römische Herrschaft dem alemannischen Ansturm nicht mehr stand. Die Römer, die einst selbst als Eroberer gekommen waren, mussten sich zurückziehen. Ihre prächtigen Villen und Tempel zerfielen zu Ruinen!

Es ist ein Sommertag. Vielleicht stehst du gerade am Ufer des Bodensees. Und freust dich auf einen Köpfler. Plitsch! Genieße ruhig das Tauchen und Schwimmen! Aber nachher, wenn du genug gebadet hast, könntest du ja einen Besuch in „Brigantium" machen: im Vorarlberger Landesmuseum in Bregenz.

Im 1. Obergeschoss findest du ein faszinierendes Modell der alten römischen Hafen- und Handelsstadt. Und es erwarten dich auch viele prächtige Fundstücke. Wer weiß, vielleicht gehörte ja eines davon – die Brosche, Vase, Schale – einem von Brigids Enkeln oder Urururenkeln. Oder gar Brigid selbst ...

Susa Hämmerle

Vorarlberg in alter Zeit

Sagen

DAS WALSERMÄNNLEIN

In alten Zeiten hauste in Vorarlberg ein boshafter Kobold, der für die Menschen meist unsichtbar blieb. Er trieb in friedlichen Häusern allerlei Unfug: So zog er die Mägde nachts an den Zöpfen, spuckte ins Hafermus und einmal warf er sogar Rossknödel in die Suppe!

Das beobachtete zufällig ein Bauernbub. Weil er das Walsermännlein nicht verriet und freundlich mit ihm redete, wurden die Rossknödel zu Gold und alle Not hatte ein Ende.

Das Walsermännlein aber wurde seit jenem Tag in diesem Haus nie mehr gesehen.

DIE STADTRETTERIN GUTA

Man schrieb das Jahr 1804 und die Appenzeller wollten Bregenz überfallen. Sie besprachen ihren Plan in der Stube eines Wirtshauses in Rankweil. Zufällig belauschte sie dabei eine alte Frau, die sich hinter dem Ofen aufwärmte. Die Männer entdeckten sie und ließen sie schwören, keinem Menschen zu sagen, was sie vernommen hatte. Andernfalls würde sie sterben.

Die Frau aber beschloss dennoch die Stadt Bregenz zu retten. Trotz Schnee und grimmiger Kälte machte sie sich auf den Weg nach Bregenz hinab. Am Stadttor verlangte sie hartnäckig die Stadtväter zu sprechen. Schließlich ließ der Wächter die Alte ein, obwohl sie ihm verrückt schien.

Den Stadtvätern erklärte die Frau dann Folgendes: „Ich heiße Guta und komme gerade von Rankweil her. Durch einen Eid bin ich gebunden. Was ich vernommen, darf ich keiner Menschenseele erzählen, sonst droht mir der Tod. Aber dem Ofen hier kann ich es sagen ..."

So erfuhren die verdutzten Stadtväter von Bregenz von dem geplanten Anschlag der Appenzeller und konnten Bregenz noch rechtzeitig in eine uneinnehmbare Festung verwandeln.

Guta erhielt zum Dank nicht nur Nahrung und Obdach, sondern erlangte auch Unsterblichkeit. Viele Jahrhunderte lang lösten sich die Nachtwächter in Bregenz mit dem Gruß „Ehreguta, Ehreguta! Gelobt sei Jesus Christus!" ab.

Susa Hämmerle

Skifahren am Arlberg

Schon in urgeschichtlicher Zeit rutschten Menschen über Vorarlbergs Schneehänge, zwar noch nicht auf Skiern, aber mit breitflächigen Gleitschuhen.

Im Jahr 1894 wagte sich dann ein mutiger Pfarrer aus Warth auf die Piste. Seine Schneeschuhe waren über 2 Meter lang und er traute sich anfangs nur bei Mondschein und ohne Publikum zu üben.

Zu einem international bekannten Skigebiet wurde der Arlberg dann ab 1921. Hannes Schneider aus Stuben am Arlberg gründete die erste Skischule Österreichs. Bald wurden auch Schlepp- und Sessellifte errichtet und die Orte Lech, Zürs und Warth wurden zum beliebten Urlaubsziel prominenter Gäste.

Doch nicht nur am Arlberg wird Ski gefahren. Auch im Montafon, im Bregenzerwald, im Kleinwalsertal, im Tannberggebiet und im Klostertal gibt es Wintersportzentren. In diese mussten Urlauber aus dem übrigen Österreich früher mühsam und mit Schneeketten über den Arlberg anreisen. Seit der Errichtung des Arlberg-Straßentunnels geht das wesentlich bequemer. Der 13,8 Kilometer lange Tunnel wurde 1978 eröffnet und führt von St. Jakob in Tirol bis Langen in Vorarlberg.

Zugreisende fahren schon länger durch den Berg. Der Eisenbahntunnel wurde von 1880 bis 1884 gebaut. Bis 1925 mussten die Fahrgäste allerdings arg Rauch schlucken, denn die Waggons wurden von einer Dampflok gezogen. Erst danach wurde das gesamte Bahnnetz der Österreichischen Bundesbahnen elektrifiziert.

Erika Schneider

Das geheimnisvolle Buch

Es war an einem Freitagnachmittag. Herr Jakob Birnbaum saß im Zug. Er hatte die Woche in Wien verbracht und wichtige Geschäfte abgeschlossen. Jetzt freute er sich, wieder heim nach Vorarlberg zu kommen, zu seiner Frau und seinen Kindern.

„... Damen und Herren ... in Kürze in St. Anton am Arlberg ein", knackte die Stimme durch den Lautsprecher.

Herr Birnbaum gähnte. Gleich würde der Tunnel kommen, und dann noch ein knappes Stündchen, und er war zu Hause. Er klappte das Buch zu, das er in Wien in einem Antiquariat gekauft hatte – „Das Ländle. Über die Geschichte Vorarlbergs" – und drückte sich tiefer in die unbequeme Polsterung.

„Ra-ta-tat, ra-ta-tat", machte der Zug, als Herr Birnbaum dösend die Augen schloss ...

„Ta-ra-tat, ta-ra-tat, tara-tata-rat!"

Herr Birnbaum schreckte auf. Das Rattern des Zuges hatte sich verändert – es klang dumpfer, irgendwie zornig, ja, richtig erbost! Jakob Birnbaum riss die Augen auf. Zuerst sah er nur: SCHWARZ.

Dann fiel ihm ein: „Ach ja, wir sind im Tunnel, und das Licht brennt nicht." Er wollte nach dem Schalter der Leselampe tasten, doch er konnte nicht. JAKOB BIRNBAUM KONNTE SICH NICHT MEHR BEWEGEN!

Fassungslos starrte er nach rechts in die Finsternis, wo er das Zugfenster vermutete. Und plötzlich flackerte auf dem Glas ein Bild auf, wie von einem Projektor. Jakob Birnbaum sah eine Ansammlung von Menschen. Altmodisch gekleidet. Alle sehr aufgeregt. Offenbar stritten sie!

„Was seid ihr nur für Hinterbergler", brüllte einer. „Die Bahn bringt uns den Fortschritt!"

„Und nimmt uns die Einnahmen, die wir von den Kutschenreisenden haben", brüllte ein anderer, der Schürze nach ein Wirt.

Ein dritter, gekleidet wie ein Bauer, suchte ihn zu beruhigen: „Dafür kommen mit der Bahn mehr Sommerfrischler zu uns. Direkt aus Wien, mit Geld wie Heu. Denn wer sonst könnte sich den Fahrpreis leisten!"

„Wir jedenfalls nicht, denn unsereins geht wegen des Tunnels bankrott", empörte sich ein Fuhrmann. „Das ganze Klostertal wird verarmen, jawohl!"

„Stimmt, denn die Reisenden brausen dann hier nur noch durch!"

„Aber der Bahnbau bringt uns allen Arbeit!"

„Ja, für den Kaiser um Bettlerlohn!"

Herr Jakob Birnbaum schluckte. Das konnte doch nicht sein! Was er da klar und deutlich sah und hörte, war eine Szene von vor über hundert Jahren! Seines Wissens nach war der Eisenbahntunnel durch den Arlberg 1884 eröffnet worden ...

Eine alte Frau unterbrach Herrn Birnbaums Gedanken und sein schleichendes Entsetzen. Sie hatte sich vorgedrängt. „Und ich sage euch, es ist ein Frevel!", schrie die Frau. „Denn was Gott getrennt hat, soll der Mensch nicht durch ein Loch verbinden!" Dazu schüttelte sie die hoch erhobene knochige Faust, ganz nah, wie es Jakob Birnbaum erschien, vor seinem Gesicht.

Er wollte unwillkürlich zurückweichen – doch er konnte sich noch immer nicht bewegen.

„Ta-ra-ta-rat, ta-ra-ta-rat!", ratterte der Zug. Jakob Birnbaum fühlte Schwindel. Der Arlberg schien schwer auf ihm zu lasten, mit all seinen tausend Tonnen Gestein. Früher hatte der Berg ja wirklich Vorarlberg vom übrigen Österreich getrennt. Nur ein gefährlicher Saumpfad hatte auf den 1 780 Meter hohen Pass hinaufgeführt, und im Tirolischen wieder hinunter. Jakob Birnbaum mochte sich die Beschwerlichkeit einer solchen Passüberquerung gar nicht vorstellen! Und er musste es auch nicht.

Denn jetzt verzerrte sich der „Bildschirm" auf der Scheibe, und eine neue Szene erschien: Fünf vermummte Gestalten. Berge von Gepäck auf dem Rücken. Knietief in den Schnee einsinkend. Und sich verzweifelt gegen den böigen Wind stemmend, der knatternd über die Passhöhe blies …

„Tara-tara-tara-tarat!" Das Bild wechselte erneut. An Jakob Birnbaum zog eine Herberge vorbei; ein Hospiz, wo ein Wanderer gerade seine erfrorenen Zehen zeigte; dann viele Arbeiter, die Hacken und Schaufeln schwangen … Und plötzlich war eine Straße da, schmal zwar, fand Jakob Birnbaum, aber breit genug für eine Kutsche …

„Rata-ta, rata-ta, rat!"

Sah Herr Birnbaum jetzt die Kutsche – oder saß er selbst darin?

Er konnte es nicht mehr unterscheiden. Die Räder unter ihm ratterten und holperten, er wurde durchgeschüttelt, das Kreuz tat ihm weh, und zu alledem tönte – fast an seinem Trommelfell – das durchdringende Signal des Posthorns: „Tä-tärä-tä!"

Seltsam. Warum knackte das Posthorn plötzlich? Fast wie durch einen Lautsprecher klang es: „Tätä … Damen und Herren … Feldkirch ein!"

HERR JAKOB BIRNBAUM FUHR HOCH!

ER HATTE GESCHLAFEN!

ER HATTE GETRÄUMT!

Wie aber war es möglich, dass der Traum so lebendig gewesen war? Vielleicht wegen des Buches? Darüber nachzudenken blieb Herrn Birnbaum keine Zeit. Hastig suchte er sein Gepäck, denn der Zug verlangsamte bereits die Fahrt: „Rata-ta, ra-ta-ta, ra-ta-ta …"

Einen letzten Blick warf Herr Birnbaum noch auf die Fensterscheibe. Sie war gehörig verschmiert. Trotzdem sah er klar und deutlich sich selbst darin gespiegelt: einen müden, ziemlich zerknautscht wirkenden Mann des 21. Jahrhunderts mit einem alten, vergilbten Buch in der Hand.

Susa Hämmerle

Stromland Vorarlberg

Zeitreise bei Kerzenschein

Ja, da war es, Opas Haus, am Ortsrand von Tschagguns. Und Opa selbst saß auf der Gartenbank und lachte ihnen entgegen!

Michael spürte die Freude warm im Bauch aufsteigen. Er würde eine Woche lang bei Opa bleiben, während seine Eltern auf Studienreise fuhren. Das bedeutete: Sieben Tage Lieblingsspeisen. Sieben Tage nur Katzenwäsche. Sieben Tage spannende Gespräche. Und natürlich Werken und Tüfteln, am laufenden Band.

Michaels Opa war nämlich Erfinder. Nicht von Beruf, da war er bei den Illwerken gewesen. Aber fürs Haus und für den Garten, da erfand Opa dauernd etwas! Zum Beispiel die elektrische Hühnerklappe. Oder die fahrbare Gartenbank – von der er sich jetzt langsam erhob.

Michael lief in seine Arme. „Hallo Opa, wie geht es dir?"

„Gut, es könnte nicht besser sein", schmunzelte Opa. „Aber deinem Vater geht es, glaube ich, nicht so gut – mit all dem Gepäck!"

Michael eilte seinem Vater zu Hilfe. In den meisten der Taschen und Koffer befanden sich Dinge, die nicht mehr funktionierten. „Patienten", nannte sie Michaels Mutter – und wenn sie einer wieder gesund machen konnte, dann war es Opa.

Wenig später stand das Gepäck in der Bubenkammer. So hieß bei Opa das Zimmer unter dem Dach, weil hier seine vier Söhne geschlafen hatten. Jetzt war es ganz allein Michaels Reich! Wieder spürte er die Freude – und er hopste wie ein kleines Kind die Treppe hinunter.

Vater stärkte sich noch mit einer Tasse Kaffee. Dann verabschiedete er sich, und Michael zog Opa gleich in die Werkstatt. Den Nachmittag über verbrachten sie damit, eine Seilbahn zu bauen. Sie führte vom Werkstatt-Schupfen bis zum Fenster der Bubenkammer hinauf, und die kleine Gondel war für Geheimpost gedacht. So richtig ausprobieren konnten sie die Seilbahn dann aber leider nicht. Denn während ihrer Arbeit war ein Gewitter aufgezogen, das jetzt mit einem Wolkenguss losbrach.

Die zwei Erfinder flüchteten ins Haus. Opa machte Licht und begann zu kochen. Spaghetti mit Räßkäse! Michael lief schon das Wasser im Mund zusammen. Wenn nur das Gewitter nicht gewesen wäre! Ein Donnerschlag krachte auf den anderen, und gleißende Blitze zuckten in die Küche herein.

„Du Opa", begann Michael. Weiter kam er nicht. Ein Blitz, ein Donner und wieder ein Blitz, die Glühbirne flackerte – und dann war es finster!

Stromausfall! Opas Stimme klang trotzdem nicht im Geringsten besorgt: „Bleib nur ruhig sitzen, Bub, das haben wir gleich!"

Michael hörte ihn im Dunkeln herumkramen. Dann flammte ein Streichholz auf. Opa zündete eine Kerze an und stellte sie auf den Tisch.

„Willst du nicht nachschauen gehen, zum Sicherungskasten?", fragte Michael.

Opa schüttelte den Kopf: „Das würde nichts bringen. Der Blitz hat offenbar in einen Strommast eingeschlagen. Wir müssen warten, bis meine Ex-Kollegen den Kurzschluss gefunden und behoben haben."

Zum Glück waren die Spaghetti schon weich. Sie aßen bei flackerndem Kerzenlicht. Allmählich zog auch das Gewitter ab, und Michael fand den Stromausfall jetzt richtig romantisch.

„Ja, das kann man leicht so sehen, wenn der Strom sonst selbstverständlich ist", meinte Opa. „Aber stell dir einmal Folgendes vor: Der Blitzschlag vorhin hätte einen Kurzschluss in der Zeit bewirkt. Und uns um 120 Jahre zurückgeschleudert, als es in Vorarlberg noch kein elektrisches Licht gab. Wir

Stromland Vorarlberg

müssten alles bei Kerzenschein machen: den Herd anheizen, kochen, essen, deine Patienten reparieren, eventuell noch Karten spielen, Katzenwäsche, in die Bubenkammer tappen – und dann ins eiskalte Bett ..."

„Das klingt ziemlich ungemütlich", meinte Michael nachdenklich. „Wer hat das Licht denn eigentlich erfunden?"

„Ein Amerikaner namens Edison. Er gilt als Vater der Glühbirne. Doch nach Vorarlberg gebracht hat das elektrische Licht und damit den Strom ein Erfinder aus Kennelbach ..."

Trotz des schwachen Kerzenlichts konnte Michael sehen, wie Opa strahlte. Ein Erfinder – das war genau sein Thema! Michaels aber auch. „Wie hieß er? Was hat er alles erfunden?", fragte er.

Opa lehnte sich zurück und erzählte: „Er hieß Friedrich Wilhelm Schindler und erfand so nützliche Dinge wie Koch- und Heizapparate, Fußwärmer, Teekessel, Bügeleisen, Kaffeemaschinen ... Schon als Bub war er technisch sehr begabt. Ständig überlegte er, was man in der Spinnerei seiner Familie verbessern könnte. So eine Fabrik wurde damals übrigens mit Wasser angetrieben, die der Schindlers stand an der Bregenzerach in Kennelbach. 1881 fuhr Fritz Schindler auf die Weltausstellung in Paris. Dort sah er die brandneue Lichtmaschine von Edison und war Feuer und Flamme! Sofort begann er selbst mit dem Bau einer solchen Maschine. Und wirklich, 1884 hatte er Erfolg! Und so wurde Kennelbach zum ersten Ort in ganz Österreich, in dem das Licht aus elektrischen Glühbirnen kam ..."

Es war fast ein wenig unheimlich. In dem Moment, als Opa das sagte, wurde es in der Küche schlagartig hell. Der Strom war wieder da!

Opa und Enkel sahen einander fast enttäuscht an. Sie blinzelten im hellen Licht und mussten beide gleichzeitig gähnen. Opa murmelte: „Ein Kaffee wäre jetzt nicht schlecht. Wozu hat der Schindler Fritz die Kaffeemaschine erfunden?"

Ein Blick auf die Uhr aber ließ ihn seine Meinung gleich wieder ändern: „Nein, besser doch nicht. Sonst stehe ich noch die ganze Nacht unter Strom!"

Und dann gingen sie beide ohne Katzenwäsche zu Bett. Michael aber träumte in dieser ersten Nacht in Tschagguns von Erfindungen am laufenden Band: Von einem Nasenwärmer für frostklirrende Tage. Von einer Entzifferungsmaschine für Geheimpost. Und einem Kochapparat für Lieblingsspeisen ...

Susa Hämmerle

Stromerzeugung in Vorarlberg

Aus der 1905 von Friedrich Wilhelm Schindler gegründeten Firma „E-Werke Bregenz-Rieden" entstand 1916/17 die Vorarlberger Kraftwerke GesmbH und in späterer Folge die heutige VKW (Vorarlberger Kraftwerke AG). Sie nutzte für die Stromerzeugung Vorarlbergs Wasserkraft.

Der größte Stromerzeuger ist die Vorarlberger Illwerke AG, die 1924 gegründet wurde. Die VIW erzeugt im Montafon hochwertige elektrische Energie.

Dem 1930 in Betrieb genommenen Vermuntwerk folgten viele weitere Kraftwerke, Speicher und Stauseen. Mit den damit verbundenen Eingriffen in die Natur sind aber viele Menschen heute nicht mehr einverstanden. Daher suchen sie nach umweltschonenden Möglichkeiten der Stromerzeugung.

Erika Schneider

Solarschule Dafins

Solarschule Dafins

Zusammen mit Muntlix und Batschuns bildet Dafins die 3 000 Einwohner zählende Gemeinde Zwischenwasser.

Die Schulgeschichte von Dafins begann vor etwa 220 Jahren (ca. 1785) in einem Bauernhaus, als Filialschule der 6 Kilometer entfernt gelegenen Marktgemeinde Rankweil. Das erste Schulhaus bekam das in 800 Meter Höhe gelegene Bergdorf im Jahre 1886. Es war ein Holzhaus mit nur einem Klassenzimmer und einer Lehrerwohnung. Bis zu 50 Kinder von der 1. bis zur 8. Stufe wurden in einer Klasse unterrichtet. Geheizt wurde mit einem Holzofen, der vorne bei der Tafel stand. Während die Schüler in der vordersten Reihe schwitzten, froren die Kinder in der letzten Bank.

Gegen den Willen der Dorfbevölkerung wurde 1971 die Schule wegen Lehrermangel geschlossen und die Kinder mussten mit dem Bus zum Nachbarort Muntlix in die Schule fahren. In den achtziger Jahren drängten die Dafinser wieder auf eine eigene Schule.

Die Freude im Dorf war sehr groß, als 1990 das neue Schulhaus samt Kindergarten eröffnet wurde. Die sehr umweltbewusste Gemeinde Zwischenwasser scheute weder Kosten noch Mühen das mitten im Dorf gelegene Haus mit der Sonne zu beheizen. Diese Energieform ist die älteste und billigste auf dem Planeten Erde. Das ganze Leben konnte nur durch die Kraft der Sonne entstehen.

Die gegen Süden gelegenen Wände und Dachflächen des Hauses sind aus Glas. Die darunter aufgewärmte Luft wird mit einem Ventilator in den 20 Quadratmeter großen Schotterspeicher im Keller geblasen. Die faustgroßen Steine erwärmen sich und dienen als Wärmespeicher. Von dort wird die warme Luft in Hohlräumen über das ganze Haus verteilt. Bei großer Kälte wird die Luft mit einem Ölofen nachgewärmt. Die Wände und Decken strahlen die Wärme wie ein Kachelofen ab.

Alle unsere Arbeitsräume sind nach Süden gerichtet. Dadurch sind die Räume nicht nur angenehm hell, es wird auch die passive Sonnenenergie für die Raumheizung optimal genutzt.

Wir achten aber nicht nur auf ein gutes Raumklima, noch wichtiger ist für uns ein gutes Schulklima. So machen wir jedes Schuljahr einige Projekte, wie zum Beispiel eine Landwoche im Montafon oder eine Schülerzeitung.

Falls du einmal nach Dafins kommst, erkennst du das Schulhaus an der roten Farbe und den großen Glasflächen.

Erich Marte

Typisch vorarlbergisch

Hörst du die Löcher im Käse?

An Käse kommt man in Vorarlberg nicht vorbei. Das Grundprodukt dafür liefern die Kühe auf Vorarlbergs Almen: die Milch. Bis daraus Käse wird, braucht es viel Arbeit und Zeit. Denn der typische Vorarlberger Bergkäse muss reifen und die berühmten Löcher bekommen.

Aber wie kommen die Löcher in den Käse? Verantwortlich dafür sind Bakterien. Doch keine Sorge: Es sind keine schädlichen Bakterien. Sie sehen aus wie kleine Stäbchen. Sie saugen sich während der Reifung an den Fetttröpfchen im Käse fest und produzieren Kohlensäure. Die Bläschen, die sich dabei bilden, werden – wie ein Furz – von den Bakterien ausgestoßen. Unzählige von diesen Kohlensäurebläschen sind notwendig, damit sich die unterschiedlich großen Löcher im Käse bilden können.

Diese Löcher kannst du übrigens auch hören: Das Klopfen auf die Rinde eines noch jungen Käses klingt sehr dumpf. Schon länger gelagerter Käse, in dem sich Löcher gebildet haben, klingt hingegen hohl.

Evelyn Kapaun

Typisch vorarlbergisch

Alles Lokoschade

Wie ein Wirbelwind stürmt Nicole in die Küche. „Du Mama", ruft sie, „stell dir vor, Papa hat versprochen, dass ..." – Nicole verstummt. „Was ist los mit dir, Mama?", fragt sie dann.

Ihre Mutter sitzt mit Grabesmiene am Küchentisch. Vor ihr steht eine Schale mit geraspelten Karotten. Sie nimmt gerade einen Schluck aus einem Glas, das eine nicht sehr appetitlich wirkende Flüssigkeit enthält. „Bist du krank?", fragt Nicole.

Mama schüttelt den Kopf, schluckt hinunter und murmelt mit angewidert verzogenem Mund: „Nein. Ich mache eine Diät. Fünf Kilo müssen weg!"

„Ach so", sagt Nicole. „Das ist aber schade."

„Ja, das finde ich auch", seufzt Mama und starrt trübsinnig auf die Karotten.

„Nein, ich meine wegen dem Schokoladenfest. Morgen in Bludenz. Papa hat versprochen, dass wir dieses Jahr hinfahren!"

Nicoles Mutter zuckt zusammen, als hätte sie Zahnschmerzen. „Nicht davon reden, bitte! Sag bloß nicht dieses unsägliche Wort!"

„Welches Wort darf Nicole nicht sagen?", erkundigt sich Papa, der soeben zur Tür hereinkommt.

„Na, ich weiß nicht, Schokolade, glaub ich", sagt Nicole. Und fügt erklärend hinzu: „Mama macht nämlich eine Diät."

„Aha", sagt Papa. „Das bedeutet also, keine Schok-, äh ich meine keine Lokoschade! Und also auch kein Fokoladenschest!" Nicole kichert.

„Ja, ja, lacht ruhig über mich", sagt Mama. „Und fahrt meinetwegen. Aber denkt daran: Während ihr euch die Zähne ruiniert und ein Kilo hinaufnascht, werde ich ein Kilo abnehmen. Wetten, dass?"

„Die Wette gilt!", ruft Nicole und alle schlagen ein.

Am nächsten Morgen fahren Nicole und ihr Vater mit dem Zug nach Bludenz. Er ist gesteckt voll, denn offenbar zieht es sämtliche Kinder Vorarlbergs zum Schokoladenfest. Und nicht nur die: Nicole hört es im Abteil auch Schweizerisch reden, ja, sogar Englisch!

Schon im Zug bekommen die Fahrgäste einen ersten süßen Vorgeschmack: Mädchen mit Milka-Kappen gehen herum und verteilen sackweise Naps. Den Eltern und größeren Kindern drücken sie auch einen Schokofest-Fahrplan in die Hand. Nicole verschlingt ihn fast mit den Augen. An die hundert Stationen, wow! Als Erstes möchte sie unbedingt zur Mini-Playback-Show und zum Karaoke-Wettbewerb. Und dann in die Straße des Geschicks zum Stockstelzenlaufen. Nachher in die Zirkuswelt und zum Zauberer, zum Schoko-Wettessen, in die Kreativ-Straße und und und ...

„Na wenn das keine Stagenvermimmung abgibt!", grinst Papa. Nicole muss lachen. Ihr Vater ist manchmal ein richtiger Clown! Fehlen nur die rote Nase und die übergroßen Schuhe – hups! Genau so eine rote Clownsnase hat Nicole plötzlich vor der Nase – auf dem Bahnsteig in Bludenz, wo sie soeben eingefahren sind ...

Ist das ein Gedränge und Geschiebe! Doch schließlich haben es Nicole und ihr Vater bis zum Clown geschafft. Er führt sie und die anderen Schokofest-Besucher unter allerlei Späßen in die Innenstadt. Nicole weiß gar nicht, wohin sie schauen soll!

Über ihr schwebt eine lila Luftballon-Kuh. Rechts winkt ein Magier auf Stelzen. Und von links lockt ein Stand, wo man Dosen schießen kann ...

Zwei Stunden später hat Nicole den Bauch und die Taschen prall gefüllt mit Süßigkeiten. Lauter Gewinn- oder Verliererpreise! Sie braucht jetzt dringend eine Pause. Und etwas Pikantes, um die Süße auf der Zunge auszugleichen.

Papa scheint es genauso zu gehen. Er zieht Nicole

Typisch vorarlbergisch

zu einem Imbiss-Stand. Und wirklich wahr: Hier gibt es – garantiert schokoladenfreie – Würstle!

Nicole beißt genüsslich ab. Da hört sie plötzlich jemanden sagen: „Hoi, Erwin, ischt ma eabo o do!"

Ein blonder Mann mit Halbglatze schüttelt Papas Hand. Und dieser strahlt: „Nicole, das ist Herbert, ein ganz alter Freund von mir."

Nicole sagt „Grüß Gott" und hofft, dass die beiden nicht zu lange reden. Doch dann hört sie, wie Papa sich erkundigt: „Bist du denn immer noch in der Schoggifabrik?"

Das interessiert Nicole jetzt aber sehr! Gleich fragt sie nach: „Was arbeitest du denn da? Machst du auch Schmunzelhasen? Und darfst du naschen von der Schoggi – oder nur wenn es keiner sieht?"

Herbert lacht. „Ein bisschen viel Fragen auf einmal, junges Fräulein. Doch ich will versuchen, sie der Kürze nach zu beantworten. Also: Nein, die Schmunzelhasen werden im Milkawerk in Deutschland produziert. Und nein, wir dürfen nicht naschen. Aber wir bekommen die Schokolade günstiger, den Bruch sogar umsonst. Und jetzt zur dritten Frage: Ich arbeite im Labor. Dort untersuche ich mit weißer Haube und im weißen Mantel, ob die Schokolade einwandfrei ist. Das heißt, es dürfen keine Keime drinnen sein."

„Wie kannst du das sehen?", fragt Nicole gespannt.

Herbert erklärt: „Also, ich nehme zuerst eine Probe von der Schokolade. Diese vermahle ich mit etwas Milch im Mixer. Von diesem Brei streiche ich kleine Mengen in mehrere Schälchen, die verschiedensten Nährböden für Keime enthalten. Zum Beispiel für Salmonellen. Die Schalen kommen dann für ein paar Tage in den Brutschrank, bei 37 Grad. Und wenn wirklich etwas in der Schokolade ist, was nicht hineingehört, vermehrt sich das rasant! Ich kann die Keime dann gut zählen, unter dem Mikroskop."

Nicole findet das so spannend, dass sie völlig auf das Fest um sie herum vergisst. Sie fragt Herbert richtig Löcher in den Bauch. Als sie sich endlich verabschieden, ist Nicole eine echte Expertin in Sachen Schokolade! Und als solche stürzt sie sich dann bis zur Abfahrt ihres Zuges auf den Zeichenwettbewerb in der Kreativstraße: Wer malt die schönste lila Kuh?

Müde und um mindestens ein Kilo schwerer kommen sie spätabends heim. Mama empfängt sie vergnügt. Keine Spur mehr von Grabesmiene! „Wie war´s?", fragt sie.

Vorsichtig beginnt Nicole zu erzählen: „Einfach toll. Ich habe ganz viele Preise bekommen. Und die lila Kuh in meiner Altersgruppe habe ich am zweitschönsten gemalt. Und Papa hat Herbert getroffen, und jetzt weiß ich, wie man Schoko-, äh ich meine Lokoschade untersucht."

„Du kannst ruhig Schokolade sagen", sagt Mama. Papa schaut sie prüfend an. „Wie geht´s denn unserer kleinen Wette?", erkundigt er sich dann.

„Ach die", sagt Mama wegwerfend. „Von dem scheußlichen Diät-Drink ist mir richtig schlecht geworden. Und darum habe ich beschlossen, dass mein Gewicht goldrichtig ist. Es darf sogar ruhig noch ein Gramm mehr werden! Also, her mit der Schokolade, ihr habt doch bestimmt noch etwas davon!"

Und schon hat Mama ihre Finger in Nicoles Jackentasche und gleich darauf zwei Naps im Mund.

Papa grinst: „Wenn das nur keine Magenverstimmung abgibt!"

„Stagenvermimmung gefällt mir aber besser", sagt Nicole, gähnt und geht ganz freiwillig ins Bett!

Susa Hämmerle

Die Braut aus Nigeria

Peng! Das war die Haustüre. Und gleich darauf stürmen die Zwillinge herein: „Du, Mama, wir machen in der Schule eine Modenschau!"

„Toll!", sagt Mama. „Und welche Mode führt ihr vor?"

Kevin und Sara reden beide durcheinander: „Was wir wollen. Es muss nur im Ländle erzeugt worden sein. Weil wir doch in Sachunterricht gerade die Vorarlberger Textilindustrie durchnehmen …"

„Aha", sagt Mama. „Da habt ihr wirklich eine große Auswahl. Doch jetzt gibt es zuerst einmal Mittagessen. Und dann helfe ich euch beim Überlegen."

Nach dem Essen wischt Kevin den Tisch ab, und Sara holt Papier und Stifte. „Also", notiert sie, „Socken und Strümpfe, Stoffe und Bademode, Vorhänge und Bettwäsche, Bregenzerwälder-Tracht …"

„Vergiss die Unterwäsche nicht!", kichert Kevin.

Nach kurzer Zeit haben sie bereits eine lange Liste. Aber Mama fehlt noch etwas. „Denkt nach, etwas typisch Vorarlbergisches!", versucht sie zu helfen. Doch den Zwillingen fällt nichts mehr ein. Da hat Mama eine Idee. Sie geht zu ihrem Schreibtisch und kramt eine Weile darin herum. Als sie zurückkommt, hält sie etwas hinter dem Rücken versteckt und macht ein geheimnisvolles Gesicht.

„Nun zeig schon!", murren die Zwillinge.

Mama legt ein Foto auf den Tisch.

„Wow!", entfährt es Sara und Kevin gleichzeitig.

Das Foto zeigt eine Afrikanerin mit ihrem Mann, beide in wunderschönen, mit Spitze durchsetzten Gewändern!

„Wer ist das?", fragt Kevin.

„Molara und Victor. Sie leben in Nigeria. Und das ist ihr Hochzeitsbild."

Sara kann kaum die Augen lösen von den schwarz glänzenden Gesichtern und vor allem von Molaras

Kleid. „Woher kennst du sie?", will sie wissen.

„Ich habe sie auf der Dornbirner Messe kennen gelernt. Sie ist eine langjährige Geschäftspartnerin von meinem Jugendfreund Gerd. Der hat eine Stickerei in Lustenau. Er verkauft viel nach Nigeria, weil die afrikanischen Frauen die Vorarlberger Spitze lieben. Und Molara ist eine Hauptabnehmerin von ihm. Sie hat ein großes Geschäft mit Stickereistoffen in ihrer Heimatstadt Lagos."

„Ich geh bei der Modenschau als Braut aus Nigeria!", sagt Sara sehr bestimmt.

Kevin zerkugelt sich fast. „Und dein Gesicht machst du mit Schuhcreme schwarz, oder was?"

„Das braucht Sara nicht", meint Mama. „Sie kann ja das Foto mitnehmen und von Molara erzählen. Doch jetzt bin ich neugierig, was du vorführen willst, mein Sohn."

Kevin grinst von einem Ohr zum anderen. „Socken natürlich. Denn einen original Vorarlberger Socken-Rocker hat die Welt bestimmt noch nicht gesehen!"

Alle lachen. Und dann machen sie sich mit Feuereifer an die Vorbereitungen zur Modenschau …

Drei Tage später ist es so weit. Mamas Jugendfreund hat Sara gerne mit prächtiger Spitze ausgeholfen. Da war Papa mit seinen Wolford-Socken geiziger!

Typisch vorarlbergisch

Letztendlich hat Kevin aber doch erbettelt, was er braucht, und die Zwillinge gehen mit je einem prallvollen Plastiksack und sehr viel Lampenfieber in die Schule …

Peng! Die Haustüre. Diesmal läuft Mama den Zwillingen entgegen. „Und, wie war's?", fragt sie gespannt.

Kevin und Sara überschlagen sich fast: „Toll! Laura war ein Strumpf-Schlumpf, und Robin hat die neueste Bankräuber-Mode vorgeführt. Ebenfalls mit Strümpfen! Anna und Oliver kamen in Bettzeug daher – sie nannten es Mitternachtsmode für Gespenster. Und dann gab es noch die Bodensee-Bademode für verregnete Tage, die Unterhosen-Mumie …"

„… und den Socken-Rocker mit der Braut aus Nigeria", macht Mama einen vorläufigen Punkt. Denn in der Küche kochen gerade die Knöpfle[1] über.

Während des Essens aber sprudeln die Zwillinge weiter. Kevin hat auch beeindruckt, wie spannend die Lehrerin die Modenschau angesagt hat: „Die bei der Dornbirner Messe können das bestimmt nicht besser. Und zu allem hat die Lehrerin etwas gewusst."

„Was denn zum Beispiel?", fragt Mama.

Sara kommt Kevin zuvor: „Bei der bunten Beinmode von Conni hat sie erzählt, dass Strumpfhosen früher sehr kratzig waren. Noch bevor es weiche Kunstfasern gab."

„Und in solch kratzigen Strumpfhosen mussten viele Kinder in die Textilfabriken arbeiten gehen", ergänzt Kevin. „Weil in Vorarlberg zu Beginn des 20. Jahrhunderts große Armut herrschte."

Mama nickt ernst. „Ja, das war keine schöne Kindheit. Meine Oma hat mir viel davon erzählt. Wie sie gleich nach der Schule in die Stickerei lief, um bis spätabends zu fädeln. Wisst ihr, was das ist?"

„Ja", erklärt Sara. „Der Faden muss in alle Nadeln eingefädelt werden. Auch bei laufenden Maschinen, falls er zwischendurch reißt."

„Genau", sagt Mama. „Bei einer Modenschau wie der euren lernt man aber wirklich viel."

„Das hat die Lehrerin auch gesagt", kichert Sara und schöpft noch einmal Käsknöpfle nach. „Denn das mit der Spitze in Nigeria war ihr selber neu. Sie hat gefragt, ob sie das Foto von Molara und Victor noch eine Weile behalten kann. Und wenn die Fotos von unserer Modenschau fertig sind, hängt sie das Bild der schwarzen neben das der weißen Braut!"

Susa Hämmerle

[1] *Knöpfle (oder Spätzle) werden aus Teig hergestellt, der in siedendes Salzwasser getropft oder geschabt wird. In Vorarlberg besonders beliebt sind die „Bregenzerwälder Käsknöpfle".*

Brauchtum

Bräuche im Jahreskreis

Seit Urgedenken feiern die Menschen zu ganz bestimmten Zeiten Feste, die entweder im ganzen Land oder aber nur in bestimmten Gegenden Vorarlbergs stattfinden.

Bei der Gealdbittlwäsche waschen die Bürger der Bregenzer Oberstadt am Aschermittwoch im Brunnen am Ehregutaplatz ihre Geldbeutel.

Am Funkensonntag werden Funken abgebrannt, um den Winter zu vertreiben. Oft werden dabei Funkenküachle, ein mit Staubzucker bestreutes Schmalzgebäck, serviert.

Mitte September werden beim Alpabtrieb die Tiere, die den Sommer auf der Alpe verbracht haben, geschmückt ins Tal zurückgetrieben.

Beim Kürbisschnitzen im Oktober werden harmlose Kürbisse zu Monstern mit schrecklichen Grimassen verwandelt.

In Dornbirn findet alljährlich im November der Martinimarkt statt. Dort treffen sich die Leute im „Alten Häs".

Erika Schneider

Der Viktorsberger Faschingsumzug

Am Morgen schneite es wie wild. Wir wussten zu dieser Zeit noch nicht, ob wir überhaupt gehen. Fast alle Autos hatten Schneeketten montiert. Als wir losfuhren, besserte sich das Wetter.
In Viktorsberg mussten wir die selbst gebauten Masken über den Kopf ziehen. Als es dann losging, liefen wir den Berg hinunter. Wir mussten höllischen Lärm machen. Das Ziel war das Gasthaus Alpenrose. Dort gab es etwas zu essen und zu trinken. Nachher mussten wir die Autos oben holen. Dann fuhren wir hinunter und durften gleich nach Hause.
Es war nicht leicht, mit den Masken zu sehen.

Michael, Volksschule Dafins

Brauchtum

Funko, Funko, hoh!

Aus dem Tagebuch eines Funkenmädchens

Freitag, 4. Februar
Juhu! Ich darf zu den Funkenbuben dazu! Mein Vater hat mit dem Funkenmeister geredet. Vor lauter Freude explodiere ich gleich – nein, besser doch nicht, denn morgen machen wir schon die Fackeln!

Samstag, 5. Februar
Außer mir sind noch drei Mädchen bei den Funkenbuben. Die Buben haben kein Problem mit uns. Nur einer, der Pauli heißt, redet uns dauernd blöd an. Zu Herrn Grabherr, dem Funkenmeister, dürfen wir Du sagen. Er heißt Manfred und ist wirklich nett! Und toll erzählen kann er auch. Ich fand es richtig spannend, was er über den Funkensonntag weiß. Es ist ein alter, alemannischer Brauch, immer am ersten Sonntag nach Aschermittwoch. Mit dem Verbrennen der Hexe wird das Ende der Fasnacht angezeigt – und der dunkle, kalte Winter ausgetrieben.
PS: Meine Fackel ist toll geworden. Zur Sicherheit habe ich aber auch eine zweite gemacht – falls mit der ersten etwas nicht klappt …

Sonntag, 6. Februar (Fasnat-Sonntag)
Am Morgen waren wir auf dem Funkenplatz. Wir haben geholfen, die Anhänger mit dem gesammelten Brennmaterial abzuladen. Manche Leute brachten auch ihre alten Christbäume. „Die brennen wie Zunder", meint Manfred, „und man muss sie gut mit Scheitern durchmischen. Sonst ist der Funken in null Komma nichts abgebrannt!" Pauli hat uns Mädchen wieder saublöd angeredet. Er hat gesagt, man soll eine von uns als Funkenhexe nehmen! Da hat er von mir aber etwas zu hören bekommen.

Montag, 7. Februar
Heute durften wir die Funkenhexe „besuchen". Sie steckt in einem herrlich lumpigen Festgewand und ist mit Stroh und Schießpulver gefüllt. Ihren Kopf haben die Kinder vom Kindergarten bemalt.

Dienstag, 8. Februar (Fasnat-Dienstag)
Heute wäre der Kinder-Fasnatumzug. Ich gehe aber nicht mit, denn ich will lieber dabei sein, wie die Funkentanne gefällt wird.

Brauchtum

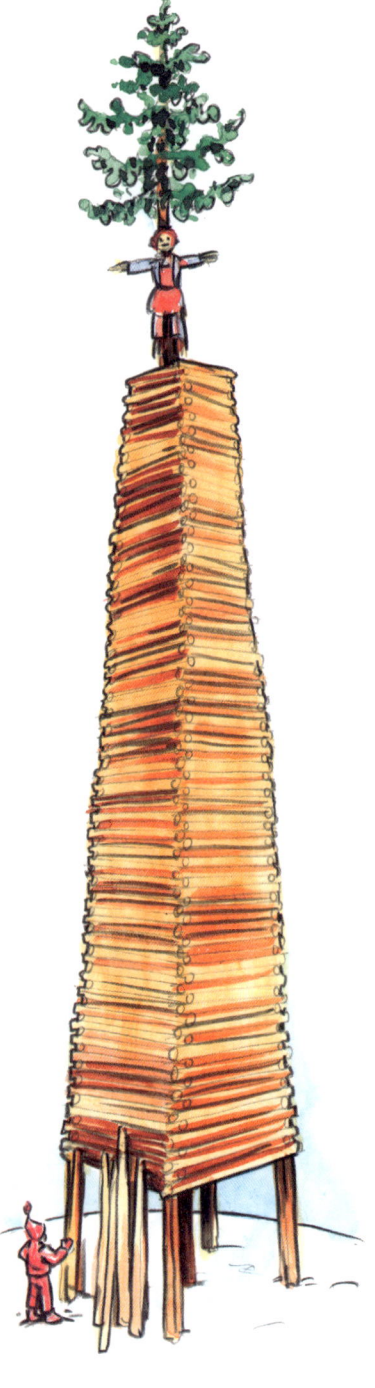

Freitag, 11. Februar

Die letzten drei Tage war ich in jeder freien Minute am Funkenplatz. Oder mit beim Sammeln. Manfred ist sicher, dass wir den höchsten Funken zusammenbringen – wir haben wirklich unglaublich viel Material! Darum passt jetzt die Funkenwache jede Nacht auf, dass nicht andere Zünfte stibitzen kommen … oder gar den Funken schon vorher anzünden! Kinder dürfen leider nicht zur Funkenwache. Doch der Pauli behauptet natürlich, er darf!

Samstag, 12. Februar

So einen Funken zu errichten ist eine echte Kunst. Zuerst stellen die Männer die Funkentanne auf und schlagen rundherum Pflöcke in die Erde. Darauf kommen dann Schicht für Schicht lange Scheiter, bis ein hohler Turm entsteht. Ins Innere werden die Christbäume und das Abfallholz geworfen. Bei der Arbeit rufen alle immer wieder: „Pfifa, Pfifa, hoh, Buschla oder Stroh, so wiord do Funko hoh!" Als ich nach Hause musste, war unser Funken wirklich schon sehr hoch, elfeinhalb Meter!

Sonntag, 13. Februar

Ich bin furchtbar aufgeregt. Der Funken ist fertig, stolze 20 Meter hoch. Die Hexe oben an der Tannenspitze kann man kaum noch erkennen! Auch der kleine Kinderfunken steht. Ich bin nur schnell heimgekommen, um meine Fackeln zu holen. Und etwas Suppe zu essen, weil meine Mutter meint, ich könne nicht nur von „Funkenküachle" leben. Wenn nur der Funken nicht kippt! Und hoffentlich brennen meine Fackeln gut!

Montag, 14. Februar

Es war der schönste Funken, den ich je erlebt habe. Alles hat toll geklappt. Bis auf Paulis Fackel! Die hat nämlich nicht brennen wollen, als wir vom Kinderfunken Feuer holten. Da hat er mir Leid getan, und ich habe ihm meine zweite Fackel geschenkt. Der hat vielleicht gestrahlt! Fast so wie der Funken, der um Punkt acht Uhr angezündet wurde. Und gerade als die Hexe explodiert ist, hat mir der Pauli etwas zugerufen. Es hat geklungen wie: „Katja, bist eigentlich ein super Funkenbub" – oder so. Aber genau verstanden habe ich es nicht. Denn der Hexenknall war wirklich teuflisch laut!

Susa Hämmerle

Schaffa, schaffa, Hüsle boua

Traditionelle Hausformen

1 **Rheintalhaus:** oft mit Fachwerkbau in der Giebelfront versehen; das Dach ist vor- und heruntergezogen. Typisch sind die Klebedächer oberhalb der Fenster.

2 **Walserhaus:** Das Haus und der Stall stehen immer voneinander getrennt. Sie sind gänzlich aus Holz gebaut.

3 **Montafonerhaus:** Es ist eine Verbindung zwischen dem reinen Walser Holzhaus und dem rätoromanischen Steinhaus.

4 **Bregenzerwälderhaus:** Das Bauernhaus des hinteren Bregenzerwaldes ist ein Holzhaus mit Schindeln. Charakteristisch ist der traufseitige Eingang und der Schopf.

5 **Allgäuerhaus:** Das Bauernhaus des vorderen und äußeren Bregenzerwaldes hat den Eingang an der Stirnseite und die Wirtschaftseinfahrt ins Obertenn.

6 Moderner Bauernhof

Erika Schneider

Ein waldreiches Land

Ein Drittel der Vorarlberger Landesfläche ist mit Wald bedeckt. Davon ist rund die Hälfte Schutz- und Bannwald, der die Siedlungen und Verkehrswege vor Muren und Lawinen schützt.

Der heimische, nachwachsende Bau- und Brennstoff Holz hat in Vorarlberg eine jahrhundertealte Tradition. In den letzten Jahren wird Holz auch von jungen Architekten wieder vermehrt als Baustoff verwendet. Die moderne Vorarlberger Bauweise findet international große Beachtung.

Erika Schneider

Schaffa, schaffa, Hüsle boua

Josef ist kein Holzkopf!

Draußen steht – wie eine Milchsuppe – der Nebel. Und kalt ist es auch schon im Laternsertal! Das Thermometer zeigt die ersten Minusgrade an. Familie Rusch sitzt in der gemütlichen Wohnküche in ihrem Haus in Zwischenwasser. Der Ofen bullert, die Pendeluhr tickt – und auch sonst sind alle mit etwas beschäftigt.

Kater Murl schnurrt. Mutter legt mit Aline und Natascha ein Puzzle. Vater werkelt an dem ausgehängten Holzrollo herum. Und Josef liest ein Buch.

„Du, Papa", sagt er plötzlich. „Ich denke gerade an Weihnachten!"

„Ah ja", murmelt Vater mit der Rolloschnur zwischen den Zähnen. „Und ich daran, wie diese blöde Rollung funktioniert!"

„Nein Papa, hör mir zu", sagt Josef ernst. „Ich möchte eine Krippe bauen."

Vater spuckt die Rolloschnur aus. „Das ist eine schöne Idee! Aus welchem Material?"

„Aus Holz", sagt Josef. „Und aus Schindeln und Rinde."

„Das ist doch alles Holz!", mischt sich Aline ein.

„Das weiß ich auch", faucht Josef. „Und trotzdem ist alles verschieden!"

Vater legt die verwickelte Rolloschnur zur Seite. Er kommt zum Tisch und setzt sich neben Josef. „Da hast du Recht", sagt er. „Holz ist wirklich sehr verschieden. Dieses vermaledeite Rollo zum Beispiel: hauchdünne Lamellen aus Kiefer. Und die Eckbank: Vollholz, echte Laternser Fichte. Der Fußboden ist aus Eichenparkett … Lass mich mal zählen, ja, in unserem Haus gibt es insgesamt sieben Holzarten!"

„Hast du dem Josef seinen Holzkopf mitgezählt?", stichelt Aline.

Natascha findet das zum Kichern. Doch Mutter weist die Mädchen zurecht:

„Keine Beleidigungen, ja? Oder würdet ihr es lustig finden, wenn zu euch jemand Holzkopf sagt?"

„Mir wäre das egal", meint Aline. Trotzdem rückt sie vorsichtshalber von Josef ab, denn so ein Rache-Knuff von ihm kann ganz schön wehtun!

Josef aber beachtet Aline gar nicht. Er und Vater planen bereits die Krippe: „Das ist der Grundriss. Für die Wände nehmen wir Latten und Schindeln. Das Dach wird aus Rinde. Und die Figuren?"

„Die könnten wir aus Salzteig machen", schlägt Mutter vor.

„Ja!", ruft Natascha. „Und nach dem Backen bemalen wir sie!"

Aline rückt wieder näher an Josef heran. Interessiert betrachtet sie die Skizze. Dann stupst sie ihren Bruder an: „Du, Josef, darf ich dem Jesuskind ein Moosbett machen?"

„Nur wenn du nie mehr Holzkopf zu mir sagst!"

Aline verspricht es, hoch und heilig. Und dann überlegen und planen sie gemeinsam weiter, bis es – trotz Samstag – allerhöchste Schlafenszeit wird.

Am Sonntag will Aline gleich nach dem Frühstück in den Wald, um Moos und Rinde zu suchen. Doch Mutter meint: „Bei dem Nebel findest du nicht mal die Hand vor den Augen!"

Das sieht Aline ein. Also hilft sie Mutter und Natascha beim Anmischen des Salzteigs, während Vater und Josef in der Werkstatt verschwinden. Kurz darauf erfüllt ein Sägen und Hämmern das Haus. Und ein Pfeifen – das von Natascha. Denn wenn sie etwas formt und knetet, muss sie immer pfeifen. Wer weiß, vielleicht gelingt ihr deshalb die Maria so gut! Aline ist mit ihrem Jesuskind weniger zufrieden. „Irgendwie sieht es aus wie ein Plumpsack!", schimpft sie.

„Gib her!", sagt Natascha. Und wirklich: Unter ihren Fingern

Schaffa, schaffa, Hüsle boua

bekommt das Jesuskind im Handumdrehen Finger und einen winzigen Mund.

Aline hat genug vom Figurenformen. „Mama, der Nebel ist weg!", ruft sie. Mutter nickt. „Gut, gehen wir. Ich glaube, die anderen sind anderweitig beschäftigt."

Kurz darauf stapfen Aline und Mutter durch den Wald. Es ist ganz still, nur hin und wieder hören sie ein Knacken oder Knarren. Sie atmen tief die kalte, nach Harz duftende Luft ein und sprechen lange nichts.

Aline findet auf Schritt und Tritt wahre Schätze: Da einen Tannenzapfen, aus dem sie einen Ochsen machen will. Dort eine Wurzel, die ihr wie ein Sternenschweif vorkommt. Und jede Menge Moos und Rindenstücke, an denen, wie kleine Perlen, noch die Nebeltröpfchen hängen. „Ah, Mama, so ein Wald ist einfach wunderschön!", seufzt sie.

„Ja", meint Mutter. „Und trotzdem machen die Menschen ihn kaputt!"

„Weil sie die Bäume fällen?", fragt Aline.

„Ach, das wäre es gar nicht, wenn die Schlägerung vernünftig geschähe. Holz ist ja ein nachwachsender Rohstoff. Unmäßige Abholzung hingegen hat sehr schlimme Folgen!"

„Meinst du Lawinen?", fragt Aline. „Die Lehrerin hat uns einmal davon erzählt. Dass es in Vorarlberg große Lawinenkatastrophen gab, weil die Leute die Berghänge gerodet haben."

„Das stimmt", sagt Mutter. „In diesem Punkt sind wir heute ja Gott sei Dank gescheiter. Es gibt strenge Bestimmungen, was ein Schutzwald ist und nicht gefällt werden darf. Ein großes Problem für den Wald ist aber nach wie vor die Luftverschmutzung. Sie kommt von den Autos und den Fabriken. Sieh mal diese Fichte dort! Sie hat ganz braune, dürre Nadeln, obwohl doch Fichten eigentlich immergrün sind!"

Aline bleibt vor der Fichte stehen. Nein, ein Christbaum, denkt sie, der sieht anders aus! Und plötzlich fühlt Aline sich – trotz der schönen Fundstücke für die Krippe – sehr, sehr traurig ...

Zur gleichen Zeit ist Josef in der Werkstatt überglücklich! Die Krippe unter seinen Händen wächst. Vater hat ihm versprochen, dass sie am Mittwoch Schindeln besorgen. Bei einem richtigen Holzschindelmacher im Bregenzerwald.

„Du Papa", sagt Josef. „Ich denke daran, Architekt zu werden."

„Ah ja", murmelt Vater mit einem Nagel zwischen den Zähnen. „Und ich daran, wann es wohl Mittagessen gibt."

Vater Rusch scheint der Einzige in der Familie zu sein, der an diesem Sonntagnachmittag kurz vor Weihnachten Hunger hat. Josef freut sich am Werden der Krippe und sieht sich selbst als Architekt. Aline bricht einen Zweig der toten Fichte ab, als Einstreu für den Ochsen. Mutter betrachtet den Nebel, wie er langsam wieder aufsteigt: suppig, milchig weiß ...

Und was ist mit Natascha?

Sie sitzt in der Wohnküche und formt und knetet einfach vor sich hin: Den fünften Engel. Die Heiligen aus dem Morgenland ... Und während die Krippenfiguren auf dem Backblech mehr und mehr werden, redet sie mit dem Kater Murl. „Siehst du, Murl, das wird der Josef. Das ist sein Bauch, das sind die Beine, die Arme, der Kopf ... Was meinst du? Nein, der Josef ist kein Holzkopf! Weder der Josef eins noch der Josef zwei. Denn ohne die beiden Josefs gäbe es keine Krippe und keine Weihnachten. Stimmt's?"

Kater Murl schnurrt. Der Ofen bullert. Die Pendeluhr tickt – und bald wird Weihnachten sein.

Susa Hämmerle

Am Bodensee

Naturstrümpfe

Rheindelta

Schwarzmilan

Kann es etwas Schöneres geben als Aufwachen an einem Sonntag? Conni fällt nur eines ein: Aufwachen an einem Sonntag mit so traumhaftem Wetter!

Beim Frühstück schlägt Mama vor: „Wir könnten eine Radtour zum Rohrspitz machen. Mit Picknick, wo es uns gefällt."

Conni und ihr Bruder Kilian sind begeistert. Sofort laufen sie los, um es ihrem Freund Max zu erzählen. Und Teresa und Alina und Jeannette …

Kurz darauf stehen die vier Nachbarskinder vor Frau Blum. „Bitte, dürfen wir mit? Unsere Eltern haben es erlaubt. Und wir fahren auch brav in der Gänsereihe, versprochen und Ehrenwort!"

Frau Blum schaut ihren Mann an. Der schaut die aufgeregten Kinder an. Und dann lacht er und nickt.

Eine halbe Stunde später verlässt ein richtiger Fahrradzug die Fährestraße. Vorne fährt Herr Blum, dann die sechs Kinder, und hinten Frau Blum. Bald haben sie die letzten Häuser von Höchst hinter sich gelassen. Bei der alten Flughalle vor Gaißau macht Herr Blum den ersten Stopp.

„Jetzt hört einmal zu, ihr Schnattergänse", sagt er. „Das Rheindelta ist zum Teil Naturschutzgebiet. Auf den Wiesen und im Röhricht brüten mehr als 300 Vogelarten. Und die wollen wir nicht aufschrecken – weder durch Schnattern noch durch lautes Räder-Rattern."

Die Kinder lachen, aber deutlich leiser jetzt. Alina senkt ihre Stimme sogar zu einem Flüsterton: „Aber beobachten darf man die Vögel schon, oder? Ich habe nämlich den Feldstecher mit!"

Herr Blum kommt gar nicht zum Antworten. Denn jedes der Kinder will sofort und unbedingt durch Alinas Feldstecher schauen.

„Ich kann die Häuser von den Schweizer Bergen zählen!" – „Und ich seh den Seedamm ganz nah!" – „Ist das da drüben rechts ein Rheinholz?" – „Seht mal, am Himmel kreist ein Mäusebussard!" So reden und rufen die Kinder durcheinander.

„Jetzt aber still!", sagt Frau Blum und nimmt Kilian den Feldstecher ab. Ganz kurz nur blickt sie durch die Gläser himmelwärts.

„Das ist ein Schwarzmilan", erklärt sie dann. „Ein ziemlich seltener Raubvogel. Und das Rheinholz, das kein Holz, sondern ein Auwald ist, liegt links von uns, Jeannette, an der Mündung des alten Rheins."

Am Bodensee

„Du kennst dich aber gut aus, Mama!", sagt Conni bewundernd. Frau Blum lacht. „Kein Wunder", meint sie. „Schließlich bin ich als Kind fast jeden Sonntag durch das Rheindelta gestreift. Auf Schusters Rappen allerdings, immer querwiesenein."

„Toll! Machen wir das auch?", bettelt Max.

Frau Blum sieht aus, als hätte sie so richtig Lust darauf. Doch ein Blick auf ihren Mann lässt sie den Kopf schütteln. „Nein, wir sind ja mit den Rädern da. Und außerdem bekommt man leicht Naturstrümpfe davon."

„Wie bitte?" – „Was sind Naturstrümpfe, Frau Blum?" – „Nun sag schon, Mama!", geht es gleich wieder los.

Herr Blum aber spricht ein Machtwort. „Wir fahren weiter, jetzt. Sonst kommen wir nie zum Rohrspitz. Also: Aufsitzen und Gänsereihe, los!"

Mit etwas enttäuschten Gesichtern steigen die Kinder wieder auf die Räder. Uii, das saust dahin! Sie fahren an Obstplantagen und Maisfeldern vorbei, in die hie und da ein eiliger Hase oder ein geckernder Fasan verschwindet. Zunehmend aber wird die Landschaft riedartig. Wiesen mit Schilfgräsern breiten sich aus, und dann: der Bodensee!

Die nächste Etappe geht immer den Damm entlang.

Beim alten Pumpwerk braucht Jeannette dringend Luft für den hinteren Reifen. Beim See-Restaurant muss Max noch dringender aufs Klo. Und beim Campingplatz „Salzmann" wollen alle die tollen Wohnmobile bewundern. Endlich aber erreichen sie ihr Ziel: den Rohrspitz. Leider ist die weit in den Bodensee hineinragende Landzunge zum Teil überschwemmt. Trotzdem finden sie nach einigem Suchen einen halbwegs trockenen Picknick-Platz. Und gleich darauf fallen alle wie die Räuber über die ausgepackten Köstlichkeiten her ...

„So Mama, und jetzt erzähl!", sagt Conni mit vollem Mund. „Wir wollen wissen, was Naturstrümpfe sind!"

„Also gut", seufzt Frau Blum. „Meine Eltern, meine fünf Geschwister und ich machten fast jeden Sonntag eine Wanderung zum Bodensee. Wir Kinder wollten immer querfeldein, was mein Vater nicht so gerne wollte ..."

Sie bedenkt ihren Mann mit einem kurzen Seitenblick. „Sieger blieben aber meistens wir. Uns ging es ja auch hauptsächlich ums Graben-Spiel! Wenn nämlich ein Graben kam, musste jeder springen. Tja, und wer zu kurz sprang, der bekam eben Naturstrümpfe verpasst."

Aulandschaft

Am Bodensee

Frosch

Die Kinder kichern. „Wem passierte das am häufigsten?", will Kilian wissen.

Frau Blum blickt wieder ihren Mann an. „Wenn ich ehrlich bin: meinem Vater."

Wieder kichern alle Kinder. Plötzlich aber wird Conni ernst: „Du sag mal, Mama, durftet ihr denn das? Ich meine so quergräbenein durchs Naturschutzgebiet?"

„Damals war es noch kein Naturschutzgebiet", antwortet Frau Blum. „Erst später erkannten die Leute, wie wichtig es ist, den Tieren und Pflanzen ihren Lebensraum zu erhalten. Also wurden das Schilfufer des Bodensees, die Augebiete bei den Rheinmündungen und ein Großteil der Feuchtwiesen zum Schutzgürtel erklärt."

„Und welche Tiere leben hier zum Beispiel?", will Teresa wissen.

„Auf jeden Fall Millionen Mücken", brummt Herr Blum und kratzt sich gleich an mehreren Stellen.

Frau Blum lächelt und reicht ihrem Mann ein Fläschchen mit Zitronenöl. Dann zählt sie auf: „Kormorane, Blässhühner, Reiherenten, Teichrohrsänger, Steinschmätzer, Zwergdommeln ..."

„Quak!"

Alle schauen erstaunt zu Herrn Blum. Das Quaken kam aus seiner Richtung! Doch dann entdeckt Conni des Rätsels Lösung: Ihr Vater sitzt genau vor einem kleinen Tümpel, den die Überschwemmung hinterlassen hat. Und aus dem Tümpel springt soeben ein Frosch!

„Quak!", macht er noch einmal, bevor er davonhüpft und in einem Graben verschwindet.

„Ob Frösche auch Naturstrümpfe kriegen?", fragt Max.

Da müssen alle so richtig herzhaft lachen und es gelingt ihnen sogar, das ziemlich leise zu tun.

Susa Hämmerle

Die Klangpiraten

Lea ist heute mit Sicherheit das kribbeligste Kind in ganz Vorarlberg. Sie darf am Abend mit ihrer Tante zu den Bregenzer Festspielen, zu einer Vorführung auf dem See!

„Hat Tante Sabine auch bestimmt zwei Karten?" Und: „Ist es noch nicht endlich halb acht?" Und: „Bleibt das Wetter wirklich schön?", fragt Lea alle paar Minuten.

Ihre Mutter gibt geduldig Antwort: „Ja, der Wetterbericht ist wunderbar." Und: „Nein, es ist noch nicht halb acht." Und: „Ja, Tante Sabine hat zwei Regiekarten bekommen, weil sie im Festspielchor singt."

Endlich hört Lea Tante Sabines Auto. Aufgeregt stürmt sie hinaus und hätte fast vergessen, sich von ihrer Mutter zu verabschieden.

Seebühne

Tante Sabine hat sich ebenfalls fein gemacht. „Dann wollen wir mal", lacht sie. „Auf in die Bregenzer Bronx!"

Das versteht Lea jetzt aber nicht. Tante Sabine erklärt ihr, dass das Musical, das sie auf der Seebühne sehen und hören werden, in der Großstadt New York spielt, in einem Viertel, wo die Ärmsten der Armen wohnen. „Dieses Viertel heißt Bronx – und weißt du noch, wie das Musical heißt?"

„West Side Story", sagt Lea wie aus der Pistole geschossen und schafft es endlich, halbwegs ruhig zu sitzen. Dringende Fragen hat sie aber trotzdem: „Du Tante, falls es doch regnet, werden wir da nicht patschnass?"

Tante Sabine beruhigt sie: „Es wird nicht regnen. Und falls doch, wird die Vorstellung kurzerhand ins Festspielhaus verlegt."

Bühnenausschnitt: West Side Story

Lea stellt sich vor, wie die Sänger, die Tänzer und die Musiker mit ihren Instrumenten unter Regenschirmen eiligst ins Festspielhaus rennen. Und all die vielen Zuschauer auch ...

Sie blinzelt in den blauen Himmel. Nein, da ist sie doch froh, dass kein einziges Wölkchen zu entdecken ist!

Tante Sabine konzentriert sich jetzt voll auf den Verkehr. Es scheint, als wolle heute jeder nach Bregenz! Lea wird schon wieder kribbelig: „Bitte", denkt sie, „bloß kein Stau!"

Doch es geht alles gut, und schließlich sind sie sogar zu früh in Bregenz. Also schlendern sie gemütlich an der Seepromenade entlang in Richtung Festspielhaus. Beim Tretboot-Verleih ist mächtig viel los. Tante Sabine schmunzelt: „Da schwärmen sie also wieder aus, die Klangpiraten!"

„Hä?", macht Lea und patzt sich prompt mit dem Schleckeis an.

Tante Sabine erzählt: „Karten für die Festspiele sind ziemlich teuer. Und oft schon monatelang vorher ausverkauft. Also versuchen Musikfreunde,

Am Bodensee

die keine Karten haben, möglichst nah an die Seebühne heranzukommen – per Tretboot. Immerhin können sie so einige Klangfetzen erhaschen, je nachdem, wie günstig der Wind weht."

„Aha, darum also Klangpiraten", kichert Lea. Und hat gleich wieder eine Frage: „Ist das denn erlaubt?"

„Bei den Proben schon", antwortet Tante Sabine. „Und als ich ein junges Mädchen war, passte auch während der Vorführungen keiner auf. Heutzutage aber sind gestrenge Posten in Booten unterwegs – und ich wette, dass all diese Klangpiraten hier kein Glück haben werden!"

Fast tun Lea die Klangpiraten Leid. Doch dann vergisst sie sie, denn plötzlich sind sie Teil eines Menschenstroms. Sie werden regelrecht zur Seebühne geschoben!

Und dann, nach einer kribbeligen Viertelstunde in der Warteschlange beim Einlass sitzt Lea auf der Tribüne. Sie bekommt vor Staunen den Mund gar nicht mehr zu. Vor ihr, auf dem See, schwimmt ein Stück New York: mit einem stählernen Wolkenkratzer, in dem sich die rote Abendsonne spiegelt. Lea kommt sich vor wie in einem Traum. Dieses Gefühl bleibt die ganzen nächsten zwei Stunden lang: als das Orchester, die Wiener Symphoniker, die ersten Töne in die erwartungsvolle Stille schickt; als die Tänzer auftreten und sich singend zu einem Straßenkampf herausfordern; als der Himmel über der Bühne allmählich samtblau eindunkelt; als Maria und Tony, die zwei Hauptpersonen, sich in einem wunderschönen Lied ewige Liebe schwören; als der echte Vollmond sich hinter den auf der Bühne schiebt; und als Lea undeutlich – weit rechts von der Bühne – eine Flotte Klangpiraten zu erkennen glaubt …

„He, Lea, bist du noch wach?", sagt Tante Sabine neben ihr.

Lea nickt. Und kann gar nicht glauben, dass die Vorstellung zu Ende ist! Um Mitternacht liefert Tante Sabine eine todmüde Lea zu Hause ab. „Wie war's?", fragt Mutter erwartungsvoll.

„Schööön", gähnt Lea. „Einfach unglaublich schön!"

„Und was hat dir am besten gefallen?"

„Der Wolkenkratzer. Die Tänzer. Die Lieder. Das Abendrot. Und die Sache mit den Klangpiraten", murmelt Lea.

„Hä?", macht Mutter verständnislos. Doch da ist Lea schon eingeschlafen. Und ihre Mutter muss bis zum nächsten Tag warten, bis sie Genaueres über die Klangpiraten vom Bodensee erfährt.

Susa Hämmerle

Wien

In Wien ist immer etwas los

Das U-Bahn-Gespenst

Heute hab ich etwas total Verrücktes erlebt. Ich steige beim Rathaus in die U2 und bleibe in Türnähe stehen. Der Wagen ist halb leer. Mir gegenüber lehnen ein Mann und eine Frau und unterhalten sich. Bei der Station Volkstheater steigt kein einziger Mensch aus oder ein. Trotzdem öffnet sich die Türe – wie von Geisterhand. Plötzlich steht da ein unheimlicher Kerl, bekleidet mit Jeans, Hemd und Lederjacke, und das Seltsamste daran ist – ich kann durch ihn durchschauen wie durch einen Libellenflügel. Das war vielleicht ein Schreck!

Der Mann und die Frau schauen zu dem Durchsichtigen hin, reden aber weiter, als ob nichts geschehen wäre. Wieso hat den Typ niemand im Waggon bemerkt, frage ich mich. Vielleicht ist er nichts als bloße Einbildung, oder ich bin verrückt geworden. Da fängt der Durchsichtige auch noch zu reden an.

„Du bist nicht verrückt, nicht die Bohne! Du bist bloß der Einzige, der mich sehen und hören kann. – Welcher Tag ist heute?", fragt der Durchsichtige. Der zehnte April, denke ich für mich.

Da sagt er: „Danke", obwohl ich gar nicht gesprochen habe.

„Kannst du Gedanken lesen?", frage ich ihn in meinem Kopf.

„Kluger Junge", spottet der Durchsichtige. „Wie hast du denn das so schnell herausbekommen?"

So etwas Verrücktes! Ich denke und er antwortet, und so unterhalten wir uns eine ganze Weile.

„Der zehnte April! An diesem Tag ist es passiert", sagt er nachdenklich. „Ich war jung und da war diese Mutprobe …"

„Was ist passiert? Welche Mutprobe?", frage ich.

„Tut nichts zur Sache! Jedenfalls bin ich unter die U-Bahn-Räder gekommen!"

„Ist ja grauenhaft! Und jetzt bist du ein – Gespenst?"

„Blöde Frage. Was soll ich denn sonst sein? Der Osterhase?"

„Was machst du so in der U-Bahn?"

„Einsteigen, aussteigen, mitfahren – sooft und solang ich will!"

„Und wo bleibst du, wenn du nicht spukst – ich meine fährst?"

„Endstation Karlsplatz! Da ist es ordentlich dunkel und geräumig."

„Armes Gespenst! Du tust mir aufrichtig Leid."

„Mach dir um mich keine Sorgen, Kleiner! Hin und wieder mach ich ein paar Späßchen. Das vergnügt gespensterlich. Siehst du, so …"

Er geht, nein eigentlich schwebt er im Wagen umher. Dabei fällt eine Handtasche zu Boden, die Seiten einer Zeitung werden verblättert, eine Halskette reißt.

„Das findest du witzig?", frage ich.

„Wenn sich jemand ärgert, könnt' ich mich totlachen – wenn ich nicht schon tot wäre!", antwortet er, und bevor ich etwas erwidern kann, ist er schon ausgestiegen – durch die geschlossene Türe – mitten im schwarzen Tunnel.

Ich bin so fertig, dass ich bei der nächsten Station aussteige und zurückfahre. Ob ich jemandem von meinem Erlebnis erzählen soll?

Lieber nicht. Das glaubt mir sowieso keiner.

Christine Rettl

In Wien ist immer etwas los

Im Kinderliteraturhaus

„Zieh deine Schuhe an, kleiner Bruder! Wir fahren in den 4. Bezirk, Mayerhofgasse 6, zum Ki-Li-Haus", sagt Ina und kämmt ihr Haar.

„Ki-Li-Haus? Was soll denn das wieder sein?", wundert er sich.

„Kinderliteraturhaus", sagt Ina betont langsam für den fünfjährigen Felix. „Höchste Zeit, dass du es mal kennen lernst! Mach schon, um 16 Uhr ist eine tolle Veranstaltung!", drängt sie. „Alles andere erzähle ich dir bei der Hinfahrt."

Kurze Zeit später sitzen die beiden in der U-Bahn. „Rat einmal, was es im Kinderliteraturhaus massenhaft gibt", sagt Ina.

„Kinder", antwortet Felix ohne nachzudenken.

„Die kommen doch nur hin, du Dummkopf! Bücher gibt's dort, viele schöne, spannende Bücher! Die kann man anschauen, sich welche aussuchen und darin schmökern. Unsere Lehrerin sagt, dass es in den Räumen im ersten Stock eine Bibliothek gibt mit der größten Kinder- und Jugendbuchsammlung von ganz Österreich. Im Ki-Li-Haus gibt es alle drei Monate eine Buchausstellung zu irgendeinem Thema, zum Beispiel Sagen und Märchen, Gruselgeschichten und vieles andere mehr. Ich war schon mit meiner Schulklasse dort und hab bei einer Bücherrallye mitgemacht. Im Kinderliteraturhaus kann man die tollsten Sachen machen: Geschichten schreiben, basteln, Theater spielen. Man kann sogar lernen, wie man eine richtige Zeitung macht – das ist ein Riesenspaß! Und das Beste: Dort kann man echte Autoren und Illustratoren kennen lernen", erzählt Ina.

„Wen kann man kennen lernen?", fragt Felix. „Automotoren?"

Ina verdreht die Augen.

„Autoren, Autorinnen – das sind die Leute, die Bücher schreiben. Und die Illustratorinnen und Illustratoren malen die Bilder dazu. Du kannst ihnen zuhören, wenn sie ihre Geschichten vorlesen und über ihre Arbeit erzählen, mit ihnen dichten und malen, und nachher kannst du sie alles fragen, was du wissen willst. Na, was sagst du dazu?"

Felix denkt nach. „Wenn mir aber nichts einfällt?", fragt er nach einer Weile.

„Dann hörst du eben nur zu", sagt Ina. „Komm, wir müssen aussteigen!" Von der U-Bahn-Station zum Kinderliteraturhaus sind es nur ein paar Schritte.

Felix betrachtet die bunt bemalte Fassade.

„Was du da siehst, ist der Liebe Augustin, den kennst du ja aus der Sage", erklärt Ina.

In Wien ist immer etwas los

"O, du lieber Augustin, alles ist hin", singt Felix, während er mit Ina durch den Hof spaziert. Aus den geöffneten Fenstern des ersten Stockes dringen fröhliche Kinderstimmen.

"Da ist ja ganz schön was los", wundert sich Felix.

"Was hast denn du gedacht!" Ina öffnet die Türe und tritt ein, als wäre sie hier zu Hause. In dem großen, hellen Raum stehen Regale voller Bücher. Felix möchte sich am liebsten gleich eines schnappen und sich damit in die Schmökerecke zurückziehen.

"Das kannst du später machen. Komm, es geht gleich los!" Ina nimmt ihn an der Hand und geht mit ihm in den Veranstaltungsraum. Zum Glück sind in einer der vorderen Reihen noch zwei Plätze frei.

Die Minifassung des Musicals "Pfoten weg von Jack" nach dem gleichnamigen Buch wird aufgeführt. Die Autorin Christine Rettl und der Musiker Erich Meixner spielen die beiden Hauptrollen selbst: den berüchtigten Streunerhund Jack und den kleinen Mischlingshund Floh. Erich Meixner spielt am Keyboard und auf der Ziehharmonika und singt. Die Kinder bellen, singen, klatschen und tanzen mit und haben viel Spaß dabei. Felix bellt am lautesten, aber zum Tanzen fehlt ihm der Mut. Ina nimmt sich vor das Buch zu lesen, sie möchte auch einiges über die Autorin erfahren, die Bücher, Geschichten, Gedichte und Musicaltexte für Kinder schreibt.

"Das Ki-Li-Haus ist super! Am liebsten möchte ich jeden Tag herkommen", schwärmt Felix.

Christine Rettl

KinderLiteraturHaus: bemalte Fassade

In Wien ist immer etwas los

Rund um die Burg

„Heute Nachmittag gehe ich zu ‚Rund um die Burg', sagt Ina gut gelaunt. „Und wenn du dich ordentlich benimmst, Kleiner, darfst du vielleicht sogar mitgehen."

„Ich bin nicht mehr klein", ärgert sich Felix. „Und was soll das überhaupt sein, dieses ‚Rund um die Burg'? Eine Ritterburg, um die man herumlaufen kann?"

Ina lacht. „Burg sagen die Wiener zum Burgtheater. Das ist ein schönes großes Theater und steht auf dem Ring, gegenüber dem Rathaus. Kapiert? Und neben dem Burgtheater sind jetzt zwei Tage und eine Nacht lang Zelte aufgestellt – ein großes und ein kleines. Im großen lesen Autoren Bücher für Erwachsene. Im kleinen Zelt lesen Kinder- und Jugendbuchautoren", erklärt Ina.

„Etwas Lustiges?", fragt Felix.

Ina nickt. „Lustig, spannend, ein bisschen traurig oder gruselig – alles, was du willst. Manchmal gibt's auch Musik oder ein Puppentheater. Und die Bücher, aus denen gelesen wird, kann man dort auch alle kaufen. In einem extra Zelt gibt es noch viel mehr Bücher und CDs. Sogar spielen, malen oder basteln kannst du bei ‚Rund um die Burg'."

Felix denkt nach. „Dann will ich mitgehen, aber nur, wenn ich dort auch ein Eis kriege."

„Kannst du einmal an etwas anderes denken als an Essen und Süßigkeiten?", ärgert sich Ina. „Außerdem – falls du es nicht weißt – deine Wünsche kosten Geld."

Felix hat eine Idee. „Ist das ‚Rund um die Burg' sehr teuer?", fragt er.

„Nein", sagt Ina. „Das ist ja auch das Besondere: Für all diese tollen Veranstaltungen ist der Eintritt frei."

„Dann kannst du mir ja ein großes Eis dafür kaufen", sagt Felix und strahlt.

Christine Rettl

In Wien ist immer etwas los

Rodeln am Wilhelminenberg

Punkt zwei Uhr treffe ich mich mit den anderen. Florian und ich haben einen schwarzen Bob mit Lenkrad, Silvia einen roten ohne Lenkrad, ihre Schwestern eine Rodel. Wir fahren mit der Straßenbahn zum Wilhelminenberg und steigen dann in den Autobus um, der uns hinaufbringt zur Schnepfenwiese.

Auf dem Steilhang rodeln schon viele Kinder, manche mit, manche ohne Erwachsene. Auf dem flacheren Stück haben ein paar Knirpse winzige Schier angeschnallt und fahren den Babyhang hinunter.

Uns zieht es hinüber zur Bobbahn, die keine fünf Minuten von der Wiese entfernt liegt. Die Bahn ist in gutem Zustand. Festgefahrener Schnee, keine Eisplatten. Wir gehen hinauf zum Start.

Florian fährt als Erster los. Er prescht in vollem Tempo hinunter. Mit etwas Abstand starte ich. Hinter mir Silvia. Ihre Schwestern hat am Start der Mut verlassen. Die Bahn ist ihnen doch zu steil. So begnügen sie sich mit Zuschauen.

Bei der zweiten Abfahrt nehmen wir Silvia in die Mitte und hängen uns zusammen. Florian als Lenker vorne, ich als Bremser hinten. Ich verbremse irgendwo in der Mitte und fliege aus der Bahn hinaus. Die beiden fahren allein weiter.

Da Tina und Nina vom bloßen Herumstehen kalt geworden ist, geht Silvia mit ihnen zur Schnepfenwiese hinüber, um dort mit ihnen zu rodeln. Florian und ich bleiben noch.

Nach und nach kommen auch andere Bobfahrer auf die Bahn, die Wartezeiten zwischen den Fahrten werden immer länger. Wir wollen noch einmal hinunterdonnern, ein letztes Mal, und dann zu den Mädchen hinübergehen.

Florian stößt sich vom Start ab. Kaum ist er außer Sichtweite, fahre ich los. Ich bin fast bei der Mitte, da steht plötzlich ein großer Hund in der Bahn. Ich bremse, was das Zeug hält. Der Hund springt erschrocken zur Seite. Ich habe jedoch den ganzen Schwung verloren und kann den Lauf nur noch im Schneckentempo fortsetzen. Schon sehe ich Florian in der Zielgeraden auftauchen, da kracht einer von hinten in mich hinein. Ich werde vom Bob geschleudert und der andere fällt auf mich. Einen Augenblick liege ich im Schnee und habe das Gefühl, ich kann mich überhaupt nicht mehr rühren. Der andere springt auf und streckt mir die Hand hin, um mich aufzuziehen. Es ist Heiner.

Da flammt eine Riesenwut in mir auf. „Sag, bist du noch zu retten?", schreie ich ihn an.

Florian kommt angetrabt. „Was ist los?"

„Was los ist? Hast du keine Augen im Kopf?", brülle ich. „Dieser Wahnsinnige hat mich über den Haufen gefahren."

„Ich hab doch nicht wissen können, dass du so langsam dahinzuckelst", verteidigt sich Heiner. „Außerdem", er holt ein Taschentuch heraus, „du blutest an der Lippe."

Will der mir im Gesicht herumfummeln?

„Rühr mich nicht an!", knurre ich, nehme sein Taschentuch und tupfe mir die Lippe ab. Blut! Tatsächlich!

„Diesmal ist aber nicht der Heiner schuld", sagt Florian, „sondern der Hund."

„Auf welcher Seite stehst du eigentlich?", fahre ich ihn an. Der mit seinem Gerechtigkeitssinn! Ich nehme schweigend meinen Bob und gehe los.

„He; Robbe, warte!", ruft Florian hinter mir her.

Doch ich warte nicht: Ich gehe weiter, hinüber zur Schnepfenwiese, wo ich Trost und Beistand erhoffe, von Silvia.

Gerda Anger-Schmidt

Ich bin ein Kind der Stadt

Echte Wiener

Posposil und Swoboda,
Nemeth, Holub, Kundera,
Mandelbaum und Mendelsohn,
Trnjevsky, Anderson,
Kovac, Tomacek, Rebhuhn,
Boyraz, Turanitz und Kuhn –
ja, so heißen meine Freunde.
Sokol, Kalb sind meine Feinde.
Alle sind wir echte Wiener.
Küss die Hand
Und g'schamster Diener[1]!

Gerda Anger-Schmidt

[1] gehorsamster Diener

Mei radl

I hob a radl griagd.
A rods radl mid ana
aufboganan lengstaungan
und an stobliachd.

Oba:

Im hof kauni ned foan.
Wegn da wesch vunda Schesdag
und weus so schebad
wauni ibas kaneugita foa.

Auf da strosn deaf i ned.
Wegn di auto
und wengan wochmau
weuli no ned zwöfe bin.

Aum gesteig drau i mi ned.
Wegn de leid.
De wean so bes
wauma eana hint einefoad.

Aum blazl losn mi d oidn ned.
Wegn de daum.
Weu do haums gugaruz gstrad
fia de vicha.

Do jedn dog.
Noch da aufgob,
wauma fad is,
sogd mama:

Nau ge sche radlfoan, Bua!

Das i ned loch!

Christine Nöstlinger

Ich bin ein Kind der Stadt

Meggi

Zehntausend Menschen, dreitausend Katzen und zweitausend Hunde wohnen in der Siedlung „Wohnpark" am Stadtrand von Wien. Hier wird nicht nur gewohnt, sondern auch in Läden gekauft, in Restaurants gespeist und vom Friseur das Haar geschnitten. Es gibt eine Schule, Spielplätze und Freibäder. Die meisten fühlen sich sehr wohl im Wohnpark. Auch Meggi.

Meggi ist ein Rauhaardackel und gehört zum Trachtenmodengeschäft. Und auch zum Platz vor dem Geschäft. Nebenan, vor der Bäckerei, sitzen Leute an runden Tischen und frühstücken. „Ist das nicht ein süßer kleiner Dackel?", heißt es, wenn Meggi heranspaziert.

Meggi nimmt das angebotene Kuchenstückchen und wedelt mit dem Schwanz. Sie legt sich behaglich in die Sonne und lässt sich bewundern. Dann geht sie hinüber zum Fleischer. Natürlich darf man dort als Hund nicht hinein, aber die Verkäuferin steckt Meggi heimlich ein Stück Wurst zu, ehe sie sie vor die Tür setzt.

Das Glastor der Schule steht einladend offen. Neugierig dackelt Meggi hinein. Und gleich die Treppe hinauf. Von oben kommt nämlich der Duft vom Pausenbuffet. Die heranstürmenden Kinder sind von Meggi entzückt und einigen sich darauf, dass das Hündchen verloren gegangen sein muss und dass man es behalten wird. Als Klassenhund. Meggi, der zwanzig streichelnde Hände bald zu viel sind, versucht sich loszustrampeln. Aber erst die Lehrerin macht dem Spuk ein Ende.

„Verloren gegangen? Der Hund hat sich höchstens verlaufen. Ihr könnt ihn doch nicht einfach behalten! Schaut, er hat ja eine Marke! Und da steht auch der Name: Meggi! Kommt Kinder, wir finden sicher jemanden, der weiß, wem Meggi gehört!"

Und schon die ersten Leute, die sie vor der Schule treffen, erkennen Meggi: „Das ist doch der Dackel vom Trachtenmodengeschäft! Ist er denn in die Schule gelaufen? So ein Racker!"

Alle wandern zum Geschäft, wo Meggi eiligst in den Eingang verschwindet. Für einen Tag waren das genug Abenteuer.

Monika Pelz

Ich bin ein Kind der Stadt

„Was ist? Spielst du jetzt mit mir Karten?" Felix schaut Ina erwartungsvoll an.
„Keine Zeit! Ich muss einen Aufsatz schreiben." Sie seufzt.
„Worüber denn?", erkundigt sich Papa.
„Über das Wohnen in der Stadt. Aber mir fällt nicht das Geringste dazu ein."
Mama holt ein Buch aus dem Regal und schlägt es auf.
„Hier ist ein schönes Gedicht von Anton Wildgans, einem Autor aus Wien, der schon gestorben ist. Vielleicht hilft es dir weiter."
Ina liest vor:

> Ich bin ein Kind der Stadt. Die Leute meinen
> und spotten leichthin über unsereinen,
> dass solch ein Stadtkind keine Heimat hat.
> In meine Spiele rauschten freilich keine
> Wälder. Da schütterten die Pflastersteine.
> Und bist mir doch ein Lied, du liebe Stadt.

„Seltsamer Text", findet Ina und liest ihn gleich noch einmal. „Ein Kind der Stadt bin ich auch, weil ich in Wien geboren bin. – Und warum soll ein Stadtkind keine Heimat haben? Wo ich doch hier zu Hause bin! Und ich mich in Wien wohl fühle – so wie dieser Anton Wildgans, sonst hätte er doch nicht geschrieben: Und bist mir doch ein Lied, du liebe Stadt. – In meine Spiele rauschten freilich keine Wälder." Sie denkt nach. „Das stimmt aber nicht ganz. Ein Stück weit fahren, schon sind wir im Wienerwald oder im Lainzer Tiergarten und können richtig schön wandern." Sie lacht leise. „Wenn Anton Wildgans unsere Stadt heute sehen könnte, würde er nicht schlecht staunen. Auf den Wiener Straßen gibt es schon lang keine Pflastersteine mehr. – In welchem Bezirk hat er denn eigentlich gewohnt?" Sie blättert nach. „Na, so was! Im 8., genau wie wir! Schätze, seit damals hat sich vieles in Wien verändert. Jede Menge neue Geschäfte sind entstanden, statt der kleinen Läden gibt's Supermärkte, es gibt breite Straßen, Rolltreppen … Das heißt, wer in der Stadt wohnt, hat viele Vorteile. Wenn man einkaufen will, muss man gar nicht weit gehen." Ina legt ihren Bleistift hin und überlegt: „Meine Freundin Anna wohnt auf dem Land und muss jeden Morgen mit dem Schulbus fahren. Ich wohne in der Langegasse und habe einen kurzen Schulweg. Was gibt's denn noch für Vorteile?"

Ich bin ein Kind der Stadt

„Überleg einmal, wie das ist, wenn man krank wird", sagt Papa. „Krankenhäuser, Ärzte, Apotheken – zum Glück ist alles in der Nähe. Und wer sich in der Freizeit unterhalten will, hat unzählige Möglichkeiten."

Ina überlegt: „Man kann ins Kino gehen oder in ein Theater, Konzerte oder Museen besuchen, tanzen in einer Disco – ist aber nichts für Oldies wie euch!" Sie kichert.

„Das hab ich überhört", ärgert sich Mama. „Denk lieber nach, was es noch alles gibt!"

Ina erinnert sich: „Straßenfeste mit Musik und Flohmarkt! Und vor dem Rathaus ist auch fast immer etwas los: Zirkus, Popkonzerte auf einer großen Bühne."

„Die Eröffnung der Wiener Festwochen", ergänzt Papa.

„Vergiss nicht den Christkindlmarkt in der Vorweihnachtszeit!", ruft Mama. „Im Winter kann man vor dem Rathaus sogar Eis laufen! Zum Sporttreiben gibt es in unserer Stadt überhaupt sehr viele Möglichkeiten!"

Ina zählt auf: „Rollerskaten, Rad fahren, Tennis spielen, schwimmen, joggen, kegeln, trainieren im Fitnesscenter – das ist bestimmt noch nicht alles. Eigentlich toll, was man in der Stadt alles anfangen kann! Und wenn man in einen anderen Bezirk fahren muss – mit der U-Bahn ist man ganz schnell dort, oder mit dem Bus."

„Du hast die Straßenbahn vergessen!", ruft Felix triumphierend.

„Danke, Kleiner! Was würde ich bloß ohne dich machen?!" Ina zieht ein Gesicht. – „Und welche Nachteile haben Stadtbewohner?", fragt sie mit einem Blick zu Papa.

„Parkplatzprobleme!", stöhnt er. „Aber man baut immer mehr Tiefgaragen in Wien."

„Ich weiß was! Die Luft ist schlecht, weil in der Stadt so viele Autos fahren", sagt Ina.

„Dabei weht der Wind in Wien ohnehin einen Großteil der Abgase fort. – Und jetzt schreib das alles auf, damit du fertig wirst", mahnt Mama.

„Genau! Dann kannst du endlich mit mir Karten spielen", freut sich Felix.

Christine Rettl

Besuch im Tiergarten Schönbrunn

„Die kleine Mongu ist sooo lieb!" Felix steht neben seiner Schwester vor dem Elefantengehege und will nicht weitergehen.

„Komm jetzt! Wir besuchen sie nachher noch einmal", verspricht Ina.

„Und die Pinguine und die Affen und die Koalas auch", verlangt Felix.

„Ja, ja! Komm schon, sonst versäumen wir noch das Tropengewitter!"

Ina nimmt den kleinen Bruder an der Hand und marschiert mit ihm los. Der Weg führt an den Seehunden vorbei.

Zehn Minuten vergehen, bis sie den Eingang des Regenwaldhauses erreicht haben.

„Ist das heiß hier", klagt Felix.

„Klar", sagt Ina. „Wir sind jetzt im Regenwald, und da ist es immer heiß und feucht. Wir müssen auf die Plattform! Gleich ist es so weit!"

Felix bewundert die tropischen Pflanzen mit den herrlichen Blüten, die farbenprächtigen Vögel, die frei herumfliegen, und den kleinen Wasserfall, der von einem künstlich angelegten Felsen plätschert. „Mama hat gesagt, dass es im Regenwaldhaus über 300 verschiedene Pflanzen gibt und riesige Insekten. Was du hier siehst, ist ein Stück indonesischer Dschungel mit asiatischen Zwergottern, Wasserschildkröten, und – stell dir vor – mit Kleinkantschils, das sind Hirsche, so klein wie Hasen", erzählt Ina. Felix schaut, aber er kann keinen der winzigen Hirsche entdecken. „Wahrscheinlich sind sie sehr scheu", meint Ina.

Kaum sind sie auf der Plattform angelangt, beginnt es auch schon zu donnern. Staunend blicken die Kinder hinunter. Auf einem flachen Stein blinkt es grell auf. Gleich darauf donnert es wieder. „Ein Gewitter fast wie in den Tropen", erklärt Ina. „Schau, jetzt fängt es sogar zu regnen an!" Geheimnisvolle Nebel steigen aus den Wänden empor. Von den Rohren entlang der Decke sprüht das Wasser aus mehreren Düsen.

„Ist zwar kein echtes Donnerwetter", bemerkt Felix. „Aber toll ist es trotzdem."

„Zweimal am Tag kommt so ein Tropengewitter und jedes Mal beginnt es urpünktlich. Das wird nämlich alles von Computern gesteuert", erklärt Ina und spaziert mit dem kleinen Bruder zum Baumhaus.

„Ist das toll! So eines hätt' ich auch gerne!" Felix schaut durch das Baum-

Sehenswertes Wien

hausfenster und wundert sich über die seltsamen Blattgebilde, die nur eine Armlänge weit von den Zweigen hängen. Elfenblauvögel kommen geflogen und schlüpfen in die untere Öffnung.

„Das sind Nester! Drinnen hocken bestimmt die Jungen", vermutet Ina.

„Ich hör sie sogar piepsen", sagt Felix. „Schau doch! Dort drüben klettert und springt was!"

„Ein Spitzhörnchen!", ruft Ina. „Und noch eines!" Die Kinder sind begeistert.

Wenig später in einer Tropfsteinhöhle wundert sich Felix: „Warum ist das Licht hier blau?"

„Damit die Flughunde glauben, dass es jetzt Nacht ist, und wir sie trotzdem sehen können."

„So wie die möchte ich aber nicht schlafen – mit dem Kopf nach unten", meint Felix.

„Du bist ja auch keine Fledermaus," sagt Ina und lacht.

Ein paar Mal fahren sie mit dem Panoramalift auf und ab und spazieren rundherum.

Am Rande des Gezeitenbeckens warten sie eine Weile, ob sich im Schlamm etwas regt. „Kommt schon, ihr Schlammspringer!" Felix wird ungeduldig. Aber beim Anblick der bizarren Gespenstschrecken und der riesigen Tigerpython in ihren Terrarien vergisst er auf die seltsamen Fische.

„Aber jetzt gehen wir zu den Pinguinen!", sagt er später im Freien. „Und zu den Affen und den Koalabären! So viele Tiere! Aber die Mongu mag ich trotzdem am allerliebsten!"

Christine **Rettl**

Sehenswertes Wien

Im Wurstelprater

„Ist das riesig!", staunt Felix und schaut nach oben.

„Deswegen heißt es ja auch Riesenrad, du Witzbold", bemerkt Ina und will weitergehen.

Aber Felix bleibt stehen. „Ich will sooo gern damit fahren", bittet er.

Ina nimmt ihn an der Hand. „Vergiss nicht, was du mir versprochen hast, kleiner Bruder, sonst …"

Doch Felix gibt nicht so schnell auf. „Der Papa hat gesagt, wenn man das erste Mal in den Wurstelprater geht, dann muss man mit dem Riesenrad fahren, weil es nämlich auf der ganzen Welt berühmt ist. Und außerdem ist es ein Wahrzeichen von Wien." Er beginnt die Waggons zu zählen: „Eins, zwei, drei …"

„Fünfzehn", unterbricht ihn Ina. „Und wenn du es ganz genau wissen willst: Das Riesenrad ist 64,75 Meter hoch und wiegt 430 Tonnen. Das sind 430 000 Kilo. Bevor es im Krieg zerstört worden ist, hat es sogar 30 Waggons gehabt."

Felix ist beeindruckt. „Und woher weißt du das alles?", fragt er.

„Vom Papa natürlich! Der kann dir noch viel mehr darüber erzählen. Aber fahren will ich nicht damit. Ich hab nicht so viel Geld, und um das wenige möchte ich meinen Spaß haben", erklärt Ina. „Schau nur, wie langsam sich das dreht! Da merkst du kaum, dass es fährt."

„Wo willst du denn fahren?", fragt Felix im Weitergehen. „Ich will auch meinen Spaß haben!"

„Mit dem Donau Jump zum Beispiel. Da sitzt du im Wagen und wenn es bergab geht, spritzt es ganz toll."

Sie schauen eine Weile zu.

„Da wird man aber nass dabei", meint Felix.

„Na, so was! Der Kleine ist wasserscheu!", spottet Ina und schwenkt zum Autodrom.

„Das mag ich nicht", protestiert Felix. „Du krachst immer in die anderen hinein, und ich krieg blaue Flecke!"

„Spinnst du?", schimpft Ina. „Zusammenkrachen ist doch erst der Witz beim Autodromfahren! Eines sag ich dir: Das war das letzte Mal, dass ich dich mitgenommen hab!"

Sehenswertes Wien

Felix kramt sechs Euro aus der Hosentasche. „Ich hab selber Geld! Kann alleine fahren", brummelt er.

„Nicht, solange ich auf dich aufpassen muss", entgegnet Ina. „He! Das da wird dir gefallen! Da saust man wild um die Kurven und ganz steil in die Tiefe. Ein irres Gefühl!" Schon steuert sie auf die Kassa zu.

„Nein!", ruft Felix. „Lieber nicht!"

„Angsthasen wie du bleiben am besten daheim", ärgert sich Ina. „Mit dir macht man was mit! Komm jetzt!"

An Schießbuden wandern sie vorbei, bleiben vor hohen Türmen stehen, an denen Menschen hochgezogen werden und an elastischen Bändern hängend in die Tiefe stürzen, bestaunen Geräte, auf denen Menschen, an den Sitzen festgeschnallt, durch die Luft geschleudert werden – auf und ab, rundherum, manchmal mit dem Kopf nach unten.

„Da wird mir garantiert schlecht", bemerkt Felix.

„Ich geb's auf", stöhnt Ina.

Endlich bleibt sie vor einem Ringelspiel stehen und meint: „Das hier ist genau richtig für dich."

Felix schüttelt entrüstet den Kopf. „Das ist doch was für Babys. – Jetzt weiß ich, was ich will!" Er läuft zur Geisterbahn. „Schau, der Knochenmann und der Teufel!", ruft er begeistert.

Ina weiß nicht so recht, was sie sagen soll.

„Und drinnen wird es richtig schön schaurig!", ruft Felix und stellt sich bei der Kassa an. „Ich lass dich sogar mitfahren – wenn du dich traust!"

Christine Rettl

Sehenswertes Wien

Schloss Schönbrunn

Eine Führung durch das Kindermuseum

„Im Schloss ist es mir zu langweilig!" Felix zieht ein Gesicht.

„Typisch mein kleiner Bruder!", ärgert sich Ina. „War noch nie drinnen und meckert."

Beim Eingang wartet schon eine Gruppe von Kindern. „Hallo, ich bin Christine! Herzlich willkommen im Schloss Schönbrunn!", begrüßt sie eine freundliche junge Frau. Im Kaiserhof zeigt sie ihnen, wie die berühmtesten Herrscher, die das Schloss bewohnten – Königin Maria Theresia, Kaiser Franz Joseph und seine Frau Elisabeth – als Kinder ausgesehen haben. Die Gruppe steht staunend vor dem Modell des Schlosses. An den Seiten lassen sich Schubladen öffnen und man kann in die Wohn- und Festräume im ersten Stock schauen. Über tausend Zimmer gibt es im Schloss Schönbrunn und seinen Nebengebäuden.

„Jedes der sechzehn Kinder von Maria Theresia hatte erst drei, später fünf Räume ganz für sich alleine", erklärt Christine.

„Die haben es aber gut gehabt", meint Felix.

Doch dann hört er, dass sie ihre Eltern nur selten sehen durften. Und als Christine erzählt, dass sie nie Gelegenheit hatten mit gleichaltrigen Kindern zu spielen, tun sie ihm sogar Leid.

Ina bewundert das kaiserliche Kinderzimmer mit den kostbaren Möbeln. In jedem Raum erfahren die jungen Schlossbesucher etwas mehr vom Leben der kaiserlichen Familie.

„Körperpflege war im 18. Jahrhundert noch Nebensache, auch bei Hof", erzählt Christine. „Gebadet wurde nur einmal im Monat. Gegen unangenehme Gerüche hat man sich damals lieber in Duftwolken gehüllt."

Die Kinder können am kaiserlichen Spiegeltisch an einigen Duftessenzen schnuppern.

„Einmal am Tag wusch man sich Gesicht und Hände, und fürs Zähneputzen war der Zahnarzt zuständig. Der kam zweimal in der Woche", erzählt Christine. „Für die Perücken, die damals Mode waren, brauchte man echtes Haar. Haarsammler kauften deshalb den Frauen in den Dörfern die Haare ab. Daraus wurden kunstvolle Perücken hergestellt, die hat man mit Schweineschmalz oder Pomade eingefettet und dann weiß gepudert. Statt Haarspray verwendete man damals Zuckerwasser. Haarteile, Drahtgestelle oder Rosshaarkissen wurden in die Perücken eingebaut. Damit entstanden kunstvolle Haartürme. Marie Antoinette, eine Tochter von Maria Theresia, trug zu besonderen Anlässen sogar das Modell eines französischen Kriegsschiffes auf ihrem Kopf.

Die Mode war alles andere als bequem. Die Dame bei Hof trug ein Mieder, einen ovalen Reifrock und Unterröcke unter dem Kleid. Der Herr hatte eine

Sehenswertes Wien

Kniebundhose an, ein Hemd mit Spitzenkragen (Jabot) und eine Jacke, dazu gehörten der Degen und der schwarze Dreispitz, eine Kopfbedeckung, die er meistens unter den Arm klemmte, damit die Perücke nicht zerstört wurde. Die Damen bei Hof beherrschten die Fächersprache, in der sie ihren Kavalieren geheime Zeichen gaben."

Christine führt die Gruppe in einen Raum, in dem ein Globus aus dem 18. Jahrhundert steht, und sagt: „Die Kinder wurden damals wie kleine Erwachsene behandelt. Von morgens bis abends hatten sie einen strengen Stundenplan und das ganze Jahr über nie einen freien Tag. Sie lernten das Musizieren, das Tanzen und ein paar Fremdsprachen. Die Mädchen mussten handarbeiten, die Knaben bekamen eine militärische Ausbildung."

„Da haben wir's viel besser", meint Felix.

„Du vor allem", zischt ihm Ina ins Ohr. „Du kannst den ganzen langen Tag spielen!"

Im Speisezimmer dürfen die Kinder sogar die kaiserliche Tafel decken. Felix ist von einem großen Tisch begeistert. Er wurde im Keller von Dienern gedeckt und dann hochgekurbelt, wenn Maria Theresia mit ihren Gästen beim Speisen ungestört reden wollte. Wieder im Kaiserhof, am Ende der Führung, sagt Christine: „Wer Lust hat, kann jetzt kaiserliche Kleidungsstücke anprobieren und sich damit fotografieren lassen." Das lässt sich Ina nicht zweimal sagen. Am Ende sieht sie wie eine echte Erzherzogin aus. Felix probiert eine Perücke, aber fotografiert werden will er damit nicht.

„Na, war dir wirklich so langweilig im Schloss?", fragt Ina auf dem Nachhauseweg.

„Kein bisschen", sagt Felix und lacht.

Christine Rettl

Die unheimliche Totenmesse in St. Stephan

Die Chronik berichtet von einer unheimlichen Totenmesse im Stephansdom im Jahr 1363:

Der Pfarrer von St. Stephan saß in der Silvesternacht noch lange auf, um an seiner Neujahrspredigt zu schreiben. Da hörte er plötzlich ein Raunen und Gemurmel, als kämen irgendwo viele Leute zusammen, und dann Gesang, der wie ein Rauschen von Flügeln war, und ein leises Brausen wie gedämpftes Orgelspiel. Dem Pfarrer war, als käme die seltsame Musik vom Dom her, und er trat ans Fenster des Pfarrhauses und blickte hinüber.

Da war der Dom hell erleuchtet und die Musik klang nun so laut, als ziehe dort einer alle Register der Orgel.

„Was ist das?", dachte der Pfarrer. Er warf einen Umhang über, denn es war kalt draußen, nahm den Schlüssel vom Kirchentor und eilte über den Friedhof auf den Dom zu. Da war ihm plötzlich, als griffen Hände nach ihm. Er blieb stehen und schaute sich um, aber die Toten lagen still in ihren Gräbern.

Als der Pfarrer dann vor das Tor kam und es aufsperren wollte, standen die Torflügel weit offen. Der Schein unzähliger Kerzen fiel ihm entgegen. Die Kirche war voller Menschen, und vorne am Altar stand ein weißhaariger Priester mit dem Rücken zur Gemeinde und betete.

Der Pfarrer von St. Stephan trat leise ein. Es war nun ganz still, die Orgel und die Menschen schwiegen wie Tote. Der Pfarrer erkannte den und jenen aus seiner Gemeinde, und wie er so suchend umherblickte, erkannte er nach und nach, dass fast alle ihm anvertrauten Seelen hier versammelt waren. Er wollte sie fragen, was sie denn hier täten zu dieser Stunde, denn es war die Stunde zwischen zwölf Uhr Mitternacht und ein Uhr morgens. Aber noch ehe er den Mund auftun konnte, wandten sich ihm alle Gesichter zu und blickten ihn an, als wäre er, ihr Pfarrer, ein Störenfried, und dazu legten sie den Finger auf die Lippen. Gleich darauf blickten sie wieder alle nach dem greisen Priester am Altar, der ihnen bisher den Rücken gekehrt hatte, und der wandte sich um. Sein Blick traf den Pfarrer von St. Stephan, und dieser erkannte plötzlich, dass er selber es war, der vorne am Altar stand und die Messe mitternächtlich zelebrierte.

Im nächsten Augenblick schlug die Glocke eins.

Da war die Kirche leer und die Kerzen waren tot, als hätte einer mit einem riesigen Kerzenhütchen alle auf einmal ausgelöscht.

Da ging der Pfarrer nach draußen und sperrte die Kirche ab. Als er nun langsam über den Friedhof schritt, war der Mond schwarz verhangen und es war auch kein Stern zu sehen. Das einzige Licht weit und breit schimmerte vom Stübchen des Pfarrhofs herüber, in dem der Pfarrer noch kurz zuvor an seiner Predigt geschrieben hatte.

Der Pfarrer ging ins Pfarrhaus zurück, setzt sich an den Tisch und wollte die Predigt zu Ende bringen, aber er wusste nicht, wie. Da stand er auf und holte die Chronik und schrieb darein, dass er sich selbst zur Gespensterstunde eine Messe vor seiner Gemeinde hatte lesen sehen. Dazu schrieb er alle Namen der Personen, die er in dieser Messe erkannt hatte, und das waren sehr viele.

Das Jahr nach dieser seltsamen Begebenheit im Stephansdom zu Wien war das Jahr 1364, und es war ein Pestjahr. Und es starben alle, die der Pfarrer im Dom gesehen und in seiner Chronik verzeichnet hatte, und auch er selber.

Friedl Hofbauer

Sagenhaftes Wien

Ballade vom Lieben Augustin

War einst ein Spielmann im heutigen Wien,
Augustin hieß er, und wo er erschien,
lachten die Leute und freuten sich sehr.
War doch kein andrer so lustig wie er.

Saß er im Wirtshaus beim funkelnden Wein,
trank er so lang, bis kein Heller mehr sein.
Siehe, dann sang er mit fröhlichem Sinn:
O du lieber Augustin, alles ist hin!

Kommt doch für jeden die Zeit auf der Welt,
dass ihm sein Glück auf ein Häuflein zerfällt.
Wohl ihm, vermag er mit Trostes Gewinn
fröhlich zu singen dann: Alles ist hin!

Einst schlich Frau Pest sich nach Wien in die Stadt,
Tausende fraß sie und fraß sich nicht satt.
Bald gab's kein Haus, wo der Tod nicht erschien.
Schreckenerstarrt lag das lustige Wien.

Einer nur war, der den Mut nicht verlor.
Dudelsackpfeifend und keck wie zuvor
blieb nur Freund Augustin, immer bereit,
lustig zu sein in der schrecklichen Zeit.

Einmal geschah's, und es war in der Nacht,
Augustin gab auf dem Heimweg nicht Acht,
war ganz beseligt von Mondschein und Wein,
fiel in ein Pestloch – mitten hinein.

Tote auf Tote dort lagen zu Hauf,
Augustin purzelte mitten darauf.
Aber er sagte: „Was schert mich die Pest?"
Schlief dann so fest wie die Ratten im Nest.

Tote auf Tote noch warf man zu Hauf,
plumps auf den schlafenden Spielmann hinauf.
Aber als Augustin morgens erwacht,
sprach er: „Ich schlief eine köstliche Nacht!"

Als man dann nahte mit Grabesgesang,
scholl aus der Grube ein Dudelsackklang.
„Jesus, Maria, wer ist denn da drin?"
„Augustin", schrie er, „und alles ist hin!"

Solcherlei Fröhlichkeit wirkte mit Macht,
dass selbst zwei Tote noch lachend erwacht.
Lachend ergriff man ein rettendes Seil,
zog aus dem Pestloch sie munter und heil.

Als nun Frau Pest von der Sache erfuhr,
sprach sie zum Tod: „Das ist Wiener Hamur!
Solcher ‚Hamur' ist mir grässlich verhasst,
komm, lass uns anderswo weilen als Gast."

Fluchend verließen sie die lachende Stadt,
hungrige Pest wird vom Lachen nicht satt.
Funkelnder Wein und der rechte Humor
treibt selbst die Pest und den Tod aus dem Tor.

Franz Karl Ginzkey

Sagenhaftes Wien

Der Basilisk im Brunnen

von Reinhard Wegerth
und Franz Hoffmann

Sagenhaftes Wien

*Das Haus des Bäckermeisters Garhibl
in der Schönlaterngasse 7
bekam den Namen „Basiliskenhaus".
So heißt es auch heute noch.
Es ist eine Sehenswürdigkeit
von Wien geworden.
Und auch das Bildnis des Basilisken,
das man als Hauszeichen dort
angebracht hat, ist immer noch zu sehen.*

Damals in Wien

Reiten für Rom

Ucco sprang vom Pferd, band die Stute an einem Weidengestrüpp fest und ging zum Flussufer. Hier verlief einer der Donauarme, es war eine gute Stelle zum Schwimmen, Fischen und Pferdewaschen, seicht und klar. Ucco kauerte sich nieder, schlang seine Arme um die Knie und starrte in das träge vorbeifließende Wasser. Die Sonne schien warm, vom Westen wehte eine leichte Brise. Eigentlich ideales Badewetter, aber Ucco war nicht danach. Er dachte an seinen Vater Draccus und spürte einen Klumpen im Hals.

Wann war er das letzte Mal mit seinem Vater gemeinsam zum Schwimmen hierher gekommen? Als Reiter der römischen Truppe musste sich Draccus genau an seinen Dienstplan halten, wenn er sich mit seiner Familie treffen wollte. Die Soldaten hatten ihr Quartier im mit Wällen befestigten Lager, während ihre Familien in der Siedlung neben dem Lager wohnten.

Ucco zählte seine Finger und rechnete nach. Vor sieben Tagen erst war der Vater mit seinen Kameraden von einem Aufklärungsritt jenseits der Donau zurückgekommen. Das Wetter war schlecht gewesen, es regnete in Strömen. „Keine besonderen Vorkommnisse", hatte Draccus berichtet, als er wieder mit der Familie beisammensaß. Ucco erinnerte sich genau an diesen Abend: Obwohl im Herd ein Feuer brannte, fröstelte den Vater. Mit seinen 45 Jahren war er nicht mehr jung, feuchtes Wetter machte ihm zu schaffen. Er wickelte sich enger in den schweren Wollmantel. „Die Stämme am anderen Ufer halten still. Keine Gefahr für Lager und Siedlung."

Die Mutter nickte nur und setzte ihm die kleine Vala auf den Schoß. „Sie soll was haben von ihrem tapferen Vater, der die Grenzen des Reiches bewacht und dafür sorgt, dass der Kaiser in Rom beruhigt schlafen kann!"

Draccus lachte bei solchen Gelegenheiten, er spielte gern mit seinen Kindern. Mit der Familie sprach er Keltisch; im Dienst verwendete er Latein, wenn auch ein wenig holprig.

„Du wirst es einmal leichter haben als ich", sagte der Vater zu Ucco. „Jeder in der Truppe kennt dich, du sprichst gutes Latein und lässt dich beim Feilschen auf dem Markt nicht übers Ohr hauen! Und für deine kriegerische Ausbildung sorge ich!"

Bei einem pensionierten Unteroffizier lernte Ucco Schreiben und Rechnen. Sein Vater Draccus brachte ihm Reiten, Schwimmen, Bogenschießen, Fechten und Lanzenwerfen bei. Natürlich half Ucco auch seiner Mutter beim Wasserholen vom Flussufer, beim Ziegenmelken oder beim Jäten im Gemüsegarten hinter dem niedrigen strohgedeckten Fachwerkhaus.

Das Militärlager Vindobona (Wien) wurde einige Jahre nach Christi Geburt am südlichen Donauufer in der römischen Provinz Pannonien errichtet. Es sollte das römische Reich gegen die Germanen schützen. Unter dem römischen Kaiser Domitian wurde in der zweiten Hälfte des 1. Jahrhunderts auch eine Reitertruppe, die „Ala I Flavia Domitiana Britannica", nach Vindobona verlegt. In ihr dienten Soldaten aus verschiedenen Provinzen wie z. B. Gallien, dem heutigen Frankreich. Die Ala nahm an den Kriegen gegen die thrakischen Daker an der unteren Donau im heutigen Rumänien teil und wurde wegen Tapferkeit im Kampf mehrfach ausgezeichnet.

Aber die Übung mit den Waffen, die Ausbesserungsarbeiten an Sattel und Zaumzeug und die Pflege der Stute gefielen ihm bei weitem besser. Auch wenn er sich diese Pflichten mit Tudrus teilte, dem Pferdeburschen seines Vaters.

Der Vater klopfte Ucco anerkennend auf die Schulter. „Auch du wirst einmal in unserer Reitertruppe kämpfen. In ein paar Jahren bist du dabei! Es ist ein guter, ehrlicher Beruf, in dem man viel erreichen kann. Sogar das römische Bürgerrecht!"

Draccus war erst ziemlich spät, mit 23 Jahren, in den römischen Dienst getreten. Wie viele keltische Krieger hatte er sich für die Reitertruppe der römischen Armee anwerben lassen. Die Reiterei, der Draccus angehörte, schlug sich so tapfer, dass der Kaiser der ganzen Truppe das Bürgerrecht verlieh, eine hohe Auszeichnung für Nicht-Römer. Stolz trug Draccus seit damals den Torques, den goldenen Halsreif, der jedem Reiter als Belohnung für seine Tapferkeit verliehen worden war. Oh ja, Ucco durfte stolz auf seinen Vater sein. Doch jetzt …

Ucco schluchzte auf und verbarg sein Gesicht in den Händen. Keine zwei Tage, nachdem Draccus von seinem letzten Ausritt zurückgekehrt war, brach das Fieber aus. Der Militärarzt versuchte sein Möglichstes; die Mutter durfte Draccus im Lagerspital besuchen und flößte ihm Kräutertees und kräftigende Suppen ein. Aber es halfen nicht einmal Opfer an die Pferdegöttin Epona, die Draccus seit jeher als seine Schutzherrin anrief. Am letzten Abend hatte der Vater Blut gebrochen und war zu schwach gewesen, um aufzustehen und sich zum Wasserlassen zu den Latrinen[1] zu schleppen. „Er überlebt die Nacht nicht", hatte der Arzt zur Mutter gesagt.

Ucco hatte das Warten nicht mehr ausgehalten. Er war ohne um Erlaubnis zu fragen in die Ställe des Lagers geschlichen, hatte die Stute gesattelt und war an den Fluss geritten. Er wollte allein sein. Er wollte nicht wissen, ob sein Vater schon tot war. Ein heftiger Krampf schüttelte ihn, er biss sich in die Zunge und wimmerte wie ein kleines Kind.

Irgendwann bemerkte er, dass er nicht mehr allein war. Jemand saß still neben ihm, er spürte eine warme Hand auf seinen Schultern. „Ist ja gut", sagte eine raue Stimme, „ist ja gut –"

Ucco wischte sich mit dem Handrücken die Tränen ab und erkannte Verecundus, den alten Freund des Vaters. „Ist – lebt –", flüsterte er, und eine jähe Hoffnung schoss in ihm hoch.

Archäologische Ausgrabungen am Michaelerplatz: Reste der römischen Lagervorstadt

[1] öffentliche Toiletten mit fließendem Wasser

Damals in Wien

Römischer Legionär

Verecundus schüttelte den Kopf. „Tut mir Leid, Junge", brummte er und drückte Ucco an sich. „Tut mir Leid. Dein Vater ist heute Morgen gestorben, die Herrin Epona hat ihn zu sich gerufen."

Ucco brach erneut in Tränen aus. Verecundus hielt ihn, bis er sich wieder gefangen hatte, und sagte betont sachlich: „Draccus hat noch Zeit gehabt, sein Testament zu machen. Du bekommst die Stute mit Sattel und Zaumzeug und alle Waffen, deine Mutter und Vala das Geld, das dein Vater für den Notfall gespart hat. Um den Grabstein braucht ihr euch keine Sorgen zu machen, die Kosten dafür übernimmt die Sterbekassa unserer Truppe. Ich habe schon einen schönen Stein in Auftrag gegeben: das Porträt deines Vaters, die Stute mit Pferdebursch, Schild und Lanzen. Und alles bunt bemalt, wie lebendig."

Ucco schluckte, aber er konnte nicht sprechen. Also nickte er nur.

„Tudrus wird freigelassen, er bleibt aber bei deiner Mutter und Vala …"

„… zumindest bis Ucco selber Reiter in der Truppe meines Herrn ist", tönte es energisch hinter Uccos Rücken. Ucco schaute sich verwundert um. Tudrus stand neben der Stute und streichelte ihren Hals. „Dann kann er sich ja überlegen, ob er einen neuen Burschen braucht oder doch mit mir altem Esel vorlieb nimmt!"

Ucco musste grinsen. „Da musst du aber noch fast fünf Jahre warten", murmelte er. „Sie nehmen mich erst ab 16."

„Bis dahin werde ich gut auf dich und deine Familie schauen", erklärte Verecundus mit fester Stimme. „Und auch dein Waffentraining geht weiter! Das habe ich deinem Vater versprochen. Du wirst Draccus alle Ehre machen, das weiß ich!"

Eva Maria Teja Mayer

Relief auf der Trajansäule in Rom: Übergang über die Donau

Der Erzschelm

Es war kalt in der Burg zu Wien, Schnee lag in den Höfen, und von den Wasserspeiern und Mauervorsprüngen hingen Eiszapfen. Eisiger Wind pfiff durch die Ritzen der Fenster, das prasselnde Feuer im Kamin der herzoglichen Kanzlei konnte den Raum kaum erwärmen. Die Notare und Schreibkräfte hüllten sich enger in ihre Mäntel. Auch Kanzler Johann Ribi von Lensburg fröstelte – trotz seiner warmen Kleidung.

Nur dem Herzog schien die Kälte nichts auszumachen. Rudolf warf seinen pelzgefütterten Umhang sorglos über einen Stuhl, fuhr sich mit den Händen durch die offenen, schulterlangen Haare und blickte erwartungsvoll um sich.

„Nun", fragte er unternehmungslustig, „seid ihr fertig mit der Schreiberei? Wie steht es mit unseren kaiserlichen Urkunden?"

Ein weißhaariger Notar wies auf fünf Pergamente auf einem Pult. „Es ist alles fertig, Herr", murmelte er und verneigte sich. „Wir haben uns große Mühe gegeben, mit der alten Schrift, beim Nachmachen der Siegel, mit allem –"

Rudolf trat an das Pult und beugte sich über die Schriftstücke. Er war gebildet, verstand etwas Latein und hatte sich sogar eine eigene Geheimschrift ausgedacht, auf die er sehr stolz war. Mit knapp 19 Jahren hatte er die Herrschaft angetreten, und nun wollte er seine ehrgeizigen Pläne für Österreich verwirklichen. Doch in dieser heiklen Angelegenheit hatte er sich von seinem Kanzler beraten lassen. Um alte kaiserliche Urkunden zu fälschen, die den österreichischen Ländern Sonderrechte und größere Unabhängigkeit gegenüber dem Reich und den anderen Fürsten zusicherten, dazu bedurfte es gewisser Erfahrung mit Dokumenten ...

Rudolf winkte seinen Kanzler zu sich. „Was sagst du dazu?", fragte er und kraulte sich den Bart. „Glaubst du, es geht durch?"

Nicht auszudenken, wenn die Notare in der Kanzlei des Kaisers zu Prag den Betrug bemerkten! Seine Frau Katharina würde sich schämen.

So sehr Rudolf seine Frau auch schätzte, mit seinem kaiserlichen Schwiegervater hatte er seine Probleme – besonders seit Karl IV. die Habsburger Herzöge bei der Neuregelung der Königswahl übergangen hatte! Zur großen Enttäuschung Rudolfs und seiner Brüder wurde ihrer Familie der Rang eines der sieben Kurfürsten verweigert, die bei jeder neuen Königswahl stimmberechtigt waren. Diese Zurücksetzung konnte ein so mächtiger Herzog wie Rudolf nicht unwidersprochen hinnehmen! Man musste sich also etwas einfallen lassen, um Österreichs Stellung zu verbessern ...

Der Habsburger Herzog Rudolf IV. (geboren 1339 in Wien – gestorben 1365 in Mailand) wurde „der Stifter" genannt. Er ließ den Stephansdom im gotischen Stil erweitern und gründete die Wiener Universität. Verheiratet war er mit Katharina, der Tochter Kaiser Karls IV. Rudolf herrschte tatkräftig und erfolgreich über die österreichischen Länder, die bei seinem Tod große Teile des heutigen Nieder- und Oberösterreich, Kärnten, Krain, Steiermark, Tirol (mit Südtirol) und Gebiete in der Schweiz umfassten. Um seine ehrgeizigen Ziele für seine Familie und für Österreich zu erreichen, bediente er sich nicht immer „sauberer" Mittel ...

Damals in Wien

Rudolf IV.

„Na, was meinst du?", fragt Rudolf den Kanzler noch einmal.

Johann Ribi studierte die Schriftstücke sorgfältig. „In den Freiheitsbriefen wird alles erwähnt, was wichtig ist", beruhigte er den Herzog. „Die Länder dürfen nicht geteilt werden, Steuerfreiheit, der Titel ‚Erzherzog', und das Recht, eine Zinkenkrone zu tragen wie ein König, werden ausdrücklich bestätigt. – Wir berufen uns auf die römischen Herrscher Julius Cäsar und Nero, das wird die kaiserlichen Schreiber in Prag beeindrucken, denke ich."

„Gott gebe es", murmelte der alte Notar, doch der Herzog schien es nicht zu hören.

„Gut!", rief er zufrieden und warf seinen Kanzleibeamten einen Beutel Goldmünzen zu. „Erstklassige Arbeit! – Sende noch heute Boten nach Prag", befahl er dem Kanzler. „Ich lasse den Kaiser bitten, diese Urkunden zu bestätigen!"

Rudolf wartete ungeduldig auf die Antwort seines Schwiegervaters. Doch der Kaiser ließ sich Zeit.

„Versuch doch, ihn zu verstehen", bat Katharina, als sie mit ihrem Mann die Baupläne für den Neubau von St. Stephan durchsah. „Er hat so viel zu tun, und immer, wenn ihr zwei zusammenkracht, darf ich dann wieder Frieden stiften –" Sie seufzte und trat zum offenen Fenster. Die Sonne schien wieder warm, der sanfte Frühlingswind bauschte ihren fein gewebten Schleier.

„Du bist eine wundervolle Friedensstifterin", lobte Rudolf seine Frau. „Und nicht nur das: Ich möchte, dass auch du die Urkunde für die Erweiterung von St. Stephan unterschreibst! Der Neubau ist doch unser gemeinsames Werk – eine große Halle mit vielen Kapellen und zwei schönen Türmen, die man von weitem sieht! Unsere Stephanskirche soll sich vor dem Veitsdom in Prag nicht verstecken müssen! Außerdem soll in St. Stephan einmal unser Grab sein –"

Katharina nickte. „Es ist gut zu wissen, dass dort immer Messen gelesen werden für uns."

Rudolf wollte ihr eine Bauskizze zeigen, da wurde die Ankunft von Boten aus Prag gemeldet.

„Endlich! – Nun, was bringt ihr uns für Neuigkeiten?", rief Rudolf.

Die Boten richteten Grüße des Kaisers aus, dann schwiegen sie verlegen.

„Heraus mit der Sprache!", forderte Rudolf. „Werden die Urkunden anerkannt?"

Damals in Wien

„Nein, Herr", flüsterten die Boten und sahen zu Boden. „Der Kaiser soll ziemlich misstrauisch gewesen sein. Er hat sich an Francesco Petrarca um Hilfe gewandt –"

Rudolf fluchte leise. Auch Katharina rang nach Atem. Ausgerechnet Petrarca! Klar, dass dieser berühmte Dichter und Gelehrte aus Italien den Schwindel durchschauen würde! Warum nur musste der Kaiser ausgerechnet mit Petrarca so gut befreundet sein?! Was für ein Pech!

„Habt keine Furcht", wandte Katharina sich freundlich an die Boten. Sie war neben Rudolf getreten und legte ihm sanft ihre Hand auf den Arm. „Berichtet uns, was Petrarca gesagt hat."

„Herrin, das waren seine Worte: ‚Der, der dies gemacht hat, ist ein Erzschelm, und der, der es glaubt, ein Esel!'"

„Erzschelm?!" Rudolf stieg das Blut in den Kopf. „Was bildet sich dieser Italiener eigentlich ein?!"

„Ich fürchte, du musst dich mit dem Herzogshut zufrieden geben," flüsterte Katharina. „Besser als ernsthafter Streit."

„Kommt nicht in Frage", donnerte Rudolf, und die Boten zogen ängstlich die Köpfe ein. „Ich gebe nicht klein bei!", sagte er zu seiner Frau. „Auf allen Bildern und Statuen zu St. Stephan werde ich die Zinkenkrone tragen, und du auch! Und außerdem werde ich in Wien eine deutschsprachige Universität gründen. Ich sehe nicht ein, warum in Prag die einzige stehen soll! Ich werde dem Kaiser zeigen, dass er mich nicht wie einen kleinen Dienstmann behandeln kann!"

Er reckte trotzig das Kinn. „An diesem Kirchentor hier" – er zeigte auf eine Zeichnung – „werden wir beide mit unseren Schildträgern abgebildet sein. Und wir werden die Zinkenkrone tragen, wie es uns gebührt!"

Eva Maria Teja Mayer

Damals in Wien

Der goldene Apfel

Kara Mustafa

Friede dem, der gehorcht! So droht der türkische Großwesir Kara Mustafa den Wienern am 14. Juli 1683. Nur wenige Tage zuvor hat Kara Mustafa Bruck an der Leitha, Hainburg und Perchtoldsdorf erobert und dort Männer, Frauen und Kinder hingemetzelt. Nun schließt er Wien mit 180 000 Soldaten ein. Kara Mustafa, der zweitmächtigste Mann der Türkei nach dem Sultan, möchte die Stadt unbeschädigt erobern. Denn dann gehört der Reichtum des „Goldenen Apfels", wie die Türken Wien nennen, ihm. Die Wiener aber lassen sich nicht einschüchtern, obwohl ihr Kaiser Leopold I. nach Linz geflohen ist. Sie verteidigen die Stadt mit 17 000 Mann. Der Kampf dauert bis zum 12. September. Bis dahin erkunden immer wieder Kinder das Lager der Türken. Denn die Soldaten sind prächtig und bunt gekleidet. Kara Mustafa hortet in seinen Prunkzelten kostbare Schätze. Sogar seine Frauen hat der Großwesir mitgebracht. Für die Wiener Kinder sind die Ausflüge ins Lager der Türken gefährlich. Wenn sie gesund nach Wien zurückkommen, halten die Soldaten der Stadt sie für Spione. Spione werden streng bestraft. Am 20. August kann Oberbefehlshaber Ernst Rüdiger Graf von Starhemberg nur knapp die Hinrichtung eines 10-Jährigen verhindern.

Inzwischen versucht Kaiser Leopold I. von Linz aus fieberhaft, eine Armee gegen die Türken zusammenzustellen. Er steht in dauernder Verbindung mit seiner Hauptstadt. Mutige Männer wie Georg Franz Kolschitzky, nach dem heute die Kolschitzkygasse im 4. Wiener Bezirk benannt ist, schleichen sich an den türkischen Solaten vorbei und überbringen Botschaften an den Kaiser. Im September besiegen 75 000 Soldaten unter dem polnischen König Jan Sobieski und dem österreichischen Herzog Karl von Lothringen die Türken vor Wien.

Kara Mustafa flieht und lässt all seine Schätze vor den Mauern Wiens zurück. Du kannst sie im Heeresgeschichtlichen Museum in Wien besichtigen. Neben Waffen, Zelten und kostbaren Beutestücken lassen die Türken auch ein Getränk in Wien zurück: den Kaffee.

Heute ist Wien für seine Kaffeehäuser in aller Welt berühmt. Aber damals war das schwarzbraune, bittere Getränk eine Sensation. Das erste Wiener Kaffeehaus wird in der heutigen Rotenturmstraße, Haus Nummer 14, eröffnet. Es ist ein kleines, nur mit Holzbänken eingerichtetes Zimmer. Kaiser Leopold I. gestattet ihm am 17. Jänner 1665 den Ausschank des „türkischen Getränks Chava".

Traude Kogoj/Konrad Mitschka

Hier findest du das Rezept für „Türkischen Kuchen":

Gib 3 Esslöffel geschmolzene Butter, 3 Dotter und 3 Esslöffel Milch in eine Schüssel und schütte so lange Mehl dazu, bis die Mischung ein leicht knetbarer Teig wird. Den rollst du so aus, dass er 5 mm dick ist. Danach schneidest du ihn in die Hälfte. Auf die eine Hälfte gibst du ein Viertel Kilo geriebene Haselnüsse, eine halbe geriebene Stange Vanille und so viel Honig, wie du willst. Mit der zweiten Hälfte bedeckst du deinen Kuchen. Und dann heißt's: Ab ins 200-Grad-Backrohr, bis dein türkischer Kuchen knusprig ist.

Damals in Wien

Das Menuett

Mittwoch, der 6. Oktober 1762, in Wien beim Schanzl, der Zollstation am Rotenturmtor: Kein schöner Herbsttag, ein Tag zum Vergessen – windig, regnerisch. In der Nacht hatte es geschneit, der Schnee lag noch auf den Dächern. Das Gras auf der Bastei, vom Raureif zu schwarzen Büscheln verbrannt, knisterte unter jedem Schritt. Von der Donau wehte es kühl.

Der Mautner rieb seine kalten Hände. Er hätte Handschuhe anziehen können, aber die störten ihn beim Schreiben und Geldzählen. Um drei Uhr legte das Postschiff an, dann kam der nächste Ansturm von Menschen und Gepäck.

Der Mautner hatte einen guten Blick für die Leute, das brachte sein Beruf mit sich. Er wusste gleich, wer Ausländer und wer Inländer war, noch bevor der seinen Mund auftat. Diese Familie dort zum Beispiel – Vater, Mutter, zwei Kinder – waren Ausländer, aus dem Salzburgischen, nach der Tracht der Frau zu schließen, Bürgersleute, ein bisschen unsicher im Gewühl, ein bisschen ängstlich – der Bub nicht, aber die Eltern und das Mädchen; und diese Ängstlichkeit wunderte den Mautner nicht: Bei diesem Gepäck! Was wollten die alles einführen? So viele Koffer, Körbe, eine Truhe, gar ein Klavier – der Mautner riss die Augen auf. „Ein Klavier ohne Haxen!" Er freute sich auf eine ausführlichere Amtshandlung an diesem langweiligen, verregneten Tag.

„Ein Klavier? Wollen Sie das in Wien verkaufen?"

Ehe der Vater antworten konnte, rief der Bub: „Nein! Das brauchen wir zum Üben!" Der Mautner sah den Buben an. Er war sehr zart, blond, blauäugig. Die Nase war verhältnismäßig groß, ein Ohr etwas verkrüppelt – es war zwar unter den Locken versteckt, aber nicht gut genug für den Blick eines Mautners! Schön waren die Augen – lebhaft und fröhlich. Das ganze Gesicht war lebhaft und strahlte – es gefiel dem Mautner.

„So, so, zum Üben –", brummte er. Der Kleine war bestimmt nicht älter als sechs Jahre!

„Wir geben Konzerte", sagte er, „wir sind Musiker!"

Der Mautner lachte. „Dein Herr Papa vielleicht – aber du?"

Wieder wollte der Vater antworten, aber der Bub kam ihm zuvor. „Wollen Sie was hören? Ich spiel Ihnen vor." Schnell öffnete er die Truhe und holte eine Kindergeige hervor. „Haben Sie Lust auf ein Menuett? Ich hab's für Klavier komponiert, aber mit der Geige klingt's auch ganz gut –." Er fing zu spielen an, unbekümmert um das Gedränge und Geschiebe rundherum. Es war eine heitere kleine Melodie, die zum Tanzen verlockte, und einmal waren zwei Achteltöne schwungvoll in eine Triole verwandelt – der Mautner traute seinen Ohren und Augen nicht. „Das war ja wirklich ein Menuett."

„In F-Dur", sagte der Bub.

„Ein Wunderkind!", rief der Mautner.

Der Vater nickte. „Ein Wunder Gottes – beide Kinder. Auch unsere Nannerl spielt Klavier wie eine Große. Die Kinder werden in Wien Konzerte geben."

„Auch bei Hof", sagte der Bub. „Das wünsch ich mir besonders!"

Der Mautner vergaß den Wind und den Regen und die Mautgebühr.

„Wie heißt du, Kleiner?"

„Wolfgang Amadé Mozart."

„Den Namen muss ich mir merken! – Wo wird die Familie Mozart denn absteigen?"

„Im Ditscher-Haus am Tiefen Graben."

Der Mautner schrieb sich die Adresse auf. „Wenn Sie erlauben, dass ich Sie einmal besuch?"

Damals in Wien

„Gern", sagte der Vater.

„Kommen S' bestimmt!", rief der Bub.

Mutter und Tochter schwiegen, das Mädchen hatte vor Verlegenheit ein rotes Gesicht. Der Mautner sah ihnen nach, wie sie mit ihrem Gepäck weiterzogen. Erleichtert bemerkte er, dass ein Bedienter ihnen mit einem Handwagen entgegenkam. Man erwartete sie also! Sie luden die Koffer, Körbe und das Reiseklavier auf den Wagen und verschwanden im Verkehrsgewühl.

„Diesen Tag werd ich mein Lebtag nicht vergessen", dachte der Mautner. Er pfiff die Melodie des Menuetts vor sich hin, sie war gut zu merken.

Einige Tage später ging der Mautner in den Tiefen Graben und suchte das Ditscher-Haus. Es war ein einfacher, nicht besonders gemütlicher Gasthof. Der Mautner fragte nach der Familie Mozart.

„Da haben Sie Pech!", sagte die Wirtin. „Sind gerade wieder abgeholt worden zu einem Konzert. Gestern waren sie sogar in Schönbrunn! Haben der kaiserlichen Familie vorgespielt!"

„Na alsdann", sagte der Mautner. „Da hat er's geschafft, der Bub!"

Lene Mayer-Skumanz

Die Walzerkönige

Das Publikum ist schwer enttäuscht: Da geht man um teures Geld in eine Erstaufführung des berühmten Walzerkönigs – und dann das! Dieser Walzer, zu dem der Chor alberne Texte übers Geld singt, ist wirklich unmöglich. Selten noch hat sich ein Publikum so getäuscht wie dieses im Jahr 1867. Denn heute ist der damals gespielte Walzer so etwas wie die zweite österreichische Hymne. Freilich mit anderem Text und Titel: „An der schönen blauen Donau" von Johann Strauß. Schon sein Vater – der übrigens auch Johann Strauß heißt – hat Großartiges für die Musik geleistet. Seit 1820 versüßt er das Leben der Wiener mit seinen Walzermelodien. Überall wird getanzt, entweder bei Bällen zu Hause oder in den Cafés. Discos gibt es zu dieser Zeit noch nicht, aber Tanzpaläste. Der größte, das Odeon in Wien, fasst 10 000 Besucher. Berühmt wird aber zuerst das Café Sperl. Denn dort spielt Vater Johann Strauß mit seinen Musikern seine wundervollen Melodien – zum Beispiel den Radetzkymarsch. Diesen schreibt Vater Strauß zu Ehren des österreichischen Generals Johann von Radetzky, der 1813 Napoleon bei Leipzig besiegt hat.

Dass auch sein Sohn Musiker wird, das will Vater Strauß nicht. Zum Glück für uns setzt sich der Sohn durch und gibt am 15. Oktober 1844 im Café Dommayer sein erstes Konzert.

„Triumph für Wien", heißt es darauf in den Zeitungen: „Nun haben wir gleich zwei Walzerkönige!"

Leider nur für kurze Zeit. Vater Strauß erkrankt knapp nach einer Tournee durch England schwer. Er stirbt am 25. September 1849 in Wien an Scharlach.

Johann Strauß Sohn sind die Auslandstouren besser bekommen. Er feiert in ganz Europa und Amerika rauschende Erfolge. Egal, ob mit seinen Walzern „Wiener Blut" und „Kaiserwalzer" oder seinen Operetten „Fledermaus" und „Zigeunerbaron".

1876 dirigiert er in Boston 20 000 Sänger vor über 100 000 Zuschauern. Der Beginn dieses Konzerts ist ungewöhnlich: Erst als eine Kanone zu schießen beginnt, legen die Musiker los. Die Besucher hier wollen aber mehr als nur Musik hören. Sie reißen sich um die schwarze Lockenpracht des Wiener Walzerkönigs. Was tun? Johann Strauß kann ja nicht jede Locke herschenken! Also engagiert er einen jungen Insulaner. Und verteilt kurzerhand dessen Locken als die eigenen. Beliebt und berühmt stirbt Wiens großer Walzerkönig schließlich 1899.

Traude Kogoj/Konrad Mitschka

Rund um Wien

Kapitän auf der Admiral Tegetthoff

„Admiral Tegetthoff schleusungsbereit!", meldet der Kapitän. Ina und Felix sind aufgeregt.

Sie fahren mit ihren Eltern zum ersten Mal nach Dürnstein. Ganz vorne an Deck des schmucken Schiffes schauen sie zu, wie das Wasser in der Staustufe Greifenstein höher und höher steigt.

„Schau, Felix, zwei Kapitäne!" Ina wundert sich.

„Hallo, ihr beiden! Mein Name ist Raimund König, ich bin der 1. Kapitän", stellt er sich vor. „Mein Kollege hier ist 2. Kapitän, heute arbeitet er auch als Zahlmeister. Seit dem Jahr 1966 bin ich schon auf der Donau unterwegs, damals mit einem Frachtschiff, später mit einem Personenschiff."

„Sie haben bestimmt schon ganz viel erlebt", meint Ina.

Kapitän König erinnert sich: „Einmal, als wir vom Schwarzen Meer kamen, flog uns eine verletzte Taube zu. Sie wurde von der Mannschaft gesund gepflegt. Den Winter verbrachte sie bei uns auf dem Schiff – als Maskottchen. Als es wärmer wurde, ließen wir sie wieder frei."

„Wie alt ist die Admiral Tegetthoff eigentlich?", erkundigt sich Ina.

„Im Jahr 1987 kam sie aus der Schiffswerft in Linz. Sie ist ganze 63 m lang und 10 m breit", erklärt Kapitän König voller Stolz.

„Und wie viel wiegt sie?", fragt Ina.

„Pass auf! Für euch Kinder haben wir sogar Verse gedichtet – zum besseren Verständnis." Kapitän König lacht freundlich und antwortet: „500 t, das ist sehr schwer, nimm nur 100 Elefanten her."

„Und wie viele Leute haben darauf Platz?", will Felix wissen.

„600 Passagiere kann sie fassen, ihr müsstet bei dieser Menge 12 Autobusse fahren lassen", erklärt Kapitän König.

„So viele Leute!", staunen die Kinder.

Endlich öffnen sich die Schleusen wieder. Die Admiral Tegetthoff kann donauaufwärts weiterfahren.

„Da fliegen Möwen!", ruft Felix.

„An der Donau leben auch Reiher, Schwäne, Enten, Blässhühner und Kormorane", zählt Kapitän König auf. „Man kann sie vom Schiff aus sehr schön beobachten."

„Ich habe gelesen, dass manchmal Veranstaltungen an Bord stattfinden", sagt Ina. „Gibt es auch welche für Kinder?"

„Selbstverständlich", antwortet der Kapitän. „Zum Beispiel Geburtstagspartys, Advent- und Weihnachtsfahrten und anderes. Wenn die Admiral Tegetthoff am Nachmittag des 6. Dezember unterwegs ist, kommt

Rund um Wien

plötzlich ein Polizeiboot angeflitzt und kurvt mit Blaulicht um das Schiff herum. Dann ruft eine Stimme durch den Lautsprecher: ‚Achtung! Achtung! Hier spricht die Polizei! Stoppen Sie die Maschinen!' Ihr könnt euch vorstellen wie sehr da die kleinen und großen Passagiere erschrecken. ‚Wir haben zwei Fahrgäste für Sie!', ruft die Stimme."

„Und dann? Was passiert dann?", fragt Felix gespannt.

„Der Nikolo persönlich kommt mit dem Krampus an Bord. Das ist sehr aufregend für die Kinder."

„Das möchte ich auch einmal erleben", sagt Ina.

„Und ich will Kapitän auf diesem Schiff werden!", verkündet Felix. Kapitän König lacht.

„Gleich nach der Pflichtschule kannst du bei uns als Schiffsjunge anfangen. Das bedeutet: Deck schrubben, das Schiff neu streichen, innen alles sauber machen. Du hast drei Jahre Lehrzeit. Die wichtigen Handgriffe lernst du alle auf einem Binnen-Schulschiff. In der Berufsschule bringen sie dir alles andere bei, was für diesen Beruf wichtig ist: zum Beispiel Hotelfach, Fremdenverkehr, Rechnen. Mit 21 Jahren kannst du das Kapitänspatent erwerben. Bis zur Übernahme so eines großen Schiffes braucht es noch einiges an Fahrpraxis."

„Willst du trotzdem Kapitän werden?", fragt Ina.

„Na, klar", antwortet Felix.

Christine Rettl

Rund um Wien

Anflug und Abflug

Vor etwas mehr als hundert Jahren schrieb Jules Verne den berühmten Roman „Eine Reise um die Welt in 80 Tagen". Heute dauert so eine Reise knapp zwei Tage.

Flugzeuge machen die Welt ziemlich klein. Von Wien-Schwechat ist London ungefähr 90 Minuten entfernt, Neu Delhi in Indien etwa 9 Stunden, 8 Stunden ist ein Flugzeug nach Washington, der Hauptstadt der USA, unterwegs und in knapp 10 Flugstunden ist Peking, die Hauptstadt Chinas, erreicht. Nach Australien bist du etwa 18 Stunden in der Luft. Nur eine Flugstunde ist Sarajevo von Wien entfernt.

In Schwechat werden im Jahr über 9 Millionen Passagiere abgefertigt, das sind eine Million mehr, als es Österreicher gibt.

Das Fliegen hat unser Leben verändert. Dabei vergessen wir allerdings nur zu leicht, dass Flugzeuge sehr große Mengen teurer Energie verbrauchen, dass sie die Luft verschmutzen und Lärm machen. Oft werden Flugzeuge ja ziemlich gedankenlos benutzt. Ist es zum Beispiel wirklich notwendig, Tomaten aus weit entfernten Ländern nach Österreich zu holen, wenn sie hierzulande prächtig gedeihen? Oder macht es wirklich Sinn, an einem einzigen Tag in eine Hunderte Kilometer weit entfernte Stadt und zurück zu fliegen? Während der paar Stunden Aufenthalt geht man vielleicht einkaufen oder essen: Das ist ein bisschen wenig und außerdem pure Energieverschwendung.

Wo Flugzeuge sinnvoll benutzt werden, haben sie natürlich große Vorteile. Für Menschen, die weit voneinander entfernt wohnen, ist es ziemlich einfach geworden, einander zu treffen. Natürlich zählen auch in der Außenpolitik persönliche Begegnungen mehr als Telefonate oder Briefe. Das Fliegen ermöglicht auch rund um die Welt den raschen und friedlichen Austausch von Waren. Das ist nicht nur für die Wirtschaft wichtig. Menschen, die Handel miteinander treiben, lernen einander kennen und verstehen.

Wenn du in Wien-Schwechat auf das Flugfeld und in den Himmel schaust, braucht dir niemand mehr zu erzählen, wie eng Österreich mit der großen weiten Welt verbunden ist. Hier landen und starten die Maschinen von rund sechzig Linienfluggesellschaften und verbinden Wien mit über hundertzwanzig Reisezielen.

Alfred Komarek

Literatur- und Bildnachweis

Literaturnachweis

S. 12f.: Lene Mayer-Skumanz, Die Schätze des Dr. Batthyány: Tyrolia-Verlag, Innsbruck/Wien 2003 | S. 15: „Branko" gekürzt aus: Lukas Resetarits, Rekapituliere. Die ersten 10 Programme: Eigenverlag Lukas Resetarits, Wien 1997 | S. 16: „Mala mini-skola/Meine Mini-Schule": © Ana Schoretits, Zagersdorf | S. 17: aus: Dieter Halwachs u. a., Der Rom und der Teufel – O rom taj o beng. Märchen, Erzählungen und Lieder der Roma aus dem Burgenland: Drava Verlag, Klagenfurt/Celovec 2000 | S. 18f.: Robert Klement, 7 Tage im Februar: Verlag Jungbrunnen, Wien 1998 | S. 26: Friedl Hofbauer, Sagen aus dem Burgenland: öbvhpt, Wien 2000 | S. 27: „Vom Neusiedler See" gekürzt aus: Friedl Hofbauer, Sagen aus dem Burgenland: öbvhpt, Wien 2000 | S. 42f.: Friedl Hofbauer, Sagen aus Kärnten: öbvhpt, Wien 2000 | S. 49f.: Angelika Kaufmann, Das fremde Kind N.: Verlag Bibliothek der Provinz, A-3970 Weitra | S. 53f.: Lene Mayer-Skumanz/Salvatore Sciascia, Die kleine Eule: Tyrolia-Verlag, Innsbruck/Wien 1998 | S. 78: © Lene Mayer-Skumanz | S. 85ff.: Friedl Hofbauer, Sagen aus Niederösterreich: öbvhpt, Wien 2000 | S. 97: aus: Österreich Lesebuch 4 Niederösterreich: öbvhpt, Wien 1999 | S.100f.:©Franz S.Sklenitzka | S.103: „Quizfrage":Gerda Anger-Schmidt, „Spring teinSchwein vomTrampolin…": © 2002 Residenzverlag im Niederösterreichischen Pressehaus, Druck- u. Verlagsgesellschaft mbH, St. Pölten – Salzburg | S. 107f.: Lene Mayer-Skumanz, Florian. Die letzten Tage eines Heiligen: © 2004 Patmos Verlag GmbH & Co KG/Dachs Verlag, Düsseldorf | S. 115 und 118: Friedl Hofbauer, Sagen aus Oberösterreich: öbvhpt, Wien 2000 | S. 130: „Goisern, Goisern": © Hubert von Goisern | S. 134f.: © Gerda Anger-Schmidt | S. 137ff.: Friedl Hofbauer, Sagen aus Salzburg: öbvhpt, Wien 2000 | S. 174: Friedl Hofbauer, Sagen aus der Steiermark: öbvhpt, Wien 2000 | S. 175: Traude Kogoj und Konrad Mitschka, A.E.I.O.U. und drin bist du – 1000 Jahre Österreich: Copyright © 1995 by Verlag Carl Ueberreuter, Wien | S. 188: Heinz Janisch, Lobreden auf Dinge: Verlag Bibliothek der Provinz, A-3970 Weitra | S. 192: © Lene Mayer-Skumanz | S. 194ff.: aus: Lene Mayer-Skumanz (Hg.), Kürbisfest: © 2001 Patmos Verlag GmbH & Co KG/Dachs Verlag, Düsseldorf | S. 201: aus: Österreich Lesebuch 4 Tirol: öbvhpt, Wien 2003 | S. 206f.: Lene Mayer-Skumanz, Der Adlergroschen: Tyrolia-Verlag, Innsbruck/Wien 1995 | S. 213: aus: Friederike Lanzelsdorfer und Ernst Pacolt (Hg.), Unser Lesehaus 4: Jugend & Volk, Leykam, Österreichischer Bundesverlag, Wien 1976 | S. 217: „Ötzi war ein Mörder" aus: U-Express, 17 Juli 2003 | S. 218f.: Erich Ballinger, Der Gletschermann. Ein Krimi aus der Steinzeit: Copyright © 1992 by Verlag Carl Ueberreuter, Wien | S. 220f.: „Der große Hund" aus: Friederike Lanzelsdorfer und Ernst Pacolt (Hg.), Der Riesenhans und andere österreichische Sagen: Jugend & Volk, Wien 1976 – „Friedl mit der leeren Tasche und das Goldene Dachl" aus: Friedl Hofbauer, Sagen aus Tirol: öbvhpt, Wien 2000 | S. 224: aus: Österreich Lesebuch 4 Tirol: öbvhpt, Wien 2003 | S. 225 und 227: Traude Kogoj und Konrad Mitschka, A.E.I.O.U. und drin bist du – 1000 Jahre Österreich: Copyright © 1995 by Verlag Carl Ueberreuter, Wien | S. 230: Othmar Franz Lang, Hungerweg: dtv junior, München | S. 231: „Ein Esser weniger am Tisch" aus: Fellbacher Zeitung, Oktober 1998 – „Tagesablauf eines Schwabenkindes" aus: Othmar Franz Lang, Hungerweg: dtv junior, München | S. 232: aus: Othmar Franz Lang, Hungerweg: dtv junior, München | S. 269: © Gerda Anger-Schmidt | S. 270: „Echte Wiener": © Gerda Anger-Schmidt – „Mei radl": Christine Nöstlinger, Iba de gaunz oaman kinda: © 1996 Patmos Verlag GmbH & Co KG/Dachs Verlag, Düsseldorf | S. 280: Friedl Hofbauer, Sagen aus Wien: öbvhpt, Wien 2000 | S. 281: Franz Karl Ginzkey, Ausgewählte Werke, Bd. 1: © 1960 by Verlag Kremayr & Scheriau, Wien | S. 290: Taude Kogoj und Konrad Mitschka, A.E.I.O.U. und drin bist du – 1000 Jahre Österreich: Copyright © 1995 by Verlag Carl Ueberreuter, Wien | S. 291f.: Lene Mayer-Skumanz, Wolfgang Amadé Mozart: Tyrolia-Verlag, Innsbruck/Wien 1991 | S. 293: Taude Kogoj und Konrad Mitschka, A.E.I.O.U. und drin bist du – 1000 Jahre Österreich: Copyright © 1995 by Verlag Carl Ueberreuter, Wien | S. 296: © Alfred Komarek

Bildnachweis

S. 11: APA-IMAGES/APA | S. 12 und 13: Ethnographisches Museum Schloss Kittsee | S. 14: Elisabeth Seifried, Nikitsch | S. 15: TOPPRESS AUSTRIA/Karl Schöndorfer | S. 19: Verein Roma/Susanne Baranyai | S. 26: Regionalmarketing Bad Tatzmannsdorf | S. 27: Tourismusverband Purbach am Neusiedler See | S. 30: APA-IMAGES/ Willfried Gredler-Oxenbauer | S. 32: © Österreich Werbung/Herzberger | S. 34: Schloss Esterházy Management/Voglhuber | S. 35: 1 – Schloss Esterházy Management/Voglhuber; 2 – Colorama Verlag/Helminger | S. 37: 1 – Bildarchiv der Österreichischen Nationalbibliothek; 2 – R. Wehrl | S. 38: Foto Begsteiger KEG | S. 40: 1 bis 4 – © Nationalpark Neusiedlersee – Seewinkel | S. 44: Helga Happ | S. 45: © Domkustodie

Salvatorianerkolleg Gurk | S. 46: © Österreich Werbung/Trumler | S. 47: 1 und 2 – Christine Rettl | S. 48: Christine Rettl | S. 49 und 50: Illustrationen von Angelika Kaufmann aus: Angelika Kaufmann, Das fremde Kind N.: Verlag Bibliothek der Provinz, A-3970 Weitra | S. 51: APA-IMAGES/APA/Gert Eggenberger | S. 53 und 54: Illustrationen von Salvatore Sciascia aus: Lene Mayer-Skumanz/Salvatore Sciascia, Die kleine Eule: Tyrolia-Verlag, Innsbruck/Wien 1998 | S. 56: 1 – www.heilklimastollen.at; 2 – TMB-Terra Mystica Betriebsges. m.b.H. & Co KG | S. 58: Reinhold Gayl | S. 59: Silvia Bliem | S. 62: © Österreich Werbung/Weinhaeupl | S. 63: A. Zedrosser/4nature | S. 64 und 65: Silvia Bliem | S. 66 und 67: NPV Kärnten | S. 72: © ORF | S. 74: 1 – Stadtgemeinde Waidhofen an der Thaya; 2 – Informationszentrum Telc | S. 76: 1 und 2 – DI Schweiger | S. 77: Curt Themessl | S. 79: A. Zedrosser/4nature | S. 80: 1 – A. Zedrosser/4nature; 2 – A. Vorauer/4nature | S. 81: 1, 2 und 3 – NÖ Landesmuseum | S. 82: 1 – NÖ Landesmuseum/Foto Grotensohn; 2 – NÖ Landesmuseum; 3 – NÖ Landesmuseum/Foto Lackinger | S. 83 und 84: 1 bis 5 – bio erlebnis norbertinum | S. 87: Foto Begsteiger KEG | S. 92 und 93: 1 bis 3 – Archäologischer Park Carnuntum | S. 95: Stift Heiligenkreuz | S. 97: 1 und 2 – Tourismusbüro Semmering/Erich Kodym | S. 98: Zdarsky-Archiv im Bezirksheimatmuseum Lilienfeld | S. 99: Sonja Langer-Sportmarketing | S. 100: 1 – Luis Paterno, St. Valentin; 2 und 3 – Archiv Marktgemeinde Ybbsitz | S. 101: H. Lackinger, Melk | S. 109: 1 und 2 – Naturhistorisches Museum Wien | S. 110: Tourismusverband Inneres Salzkammergut | S. 111: Stiftsbibliothek Kremsmünster | S. 112: 1 – Oberösterreichische Landesmuseen, Bibliothek, Porträtsammlung P I 1271; 2 – Würfelspielgemeinde Frankenburg | S. 114: Museum Arbeitswelt Steyr | S. 124: Birgit Rezny | S. 125: Engelhardt-Sellin, D-Aschau | S. 126: 1 – rubra; 2 – © AEC Ars Electronica Center Linz Museumsgesellschaft mbH | S. 127: LIVA Grafik | S. 128 und 129: 1 bis 3 – Stadtamt Gmunden/Eva Fürtbauer | S. 130: Bildarchiv der Österreichischen Nationalbibliothek | S. 131: © Lawine Foto: Walter Oczion | S. 136: 1 und 2 – Verein der Freunde der Pferdeeisenbahn | S. 140: 1 bis 3 – Keltenmuseum Hallein | S. 141: Stadtarchiv Stadtgemeinde Oberndorf | S. 143: 1 und 2 – Salzburger Burgen und Schlösser | S. 144: © Robert Angst Filmproduktion | S. 147: Bernadette Pechhacker | S. 148: 1 und 2 – Peter Löcker | S. 149: Walter Schweinöster | S. 150: Marianne Gsenger | S. 153: 1 – Stille Nacht Gesellschaft/SMCA Salzburg, Foto: Rupert Poschacher; 2 – Stille Nacht Gesellschaft/Stille-Nacht-Museum Mariapfarr; 3 – Stille Nacht Gesellschaft/Tourismusverband Lamprechtshausen; 4 – Stille Nacht Gesellschaft/Tourismusverband Oberndorf; 5 – Stille Nacht Gesellschaft/Tourismusverband Wagrain | S. 154 und 155: 1 bis 3 – Haus der Natur | S. 157: Leopold Slotta-Bachmayr | S. 160: 1 und 2 – Monika Icelly; 3 – Peter Fuschelberger | S. 162: © Österreich Werbung/Gesellschaft der Musikfreunde | S. 163: www.original-mozartkugel.com | S. 164: Walter Schweinöster | S. 165: 1 und 2 – Salzburger Marionettentheater Ges.m.b.H./Christian Schneider; 3 – Salzburger Marionettentheater Ges.m.b.H./Andreas Hechenberger | S. 166: 1 bis 3 – Silberbergwerk Ramingstein/Walter Hoffmann | S. 167 und 168: 1 bis 4 – Marianne Gsenger | S. 171: © Österreich Werbung/Jezierzanski | S. 174: 1 und 2 – TVB Mariazeller Land | S. 175: Kammerhofmuseum Bad Aussee | S. 176: Foto Begsteiger KEG | S. 177: Tourismusverband Riegersburg | S. 180 und 185: Foto Begsteiger KEG | S. 187: 1 bis 3 – Stift Admont | S. 188 und 189: Foto Begsteiger KEG | S. 190: 1 und 2 – © Hundertwasser Architekturprojekt | S. 194: Foto Begsteiger KEG | S. 195 und 196: Illustrationen von Karen Holländer aus: Lene Mayer-Skumanz (Hg.), Kurbisfest: © 2001 Patmos Verlag GmbH & Co KG/Dachs Verlag, Düsseldorf | S. 199: 1 bis 3 – © Archiv Istituto Geografico de Agostini | S. 200: 1 und 2 – Reinhold Gayl | S. 201: Foto Begsteiger KEG | S. 205: 1 – Spiess Foto Tirol; 2 – Bergisel Betriebsgesellschaft m.b.H | S. 206: © Österreich Werbung/Trumler | S. 208: 1 und 2 – d. swarovski tourism services GmbH | S. 216 und 217: 1 bis 4 – © Ötzi-Dorf Umhausen, archäologischer Freilichtpark | S. 219: Dr. Gerlinde Haid, Ötztal | S. 224: © Verein Curatorium pro Agunto | S. 225: Kunsthistorisches Museum Wien | S. 227: bpk, Berlin | S. 229: privat | S. 230 und 232: Foto BR | S. 233: ÖBB Bodenseeschifffahrt Bregenz | S. 235 und 236: inatura/Dietmar Walser | S. 239: 1 bis 3 – Vorarlberger Landesmuseum VLM | S. 243: Vorarlbergtourismus | S. 248: Erich Marte, Dafins | S. 249: 1 – © Österreich Werbung/Wiesenhofer; 2 – screenworks werbeagentur; 3 – Foto Begsteiger KEG | S. 252: Chukwudi Ndokwu, Wien | S. 253: screenworks werbeagentur | S. 254: Erich Marte, Dafins | S. 257: 1 bis 7 – screenworks werbeagentur | S. 260: 1 – screenworks werbeagentur; 2 – Foto Begsteiger KEG | S. 261: screenworks werbeagentur | S. 262: Foto Begsteiger KEG | S. 263: 1 und 2 – Bregenzer Festspiele | S. 267: 1 und 2 – Birgit Rezny | S. 268: 1 und 2 – ASSET Marketing GmbH | S. 270: © Birgit Antoni | S. 274: MEV | S. 275: 1 und 2 – Marion Reich | S. 276 und 277: 1 bis 3 – Birgit Rezny | S. 278: Robert Zolles, Wien | S. 279: 1 und 3 – Robert Zolles, Wien; 2 und 4 – Schloss Schönbrunn Kultur- und Betriebsges.m.b.H. | S. 280: Illustration von Dominic Groebner aus: Friedl Hofbauer, Sagen aus Wien: öbvhpt, Wien 2000 | S. 284: öbv-Archiv | S. 285: Birgit Rezny | S. 286: 1 und 2 – öbv-Archiv | S. 288: Erzbischöfliches Dom- und Diözesanmuseum Wien | S. 289: 1 und 2 – Clemens Kunkel | S. 290: Historisches Museum der Stadt Wien | S. 293: Birgit Rezny